全国水利水电高职教研会
中国高职教研会水利行业协作委员会 **规划推荐教材**

高职高专土建类专业系列教材

公路工程施工组织与概预算

主　编　田国锋　冷爱国　及凤云
副主编　刘祥柱　邵正荣

中国水利水电出版社
www.waterpub.com.cn

内 容 提 要

本书是全国高职高专土建类专业系列教材。全书共10章，内容包括：公路工程建设项目概论，公路工程施工组织设计，流水施工组织原理，网络计划技术，公路工程定额，公路工程概预算项目、文件组成与工程量计算，概预算费用计算与编制示例，工程量清单计价与招标投标，概预算审查与工程结（决）算，应用电子计算机技术编制公路工程概预算等。本书立足高职高专教育，以部颁法规、规范、标准及2007年定额为依据编写，并附以示例解析。本书内容新颖，概念清楚，突出技能培养训练，具有较强的针对性、实用性和前瞻性。

本书主要作为高等职业教育和高等专科教育土木工程领域中道路桥梁工程技术、公路监理、桥梁隧道工程技术和市政工程技术等专业的教材，亦可作为交通、市政行业的岗位培训教材或供土建工程技术人员学习参考。

图书在版编目（CIP）数据

公路工程施工组织与概预算/田国锋，冷爱国，及风云主编．—北京：中国水利水电出版社，2008（2014.7重印）
全国水利水电高职教研会、中国高职教研会水利行业协作委员会规划推荐教材．高职高专土建类专业系列教材
ISBN 978-7-5084-5588-4

Ⅰ.公… Ⅱ.①田…②冷…③及… Ⅲ.①道路工程-施工组织-高等学校：技术学校-教材②道路工程-概算编制-高等学校：技术学校-教材③道路工程-预算编制-高等学校：技术学校-教材 Ⅳ.U415

中国版本图书馆CIP数据核字（2008）第067718号

书　名	高职高专土建类专业系列教材 全国水利水电高职教研会 中国高职教研会水利行业协作委员会 规划推荐教材 **公路工程施工组织与概预算**
作　者	主编　田国锋 冷爱国 及风云　副主编　刘祥柱 邵正荣
出版发行	中国水利水电出版社 （北京市海淀区玉渊潭南路1号D座　100038） 网址：www.waterpub.com.cn E-mail：sales@waterpub.com.cn 电话：（010）68367658（发行部）
经　售	北京科水图书销售中心（零售） 电话：（010）88383994、63202643、68545874 全国各地新华书店和相关出版物销售网点
排　版	中国水利水电出版社微机排版中心
印　刷	北京纪元彩艺印刷有限公司
规　格	184mm×260mm　16开本　18.75印张　445千字
版　次	2008年7月第1版　2014年7月第3次印刷
印　数	7501—10500册
定　价	**34.00**元

凡购买我社图书，如有缺页、倒页、脱页的，本社发行部负责调换

高职高专土建类专业系列教材

编 审 委 员 会

前言

随着我国高职高专教育教学改革的深入发展，高职高专教育教学正进入“内涵建设”时期。“面向经济建设生产、管理一线，培养高质量的高等职业技术岗位人才”是高职高专的办学目标和方向。提高教学质量的核心是课程内容的改革，而教材是课程的载体，教材建设是教学内容改革的关键。

《公路工程施工组织与概预算》是按照“全国水利水电高职教研会”的教材建设规划、要求和审定的教材大纲编写的。本书主要作为高职高专道路桥梁技术、公路监理、桥梁隧道工程技术和市政工程技术等专业的教学用书，亦可作为公路、市政行业的岗位培训教材或供土建工程技术人员学习参考。

为适应我国迅猛发展的公路建设的需要，本书以现行的国家有关建设主管部门、交通部门发布的法规、规范、标准，以及2007年公路工程系列定额、编制办法为依据编写而成，内容具有一定的先进性和前瞻性；书中贯彻理论知识以“必需、够用”为度，着力突出实际应用能力的培养；配备了较多数量的例题、思考题和练习题，并且编入了重点内容的综合工程案例，以强化技能培训，可操作性强；打破了学科的系统性、完整性，根据岗位需要编写组织教材内容，突出“实用性”和“针对性”。同时，本书内容理论联系实际，概念清楚、数据齐全，兼有工具书的特点。总之，本书着力培养学生的工程施工组织管理能力和概预算编制及造价管理能力，为培养适应我国公路建设一线需要的高等应用性技术人才提供智力支持。

全书共10章，内容包括：公路工程建设项目概论，公路工程施工组织设计，流水施工组织原理，网络计划技术，公路工程定额，公路工程概预算项目、文件组成与工程量计算，概预算费用计算方法与编制示例，工程量清单计价与招标投标，概预算审查与工程结（决）算，应用电子计算机技术编制公路工程概预算等。

本书由田国锋、冷爱国、及凤云担任主编，由刘祥柱、邵正荣担任副主编。编写人员及分工为：河北工程技术高等专科学校田国锋编写前言、第7章及附录等，及凤云编写第2章和第3.1节、第3.2节；山东水利职业技术学院冷爱国编写第4章，刘祥柱编写第6章；山西水利职业技术学院邵正荣编写第1章和第8.1节、第8.3节和第8章思考题；广西水利电力职业技术学院廖明菊编写第5.1节、第5.2节和第9章；杨凌职业技术学院王敏编写第10章；浙江水利专科学校卢国光编写第3.3节和第3章练习题、思考题及第5.4节、第5.5节，赖华伟编写第5.6节、第5.7节和第5章练习题、思考题；安徽水利水电职业技术学院何俊编写第 5.3 节和第 8.2 节。冷爱国、及凤云共同对稿件进行了校核完善工作，田国锋对全书进行统稿。

在本书编写过程中，参考了有关院校编写的教材、专著和建设管理部门的有关文献资料和规范、标准，编者在此致以衷心的感谢！本书还得到了河北省沧州市高速公路管理处满红工程师的鼎力支持，她为本书提供了宝贵的工程实例资料，在此一并致谢。

由于时间仓促和编者水平所限，书中难免有疏漏或不当之处，恳请各位专家同行和广大读者提出宝贵意见，使本书在专业课程教学改革以及公路工程技术人员参考应用过程中起到更大作用。

编者

2008 年 6 月

目录

前言

第 1 章　公路工程建设项目概论

1.1　公路工程建设项目的内容、特点与投资来源

现代公路运输在整个交通运输业中占有较大比重，因为它具有机动、灵活、直达、迅速、适应性强、服务面广等优点。

发展公路运输业，首先必须进行公路工程项目建设。现代公路建设周期长、规模大、技术复杂、分工细、协作面广、机械化、自动化程度高，为保证公路建设在一定时间内顺利完成，必须将人力、资金、材料、机械、施工方法等各种因素进行科学、合理的组织安排。公路工程项目的建设是一项涉及面广、程序复杂的活动，必须科学、有序地组织实施，以达到建设周期短、工程质量好、建设成本低的管理目标，同时也更好地达到基本建设的投资效果，为国民经济发展服务。

1.1.1　公路工程建设项目的内容

公路运输业是一个特殊的物质生产部门。公路建筑产品都是固定资产，如路基、路面、桥涵等构筑物。公路工程建设就是固定资产的简单再生产和扩大再生产。

公路工程建设项目的内容，按其任务与分工不同可以分为以下 3 方面。

1. 公路工程基本建设

社会在不断前进，为了适应生产和流通发展的需要，必须通过新建、扩建和重建 3 种基本建设形式来实现固定资产扩大再生产，达到不断扩大公路运输能力的目的。

2. 公路工程大修、中修与技术改造

由于公路建筑产品是由多种不同性质的材料构成的，受到材料、结构、设备等功能方面的制约，公路建筑产品各组成部分的寿命不同。因此，固定资产尽管经过维修，也不可能无限期地使用下去，到一定年限某些组成部分就会丧失原有的功能，这就需要对公路建筑产品的某些部位完全更新。公路工程大修、中修这种固定资产的更新，一般是与公路的技术改造相结合进行的，如局部改线、改造不合标准路段、提高路面等级等，通过这种更新与技术改造可提高公路的通行能力，实现固定资产简单再生产和部分扩大再生产。

3. 公路工程的小修、保养

公路工程构造物在长期使用过程中，受到行车和自然因素的作用不断磨蚀而损坏，只有通过定期和不定期的维修保养，才能保证固定资产的正常使用，保持运输生产不间断地进行，使原有生产能力得到维持。所以，公路工程的小修、保养是实现固定资产简单再生产的重要手段之一。

1.1.2　公路工程建设项目的特点

公路工程是呈线性分布的一种人工构筑物，是通过勘察设计和施工，消耗大量资源（人力、物力、财力）而完成的公路建筑产品。公路建筑产品具有形体庞大、复杂多样、整体难分、不能移动等特点，公路工程施工具有流动性、生产周期长、易受气候影响和外

界干扰等特点。充分了解这些特点，才能更好地进行公路工程施工组织与管理。

1. 公路建筑产品的特点

(1) 产品的固定性。公路工程的构造物固定于一定的地点，永久地占用大量土地，不能移动，只能在建造的地方供长期使用。

(2) 产品的多样性。由于公路的具体使用目的、技术等级、技术标准、自然条件、结构形式以及主体功能不同，而使公路的组成、结构千差万别，复杂多样。

(3) 产品部分结构的易损性。公路工程构造物受行车作用及自然因素影响，其暴露于大自然的部分以及直接受行车作用的部分，极易损坏。

(4) 产品形体的庞大性。公路工程是线性构造物，其组成部分（路基、路面、桥梁等）的形体庞大，占用土地及空间多。

2. 公路工程施工的特点

公路工程施工具有以下的技术经济特点：

(1) 工程线性分布，施工流动性大。公路建设线长点多，工程数量分布不均匀，其构造物在建造过程和建成后都无法移动。由于其产品的固定性和严格的施工顺序，因而要组织各类工作人员和各种机械围绕这一固定产品，在同一工作面不同时间或同一时间不同工作面上进行施工活动，这就需要科学地解决空间布置和时间安排两者之间的矛盾。此外，当某一公路工程竣工后，还要解决施工队伍向新的施工现场转移的问题。

(2) 产品类型繁多，施工协作性高。公路工程类型多种多样，标准化难度大，施工环节多，工序复杂，每项工程又具有不同的功能、不同的施工条件，不仅要进行个别设计，而且要个别组织施工。每项工程都涉及到建设、设计、施工、监理等单位的密切配合，需要材料、动力、运输等各个部门的通力协作，以及地方各级政府部门和施工沿线各相关单位的大力支持。因此，施工过程中的综合平衡和调度、严密的计划和科学的管理就显得特别重要。

(3) 工程形体庞大，施工周期长。公路工程包括路基、路面、桥梁、涵洞、隧道、交通工程设施等工程，产品形体特别庞大，产品固定且不能分割，而且同一地点要依次进行多个分部作业，施工周期长，在较长时间内大量占用和耗费人力、物力和财力，直到整个施工周期完结，才能出产品。

在施工过程中，各阶段、各环节必须有条不紊地组织起来，在时间上不间断，空间上不闲置。如果施工的连续性受到破坏或中断，必然会拖延工期，大量占用资金，造成人力、物力、财力的浪费。所以，施工组织管理者要统筹安排，遵守施工程序，合理地、科学地组织施工。

(4) 受外界干扰及自然因素影响大。公路工程施工主要是野外露天作业，因此，受自然条件的影响很大，特别是不良天气如夏季高温、冬季冰冻、洪水、雨雪，不良地质如泥沼、熔岩、流沙。设计变更、物资供应条件、环境因素等对工程进度、工程质量、成本等都有很大影响。而且，由于公路部分结构的易损性，需不断进行维修养护，才能维持正常的使用性能。

公路工程建设项目的这些特点，决定了公路施工活动的特有规律，研究和遵循这些规律，对科学地组织与管理公路工程施工，提高公路建设的经济效益具有重要意义。

1.1.3　我国公路工程建设项目投资来源

1. 国家投资

国家投资是由国家预算直接安排的投资，通过国家财政拨款的方式，根据建设进度分期拨给建设单位，然后用到工程建设上去。

2. 地方投资

在国家预算安排之外，由各地区、各部门按照国家规定自筹资金安排的投资。这是我国建设投资的一项补充来源。

3. 贷款

银行信贷是以银行为主体，根据信贷自愿的原则，依据经济合同所施行的有偿有息投资，贷款期限一般不超过 10 年。基本建设贷款，是由国家从财政预算中提供贷款资金，实行先拨后用的原则，交由建设银行按照信贷方式进行分配和管理，借款期限（包括建设期和还款期）一般不超过 15 年。

4. 国外资金

应在国家统一政策的指导下，积极慎重地引进国外的先进技术和国外投资，以弥补我国建设资金的不足，加速我国经济建设的发展。目前我国可利用的外资来源，主要是从国外借入资金和由投资者直接投资两个方面，大致可归纳为国际金融机构贷款，如世界银行、亚洲开发银行等机构提供贷款；国外政府贷款，指西方国家为鼓励资本输出和商品输出而设置的信贷；国际金融市场贷款，指各国商业银行和私人银行利用吸收的外汇存款发放的贷款；合资经营，是由境外合营者提供设备、技术、培训人员，我国合营者提供土地、厂房、动力、原材料、劳动力等，双方按协议计算投资股份，分享利润和承担风险；租信贷、发放国外债券等。

5. 其他资金来源

其他资金来源如联营投资、股票投资、发行债券等。

我国公路交通运输全面紧张，而公路建设资金又严重不足，在国务院的直接领导和支持下，已制定了几项发展交通的政策，建立了国家公路建设特别基金：一是提高养路费率；二是新增汽车购置附加费；三是允许集资、贷款修建高速公路、独立大桥和隧道等，以收取一定费用偿还本息；四是确定能源、交通基金返还，实行“以工代赈”地方集资等政策和措施，使公路建设部分资金有了长期稳定的来源。

公路建设固定资产再生产的管理方式是：公路小修、保养由养护部门自行安排和管理；公路大修、中修工程由养护部门提出计划报上级主管部门批准后，自行管理和安排；对于新建、改建、扩建、重建的公路工程一般由地方（省、市）政府主管部门下达任务，对其中列入基本建设投资的必须纳入全国统一的基本建设计划，一切基本建设活动必须按照国家规定和要求进行管理，一切基本建设资金活动必须通过中国建设银行进行拨款监督和办理结算。公路建设中凡由养路费开支的项目的建设资金，也应由中国建设银行拨款和办理结算。

1.2 公路基本建设及程序

1.2.1 基本建设概念与内容

1. 基本建设的定义

基本建设是指国民经济中建造新的固定资产，从而扩大生产能力或工程效益的过程，在西方国家，相当于国家“资本投资”（Capital Investment）。例如，为了增加社会生产能力，新建工厂、学校、公路、桥梁、码头、矿井、电站、水坝、铁路等；为了扩大生产和提高效益而扩建生产车间、提高路面等级、修建永久性桥梁；为了提高生产效率，改进产品质量，对原有设备及工艺进行整体性技术改造，原有公路的全面改建等，都属于基本建设的范畴。由此可见，凡是固定资产扩大再生产的新建、改建、扩建、恢复工程的建筑、添置、安装等活动，及其与之连带的工作都称为基本建设。

公路基本建设是通过勘察、设计和施工，以及有关的经济活动来实现的。通过十个五年计划，全国范围进行了大规模公路基本建设，使历史悠久的中华大地发生了天翻地覆的变化。

2. 基本建设工作的内容

（1）建筑工程。指消耗建筑材料，使用工程机械，通过施工活动而建成的工程实体，如路基、路面、桥梁、隧道、厂房、水坝等构筑物。

（2）安装工程。指基本建设项目需用的各种机械和设备的安设、装配、调试等工作，如工业生产设备、公路及大型桥梁所需的各种机械、设备、仪器的安装及调试等。包括生产设备和生活设施。

（3）设备、工具及器具的购置。指属于固定资产的机器、设备、工具等用品的购置，如机械厂的机床、发电站的电力设备、高速公路的监控设备、路面养护用的沥青混合料拌和设备和摊铺机械等。

（4）勘察、设计及相关工作。指编制建筑工程施工依据的勘察设计文件所进行的工作，如公路工程的初步设计、施工图设计等，以及勘察、设计过程中必须进行的地质调查、钻探、材料试验和技术研究工作等。

（5）其他基本建设工作。指为确保基本建设工程的顺利实施和正常运行而进行的基础工作，如土地征用、拆迁安置、人员培训等。

1.2.2 基本建设分类

基本建设按其形式及项目管理方式等的不同大致分为以下几类。

1. 按照用途分类

按照用途不同，基本建设可划分为生产性建设和非生产性建设。

2. 按建设形式分类

（1）新建项目。指新开始建设的基本建设项目，或在原有固定资产的基础上扩大3倍以上规模的建设项目。这是基本建设的主要形式。

（2）扩建项目。指在原有固定资产的基础上扩大3倍以内规模的建设项目。这也是基本建设的主要形式。其建设目的是为了扩大原有产品的生产能力或效益。

（3）改建项目。指为了提高生产效率或使用效益，对原有设备、工艺流程进行技术改造的建设项目。这是基本建设的补充形式。

（4）迁建项目。指由于各种原因迁移到另外的地方建设的项目。如某市因城市规模扩大，需将在新市区的化肥厂迁往郊县，就属于迁建项目。这也是基本建设的补充形式。

（5）恢复项目。又称重建项目，指因遭受自然灾害或战争使得建筑物全部报废而投资重新恢复建设的项目。

3. 按建设过程分类

（1）筹建项目。指在计划年度内正准备建设还未正式开工的项目。

（2）施工项目。指原已开工而正在施工的项目。

（3）投产项目。指建设项目已经竣工验收，并且投产或交付使用的项目。

（4）收尾项目。指已经竣工验收并投产或交付使用，但还有少量扫尾工作的建设项目。

4. 按资金来源渠道分类

（1）国家投资项目。指国家预算计划内直接安排的建设项目。

（2）自筹建设项目。指国家预算以外的投资项目。自筹建设项目又分地方自筹项目和企业自筹项目。

5. 按建设规模分类

基本建设按建设规模的不同，分为大型、中型、小型建设项目。一般是按产品的设计能力或全部投资额来划分。具体划分标准参照国家划分标准执行。

1.2.3　基本建设项目的划分

每项基本建设工程，就其实物形态来说，都由许多部分组成。为了加强对基本建设工作的管理，便于编制设计文件、概预算文件和施工组织设计文件，便于工程招投标工作和施工管理，必须对基本建设项目进行科学的分解和合理的划分。基本建设工程可以划分为建设项目、单项工程、单位工程、分部工程和分项工程。

1. 建设项目

建设项目也称基本建设项目，是指经批准在一个设计任务书范围内按同一总体设计进行建设的全部工程。建设项目由一个或几个单项工程所组成，经济上实行统一核算，行政上实行统一管理，一般以一个企业（或联合企业）、事业单位或独立工程作为一个建设项目。公路工程以单独设计的公路路线、独立桥梁作为基本建设项目。

2. 单项工程

单项工程也称工程项目，它是建设项目的组成部分。一个建设项目，可以是一个单项工程，也可以包括许多个单项工程。所谓单项工程是指建设项目中具有独立的设计文件，建成后可独立发挥生产能力或使用效益的工程。如工业建筑中的生产车间、办公楼、仓库，民用建筑中的教学楼、图书馆、实验室、住宅，公路工程中独立合同段的路线、大桥、隧道等属于单项工程。

3. 单位工程

单位工程是单项工程的组成部分，是指在单项工程中不能独立发挥生产能力（或效益），但具有单独设计文件和独立施工条件，而又单独作为一个施工对象的工程。如某隧道单项工程，可分为土建工程、照明和通风工程等单位工程；一条公路可分为路线工程、桥涵、互通式立交、交通安全设施等单位工程。

4. 分部工程

分部工程是单位工程的组成部分，一般是按工程结构、构造或施工方法不同或按照单位工程的各个部位划分的，例如房屋的基础、地面、墙体、门窗，公路路基的土石方、排水、涵洞、大型挡土墙，桥梁的上部构造、下部构造、引道等均属分部工程。

5. 分项工程

分项工程是分部工程的组成部分，是按照工程的不同结构、不同材料和不同施工方法等因素划分的，如基础工程可划分为围堰、挖基、砌筑基础、回填等分项工程。分项工程的独立存在是没有意义的，它只是建筑或安装工程的一种基本的构成因素，是为了组织施工以及为确定建筑安装工程造价而设定的一种产品。

1.2.4　公路基本建设程序及其各个阶段的内容

1.2.4.1　公路基本建设程序

1. 公路基本建设程序的概念

公路基本建设程序，是指公路基本建设项目从规划立项到竣工验收的整个建设过程中各项工作阶段及其必须遵循的先后顺序。其内容如图 1.1 所示。

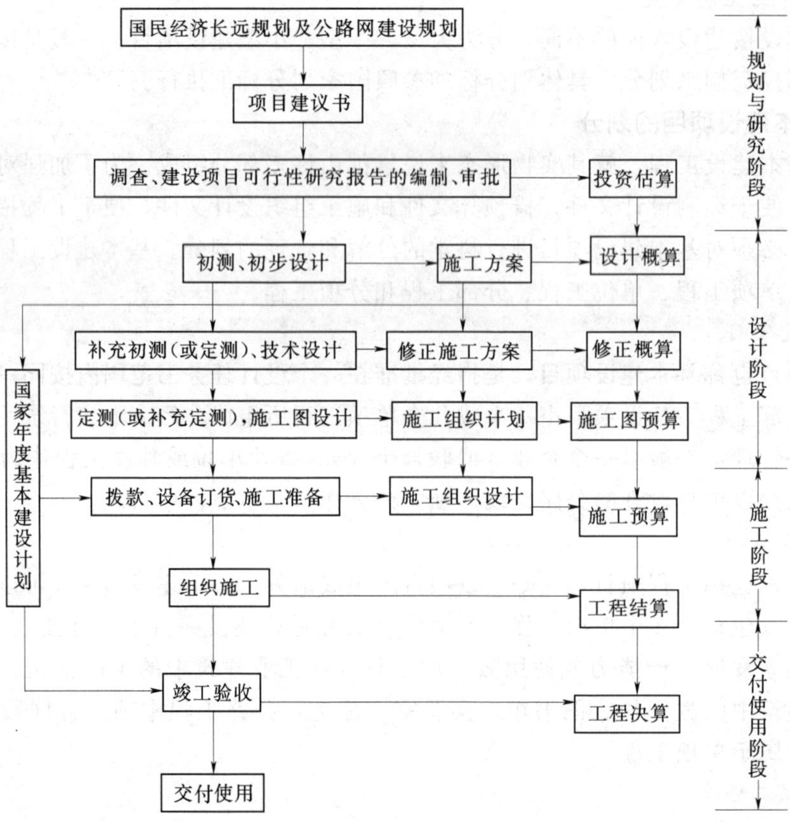

图 1.1　公路基本建设程序图

公路基本建设程序是由固定资产的建设过程，即基本建设发展进程的客观规律所决定的。科学的基本建设程序能正确地处理基本建设工作中制定建设规划、确定建设项目、勘察设计、组织施工、竣工验收等各阶段、各环节之间的关系，指导基本建设工作有计划、按步骤地进行。

公路基本建设涉及面广，既受地质、气候、水文等自然条件的制约，又受物资供应、技术水平等物质技术条件的影响，同时还需要建设单位与设计、施工、监理、质量监督等单位和部门的协作配合。因此，公路基本建设项目必须严格按照规定的程序实施，依次进行各个方面的工作，才能达到预期的效果，否则将可能给国家造成严重的经济损失或给工程带来无法弥补的缺陷。

2. 我国现行公路基本建设程序的规定

根据交通部颁布的《公路建设监督管理办法》的规定，我国公路建设应当按照国家规定的建设程序和有关规定执行。政府投资公路建设项目实行审批制，企业投资公路建设项目实行核准制。

政府投资公路建设项目的实施，按照下列程序进行：

（1）根据国民经济长远规划及公路网建设规划进行预可行性研究，编制项目建议书。

（2）根据批准的项目建议书进行工程可行性研究，编制可行性研究报告。

（3）根据批准的可行性研究报告，编制初步设计文件。

（4）根据批准的初步设计文件，编制施工图设计文件。

（5）根据批准的施工图设计文件，编制项目招标文件。

（6）根据批准的项目招标文件、资格预审结果和公路建设计划，组织项目招标投标。

（7）根据国家有关规定，进行征地拆迁等施工前的准备工作，编制项目开工报告，并向交通主管部门申报施工许可。

（8）根据批准的项目开工报告，组织项目实施。

（9）项目完工后，编制竣工图表、工程决算和竣工财务决算，办理项目交工验收、竣工验收和财产移交手续。

（10）竣工验收合格后，组织项目后评价。

企业投资公路建设项目的实施程度，在编制施工图设计文件之前与政府投资公路建设项目的建设程序有所不同：

（1）根据规划，编制工程可行性研究报告。

（2）组织投资人招标工作，依法确定投资人。

（3）投资人编制项目申请报告，按规定报项目审批部门核准。

（4）根据核准的项目申请报告，编制初步设计文件，其中涉及公共利益、公众安全、工程建设强制性标准的内容应当按项目隶属关系报交通主管部门审查。

（5）根据初步设计文件，编制施工图设计文件。

（6）根据批准的施工图设计文件，编制项目招标文件。

（7）根据批准的项目招标文件、资格预审结果和公路建设计划，组织项目招标投标。

（8）根据国家有关规定，进行征地拆迁等施工前准备工作，并向交通主管部门申报施工许可。

（9）根据批准的项目施工许可，组织项目实施。

（10）项目完工后，编制竣工图表、工程决算和竣工财务决算，办理项目交工验收和竣工验收。

（11）竣工验收合格后，组织项目后评价。

1.2.4.2 各阶段的主要内容及要求

公路基本建设程序各阶段的主要内容及要求如下。

1. 项目建议书阶段

项目建议书是建设单位（业主）向国家提出的要求建设某一项目的建议文件，是对建设项目的轮廓构想，这种构想可来自国家、部门和地方的发展规划与计划安排，或来自市场调查研究，或来自某种资源发现。项目建议书应对拟建项目的社会需求进行分析研究，明确为满足此需求所要达到的建设目标，包括经济目标、社会目标和环境目标，并考虑可能承担的风险。项目建议书是进行各项准备工作，为进行可行性研究的依据。

2. 可行性研究阶段

项目建议书批准后，由政府交通主管部门组织项目的可行性研究。可行性研究是对拟建项目在技术上和经济上是否“可行”进行科学分析和论证的工作，为项目决策（即该项目是继续实施还是放弃）提供依据。可行性研究的主要任务是通过多方案比较，提出评价意见，推荐最佳方案。

根据发展国民经济的长远规划和公路网建设规划以及项目建议书，对建设项目进行可行性研究，以减少项目决策的盲目性，使建设项目的确定具有切实的科学性和经济合理性。国务院发〔1981〕3 号文《关于加强基本建设计划管理，控制基本建设规模的若干规定》中明确指出：“所有新建、扩建的大中型项目以及所有利用外资进行基本建设的项目都必须有可行性研究报告”。交通部颁布的《公路工程基本建设管理办法》中也明确规定可行性研究应作为公路工程基本建设程序的首要环节，并于 1982 年 11 月制定了《公路工程可行性研究试行办法（草案）》。交通部在 1988 年 6 月重新制定的《公路可行性研究报告编制方法》中规定，大中型、高等级公路及重点工程建设项目（含国防、边防公路）均应进行可行性研究，小型项目可适当简化。

公路可行性研究按其工作深度，分为预可行性研究和工程可行性研究。工程可行性研究的投资估算与初步设计概算之差，应控制在 10％以内。经可行性研究应编制可行性研究报告。

可行性研究报告的主要内容包括：建设项目依据、历史背景；建设地区综合运输网的交通运输现状和建设项目在交通运输网中的地位及作用；原有公路的技术状况及适应程度；论述建设项目所在地区的经济特征，研究建设项目与经济发展的内在联系，预测交通量、运输量的发展水平；建设项目的地理位置、地形、地质、地震、气候、水文等自然特征；筑路材料来源及运输条件；论证不同建设方案的路线起讫点和主要控制点、建设规模、标准，提出推荐意见；评价建设项目对环境的影响；测算主要工程数量、征地拆迁数量，估算投资，提出资金筹措方式；提出勘测、设计、施工计划安排；确定运输成本及有关经济参数，进行经济评价、敏感性分析。收费公路、桥梁、隧道尚需作财务分析，评价推荐方案，提出存在问题和有关建议。

可行性研究报告经审查批准后，项目才能正式“立项”。大中型项目和限额以上项目的可行性研究报告经批准后，可根据实际需要组成筹建机构，即组建项目法人。一般改建、扩建项目不单独设置机构，仍由原企业负责筹建。

经可行性研究认为项目可行的，应下达设计任务书或可行性研究报告。设计任务书是编制设计文件的主要依据。其内容包括：建设依据和建设规模；路线走向和主要控制点，建设项目地址和主要特点；地理位置、自然条件和社会经济现状；工程技术标准和主要技术指标；设计阶段及完成时间；环境保护、城市规划、抗震、防洪、防空、文物保护等要求和采取的措施方案；投资估算和资金筹措；经济效益和社会效益；建设期限和实施方案。

3. 勘察设计阶段

勘察设计是安排建设项目、控制投资、编制招标文件、组织施工和竣工验收的重要依据。设计文件的编制必须精心设计，认真贯彻国家有关方针政策，严格执行基本建设程序的规定。

(1) 公路设计阶段划分。公路基本建设项目一般采用两阶段设计，即初步设计和施工图设计。对于技术简单、方案明确的小型建设项目，也可采用一阶段设计，即一阶段施工图设计。对于技术上复杂、基础资料缺乏和不足的建设项目，或建设项目中的特大桥、互通式立交枢纽、地质复杂的长大隧道、高速公路和一级公路的交通工程及沿线设施中的机电设备等，必要时采用三阶段设计，即初步设计、技术设计和施工图设计。

(2) 各阶段的设计依据。初步设计应根据批复的可行性研究报告、测设合同及勘测资料进行编制。一阶段施工图设计应根据批复的可行性研究报告、测设合同及定测、详勘资料进行编制。两阶段设计时，施工图设计应根据批复的初步设计、测设合同和定测、详勘资料（含补充资料）进行编制。

三阶段设计时，技术设计应根据批复的初步设计、测设合同和定测、详勘资料进行编制；施工图设计应根据批复的技术设计、测设合同和补充定测、详勘资料进行编制。

(3) 施工图设计文件组成。不论按几个阶段设计，其中的施工图设计文件由以下 13 篇及附件组成：总说明书；总体设计；路线；路基、路面及排水；桥梁、涵洞；隧道；路线交叉；交通工程及沿线设施；环境保护；渡口码头及其他工程；筑路材料；施工组织计划；施工图预算；附件。其中第二篇总体设计只用于高速公路和一级公路；附件内容为补充地质勘探、水文调查及计算等基础资料。

4. 列入年度基本建设计划

建设项目的初步设计和概算经上级批准后，才能列入国家基本建设计划。建设单位批准的年度基本建设计划是国家进行基本建设拨款和向银行贷款的重要依据。

5. 建设准备阶段

项目在开工建设之前，要做好以下前期准备工作：

(1) 预备项目。初步设计已经批准的项目可列为预备项目。国家的预备项目计划，是对列入部门、地方编报的年度建设预备项目计划中的大中型项目和限额以上项目，经过对建设总规模、生产力布局、资源优化配置以及外部协作条件等方面进行综合平衡后安排和下达的。

(2) 建设准备的内容。建设准备的主要工作内容有：征地、拆迁和安置；完成施工用水、电、路工程；设备、材料订货；准备施工图纸；监理、施工招标投标。

(3) 申报项目施工许可。待完成了规定的建设准备和具备了开工条件以后，应申报项目施工许可。年度大中型项目和限额以上项目需经国务院批准，国家发展和改革委员会下达项目计划，其他项目可由部门和地方政府批准。

6. 组织施工阶段

建设项目开工报告一经批准，项目便进入了建设施工阶段。本阶段是项目决策的实施、建成投入使用、发挥效益的关键，因此建设单位、施工企业、监理单位都应认真做好各自的工作。

公路项目开工建设的时间以开始进行土石方施工的日期作为正式开工日期。分期建设的项目，分别按各期工程开工的日期计算。施工活动应严格按照设计要求、技术规程、合同条款、预算投资、施工程序和顺序、施工组织设计，在保证质量、工期、成本等计划目标的前提下进行，达到竣工标准要求，经验收后移交使用。

7. 竣工验收、交付使用阶段

竣工验收是建设全过程的最后一道程序，是投资成果转入使用的标志，是建设单位、设计单位和施工单位向国家汇报建设项目的生产能力或效益、质量、造价等全面情况及交付新增固定资产的过程。验收工作在建设项目按施工合同文件的规定内容全部完成后进行。

公路项目验收分为单项工程交工验收和整体项目竣工验收两个阶段。竣工验收由建设主管部门主持，依据国家有关规定组成验收委员会，按照交通部《公路工程竣（交）工验收办法》（2004 年 3 月 31 日交通部令第 3 号）的要求组织验收。在工程验收前，建设单位要做好以下准备工作：组织设计、施工等单位进行工程初验，并向主管部门提出验收报告；整理技术资料，包括各种文件；绘制竣工图，必须准确、完整、符合档案管理的要求；编制竣工决算。验收合格的工程，应移交使用，并按有关规定办理交接手续。

8. 项目后评价阶段

公路建设项目正常运营一段时间后，再对项目的立项决策、设计施工、竣工验收、生产运营等全过程进行系统评价的技术经济活动，称为项目后评价，它是固定资产投资管理的最后一个环节。通过后评价可以肯定成绩、总结经验、探讨问题、汲取教训，并提出建议，作为今后改进投资规划、评估和管理工作的参考。

项目后评价应经过建设单位自评和投资方评价两个阶段，其包括以下内容：评估项目的实际成效；确定项目是否达到了预期目标和设计要求；检查设计、施工各个环节的实际质量，重新计算实际财务效益和国民经济效益。

1.3　公路工程建设领域改革制度

1.3.1　建设项目法人责任制

按照原国家计委计建设〔1996〕673 号文《关于实行建设项目法人责任制的暂行规定》，经营性政府投资项目必须组建项目法人，项目法人为依法设立的独立性机构，对项目的策划、资金筹措、建设实施、生产经营、债务偿还和资产的保值、增值实行全过程负责。

实行项目法人责任制是适应发展社会主义市场经济，转换项目建设与经营体制，提高投资效益，实现我国建设管理模式与国际接轨，在项目建设与经营全过程中运用现代企业制度进行管理的一项具有战略意义的重大改革措施。

1. 实行项目法人责任制的范围

根据行业特点和建设项目不同的社会效益、经济效益和市场需求等情况，将建设项目划分为生产经营性、有偿服务性和社会公益性三类项目。今后新开工的生产经营性项目原则上都要实行项目法人责任制；其他类型的项目应积极创造条件，实行项目法人责任制。

2. 项目法人及组成

投资各方在酝酿建设项目的同时，即可组建并确立项目法人，做到先有法人，后有项目。公路建设项目法人分为经营性公路建设项目法人和公益性公路建设项目法人。依法投资建设经营性公路项目的国内外经济组织为经营性公路建设项目法人。非经营性公路建设项目法人为公益性公路建设项目法人。

经营性公路建设项目应依法成立有限责任公司或股份有限公司，对建设项目筹划、资金筹措、建设实施、运营管理、债务偿还和资产管理全过程负责。

公益性公路建设项目应明确或组建项目法人，根据交通主管部门授权，对建设项目筹划、资金筹措、建设实施全过程负责。

3. 项目法人的主要管理职责

项目法人对项目的立项、筹资、建设和生产经营、还本付息以及资产的保值增值的全过程负责，并承担投资风险。

4. 项目法人与各方的关系

项目法人与各方的关系是一种新型的适应社会主义市场经济机制运行的关系。实行项目法人责任制后，在项目管理上要形成以项目法人为主体，项目法人向国家和各投资方负责，咨询、设计、监理、施工、物资供应等单位通过招标投标和履行经济合同为项目法人提供建设服务的建设管理新模式。

政府部门要依法对项目进行监督、协调和管理，并为项目建设和生产经营创造良好的外部环境，帮助项目法人协调解决征地拆迁、移民安置和社会治安等问题。

1.3.2 建设监理制度

1. 实行工程建设监理制后我国的建设管理体制

工程建设监理制实施以后，我国工程项目建设管理的组织格局如图 1.2 所示。这种由“三方”构成的工程建设管理体制是目前工程项目建设的国际惯例，是绝大多数国家公认的工程项目建设的重要原则，是合理使用资金和满足物质文明需要的关键。

实施工程建设监理制，按照新型工程项目建设管理体制来进行工程项目建设，使直接参加工程项目建设的业主、监理单位、承建商通过承发包关系、委托服务关系和监理被监理关系有效地联系起来，形成了完整的工程项目组织系统。这个项目组织系统在政府有关部门的监督管理之下规范地、一体化地运行，必然会产生巨大的组织效应，对顺利完成工程项目建设将起巨大作用。

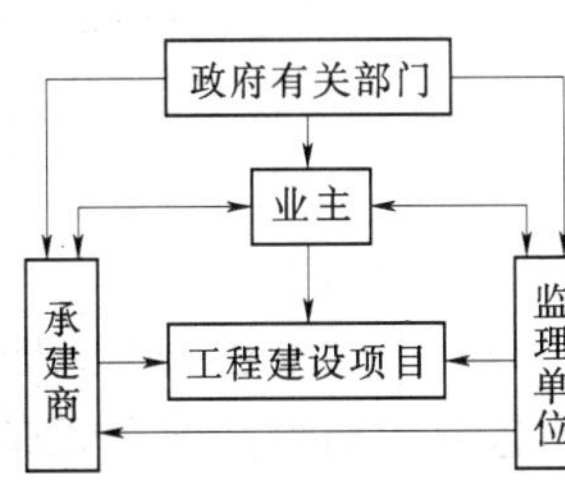

图 1.2 工程项目建设管理体制图

工程监理可以理解为对工程项目建设的有关活动实施监督和管理，对工程建设的参与者的行为进行监控、督导和评价，并采取相应的管理措施，保证工程建设行为符合国家法律、法规和有关政策，制止建设行为的随意性和盲目性，促使工程建设的进度、造价、质量等目标按合同计划实现，确保工程建设行为的合法性、科学性、合理性和经济性。

公路建设项目工程监理是指由具有公路工程监理资格的监理单位，按国家有关规定、受项目法人委托对施工承包合同的执行、工程质量、进度、费用等方面进行监督与管理。根据 1995 年交通部颁发的《公路工程施工监理规范》及国家有关规定，公路工程施工监理的定义为：具有公路工程监理资格的监理单位受项目法人委托，根据合同文件及监理服务合同的要求，在施工准备阶段、施工阶段及缺陷责任期阶段，对施工承包合同的执行、工程质量、进度、费用等方面进行监督与管理。

2. 公路工程施工监理的阶段划分及其主要工作内容

公路工程施工监理是一个施工全过程的监理，可划分为 3 个阶段：施工准备阶段监理；施工阶段监理；交工及缺陷责任期阶段监理。由于各阶段监理的特点不同，其工作内容与重点也各有侧重。

（1）施工准备阶段监理。监理单位在与项目法人签订监理服务合同之后，即进入施工准备阶段监理。施工准备阶段监理的主要内容是在开工前熟悉合同文件的内容（包括监理合同及施工单位与项目法人签订的合同协议书、招投标文件）、复核施工图纸，参加施工招标，了解现场用地占有权和使用权的解决情况，复核定线数据，制定监理程序，督促承包商提交施工组织设计，审查承包商的工程总进度计划、现金流动估算、临时用地计划，自检系统，落实承包商的材料来源，准备第一次工地会议、准备发布开工通知等。其内容要点如下：

1）发布开工令。

2）召开第一次工地会议。第一次工地会议应由监理工程师主持，建设单位、承包商的授权代表必须出席会议。

3）审批承包商的工程进度计划（含施工组织设计）。

4）审批承包商的质量保证体系。

5）检验承包商的进场材料，以决定同意采购与否。材料或商品构件直接按规定的频率进行抽样试验，不合格的材料或商品构件不准用于工程。

6）审批承包商的标准试验，包括各种标准击实试验、骨料的级配试验、混合料的配合比强度试验等。

7）检查承包商的保险及担保，支付动员预付款。

8）审查承包商的施工机械设备。

9）验收承包商的施工定线。

10）验收承包商测定的地面线。

11）审批承包商提交的施工图。在各项工程开工前合同规定的时间内，监理工程师应对承包商依据合同规定完成的各种施工图进行审核批准。

12）审批承包商占用的工程场地。监理工程师应督促项目法人将全部工程或施工段落的工程场地移交给承包商使用。

13）监理其他与保证按期开工有关的施工准备工作。对上述各项内容，如果没有达到有关规定的要求，则通知承包商进行补充和修正，直到符合合同要求或使得监理工程师满意为止。

（2）施工阶段监理。这个阶段是工程主体开始实施的阶段。监理工程师利用业主授予的权力，从组织、技术、合同和经济的角度采取措施，对工程质量、进度、费用实施全面监理，并严格地进行合同管理，以使工程建设的质量、进度、费用三大目标最合理地实现，承包商按监理工程师批准的施工方案及进度计划实施工程，监理工程师协助承包商完善工序控制，在这一阶段中，监理工程师应提出工序控制的质量要求，具体有以下几项：

1）对进入现场的所有材料、设备、构件、配件、混合料都要做检验，不符合规定要求的要拒收。

2）对构件、设备和重要材料的生产、制造和装配场所要实行监督。

3）抓好工序管理。每道工序开工都要申请和审批，只有最后验收合格才能进行下一道工序的施工。

4）落实合同要求的试验，并对实际工程的重要部位和薄弱环节安排增加试验。

5）制定巡视工地的次序和周期，对重要部位或操作实行旁站监督。

6）审批设计变更和图样修改。

7）开好经常性的工地会议，组织质量专题会议，形成现场质量管理的制度。

8）监理工程师在必要时下达停工令，以处理工程质量事故。

9）审批分包合同和分包工程内容。

10）抓紧隐蔽工程的检验，未经监理人员检验或同意，不得将隐蔽工程覆盖。

11）监理工程师认为必要时，可以要求承包商撤换工作不力的人员。

12）严格进行中间交工验收。

（3）缺陷责任期阶段监理。监理工程师在收到承包商交工验收申请后，应在14d内审核并报业主，业主在收到该申请后的21d内应组织交工验收。经交工验收认为工程质量合格的，监理工程师应在此项验收工作完毕后14d内向承包商签发交工证书。交工证书签发并移交管理养护部门后，承包商即不再负责对本工程的照管和维护，本工程即进入缺陷责任期。

自监理工程师签发工程交工证书至监理工程师签发《工程缺陷责任终止证书》的时间称为缺陷责任期。一般合同规定为两年，以签发交工证书之日作为起算日期。承包商有义务在缺陷责任期内完成在交工证书中写明的未完成工作，并完成对本工程缺陷的修复或监理工程师指令的修补工作，并应在缺陷责任期满后的14d内，按照业主和监理工程师在缺陷责任期满前检查结果而发出的指令，对存在的缺陷、病害或其他不合格之处进行修补、重建及修复，监理工程师应继续检查该部分工程质量。

在缺陷责任期，监理工程师的工作内容主要包括：

1）按合同要求进行竣工工程的检查和验收，对工程交接时存在的缺陷及签发交工证书之后发生的工程缺陷情况进行记录，并指示承包商进行修复。

2）审阅承包商关于未完工作的计划和保证，检查承包商未完工程计划的实施，并视工程具体情况，建议承包商对未完工程的计划进行调整。

3）确定缺陷责任和修复费用。监理工程师首先应对工程缺陷发生的原因和责任者进行调查，对非承包商原因造成的工程缺陷，监理工程师应对修复工作做出费用估算，安排承包商修复时应向建设单位签发追加费用证明。

4）监督工程项目的试运行，及时解决质量问题，监督承包商完成未完工程和缺陷修补直至签发缺陷责任终止证书。

5）督促承包商按合同规定完成竣工资料和竣工图样，并审核竣工资料和竣工图样。

对照上述监理工作内容，监理工程师应配备缺陷责任期的监理工作人员，包括现场巡视和旁站、试验检测、合同事宜、资料整理等方面人员。

3. 公路工程施工监理的性质

从施工监理的工作内容和任务可以看出，公路工程施工监理工作具有以下性质：

(1) 服务性。监理单位是智力密集型的组织，为建设单位提供的是智力服务，其本身不是建设产品的直接生产者和经营者。和施工企业不同，监理单位不承包工程造价，不参与工程承包的盈利分配。

(2) 公正性和独立性。公正性和独立性是监理单位顺利实施监理职能的重要条件。监理单位和监理人员的工作不受来自建设任何一方的干扰，必须保持自己的独立性；监理单位在人际、业务、经济关系上必须独立，不得同参与工程建设的各方发生利益关系。我国《建设工程质量管理条例》第三十五条规定："工程监理单位与被监理工程的施工承包单位以及建筑材料、建筑构配件和设备供应单位有隶属关系或者其他利害关系的，不得承担该项建设工程的监理业务。"

监理的公正性，是指工程建设监理工程师的工作应该遵守国家的法律法规，严格按照合同法规办事，尊重事实，依据事实，客观公正地行事，而不应盲目偏袒任何一方。所以工程建设监理单位根据监理委托合同，在为业主提供工程建设监理服务、维护业主利益的同时，也要维护承包商的合法权益，制止业主损害承包商利益的不合法和不规范的行为。

(3) 科学性。监理单位区别于其他一般服务性组织的重要特征，是监理单位必须具有能发现与解决承建单位所存在的技术和管理方面问题的能力，能够提供高水平的专业服务，这是科学性原则。监理人员的高素质是监理单位科学性的前提条件。监理工程师都必须具有相当学历，并有长期从事工程建设工作的丰富实践经验，精通技术与管理，通晓经济与法律，才能为项目法人提供高水平的技术服务，才能在建设市场的竞争中生存发展。

应强调指出，监理单位和监理人员应按照"严格监理、热情服务、秉公办事、一丝不苟"的监理原则认真贯彻执行有关施工监理的各项方针政策、法规，制订详细的工作计划，明确岗位职责，严格检查制度，努力做好施工监理工作。

1.3.3 招标投标制度

招标投标是市场经济体制下买卖双方的一种竞争性交易方式。在公路建设市场推行招标投标制，宗旨是在公路工程建设中引进竞争机制，形成公平、公正、公开、诚信的市场交易方式，建立统一、开放、竞争、有序的公路建设市场，减少建设市场的行政干预，规范业主行为，择优选择承包单位，促使设计、施工、监理、材料设备生产供应等企业不断提高技术和管理水平，以保证建设项目质量、工期、费用目标的实现，提高投资效益。

1999年8月30日第九届全国人民代表大会常务委员会第十一次会议通过并颁布的《中华人民共和国招标投标法》，对规范招标投标活动，保护国家利益、社会公共利益和招标投标活动当事人的合法权益，提高经济效益，保证项目质量，具有特别重要的意义。

1. 招标投标的基本性质和法律特征

(1) 招标投标是在双方（业主与承包商，业主与监理单位等）同意基础上的一种买卖行为。

(2) 招标投标是市场竞争的表现形式，是竞争机制在建设市场产生作用的体现。它是由业主设立标的，招请若干投标单位公平竞争，通过秘密报价，从中择优中标者并达成交易协议。

(3) 招标投标方式是建筑产品的价格形成方式，是价格机制（价值规律和供求规律）在建设市场产生作用的体现。

(4) 招标投标的结果是招标者和中标者订立合同。当事人双方的合同关系是一种法律关系，故而，招标投标是一种合同法律行为。

在招标投标工作中，必须明确政府、业主、承包商、监理四者之间的关系，以确保招标投标工作有序而顺利地进行。四者之间关系如图 1.3 所示。

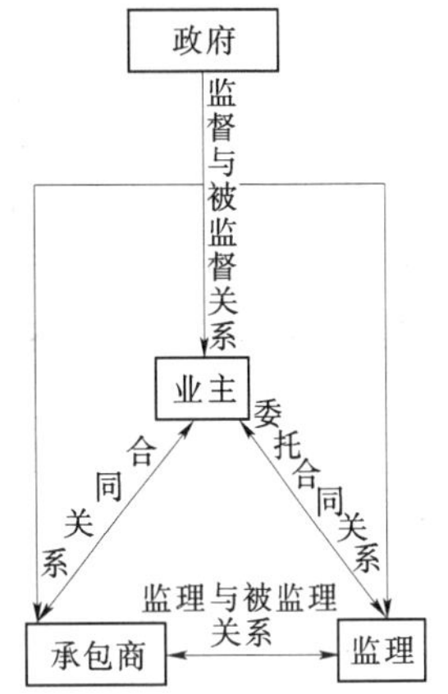

图 1.3 工程建设中四方关系图

在工程承包合同实施过程中，可以用图 1.4 来表示业主、承包商、监理工程师及分包商、贷款方之间的关系。

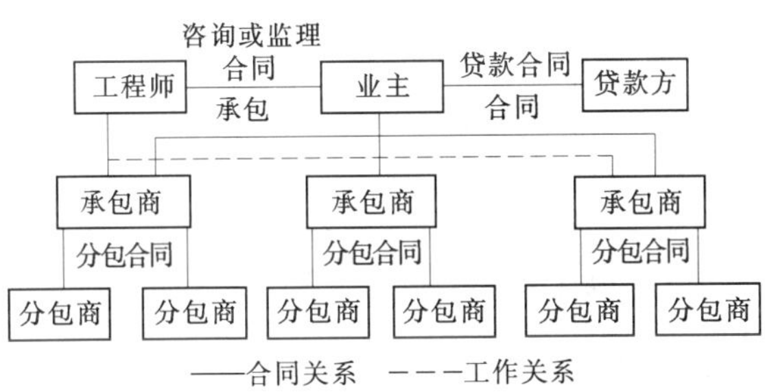

图 1.4 工程建设项目实施阶段各方关系图

2. 招标投标的基本原则和要求

(1) 合法原则。招标投标行为是一种法律行为，它必然要受到法律的规范和约束，服从法律的规范和要求。合法原则包括主体合法、内容合法、程序合法、代理合法等要求内容。

(2) 平等原则。平等原则即公平交易，这是市场交易的基本要求，包括地位平等、权利平等、意志平等以及平等竞争、投标机会均等内容。

(3) 优胜劣汰原则。竞争机制条件下，必然是优胜劣汰，也是通过市场优化资源配置的结果。

(4) 遵循价值规律和服务供求规律的原则。

3. 公路工程招标

根据招标目的的不同，我国目前公路工程招标主要有以下几种形式。勘察设计招标、施工监理招标、材料设备招标及施工招标。

施工招标是通过招标的方式来正确选择施工单位是十分重要的一环，是关系工程目标得以实现的关键一环，因为施工单位是工程投资在不突破的前提下，确保工程质量和工期的直接实施者和责任者。施工招标的要点如下：

(1) 做好招标准备工作。成立招标组织机构、编制招标文件、发布招标通告或资格预审通知、投标单位资格审查等。

(2) 做好投标组织工作。根据投标单位资格审查的结果，对投标的合格者发送投标邀请书、发售招标文件、组织现场考察、组织标前会议并解答投标单位提出的问题等。

（3）做好评标定标的工作。开标、评标定标、签订合同。实际中要特别注意编制标底和审定标底的工作。

（4）设计施工总招标。设计施工总招标是在上述四种招标基本形式之外的另一种形式。其招标的要点是：由业主事先提出设计施工的基本原则和要求，由设计单位和施工单位组成设计施工联合体进行投标，业主从中选择一家工程造价低、能确保工程质量并符合工期要求的单位承担本项目的设计施工。

4. 公路工程投标

公路工程施工企业在得到招标信息后首先应做出投标决策，即投标还是不投标；若决

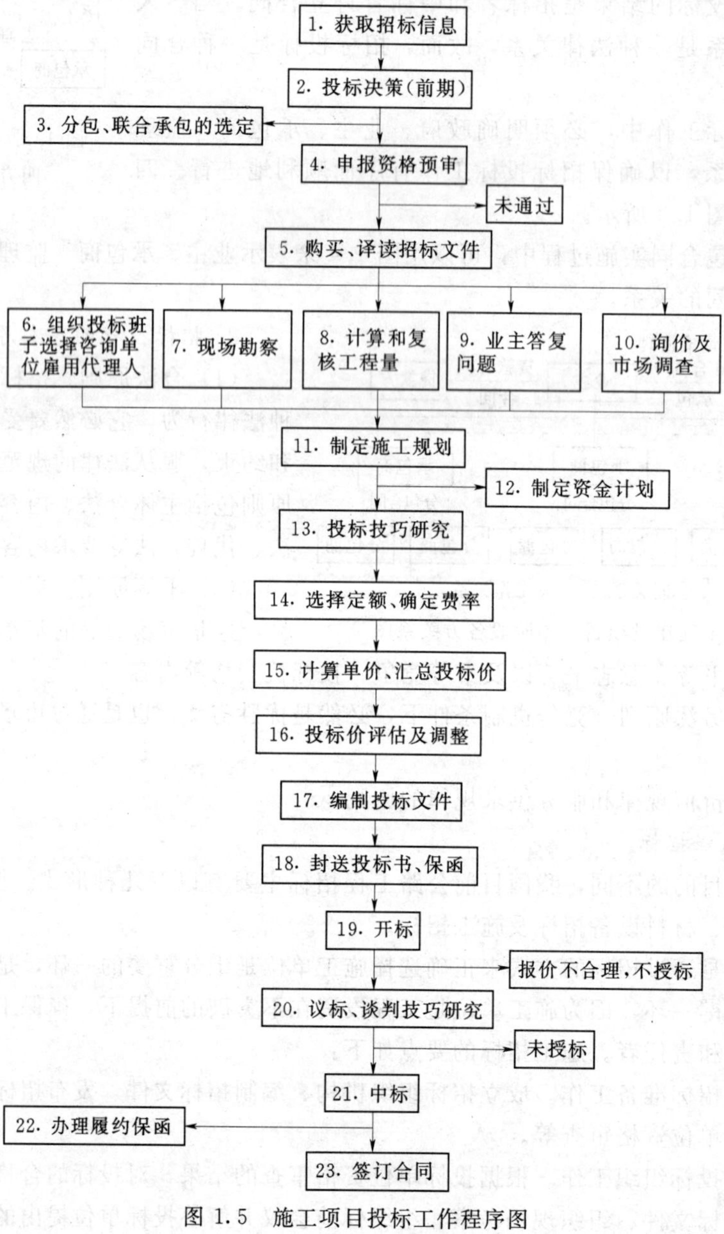

图 1.5　施工项目投标工作程序图

定投标，决定投什么性质的标；投标中如何运用以长制短，以优胜劣汰的策略和技巧，以达到中标目的。

同时，投标者必须按招标文件要求结合自身实际状况开展投标的各项工作，如仔细研读招标文件、参加标前会议、勘查现场、计算标价、编制投标书、送达标书及参加开标会议等项工作。施工项目投标工作的程序如图 1.5 所示。

1.3.4　合同管理制度

市场经济的本质就是法制经济，而具有法律效力的合同是宏观法律在工程建设中的微观体现，是合同各方履行义务、维护自身利益、创造效益的关键，工程建设中的一切活动都要围绕合同来进行，合同管理的好坏直接关系到项目建设目标的最优实现程度。只有严格进行合同管理，才能保证整个工程建设市场的健康有序。

公路建设项目合同包括勘察设计合同、施工合同、监理合同、设备材料采购合同等。根据国家规定，公路建设项目的勘察设计、施工、监理以及与工程建设有关的重要设备、材料的采购，必须遵循诚实信用的原则，依法签订合同。合同双方应按合同履行自己的义务，不得违约。合同一方有权按规定程序，对不能履行合同义务的另一方提出索赔，违约方应按合同规定承担赔偿责任。

1.4　本课程的研究对象和任务

1.4.1　本课程的研究对象

1. 公路施工方案与施工组织设计

现代公路建设周期长，在公路施工中，规模大、技术复杂、分工细、协作面广，占用着成千上万的劳动力，使用着大量构件、配件、半成品和原材料，采用越来越多的筑路机械和运输工具。为了保证有节奏地和不间断地施工，按期完成施工任务，且使人力、资金、材料、机械发挥最大效力，就要求我们根据工程特点、自然条件、资源情况、周围环境等对工程进行科学、合理地安排。要使得在一定的时间和空间内能有组织、有计划、有秩序地完成施工过程，必须不断改善施工计划和管理的组织工作。这就要求及时整理收集到的各种信息，迅速和优质地编制施工组织方案和施工计划。这就是公路施工组织所研究的内容。

目前公路建设者已经广泛利用网络技术和计算机来编制施工进度计划、施工作业计划和进行施工管理。在施工组织和计划中使用计算机技术，又是与应用数学，尤其是各种数学规划（线性规划、非线性规划、动态规划）理论的发展密切联系着的。

采用数学方法和电子计算机解决施工组织问题时，可归纳为两类任务：一是选择组织工作与计划工作的最佳方案；二是信息处理和编制施工进度计划与作业计划。

第一类任务施工组织方案，属于求极值问题。例如材料供应基地的企业（附属企业）与部门的布局；编制最佳的建筑工程物资运输计划；最合理地安排建造各类施工项目时所需的筑路机械及其负荷等，可利用线性规划的方法解决。由于在公路施工中运用了线性规划的方法和计算技术，施工效率得到了显著地提高。同时，由于编制了合理的运输计划，大大地节省了运费。

第二类任务包括编制施工组织设计，编制各个工程项目和施工机构的作业计划，并监督其完成；计算所需的材料资源、劳动资源和资金；安排施工的配套和材料设备供应等。这类任务的特点是原始资料的数量很大，并且种类繁多，解决这些任务不仅要求完成大量的计算工作，而且还要进行大量的逻辑推理和加工，最终表现为用图表、报表、统计表和计算书形式表示工作结果的信息。通常，为了编制和整理这些资料，需要很多工作人员和较长的时间，这不符合编制作业计划和管理工作的要求，而采用计算机处理这些资料，就能保证迅速、高质量地完成这些工作。为了在公路建设中广泛采用电子计算机，这就需要编制各类计算机程序。例如，采用网络计划来编制施工进度计划时，就需要编制网络计划的计算程序。

在公路建设的计划与管理工作中采用网络图，可大大提高指挥施工的作业效率，并加强了对施工全过程的监督。

2. 公路工程概预算

本课程的公路工程概预算包括公路工程定额，公路工程概预算文件编制与工程量计算，公路工程概预算费用的计算，公路工程量清单计价与招标投标，公路工程概预算审查与工程结（决）算，应用电子计算机技术编制公路工程概预算等内容。

本课程通过对公路工程定额的概念与性质，定额的特点，定额的作用，定额的分类，定额的人工、材料、机械台班消耗量的确定，公路工程的定额体系及其应用方法，预算定额组成及应用方法的学习，达到正确使用定额的目的。

公路工程概预算是指在公路基本建设各个设计阶段，按照国家有关政策和规定，依据设计文件计算公路建设项目的全部建设费用的文件。本课程根据不同的建设内容、不同设计阶段、不同建设项目组成，详细介绍了公路工程概预算文件组成、项目划分方法、工程量的计算，以及概预算编制的依据、步骤，各项费用的内容和计算程序、计算方式，编写了公路工程概预算示例，使读者能较快掌握概预算的基本技能，达到事半功倍的效果。另外，较为详细地介绍了概预算审查、工程结算、竣工决算等内容的基本原理和有关造价文件的组成内容和编制方法等。

工程量清单计价是改革和完善工程价格的管理体制的一个重要组成部分。工程量清单计价方法是相对于传统定额计价的一种新的计价模式，或者说是一种市场定价模式，是由建设产品的买方和卖方在建设市场上根据供求状况、信息状况进行自由竞价的定价模式，它为建设市场的交易双方提供了一个平等的平台，可以实现工程量计算规则统一化、工程量计算方法标准化、工程造价确定市场化。本课程介绍了工程量清单计价概念、工程量清单编制方法、清单投标报价方法以及投标策略与技巧等。

公路工程概预算是一项极为烦琐而又复杂的计算工作，费时费力，为了提高效率，可利用计算机技术的优点，通过编制概预算软件，解决工程实际问题。本课程介绍了计算机技术编制公路工程概预算的基本原理与程序结构、运算操作、概预算编制的程序，以及同望公路造价管理系统应用。

1.4.2　本课程的学习任务

本课程的学习任务是使学生掌握公路工程施工组织的基本原理和施工组织设计文件的编制方法，使他们能利用这些办法解决在施工组织和施工过程中的实际问题，并能够采用最佳方案保证施工任务的完成，具备独立编制施工组织设计文件的能力；掌握公路工程概预算的基本理论方法，能够独立编制公路工程的概预算文件；熟悉工程结算、竣工决算的内容和方法，具备一定的解决公路工程结（决）算中实际问题的能力。

1.4.3　本课程与其他课程的联系及学习方法

因本课程与相邻课程如工程制图、建筑材料、道路勘测设计、路基路面工程、桥梁工程、道路工程施工技术，以及工程经济学、运筹学、计算机技术应用等有密切的关系，学生只有在学习了一系列的基础课、技术基础课和专业课程之后，才能学习“公路工程施工组织与概预算”课程。同时，学习本课程应理论结合实际，进行工程实践，不断提高施工组织设计和工程概算、预算、结（决）算的编制和管理水平。

思　考　题

1.1　简述公路工程建设项目的内容是什么，公路建筑产品有哪些特点？

1.2　我国公路工程基本建设项目投资来源有哪些？

1.3　什么是基本建设？如何对基本建设进行分类？

1.4　公路基本建设的各个阶段有哪些内容？试分析在不同的建设阶段，应该编制哪些施工组织文件和工程概预算文件？

1.5　建设项目法人的组成、主要职责是什么，与其他建设各方的关系是什么？

1.6　简述公路工程施工监理的性质有哪些。

1.7　简述公路工程施工招标的主要内容。

1.8　公路建设合同主要包括哪几个类型？

1.9　简述本课程的研究对象和任务有哪些。

第2章　公路工程施工组织设计

2.1　概　述

施工组织设计是施工企业进行施工组织和指导施工全过程的技术、经济文件，是企业进行科学的施工管理的重要依据。其主要内容是：根据工程的具体特点、建设要求、施工条件和施工管理水平，确定主要项目的施工方案、编制施工进度计划和资源供应计划、绘制施工平面图、考核主要技术经济指标，并提出保证工程质量和安全施工的具体措施。

2.1.1　施工组织设计的概念、作用与分类

1. 施工组织设计的概念

施工组织设计是施工企业在工程施工过程中，根据工程实际和企业本身的经济技术条件，有计划、合理地组织安排人力、材料、机械设备和资金等资源，科学地组织施工过程，以最少的资源投入达到最佳的经济效益，而编制的用来规划和指导拟建工程投标、签订合同、施工准备到竣工验收全过程的全局性的技术经济文件。

2. 施工组织设计的作用

施工组织设计作为规划工程项目全局性和综合性的技术经济文件，是落实工程设计内容的具体体现，同时又符合工程施工的客观规律，对施工的全过程起着重要的指导作用。

（1）施工组织设计是施工企业参加工程投标的主要内容。交通部规定：凡是实行招标的工程，施工企业必须有施工组织设计才能参与投标。事实证明，施工组织设计的质量对施工企业中标起着一定的作用。

（2）施工组织设计是具体指导和组织工程施工的重要技术文件。施工组织设计编制和计划了拟建工程的施工顺序、施工方法、施工方案、施工进度计划、资源供应计划、施工现场的平面布置及施工质量和安全保证措施等内容。所以有了科学合理的施工组织设计，施工全过程就有了可靠的依据和具体的标准。

（3）施工组织设计是加强施工管理的重要措施文件。施工组织设计不仅是施工准备工作的重要依据，而且还是做好施工各环节管理工作不可缺少的重要措施。实践证明，一项工程如果施工组织设计编制得好，能正确地反映客观实际并认真贯彻执行，工程施工就可以有条不紊地进行，取得较好的经济效益；否则就会出现盲目施工的混乱局面，造成不必要的损失。

3. 施工组织设计的分类

（1）根据编制阶段的不同分类。根据编制阶段的不同可将其划分为两类：一是投标前编制的施工组织设计，简称标前设计；二是签订工程承包合同后编制的施工组织设计，简称标后设计。标前设计是施工单位在参加投标时，根据工程招标文件的具体要求并结合本单位的技术经济状况而编制的，作为投标文件的组成部分。标后设计是施工单位中标后，在工程开工前对标前设计的进一步审查、修订或重新编制。

(2) 依据工程对象的不同分类。依据工程对象的不同可将其划分为四类：施工组织总设计、单位工程施工组织设计、分部分项工程施工组织设计（也称施工方案）和竞标性施工组织设计。

1) 施工组织总设计。它是以整个建设项目或群体工程为对象编制的，用以指导建设项目施工全过程的全局性、控制性的技术经济文件，是整个建设项目施工的战略部署。它由总承包单位负责，会同建设单位、设计单位和分包单位共同编制。

2) 单位工程施工组织设计。它是施工组织总设计的具体化，是以单位工程为对象编制的，用以直接指导单位工程施工全过程各项活动的技术、经济的局部性、指导性文件，是拟建工程施工的战术安排。单位工程施工组织设计由工程项目的项目经理或主管工程师负责编制。

3) 分部分项工程施工组织设计，也称施工方案。它是以工期较短的简单工程或规模较大、技术复杂的分部分项工程为研究对象，由项目经理部的技术负责人编制的较为详细的施工作业计划。分部分项施工组织设计突出的是施工作业的可操作性。

4) 竞标性施工组织设计。它是以满足业主的要求为主，按照招标文件要求且对招标文件做出实质性的响应而编制的组成投标书内容的施工组织设计。竞标性施工组织设计的特性主要表现为：强制性、理念性、答题性、时间性、可视性。强制性源于业主的要求不改；理念性是为表达投标人遵从的原理和业主要求的思路；答题性是根据业主的要求，表达投标人的承诺，体现出满足其具体要求；时间性是编制施工组织设计受到了时间的限制；可视性是直观、明了、一目了然，以便于评委在有效评标时间内打出合理分数。这需要编标人员通过到现场观摩学习及与设计人员交流之后精心策划编制。

2.1.2 施工组织设计的编制原则和依据

1. 施工组织设计的编制原则

(1) 严格遵守合同工期的原则。总工期较长的大型建设项目，应根据工程的需要，安排分期分批施工，配套投产或交付使用，从实质上缩短工期，尽早地发挥建设投资的经济效益。

(2) 遵循科学程序进行编制的原则。工程施工有其本来的客观规律，要按照反映这种规律的程序组织施工，能够保证各项施工活动相互促进、紧密衔接，避免不必要的重复工作，加快施工进度，缩短工期。在安排施工程序时，一般应坚持先地下后地上的原则，对整个施工现场要进行统筹规划合理安排，并注意其技术经济效果。

(3) 应用先进的施工工艺和作业设备。先进的施工工艺方法和机械设备配套施工，不但能提高施工的机械化、装配化程度，提高劳动生产率，而且还能降低工程的施工成本，提高施工企业的经济效益。

(4) 采用合理的施工组织方式。在施工过程中组织流水作业和使用网络计划技术安排进度计划，合理地安排人力、物力、财力等资源的供应，把握住关键工程的施工进程，使工程均衡有序进行。

(5) 妥善安排施工现场，做到安全文明施工。统筹规划整个施工现场，使施工井然有序，制定一系列的安全文明施工措施，提高企业安全文明施工的程度，提高经济效益。

2. 施工组织设计的编制依据

(1) 计划文件。包括国家批准的基本建设计划文件、单位工程项目一览表、项目所在地区主管部门的批件、施工单位主管上级下达的施工任务。

(2) 设计文件。包括批准的可行性研究报告、初步设计、技术设计和施工图设计、设计说明书、总概算或修正总概算、施工图预算。

(3) 合同文件。即施工单位与建设单位签订的工程承包合同。

(4) 项目所在地区的调查资料。包括水文、气象、地形、地质等自然条件资料，当地的地区定额、规范、人工单价、材料价格、运输条件以及政策法规等技术经济资料。

(5) 施工单位本身对工程施工可配备的人力、机械和技术力量。

(6) 国家现行的有关定额、规范、标准、规程、设计手册等。

2.1.3　施工组织设计的内容组成

施工组织设计的内容，根据工程性质、规模、结构特点、施工工艺的复杂程度和施工条件的不同而有所区别。但一般应包括以下主要内容：

(1) 工程概况。

(2) 总体施工方案部署与施工方法。

(3) 施工进度计划。

(4) 各种资源需求计划。

(5) 施工平面图。

(6) 主要技术组织措施和主要技术经济指标。

2.1.4　单位工程施工组织设计的编制程序

施工组织设计，应按照施工过程中各种因素之间的相互影响和变化规律，运用科学的方法进行编制，其程序如图 2.1 所示。

施工组织设计要根据实际工程的客观内容而编制，编制前应做好充分的准备工作，要对设计资料和工程所在地的技术经济状况及现场条件进行深入细致的调查研究，在此基础上编制出来的施工组织设计才会具有指导性和可操作性。

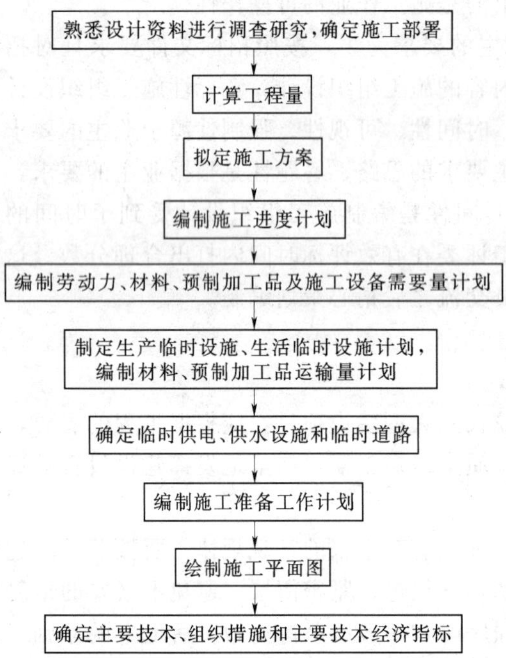

图 2.1　单位工程施工组织设计编制程序图

2.2　单位工程施工组织设计的编制

单位工程施工组织设计的内容主要包括：工程概况、施工方案、施工进度计划、各种资源供应计划、施工平面图和各项技术组织管理措施。

2.2.1　工程概况

工程概况是对拟建工程的工程特点、现场情况、施工条件等内容作一个简要的、突出重点的文字介绍，必要时还可以附以图表来弥补文字介绍的不足。

1. 工程建设特点

工程建设特点主要介绍拟建工程的建设单位、工程名称、建设地点、工程性质、建设规模、总投资、开竣工日期及分期分批施工的项目和期限；总占地面积、体积和主要实物工程量；主要结构特征；抗渗、抗冻、抗震的要求；管线铺设、设备安装及其他设施的建设要求。

2. 施工现场特点

施工现场特点主要反映工程所在位置、地形、地貌、工程地质与水文地质条件、气象条件和地震烈度、地方资源和交通运输条件、劳动力和生活设施等内容。

3. 施工条件

施工条件主要应反映建设单位可提供的临时设施、技术经济协作条件；施工企业的生产能力、技术人员、技术装备、管理水平、市场竞争能力和完成指标的情况以及主要设备和材料的供应情况等内容。

此外对工程项目有关的协议、土地的征用范围、数量和搬迁拆迁时间及临时用地等情况，也可以作简要说明。

2.2.2 施工方案的确定

施工方案是施工组织设计的核心所在，要根据工期要求、材料、机械和劳动力的供应情况，以及协作单位配合条件和其他现场条件进行周密的考虑。

对于一个具体的工程，可以拟定若干不同的施工方案，从技术、经济两个方面对此进行综合分析，决定取舍。施工方案一经确定，则整个施工的进程、人力和机械的需要与布置、工程质量及施工安全、工程成本、现场的状况等也随之被规定下来。施工组织的各个方面都无一不与施工方案发生联系而受到重大影响。施工方案的优劣，在很大程度上决定了施工组织设计的质量和施工任务完成的好坏。选择施工方案的基本要求是：切实可行；施工期限满足业主要求；确保工程质量和施工安全；经济合理、工料消耗和施工费用最低。

施工方案拟定的内容，一般包括施工顺序的确定、施工方法的选择、施工机械的选择、施工过程组织的确定等。

1. 施工顺序的确定

公路工程施工，点多线长，情况各异，自然条件复杂，所以合理确定施工项目中各单位工程或关键项目的施工顺序，是确定施工方案的首要问题，对工程的经济效益具有决定性的影响。

安排好一个施工项目的施工顺序，要考虑到多方面的因素，每个具体工程项目又各不相同，不可能有统一的模式，因此要进行具体的分析，根据施工规律来确定施工顺序。安排施工顺序应遵循和考虑以下几点：

(1) 影响全局的关键工程部位。要将影响全局的关键工程的合理施工顺序放在首位考虑。如路线工程中的某大桥、某隧道、某深路堑，若不在前期完工，将导致其他工程不能施工（如无法运输材料、机械或工期太长等）而拖延工期，此时应集中力量首先完成关键工程。又如路基土方采用机械化施工，但路基中有桥涵工程，如果能安排小桥、涵洞工程在机械施工开始之前完成，并达到承载强度，则为机械化施工创造了条件，否则要预留路基缺口，所以这些都涉及到统筹安排的问题。

(2) 必须充分考虑自然条件的影响。安排施工项目施工顺序时，必须考虑水文、地质、气象等的影响。如桥梁的基础工程一定要安排在汛期之前完成或安排在汛期之后进行等。

(3) 施工顺序要与施工方法、施工机具协调一致。如现浇钢筋混凝土梁桥上部构造的施工顺序与采用架桥机进行装配化的施工顺序就显然不同。

(4) 要考虑施工条件对施工顺序的影响。如某种关键机械能否按时供应；某拆迁工程能否按时拆迁；高寒地区的生活条件或生活供应能否按时解决等。

(5) 必须符合工艺要求。公路工程的各施工过程或工序之间，存在着一定的工艺顺序要求。如钻孔灌注桩在钻孔后应尽快灌注水下混凝土，以防坍孔，所以两道工序必须紧密衔接。

(6) 必须考虑施工质量要求。在安排施工顺序时，要以能确保工程质量作为前提条件之一。例如桥梁工程的钻孔灌注桩基础，采用钻孔机钻孔，通常每个墩台基础都有两个或两个以上的桩基，一个基础中的不同桩基不能以相邻顺序施工，否则会发生坍孔，一般要间隔施工。

(7) 必须考虑安全生产的要求。在安排施工顺序时，必须力求各施工过程的衔接不至于产生不安全因素，以防安全事故的发生。

(8) 应能使工期最短。

(9) 尽力体现施工过程组织的基本原则，即施工过程的连续性、协调性、均衡性和经济性。

2. 施工方法的选择

正确地选择施工方法是确定施工方案的关键。施工方法在技术上必须满足保证工程质量，提高劳动生产率以及充分利用机械的要求，做到技术上先进、经济上合理。

每个施工过程，均可采用不同施工方法进行施工，而每一种方法都有其各自的特点。关键是从若干个可行的施工方法中，选择一个最先进、最可行、最经济的施工方法。选择施工方法的主要依据是：

(1) 工程特点。主要指工程项目的规模、构造、工艺要求、技术要求等方面的特点。

(2) 工期要求。要明确本工程的总工期或分部工程的工期是属于紧迫、正常、充裕三种情况中的哪一种。

(3) 施工组织条件。主要是气候等自然条件，施工单位的技术水平和管理水平，所需设备、材料、资金等供应的可能性。

例如有些桥梁的基础开挖施工，可以人力开挖，也可机械开挖，这就需要选择确定施工方法。如果人力多，基础深度不大，人工开挖可能有利；如施工单位拥有反铲挖土机，用机械施工可节省人力和施工时间。若两者都可使用就需要进行经济比较。又如一座大桥的高墩台灌注混凝土施工，可以选择多台钢塔架吊装混凝土浇灌的施工方法，也可选择架设缆索吊车（如果两岸有高坡可利用）的施工方法，还可选择吊臂可伸长达到一定高度的吊车的施工方法。最终选择哪一种方法，要从实际出发，一要保证技术安全可靠，二要经济合理。总之，工程项目施工往往有多种方法，只要经过比较，就可以选择出一个好的方案。

3. 施工机械的选择

正确拟定施工方法和施工机械是合理地组织施工的关键，两者又是紧密联系的。

施工方法一经确定，机械设备选择就只能以满足施工方法的要求为基本依据。而正确地选择好施工机械能使施工方法更为先进、合理。在现代化的施工条件下，施工机械的选择合适与否，很大程度上决定了施工方案的优劣。

施工机械的选择只能在现有的或可能获得的机械中进行选择。尽管某种机械在各方面都是适合的，或对工期的缩短好、人力的节省很有利，但如不能得到，则就不能作为一个供选择的方案。在一定的机械设备条件下，施工机械的选择应从以下几个方面考虑：

(1) 选择机械类型应与施工条件相符合。施工条件指施工现场的地质、地形、工程量大小和施工进度要求等，特别是工程量和施工进度是合理选择机械的重要依据。一般说，为了保证施工进度和提高经济效益，工程量大应采用大型机械；工程量小则应采用小型机械。但也不是绝对的，如一大型土方工程，由于施工地区偏僻，道路、桥梁狭窄或载重量限制了大型机械的通过，如果只是专门为了它的运输问题而修路、架桥显然是不经济的，因此应选用中型机械施工。

(2) 固定资产损耗费与运行费是否经济。固定资产的损耗与施工机械的费用消耗成正比。施工机械费费用消耗的经济性是在机械选择时重点考虑的因素，是选择施工机械必须考虑的一项原则。如有时采用大型机械施工，虽然投资大，但可以提高生产效率，所以可能对工程成本影响很小，因此这时选择大型工程是经济的。施工机械的经济选择的基础是施工单价，故必须权衡机械费（包括不变费用和可变费用）与工程量的关系。通常施工机械的容量越大，其施工单价越便宜。但如果只使用大型施工机械的部分容量，倒不如最大限度地发挥中小型机械的容量，这在许多情况下是经济的。

(3) 施工机械的组合是否合理。选择施工机械时，要考虑到各种机械的合理组合，这是使选择的施工机械能否发挥效率的关键。合理组合一是指主机与辅助机械在台班和生产能力上的相互适应，二是指作业线上的各种机械相互配合的组合。

1) 主机与辅机的组合。一定要在保证主机充分发挥作用的前提下，考虑辅机的台数和生产能力。如挖土机或装载机进行土方作业，需要自卸汽车运土，则主机就是挖土机或装载机，而辅机则是自卸汽车。一台主机配几台辅机，应视主机的容量（生产能力）而定，如主机容量大，配的自卸车容量小，则自卸车的数量就要多，少了保证不了主机连续不断地作业。

2) 作业线上各种机械的配套组合。一条机械化施工作业线是由几种机械联合作业组合成一条龙施工的，这样才能形成生产能力。如果其中的某种机械的生产能力不适应作业线上的其他机械，或机械可靠性不好，都会使整条作业线的机械发挥不了作用。

(4) 从全局出发统筹考虑选择施工机械。全局出发就是不仅考虑本项工程，而且要考虑所承担的同一现场上的其他工程的施工机械使用。这就是说从局部考虑选择的机械可能不合理，但从全局考虑则是合理的。例如挖土机的选择，如果要在几个工程项目上连续使用，则宜按最大土方量的需要选择某种容量与之相适应的挖土机，虽然在成本上是大了些，但从总的来看则是经济合理的。同样，如果几个工程需要的混凝土量大，而又相距不太远，采用混凝土搅拌站比采用多而分散的搅拌机要经济得多。

应该指出，在某一条件下的最佳方案在其他特殊条件下可能是不适应的，所以施工方案确定要因地制宜，合理优选。当施工方案确定之后，即可考虑采用哪一种作业方法，进行时间组织，并最后编出施工进度图。

2.2.3　施工进度计划

单位工程的施工进度计划，是以确定的施工方案为基础，并根据规定的工程工期和技术物资供应条件，遵循各施工过程合理的工艺顺序和统筹安排各项施工活动的原则进行编制的。施工进度计划的任务，既是为各施工过程明确一个确定的施工期限，又以此确定各施工期内的劳动力和各种技术物资的供应计划。

2.2.3.1　施工进度计划的作用

（1）施工进度计划是控制工程施工进度和工程竣工期限等各项施工活动的计划，是直接指导建筑安装工程施工的重要文件之一。

（2）通过施工进度计划，可以确定单位工程各个施工过程的施工顺序、施工持续时间及相互衔接和合理配合的关系。

（3）施工进度计划是确定劳动力和各种资源需要计划的依据，也是编制单位工程施工准备工作计划的依据。

（4）施工进度计划为编制年、季、月作业计划提供依据，以保证按组织施工的原则，以最少的资源消耗，在规定的工期内完成质量合格的产品。

2.2.3.2　施工进度计划的编制依据与编制步骤

1. 施工进度计划的编制依据

（1）工程的全部设计图纸和设计文件。

（2）有关地形、地质、水文、气象及其他技术经济资料。

（3）合同规定的开工、竣工日期。

（4）已确定的工程的施工方案。

（5）劳动定额及机械使用定额。

（6）劳动力、材料、机械设备供应情况。

（7）施工区域内的施工条件。

2. 施工进度计划的编制步骤

（1）研究施工设计图和有关资料及施工条件。

（2）划分工程项目，计算实际工程量。

（3）编制合理的施工顺序并选择确定施工方法。

（4）计算各工序的劳动量。

（5）确定各工序的劳动力需要量和机械台班数量及规格。

（6）计算各工序的作业持续时间。

（7）绘制施工进度图。

（8）检查并调整施工进度。

2.2.3.3　施工进度图的形式

施工进度计划通常是以图表表示，主要形式有 3 种：横道图、垂直图和网络图。

1. 横道图

横道图的常用格式如图 2.2 所示。其内容有两大部分：左面的工程内容数据表格部分和右面的指示图表部分。左面部分是以分部分项工程为主要内容的表格，包括了相应的工程量、定额和劳动量等计算依据；右面部分是指示图表，它是由左面表格中的有关数据经计算得到的。指示图表用横向线条形象地表示出分部分项工程的施工进度，线的长短表示施工期限；线的位置表示施工过程；线上的数字表示劳动力数量；线的不同符号表示不同的作业队或施工段别。横道图表示出各施工阶段的工期和总工期，并综合反应了各分部分项工程相互间的关系。这种表示方法比较简单、直观、易懂，容易编制，但有以下缺点：

序号	工程项目	单位	数量	定额	劳动量(工日)	工期 开始	工期 结束	平均每班人数	工作日(d)
1	准备工作	m^3			178	4.1	4.10	23	8
2	采砂石料	m^3	3969	2.65	10133	5.1	8.31	105	96
3	运输材料	t	595	0.12	2490	5.20	9.30	24	104
4	洞外石方	m^3	1638	0.49	803	4.11	4.30	50	16
5	下部导坑	m^3	2640	1.61	4259	5.1	9.15	40	108
6	上部导坑	m^3	1553	1.59	2474	5.10	9.22	24	106
7	扩大	m^3	3330	1.62	5729	5.20	10.2	54	106
8	挖底	m^3	3804	1.61	6138	5.30	10.12	58	106
9	浇边墙	m^3	847	3.17	2681	6.5	10.17	25	106
10	浇拱圈	m^3	1168	3.17	3704	6.15	10.21	35	106
11	拱背填片石	m^3	338	1.31	112	7.1	10.31	5	96
12	压浆	m^3	439	2.77	1214	7.10	11.10	13	96
13	浇注混凝土盖板	m^3	194	6.94	204	10.1	10.31	9	24
14	整修路拱	m^3	1486	0.26	393	10.27	11.15	25	16
15	浇路面	m^3	1486	0.28	414	11.1	11.20	25	16
16	砌洞门水沟	m^3	185	2.10	388	10.1	10.31	15	26
	总计				41644	4.1	11.20		

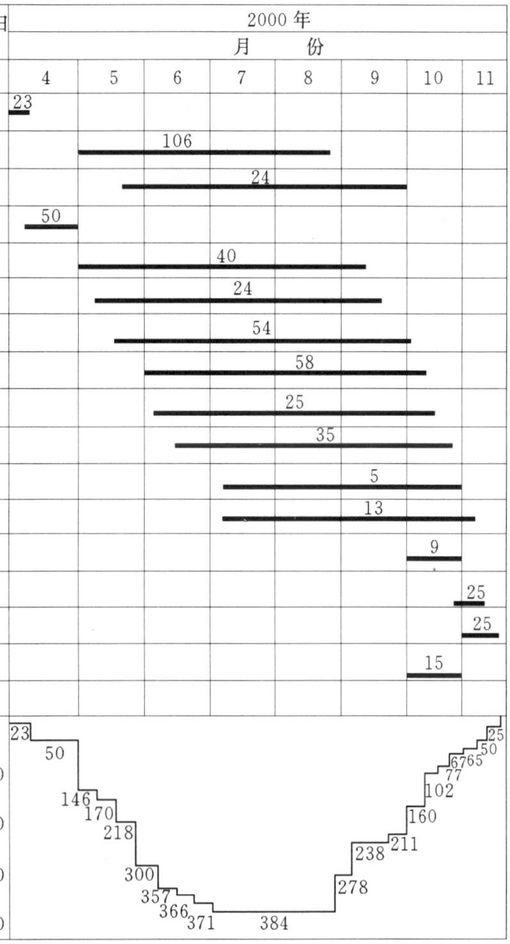

说明：

本图采用厘米格纸绘制，工期数值可变化。

图 2.2 隧道工程施工进度横道图

（1）分项工程或工序的相互关系不明确。

（2）施工日期和施工地点无法表示，只能用文字说明。

（3）工程数量实际分布情况不具体。

（4）仅反映出平均施工强度，它用于绘制集中性工程进度图、材料供应计划图或作为辅助性的图示附在说明书内用来向施工单位下达任务。

2. 垂直图

垂直图的表示特点是：以纵坐标表示施工日期，以横坐标表示里程或工程位置，而各分部分项工程的施工进度则相应地以不同的斜线表示。工程量在图表上方相应地表示，施工组织平面示意图在图表的下方相应地表示，资源平衡可在图表右侧以曲线表示。图 2.3 为垂直图的应用实例。

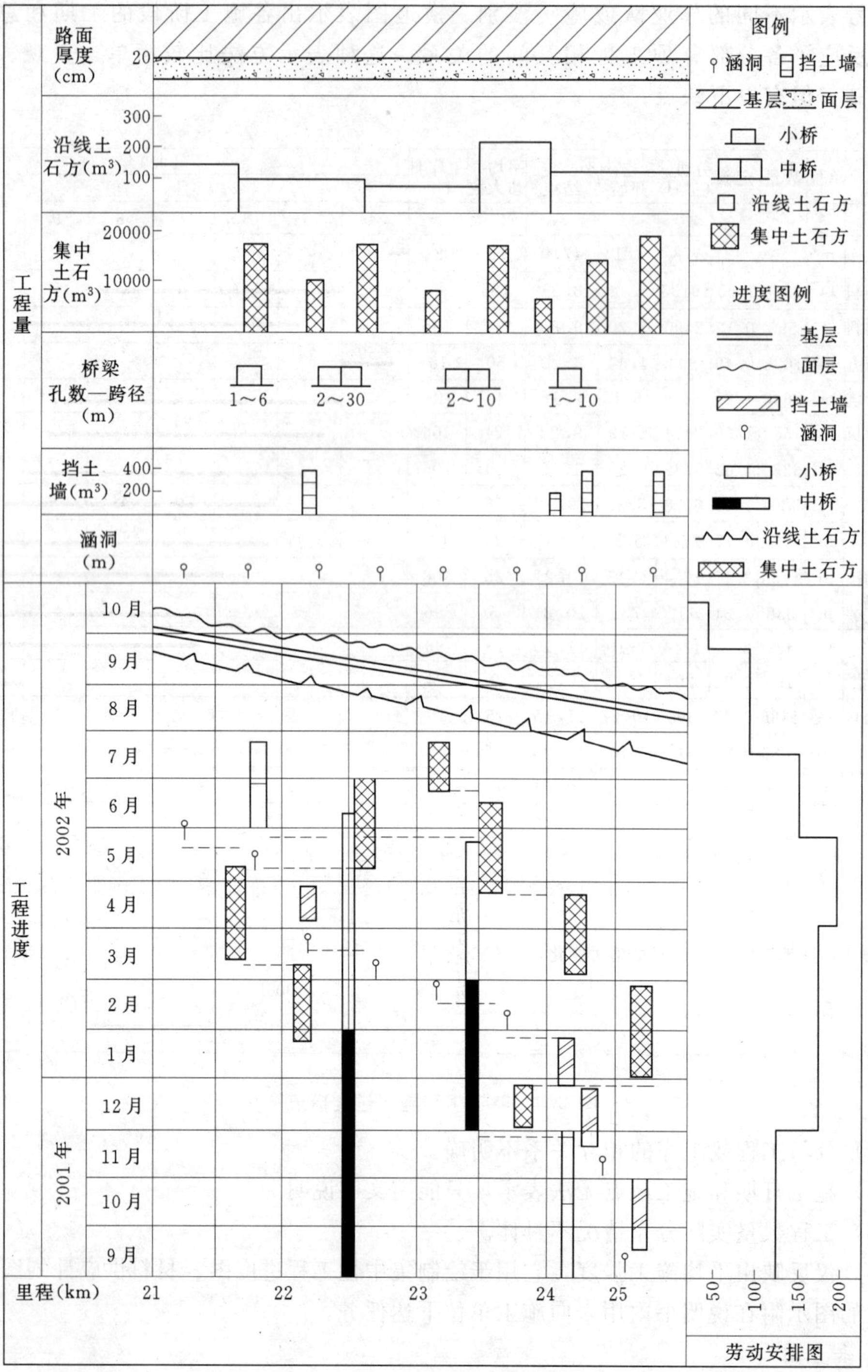

图 2.3　道路工程垂直进度图

垂直图的优点是消除了横道图的不足之处，工程项目的相互关系、施工的紧凑程度和施工速度都十分清楚，工程在各施工段上的分布情况和施工日期一目了然。从图中可以直接找出任何一天各施工队的施工地点和应完成的工程数量，但仍有一些不足之处：

（1）反应不出某项工作提前（或推迟）完成对整个计划的影响程度。

（2）反映不出哪些工程是主要的，不能明确表达出哪些是关键工作。

（3）计划安排的优劣程度很难评价。

（4）不能使用电子计算机，因而绘制和修改进度图的工作量很大。

3. 网络图

网络图与横道图、垂直图比较，不仅能反应施工进度，而且能清楚地表达各施工项目、各施工专业队之间错综复杂的联系、制约、协作等关系。它的最大优点是在计划的执行过程中可以很方便地根据当时的条件进行调整，指导工程施工按最佳的进度运行。因此不论是集中型工程还是线型工程，都可以用网络图表示工程进度，尤其是时标网络图更能准确、直观地表达工程进度。图 2.4 是三座管涵的施工网络图，施工采用流水作业，自然分成三个施工段（一个管涵一个施工段），四个专业队即挖槽、砌基础、安管、做洞口。

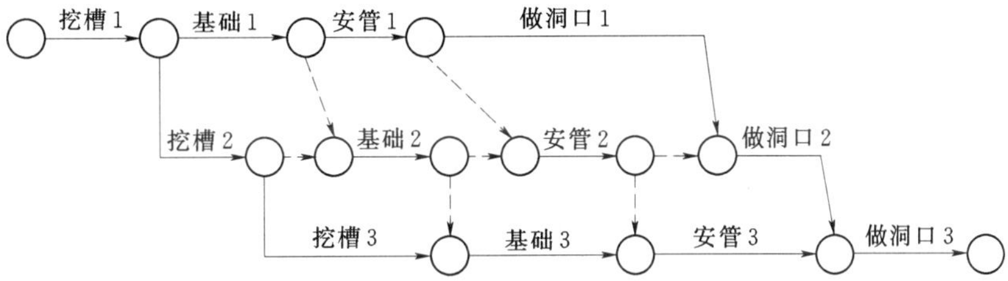

图 2.4 管涵工程施工进度网络图

2.2.3.4 施工进度计划的编制方法要点

1. 划分施工项目

在编制单位工程施工进度计划时，首先要将工程项目划分若干个施工过程（或称工序），并填入进度计划表相应的栏内。划分施工项目时应注意：

（1）划分施工项目应与施工方法相一致，使进度计划能够完全符合施工实际进展情况，真正起到指导施工的作用。

（2）划分施工项目的粗细程度一般要按工程量清单的细目和子目来填列，这样既简明又清晰，又便于查定额计算。

（3）施工项目在进度计划表内填写时，应按工程的施工顺序排列（指横道图），并应优先安排好主导工程。

（4）施工项目的划分一定要结合工程结构特点仔细分项填列，切不可漏填，以免影响进度计划的准确性。

2. 工程数量的计算

施工进度计划的项目列好以后，即可根据施工图纸及有关工程数量的计算规则，按照施工顺序的排列，分别计算各个施工过程的工程数量并填入表中。工程数量的计算单位，应与工程量清单中计算单位相一致。

3. 劳动量的计算

所谓劳动量，就是施工过程的工程量与相应的时间定额的乘积，如劳动力数量与生产周期的乘积，机械台数与生产周期的乘积。人工操作时叫劳动量，机械操作时叫作业量。

劳动量（或作业量）可按下式计算

$$D = \frac{Q}{C} \tag{2.1}$$

或

$$D = QS$$

式中 D——劳动量，工日或台班；

Q——工程量；

C——产量定额；

S——时间定额。

劳动量的计算单位，对于人工为工日，对于机械则为台班。计算劳动量时应根据现行的相应定额（施工定额或预算定额）计算。

受施工条件或施工单位人力或设备数量的限制，对生产周期起控制作用的那个劳动量称为主导劳动量。一般取生产周期较长的劳动量作为主导劳动量。

在人员、机械数量不变的情况下，采用两班制或三班制将会缩短施工过程的生产周期。当主导劳动量生产周期过于突出时，也可以采用两班制或三班制作业缩短生产周期。

4. 生产周期的计算

由于要求工期不同和施工条件的差异，生产周期的具体计算方法有以下两种。

（1）以施工单位现有的人力、机械的实际生产能力以及工作面大小，来确定完成该劳动量所需的持续时间（周期）。一般可按下式计算

$$t = \frac{D}{Rn} \tag{2.2}$$

式中 t——生产周期（即持续时间）；

D——劳动量，工日或台班；

R——施工班组人数或机械台数；

n——生产工作班制数。

（2）根据规定的工期来确定施工队伍（班组）人数或机械台数。在某些情况下，可以根据已规定的或后续工序需要的工期来计算在一班制、两班制或三班制条件下，完成劳动量所需作业队的人数或机械台数，一般按下式计算

$$R = \frac{D}{Tn} \tag{2.3}$$

5. 填写作业工期时间表

准备好如表 2.1 所示的作业工期计算表，将施工项目列项填入表中，把工程量和劳动量以及作业班制、实用人数和机械台数填入表中，并逐项确定主导工期。

6. 绘制施工进度图

（1）横道图的绘制。横道图直观、明了，绘制步骤也比较简单。其绘制步骤如下：

1）参照图 2.2 绘制横道图的图框和表格。

2）将作业工期计算表中的施工项目、有关数据抄录于图中。

表 2.1　　　　　　　　　**作业工期计算表**

序号	施工项目	施工方法	工程数量		定额编号	主导工期	人工劳动量		实用人数		人工作业工期
			单位	数量			定额	数量	作业班制	每班人数	
	1	2	3	4	5	6	7	8	9	10	11

序号	机械作业量（台班）						实用机械台数与作业工期								
	机$_1$		机$_2$		机$_3$		机$_1$			机$_2$			机$_3$		
	定额	数量	定额	数量	定额	数量	班制	台数	工期	班制	台数	工期	班制	台数	工期
	12	13	14	15	16	17	18	19	20	21	22	23	24	25	26

3）按合同规定的开工、竣工日期，在图中填列日历。

4）按作业工期计算表计算的主导工期，根据施工项目（工序）之间的逻辑关系，确定施工作业组织方法（顺序作业法、平行作业法、流水作业法），在进度图上合理设计各施工项目的施工起止日期，即用直线或不同符号、不同颜色的线条在施工进度图上绘制作业进度。

5）绘制劳动力、材料等资源的数量—时间曲线。

6）在施工项目进度安排上进行反复比较，反复修改，同时修改作业工期计算表，直至合理为止。

7）编写施工进度图的说明，并抄录于进度图的适当位置。

8）在进度图的适当位置，列出图例。

（2）垂直图的绘制。采用垂直图时，应注意在作业工期计算表中，线型工程要按里程顺序，并以 km 为单位计算列项，集中性工程要按工程的桩号顺序，并单独计量列项。具体绘制步骤如下：

1）根据施工项目的多少，参照图 2.3 绘制图表轮廓、表格、标注里程。

2）将作业工期计算表中的施工项目，按数量、里程、不同符号，展绘于进度图的上部各栏内。

3）按合同签订的开工、竣工日期，将进度日历绘于图左的纵坐标上。

4）将工程的空间组织，即施工平面设计草图，按里程展绘于进度图的下部。

5）按各施工项目的主导工期、施工方法，依据施工组织原理，用不同符号的斜线或垂线，进行施工项目的进度安排设计，此项设计工作要反复比较、修改，具体设计方法如下：

a. 小桥涵工程。首先要明确施工组织方法，然后根据每座小桥涵工程的开工、竣工日期，在各小桥涵的相应位置用直线或其他符号垂直地绘出施工期。

b. 大中桥工程。其绘制方法与小桥涵工程相同，但习惯上将桥梁上、下部工程用两种线条符号表示。

c. 路基工程。当路基工程的施工组织方法确定之后，可根据工程量、施工力量配置、施工条件，逐公里或逐施工段按主导工期，以斜线表示时间—里程之间的进度关系。在绘制路基进度线时，必须充分考虑各项施工项目之间的关系。由于多方面的原因，路基施工进度线可能是一条或多条直线，也可能是一条或多条连续或间断的折线（所有斜线不能和桥涵线相交）。

d. 路面工程。路面工程一般组织成一段或多段连续施工，所以进度线一般是一条或多条斜线。斜线的垂直高度为路面施工的总工期，斜线的水平长度等于路面总里程。安排路面施工进度时，不得与路基进度线相交，避免路基施工间断，因为这违反了施工的客观规律。

6）绘制资源（人工、材料、机械台班等）消耗量—时间曲线。

7）进行反复比较、修改，检查总工期是否符合合同规定，资源需要量是否均衡等。

8）编写施工进度图的说明。

9）绘制图例。

（3）网络图的绘制。网络图绘制按照下面步骤进行：

1）工程任务分解。将一个庞大的工程项目，划分为若干个单项工作，或将横道图中各个施工项目（工序）在各个施工段上的操作重新命名为其他工作名称。

2）确定施工方法。工程任务分解后，即可确定各单项工作的施工方法。

3）确定施工作业组织方法。应尽量采用流水作业法，或几种作业方法综合运用。

4）划分施工段。按流水作业法的要求划分施工段，因为这样更容易得到最佳的网络计划。

5）确定各单项工作（工序）之间的逻辑关系。即明确指出紧前或紧后工作关系，列出工作关系草表。

6）确定各单项工作的持续时间（流水节拍）。估计因气候或其他原因的停工时间，将各单项工作的持续时间（流水节拍）填入工作关系表。

7）列表。将前 6 项内容反复斟酌，确认无不合理之处后，列出正规的工作关系表。通常工作关系表的内容包括：工作代号、工作名称、紧前（紧后）工作、持续时间等。

8）绘制双代号网络草图。根据工作关系表，按照网络图的绘制方法，绘制双代号网络草图，并进行网络图的计算，找出关键线路，确定计划总工期。

9）整理成图。经过对网络图的反复计算和反复检查调整，确认工期满足要求、资源基本平衡后，将优化后的网络草图，合理布局，重新成图。

对于规模较大、内容复杂的网络图，可先规划，分块绘制，再拼接起来，统一检查调整。

2.2.3.5　施工进度计划的检查与调整

施工组织设计是一个科学的有机整体，编制的正确与否直接影响工程的经济效益。施工管理的目的是使施工任务能如期完成，并在企业现有资源条件下均衡地使用人力、物力、财力，力求以最小的消耗取得最大的经济效果。因此，当施工进度计划初步完成后，应按照施工过程的连续性、协调性、均衡性及经济性等基本原则进行检查与调整。

1. 施工工期调整

施工进度计划的工期应当符合合同规定的工期，并尽可能适当缩短，以保证工程按期或提前交付使用，从而达到最好的经济效果。

2. 劳动力消耗的均衡性调整

每天出勤的工人人数力求不发生大的变动，即劳动力消耗力求均衡。劳动力需用量图表明了劳动力需用量与施工期限之间的关系，图 2.5 是劳动力需用量的三种典型图式。正确的施工组织设计应使劳动力需用量均衡。图 2.5（*a*）在短期内出现高峰现象，图 2.5（*b*）则起伏不定，这两种在施工安排上应力求避免，图 2.5（*c*）是最好的情况。

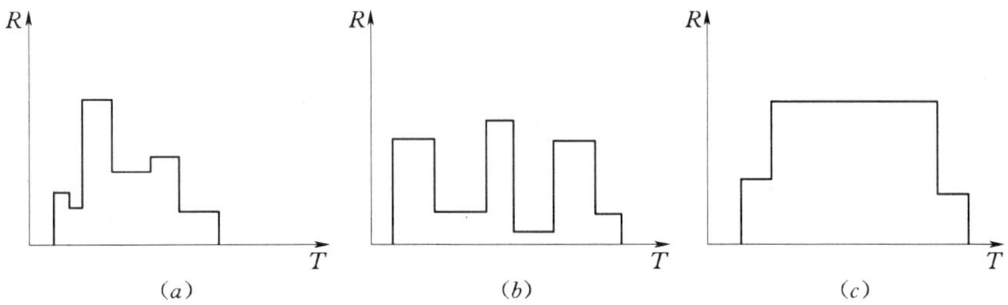

图 2.5 劳动力需求图

（*a*）短时高峰；（*b*）锯齿波动；（*c*）均衡

劳动力消耗的均衡性，可用劳动力不均衡系数 K 表示，计算式如下

$$K = \frac{R_{max}}{\overline{R}} \tag{2.4}$$

式中 R_{max}——施工期间人数最高峰值；

$\overline{R}$——施工期间加权平均人数，即总劳动量与计算总工期的比值。

劳动力不均衡系数应不小于 1，一般不允许超过 1.5；当 $K>1.5$ 时，说明劳动力消耗不均衡，应调整施工进度计划。

3. 施工工期和劳动力均衡性的调整

（1）如果要使工期缩短，则可对工期较长的主导劳动量施工采取措施，如增加班制或工人数（包括机械数量）来达到缩短工期的目的。

（2）若所编计划的工期不允许再延长，而劳动力出现较大的不均衡性，则可在允许的范围内，通过调整次要工序的施工人数、开工或完工日期等，使劳动力需用量较为均衡。

某些工程由于特定的条件，工期没有严格的限制，而在投资、主要材料及关键设备等某一方面有时间或数量的限制时，就要将这些特定条件作为控制因素进行调整。复杂的工程要经过反复调整，才能达到比较合理的效果。

2.2.4 施工准备和各项资源供应计划

单位工程施工进度计划编制完成后，即可着手编制施工工作计划和各项资源需要量计划，并应满足施工进度计划的需要，保证施工进度计划的实施。施工准备和各项资源供应计划是施工组织设计不可缺少的组成部分。

2.2.4.1 施工准备工作计划

单位工程施工前，应编制施工准备工作计划（表 2.2）。它主要反映工程施工前和施工中必须做的有关准备工作，其内容一般包括施工组织准备、技术准备、施工现场准备、所需资源准备、后勤准备等 5 个方面。一般以表格的形式表示。

表 2.2　　单位工程施工准备工作计划

序　号	准备工作名称	准备工作内容	主办单位	协办单位	完成时间	负责人

2.2.4.2　各种资源需用量计划

1. *劳动力需用量计划*

根据已确定的施工进度计划，可计算出各个施工项目每天所需的人工数，将同一时间内所有施工项目的人工数进行累加，即可绘出如图 2.2 所示的每日人工数随时间变化的劳动力需用量图。同时还要编制劳动力需用量计划附于施工进度图之后，为劳动部门提供劳动力进退场时间，保证及时调配，搞好平衡，以满足施工的需要。如现有劳动力不足或过多时，应提出相应的解决措施，或增加工作面，保证按时或提前完成任务。劳动力需用量计划见表 2.3，它也是确定临时生活设施的依据。

表 2.3　　劳动力需用量计划

序号	工种名	需要人数及时间										备注
		年度										
		一季度	二季度	三季度	四季度	合计	一季度	二季度	三季度	四季度	合计	
	1	2	3	4	5	6	7	8	9	10	11	12

2. *主要材料需用量计划*

主要材料需用量计划包括施工需要的材料、构件和半成品，以及有关临时设施及施工中拟采取的技术措施用料，如钢材、水泥、木材、沥青、砂石料、爆破器材及土工合成材料、外掺剂等。

材料的需用量，可按照工程量和定额规定进行计算，然后根据施工项目的施工进度编制年、季、月主要材料计划表（表 2.4）。主要材料（包括预制构件、半成品）计划应包括材料的规格、名称、数量、材料的来源及运输方式等。材料计划是为物资部门提供采购供应、组织运输和筹建仓库及堆料场的依据。

3. *主要施工机具、设备需用量计划*

在确定施工方法时，已经考虑了各个施工项目应选择何种施工机具或设备。为了做好机具或设备的供应工作，应根据已确定的施工进度计划，将每个项目采用的施工机具种类、规格和需用数量，以及使用的具体日期等综合起来编制施工机具、设备计划，以配合施工，保证施工进度的正常进行。

表 2.4　　　　主要材料计划表

序号	材料名称及规格	单位	数量	来源	运输方式	年度										备注
						一季度	二季度	三季度	四季度	合计	一季度	二季度	三季度	四季度	合计	
	1	2	3	4	5	6	7	8	9	10	11	12	13	14	15	16

主要施工机具、设备用量包括基本施工过程、辅助施工过程所需的主要机具、设备，并应考虑设备进出场（厂）所需台班以及使用期间的检修、轮换的备用数量（表 2.5）。

表 2.5　　　　主要机具、设备计划

序号	设备、机具名称及规格	数量		使用期限		××年								备注
		台班	台辆	开始日期	结束日期	一季度		二季度		三季度		四季度		
						台班	台辆	台班	台辆	台班	台辆	台班	台辆	
	1	2	3	4	5	6	7	8	9	10	11	12	13	14

2.2.4.3　工地运输组织计划

工地运输包括场内运输和场外运输。工地运输组织计划不仅直接影响施工进度，而且在很大程度上也影响工程造价。为了确保施工进度计划执行，力求最大限度降低工程造价，要求编制出合理的运输组织计划。

工地运输组织应解决的问题有：确定运输量、选择运输方式、计算运输工具需用量等。

1. 确定运输量

工地需要运输的物资有建筑材料、构件及半成品、机械设备、施工生活用品等。这些物资由外地运来（即场外运输），一般都由专业运输单位承运。工地内的运输（即场内运输）通常由施工单位承担，仅当运输力量不足时，才由运输部门承运一部分。工地运输的货运量可用式（2.5）计算

$$q=\frac{\sum Q_i L_i}{T}K \tag{2.5}$$

式中　q——每日货运量，t·km；

Q_i——各种物资的年度需用量或整个工程的物资用量；

L_i——运输距离，km；

T——工程年度运输工作日数或计划运输天数，d；

K——运输工作不均衡系数，公路运输取 $K=1.2$，铁路运输取 $K=1.5$。

2. 选择运输方式

目前工地运输的方式有铁路（包括窄轨铁路）运输、公路运输、水路运输和特种运输

(索道、管道) 等。选择运输方式，必须充分考虑各种影响因素，例如运输量大小、运距和物资性质，现有运输设备条件，利用永久性道路的可能性，地形、地质及水文等自然条件，运杂费用等。

对外部运输来说，主要是如何利用原来的交通系统，将大量的外购材料与物资及时送至工地。采用何种运输方式就决定了运输的起讫点、运距和运输方向等。

工地内部运输主要有汽车、拖拉机、畜力车和各种民间运输工具。某些集中性工程亦常用轻便铁轨、索道和溜槽等，这些运输方式应根据当地具体条件加以选择和组织。一般来说，汽车具有较好的越野性、深入性和灵活性，故在工地运输中采用较广；拖拉机行驶较慢，但牵引力大，故当运距短而运量集中，在施工泥泞便道上是一种较好的牵引工具；轻便铁轨在集中性工地上应用比较普遍，它拆迁方便、运输能力也很大，消耗动力较小，并且适用于狭窄地段，因此，往往是集中性工地内部的主要运输方式；索道等特种运输适用于地势狭窄、高差大、工程量集中、施工地点比较固定和工作面狭窄的短途运输；畜力车和各种民间运输在短途运输中应用较普遍。因此，根据具体条件，做好全部工程的运输规划，选择合理的运输工具就显得很重要。

运输方案是否合理，应结合具体条件加以分析，一般应达到下列几个要求：

(1) 运距最短，运输量最小。

(2) 减少运转次数，力求直达工地。

(3) 装卸迅速，运转方便。

(4) 尽量运用原有交通条件，尤其要充分利用价格低廉的水运，以减少临时运输设施的投资。

(5) 运输工具应与所运物资的性能、价值和要求相适应，充分发挥运输工具的载运能力。

(6) 符合安全技术规定。

3. 计算运输工具需用量

运输方式确定后，即可计算运输工具的需用量。每班所需的运输工具数量可用式(2.6) 计算

$$m=\frac{QK_1}{qTnK_2} \tag{2.6}$$

式中　m——所需的运输工具台数；

Q——全年 (季) 度最大运输量；

K_1——运输不均衡系数，场外运输一般取 $K_1=1.2$，场内运输取 $K_1=1.1$；

q——汽车台班产量 (根据运距按定额确定)，台班；

T——全年 (季) 的工作天数；

n——每日的工作班制数；

K_2——运输工具供应系数，一般取 $K_2=0.9$。

4. 编制运输工具调度计划

各种运输工具均宜集中管理和统一调度使用，但少量小型的非机动运输工具可分散由施工基层掌握使用。运输工具的管理单位一般可以与材料供应单位合二为一，大规模施工

可以建立专门的材料运输队。

运输单位应按工程总进度计划和各施工队的施工进度计划，定期指派运输小组或运输工具前往配合施工（如配合挖土机运土所需的汽车以及沥青混凝土拌和站运送沥青混凝土至摊铺工地的汽车等）。除此以外，必须按工程进度计划，进行全部工程的物资和材料供应的运输工作。为此，必须在施工管理机构统一安排下，编制出详细的调度计划，规定运输工具在施工过程中使用的地点期限、运输任务和性质、检修要求和时间等，对主要运输工具排列运输图表。

5. 工地运输的辅助设施

其辅助设施主要有临时道路、车库、加油站和检修车间等。

2.2.5 施工现场平面图设计

施工现场平面图设计是结合工程的具体特点和现场实际条件，按照一定的设计原则，对所需要的各种临时设施进行平面上的规划和布置。将布置方案绘制成图即施工现场平面图。它是施工组织设计的重要内容，是现场文明施工的基本保证。

2.2.5.1 施工现场平面图的设计依据

（1）工程平面图。

（2）施工进度计划和主要施工方案。

（3）各种材料和半成品的供应计划和运输方式。

（4）各类临时设施的性质、形式、面积和尺寸。

（5）各类加工车间、场地的规模和设备数量。

（6）水源、电源资料。

（7）施工组织调查资料和设计图样。

（8）其他有关设计资料。

2.2.5.2 施工现场平面图的设计原则

（1）在保证施工安全和现场施工顺利的条件下，要尽量布置紧凑，减少施工用地，尽量不占或少占农田。

（2）合理规划场地内的交通路线，缩短运输距离，尽量避免二次搬运。

（3）尽量利用已有的建筑物、构筑物和各种管线、道路，以降低临时设施的费用。

（4）尽量采用装配施工设施，减少搬迁损失，提高施工设备安装速度。

（5）各项设施的布置必须符合技术要求和劳动保护、安全、防火的要求。

2.2.5.3 施工现场平面图的设计步骤

（1）分析有关调查资料。

（2）合理确定起重机、吊装、运输机械的布置，它直接影响仓库、料场、加工厂的位置和水、电线路及道路的布置。

（3）确定水泥混凝土、沥青混凝土搅拌站的位置。

（4）考虑各种材料、半成品的合理堆放。

（5）布置水、电线路。

（6）确定各种临时设施的布置和尺寸。

（7）确定临时道路的位置、长度和标准。

2.2.5.4 施工现场平面图的分类及其主要内容

1. 按用途和工程范围分类

(1) 施工总平面图。施工总平面图是以整个工程项目或一个合同段为对象的平面布置。从工程沿线的地形情况、料场位置、运输路线、生活设施等的位置和相互关系出发布置，施工总平面图的形式如图 2.6 所示。

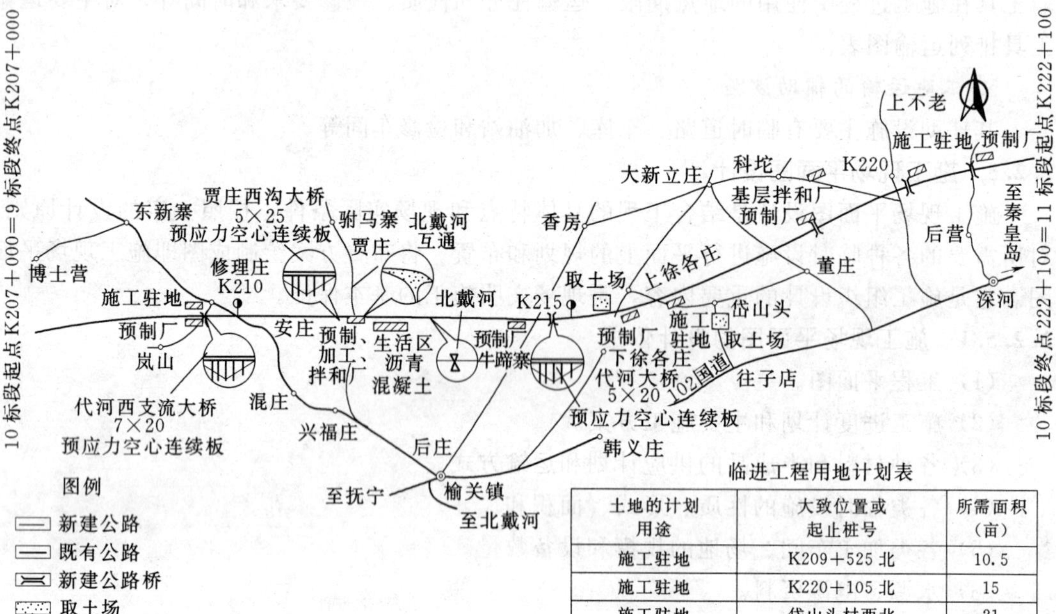

临进工程用地计划表

土地的计划用途	大致位置或起止桩号	所需面积（亩）
施工驻地	K209＋525 北	10.5
施工驻地	K220＋105 北	15
施工驻地	岱山头村西北	21
基层拌和场	科坨村东	105
沥青混凝土拌和场	K212＋000 南	200
预制场	K200＋900～K210＋100	60
预制场	K214＋300～K214＋450	55
预制场	K215＋650～K215＋800	30
生活区	K212＋000 南	20
预制、加工、拌和厂	A、B 匝道之间	30

图 2.6 某道路工程施工总平面图

公路工程施工总平面图应包括以下内容：

原有河流、居民点、交通路线、车站、码头、通信、运输点及工地附近与施工有关的建筑物等；施工用地范围和工程主要项目，如沿线的大中桥梁、隧道、渡口、交叉口、集中土石方等的位置，道班房、加油站等运输管理服务建筑物位置；将施工组织设计的成果，如采料场、附属工厂和基地、仓库、临时动力站、临时便桥、便道、电源线路、变压器位置以及大型机械设备的停放、维修厂等直接标在图上；施工管理机构，如项目部、工区、施工队及工程指挥系统的驻地；其他与施工有关的内容，如地质不良地段、国家测量标志、气象台、水文站、防洪、防风、防火、安全设施等需要表示的内容。

(2) 单项工程、分部分项工程施工平面图。该类平面图的布置有两种情况：一种是在施工总平面图的控制下进行布置；另一种是以施工总平面图为依据，即基本上按照施工总平面图的有关内容进行布置。但无论哪一种，都应比施工总平面图更加深入和具体。

1）重点工程施工场地布置图。一般来说，大桥、隧道、立交枢纽等都是重点工程，其施工场地布置图应在等高线的地形图上按比例绘制。图上应详细绘出施工现场、辅助生产、生活等区域的布置情况，绘出原有地质情况。

2）其他单项局部平面布置图。对于大型项目，因施工周期长，管理工作量大，附属、辅助企业多，必要时应绘制其他的平面图。这类图主要有：①沿线沙石料场平面布置图；②大型附属企业，如沥青混合料拌和厂、预制构件厂、主要材料加工厂等平面布置图；③临时供水、供电、供热基地及管线分布图；④主要施工管理机构的平面布置图。

2. 按主体工程形态分类及内容

（1）线路工程施工平面图。线路工程施工平面图是沿路线全长绘制的一个狭长的带状平面图。图中一方面应反映地形、地物，如河流、道路、房屋、田地等；另一方面应反映出施工过程中的场地情况，如材料加工厂、仓库、施工管理机构、临时工程、便道、便桥等。必要时应分别绘制路基施工平面图和路面施工平面图。路线工程施工平面图可以按道路中线为假想的直线进行相对的展绘，也可以在平面图的下方绘出路线纵断图。

（2）集中型工程施工平面图。集中型工程包括大桥、中桥工程和预制厂等的施工平面设计，其特点是场地狭小、工作面集中。某桥梁工程施工平面图如图 2.7 所示。

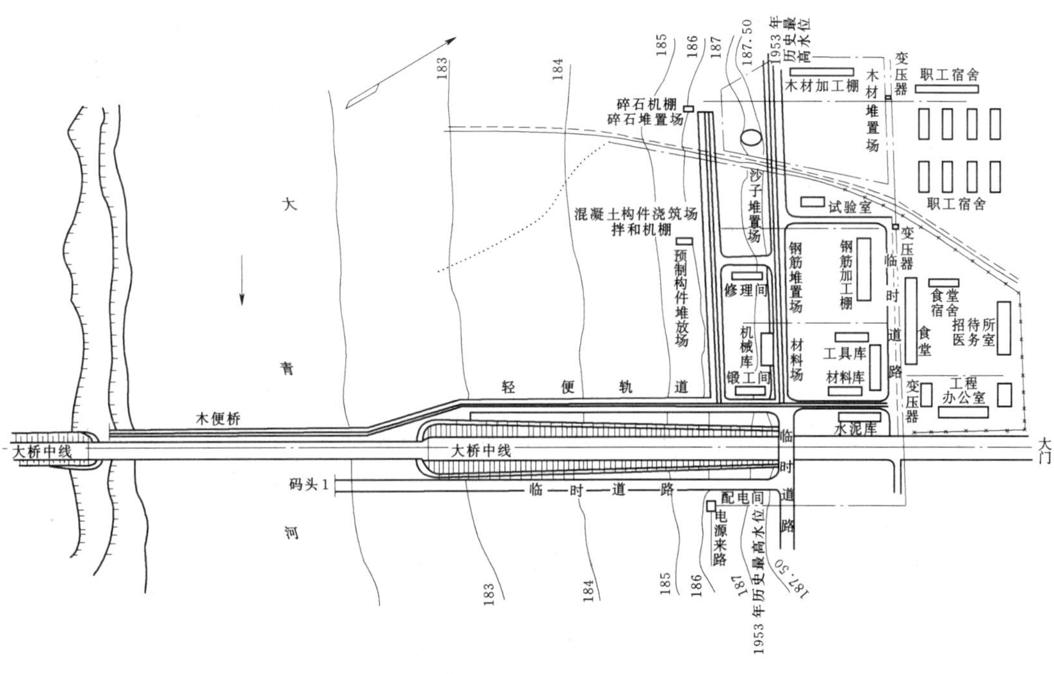

图 2.7 某桥梁工程施工平面图

2.2.5.5 施工现场临时设施布置

为保证公路工程施工的正常进行，除了安排合理的施工进度计划外，还需在正式开工前充分做好各种临时设施的准备工作，如临时道路、临时供水、供电、通信、工棚、办公室、仓库、加工厂、工地运输等组织计划。

各种临时设施的设计是施工平面图设计中的一部分，尤其是实施性施工平面图设计，除了应确定各个临时设施的相互位置外，还应确定其容量和面积等内容。

实施性开工前准备工作中，应着重解决如工棚、仓库、料场及加工场地、施工用水、供电、通信设施等问题。

1. 工地加工场地

(1) 工地加工场地一般包括钢筋、木工、金属结构等的加工场地。其平面设计的任务是确定建筑面积和结构型式，通常参照有关资料或按经验确定，也可以按式 (2.7) 计算

$$F = \frac{KQ}{TS\alpha} \tag{2.7}$$

式中　F——所需建筑面积，m^2；

Q——加工总量，m^3 或 t；

K——不均衡系数，取 $K=1.3\sim1.5$；

T——加工总工期，月；

S——每平方米场地的月平均产量；

α——场地或建筑面积利用系数，取 $\alpha=0.6\sim0.7$。

(2) 水泥混凝土搅拌站面积用式 (2.8) 计算

$$F = NA \tag{2.8}$$

其中

$$N = \frac{QK}{TR} \tag{2.9}$$

式中　F——搅拌站面积，m^2；

A——每台搅拌机所需的面积，m^2；

N——搅拌机的台数；

Q——混凝土总需用量，m^3；

K——不均衡系数，取 $K=1.5$；

T——混凝土工程施工总工作日；

R——混凝土搅拌机台班产量。

(3) 大型沥青混凝土拌和设备的场地面积，根据说明书的要求确定。

上述建筑场地的结构型式应根据当地条件和使用期限而定。使用年限短的用简易结构，如油毡屋面的竹木结构；使用年限长的则可采用瓦屋面的砖木结构或活动房屋。

2. 临时仓库

工地临时仓库分为转运仓库、中心仓库和现场仓库等，其施工组织的任务是：确定材料储存量和仓库面积，选择仓库位置和进行仓库设计等。

(1) 确定建筑材料储存量。材料储存量既要考虑保证施工的需要，又要避免材料积压，使仓库面积增大。对于场地狭小、运输方便的现场可少储存；对供应不易保证、运输困难、受季节影响大的材料可多储存些。常用材料，如砂、石、水泥、钢材、木材等储备量可按式 (2.10) 计算

$$P = T_e \frac{Q_i K}{T} \tag{2.10}$$

式中　P——材料储备量，m^3 或 t；

T_e——储备期，d，按材料来源确定，一般不小于 10d，即保证 10d 的需要量；

Q_i——材料、半成品等总需用量；

K——材料使用不均匀系数，取 $K=1.2\sim1.5$；

T——有关施工项目的总工日数。

对于不经常使用或储备期长的材料，可按年度需用量的某一比例储备。

（2）确定仓库面积。一般仓库面积可按式（2.11）计算

$$F=\frac{P}{qK} \tag{2.11}$$

式中 F——仓库总面积，m^3；

P——仓库材料储备量，由式（2.10）确定；

q——每 m^2 仓库面积能存放的材料数量；

K——仓库面积利用系数，考虑人行道和车道所占面积，一般取 $K=0.5\sim0.8$。

特殊材料，如爆炸品、易燃或易腐蚀品的仓库面积，按有关安全要求确定。

在设计仓库时，除满足仓库总面积外，还要正确地确定仓库的平面尺寸。仓库的长度应满足装卸要求，宽度要考虑材料存放方式、使用方便程度和仓库结构型式。

3. 临时房屋建筑

临时房屋建筑包括行政、生活用房、其建筑面积主要取决于工地的人数，包括职工和家属人数，建筑面积可按式（2.12）计算

$$S=NP \tag{2.12}$$

式中 S——建筑面积，m^2；

N——工地人数；

P——建筑面积指标，见表2.6。

表2.6　　行政、生活临时建筑面积指标

项　次	名　称	面积定额	说　明
1	办公室（m^2/人）	3～4	
2	宿舍（m^2/人）	3.0～3.5	
3	食堂（m^2/人）	0.7	
4	卫生所（m^2/人）	0.06	
5	浴室及理发室（m^2/人）	0.1	
6	招待所（m^2/人）	0.06	包括家属招待所
7	会议及文娱室（m^2/人）	0.1	
8	商店（m^2/人）	0.07	
9	锅炉房（m^2）	10～40	总面积
10	厕所（m^2/人）	0.02～0.07	

做施工组织设计时，应尽量利用工地附近的现有建筑物，或提前修建能利用的永久房屋，如道班房、加油站等，不足部分再修建临时建筑。

临时建筑应按节约、适用、装拆方便的原则设计，其结构型式按当地气候、材料来源

和工期长短确定。临时建筑有帐篷、活动房屋和就地取材的简易工棚等。

4. 工地临时供水

工地临时供水解决的主要问题有：确定用量、选择供应来源，设计管线网络等。如需工地自行解决供应来源，还需确定相应的设备。

（1）用水量计算。

1）工程用水量

$$q_1 = k_1 \sum \frac{Q_1 N_1}{T_1 n} \frac{k_2}{8 \times 3600} \tag{2.13}$$

式中　q_1——工程用水量，L/s；

k_1——未预见的施工用水系数，取 $k_1=1.05\sim1.15$；

Q_1——年（季）度工程量（以实物计算单位表示）；

N_1——施工用水定额，见表 2.7；

T_1——年（季）度有效作业日，d；

n——每天工作班数；

k_2——用水不均衡系数，见表 2.8。

表 2.7　　施工用水参考定额表

序　号	用 水 对 象	单　位	耗 水 量	备　　注
1	浇注混凝土全部用水	L/m^3	1700～2400	
2	搅拌混凝土用水	L/m^3	250～350	
3	混凝土养护用水	L/m^3	200～700	
4	湿润、冲洗模板用水	L/m^3	5～15	
5	洗石子、砂用水	L/m^3	600～1000	
6	砌砖工程全部用水	L/m^3	150～250	
7	砌石工程全部用水	L/m^3	50～80	
8	搅拌砂浆用水	L/m^3	300	
9	抹灰用水	L/m^2	4～6	不包括调制用水
10	素土路面、路基用水	L/m^2	0.2～0.3	
11	消化生石灰用水	L/t	3000	
12	烧砖用水	$L/10^3$ 块	200～250	

表 2.8　　施工用水不均衡系数

<table>
<tr><th>k 号</th><th>用水名称</th><th>系数</th><th>k 号</th><th>用水名称</th><th>系数</th><th>k 号</th><th>用水名称</th><th>系数</th></tr>
<tr><td rowspan="2">k_2</td><td>施工工程用水</td><td>1.50</td><td rowspan="2">k_3</td><td>施工机械运输机械用水</td><td>2.00</td><td>k_4</td><td>施工现场生活用水</td><td>1.30～1.50</td></tr>
<tr><td>生产企业用水</td><td>1.25</td><td>动力设备用水</td><td>1.05～1.10</td><td>k_5</td><td>居住区生活用水</td><td>2.00～2.50</td></tr>
</table>

2）施工机械用水量

$$q_2 = k_1 \sum Q_2 N_2 \frac{k_3}{8 \times 3600} \tag{2.14}$$

式中 q_2——施工机械用水量，L/s；

k_1——未预见的用水系数，取 $k_1=1.05\sim1.15$；

Q_2——同一种机械台数，台；

N_2——施工机械台班用水定额，见表 2.9；

k_3——施工机械用水不均衡系数，见表 2.8。

表 2.9　　施工机械用水量参考定额表

序　号	机械名称	单　　位	耗 水 量	备　　注
1	内燃挖掘机	L/（台班·m^2）	200～300	以斗容量 m^3 计
2	内燃起重机	L/（台班·t）	15～18	以起重 t 计
3	蒸汽打桩机	L/（台班·t）	1000～2000	以锤重 t 计
4	内燃压路机	L/（台班·t）	12～15	以压路机 t 计
5	拖拉机	L/（d·台）	200～300	
6	汽车	L/（d·台）	400～700	
7	空气压缩机	L/（台班·m^3/min）	40～80	以压缩空气排气量计
8	内燃动力装置	L/（台班·kW）	160～480	直流水
9	内燃动力装置	L/（台班·kW）	35～35	循环水
10	锅炉	L/（h·t）	1000	以小时蒸发量计
11	锅炉	L/（h·m^2）	15～30	以受热面积计
12	电焊机	L/h	100～350	
13	对焊机	L/h	300	
14	冷拔机	L/h	300	
15	凿岩机	L/min	8～12	

3）施工现场生活用水量

$$q_3 = \frac{p_1 N_3 k_4}{8 \times 3600 n} \tag{2.15}$$

式中 q_3——施工现场生活用水量，L/s；

p_1——施工现场高峰人数，人；

N_3——施工现场生活用水定额，一般取 $N_3=20\sim60$L/（人·班）；

n——每天工作班数；

k_4——用水不均衡系数，见表 2.8。

4）生活区生活用水量

$$q_4 = \frac{p_2 N_4 k_5}{24 \times 3600} \tag{2.16}$$

式中 q_4——生活区生活用水量，L/s；

N_4——生活区生活用水定额，见表 2.10；

p_2——生活区居住人数，人；

k_5——用水不均衡系数，见表 2.8。

表 2.10　　生活用水量参考定额

序　号	用水名称	单　位	耗水量	备　注
1	生活用水	L/（人・日）	20～30	漱洗、饮用
2	食堂	L/（人・日）	15～20	
3	淋浴	L/（人・日）	50	入浴人数按出勤人数 30%计
4	洗衣	L/人	30～50	
5	理发室	L/（人・次）	15	
6	工地医院	L/（床・日）	100～150	
7	家属	L/（人・日）	50～60	有卫生设备
8	家属	L/（人・日）	15～30	无卫生设备

5）消防用水量。消防用水量用 q_5 表示，见表 2.11。

表 2.11　　消 防 用 水 量 参 考 表

序　号	用水区域	用 水 情 况	火灾同时发生次数	用水量（L/a）
1	生活区	5000 人以内	一次	10
		10000 人以内	二次	10～15
		25000 人以内	二次	15～20
2	施工现场	施工现场在 $25\times10^4m^2$ 以内	一次	10～15
		施工现场每增加 $25\times10^4m^2$	一次	5

6）总用水量。总用水量并不是所有用水量的总和，因为施工用水是间断的，生活用水时多时少，而消防用水又是偶然的，因此，工地总用水量按式（2.17）计算

当 $(q_1+q_2+q_3+q_4)\leqslant q_5$ 时，则

$$Q=q_5+0.5(q_1+q_2+q_3+q_4) \tag{2.17}$$

当 $(q_1+q_2+q_3+q_4)>q_5$ 时，则

$$Q=q_1+q_2+q_3+q_4 \tag{2.18}$$

当工地面积小于 $5\times10^4m^2$，而且 $(q_1+q_2+q_3+q_4)>q_5$ 时，则

$$Q=q_5 \tag{2.19}$$

式中　Q——总用水量，L/s；

其余符号意义同前。

(2) 水源选择。工地临时供水水源，首先应考虑当地的自来水，如不可能时，才另选天然水源。天然水源有河水、湖水、水库蓄水等地表水和泉水、井水等地下水。任何临时水源都应满足以下要求：

1）水量充足稳定，能保证最大需水量供应。

2）符合生活饮用水和生产用水的水质标准。

3）取水、输水、净水设施安全可靠。

4）施工安装、运转、管理和维护方便。

（3）临时供水系统。供水系统由取水设施、净水设施、储水构造物、输入管网几部分组成。取水设施由取水口、进水管及水泵站组成，取水口距河底或井底不得小于0.25～0.9m，距冰层下部边缘的距离也不得小于0.25m。水泵要有足够的抽水能力和扬程。当水泵不能连续工作时，应设置储水构造物，其容量以每小时消防用水量来确定，但一般不小于10～20m^3。

输入管网的管径可用式（2.20）计算，干管一般为钢管或铸铁管，支管为钢管。

$$D=\sqrt{\frac{Q}{250\pi v}} \tag{2.20}$$

式中 D——输水管径，m；

Q——耗水量，L/s；

v——管网中的水流速度，m/s，见表2.12。

表2.12　水管经济流速表

序号	管径 D (m)	流速 (m/s)	
		正常时间	消防时间
1	支管 $D<0.10$	0.5～1.2	
2	生产消防管道 $D=0.1\sim0.3$	1.0～1.6	2.5～3.0
3	生产消防管道 $D>0.3$	1.5～1.7	2.5～3.0
4	生产用水管道 $D>0.3$	1.5～2.5	2.5～3.0

5. 工地临时供电

（1）工地总用电容量。工地用电可分为动力用电和照明用电两类，总用电容量可用式（2.21）计算

$$P=(1.05\sim1.10)\times\left(K_1\frac{\sum p_1}{\cos\phi}+K_2\sum p_2+K_3\sum p_3+K_4\sum p_4\right) \tag{2.21}$$

式中 P——工地总用电容量，kVA；

p_1，K_1——电动机额定功率，kW，需要系数$K_1=0.5\sim0.7$，电动机10台以下取$K_1=0.7$，10～30台取$K_1=0.6$，超过30台取$K_1=0.5$；

p_2，K_2——电焊机额定容量，kVA，需要系数$K_2=0.5\sim0.6$，电焊机10台及以下取$K_2=0.6$，10台以上取$K_2=0.5$；

p_3，K_3——室内照明容量，kW，需要系数$K_3=0.8$；

p_4，K_4——室外照明容量，kW，需要系数$K_4=1.0$；

$\cos\phi$——电动机的平均功率因数，根据用电量和负荷情况而定，最高取$\cos\phi=0.75\sim0.78$，一般取$\cos\phi=0.65\sim0.75$。

由于施工现场照明用电所占比例较小，因此在估算总用电量时也可以不考虑照明用电，只需在动力用电量之外再增加10%作为照明用电即可。

（2）选择电源及确定变压器。根据所确定的总用电量来选择电源，并确定变压器。一般首先考虑将附近的高压电通过工地的变压器引入。

变压器的功率按式（2.22）计算

$$P = K\frac{\sum P_{max}}{\cos\phi} \tag{2.22}$$

式中　P——变压器的功率，kVA；

K——功率损失系数，取 $K=1.05$；

$\sum P_{max}$——各施工区的最大计算负荷，kW；

$\cos\phi$——功率因数。

（3）选择导线截面。合理的导线截面应满足 3 个方面的要求：

1）足够的机械强度，即在各处不同的敷设方式下，确保导线不至于因一般机械损伤而折断或损坏漏电。

2）应满足通过一定的电流强度，即导线必须能承受电流长时间通过所引起的温度升高。

3）导线上引起的电压降必须限制在容许范围内。

按这 3 个方面的要求，选其截面最大者。

（4）配电线路的布置要点。线路宜架设在道路的一侧，并尽可能选择平坦路线。线路距建筑物的水平距离应大于 1.5m。在 380/220V 低压线路中，电杆间距为 25～40m。分支线及引入线均应从电杆处接出。

临时布线一般都用架空线，因为架空线工程简单、经济、便于检修。电杆及线路的交叉跨越要符合有关输变电规范。配电箱要设在便于操作的地方，并设有防雨、防晒设施。各种施工用电机具必须单机单闸，绝不可一闸多用。开关的容量按最高负荷选用。

6. 工地临时供热

工地临时供热的主要对象是：临时房屋（办公室、宿舍、食堂等）的冬季采暖、给某些冬季施工项目供热、预制场（钢筋混凝土构件的蒸汽养护等）供热。

建筑物内部采暖耗热量，按有关建筑设计手册计算。

临时供热的热源，一般都设立临时性的锅炉房或个别分散设备（煤火炉），如果有条件，也利用当地的现有热力管网。临时供热的蒸汽用量用式（2.23）计算

$$W = \frac{Q}{IH} \tag{2.23}$$

式中　W——蒸汽用量，kg/h；

Q——所需总热量，按建筑采暖设计手册计算，J/h；

I——在一定压力下蒸汽的含热量，J/kg，查有关热工手册；

H——有效利用系数，一般取 $H=0.4\sim0.5$。

蒸汽压力根据供热距离确定，供热距离在 300m 以内时，蒸汽压力为 30～50kPa 即可；在 1000m 以内时，则需要 200kPa。确定了蒸汽压力后，又按式（2.23）计算得到了蒸汽用量，即可查阅锅炉手册，选定锅炉的型号。

施工组织设计中，还会遇到其他临时工程设施，如便道、便桥、临时堆料场、电信设

施等，一般均采用简易结构。

2.2.6 各种技术和管理保证措施

为确保工程项目的施工质量和工程的顺利进行，在确定方案、编制计划、保证资源合理供应等的前提下，根据工程的具体特点编制相应的技术、质量、安全文明施工等一系列方案措施，以满足工程项目的要求。

1. 主要技术措施

(1) 明确施工方法的特殊要求和具体的工艺流程。

(2) 提供需要注明的平面、立面、剖面图及工程数量表。

(3) 制定季节性施工及水下施工措施。

(4) 编制关键工作（部位）作业方案。

(5) 确定技术、质量要求和安全注意事项。

2. 主要质量保证措施

(1) 建立质量保证体系、制定质量检查制度、保证上岗人员的质量培训。

(2) 确保定位放线、标高测量等准确无误的措施。

(3) 确保地基承载力及各种基础、地下结构施工质量的措施。

(4) 确保主体结构中关键部位施工质量的措施。

3. 主要安全生产、文明施工措施

(1) 建立和完善安全文明施工保证体系。

(2) 建立安全制度，包括安全生产制度、安全教育制度、安全技术措施制度、安全检查制度、事故分析制度等。

(3) 建立文明施工措施。施工现场应设置围栏与标志牌，出入口应确保交通安全、道路畅通、场地平整；临时设施的安排与环境卫生；各种材料的堆放与管理；保护环境和防止污染的措施；成品保护与施工机械保养措施。

4. 降低成本措施

降低成本措施主要包括以下几个方面：

(1) 合理进行土石方平衡，节约土方运输费用。

(2) 综合利用施工机械，提高机械效率，节约机械台班费用。

(3) 合理组织施工，保证工序衔接，施工组织均衡、连续、有节奏，提高劳动生产率。

(4) 采用新工艺、新技术，节约成本消耗，如钢筋绑扎改为焊接、使用混凝土外掺剂节约水泥等。

(5) 建立成本管理的奖惩制度等。

2.3 施工组织总设计

公路工程施工组织总设计是以整个建设项目为编制对象，用以指导施工全过程各项活动的全局性、控制性的技术文件。一般由建设总承包单位负责编制，它是编制单位工程施工组织设计的依据。

施工组织总设计的内容一般包括：工程概况和工程特点、施工部署及主要项目的施工方案、施工总进度计划、施工资源总需要量计划、施工总平面图和各种主要技术经济指标等。

2.3.1 施工组织总设计的编制程序及要点

施工组织总设计的编制程序，是根据各项工作内容的内在联系确定的，其一般编制程序如图 2.8 所示。

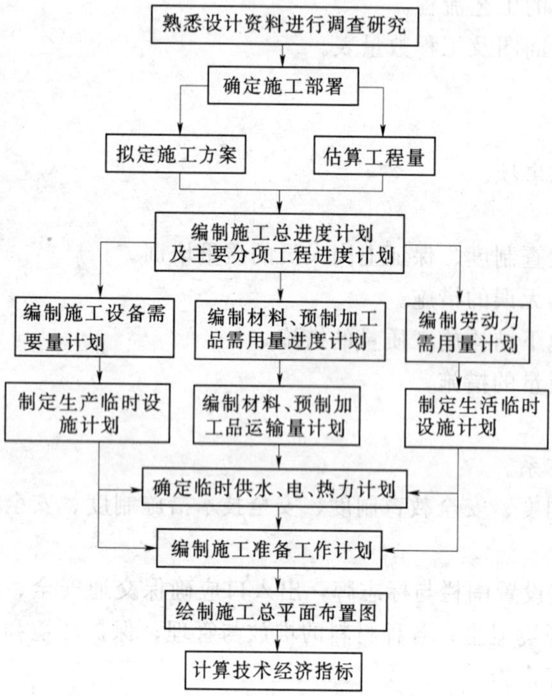

图 2.8　施工组织总设计编制程序图

施工组织总设计的要点如下：

(1) 施工组织总设计，首先是从战略全局出发，对建设地区的自然条件和技术经济指标情况，进行深入细致地调查研究，对工程特点和施工要求，进行全面系统的分析研究，从而找出主要矛盾，发现薄弱环节，以便在确定施工部署时，拟定出相应的技术措施和解决问题的方法，及早克服和清除施工中的障碍，避免造成损失和浪费。

(2) 根据工程特点和生产工艺流程，合理安排施工总进度，确保施工能均衡、连续、有节奏进行，确保建设项目能分期分批投入生产、交付使用，充分发挥投资效果。

(3) 根据施工总进度计划，提出建设资金、国拨物资、成套设备分年度需用量，对勘察、设计、施工、设备、材料供应各部门的工作，在配合时间上提出具体要求；对所需图纸、技术资料、劳动力、施工机械、建筑材料、设备、加工品、运输能力等提出分年度供需计划。

(4) 为了保证施工总进度计划的实现，对各项单位工程、各道工序等，都要结合工程特点和具体施工条件，科学选择施工机械，采用有效的施工方法，制定机械化、工厂化计划，合理选择冬雨季施工的技术措施，确定主要工程施工的流水方案。对一些新结构、新技术、新工艺、新材料具有特殊要求的工程项目，更要做好必要的准备工作，提前进行科学研究和技术攻关，以达到节省劳力、降低成本、缩短工期的综合经济效益。

(5) 做好全面施工准备工作是编制施工组织总设计的重要内容，也是搞好施工全过程的前提。

(6) 施工组织总设计，为进一步编制各单位工程的施工组织设计提供了依据，也为制定施工作业计划，实现科学管理、进行经常的检查和监督，创造了良好的条件。

2.3.2 施工部署与施工方案

施工部署是对整个建设项目全局做出统筹规划和全面安排，其主要是解决影响建设项目全局的重大战略问题。它是施工组织设计的中心环节，是对整个建设项目的总体规划。

施工方案是在施工部署确定后，针对某一个单项或单位工程，而确定的施工工艺流程和施工方法。它是施工部署的具体实现。确定一个科学合理的施工方案，能够大大提高建设项目的综合效益。

1. 确定工程开展顺序

确定工程开展顺序，就是根据建设项目总目标的要求，确定工程分期分批施工的合理开展顺序。同时应主要考虑以下几点：

(1) 在保证工期要求的前提下，尽量实行分期分批施工。对于大中型、总工期较长的工程建设项目，一般应当在保证总工期的前提下，实行分期分批建设。这样既可使各具体项目迅速建成，及早发挥工程效益，又可在全局上实现施工的连续性和均衡性，减少暂设工程数量，降低工程成本。如何实现分期分批，要根据生产工艺要求、工程规模大小、施工难易程度、建设单位要求、资金和技术资源等情况，由建设单位、监理单位和施工单位共同研究确定。

(2) 统筹安排各类项目的施工，既要保证重点，又要兼顾其他。在安排施工项目的施工顺序时，应按照各工程项目的重要程度，优先安排如下工程：

1) 按生产工艺要求，必须先期投入生产或起主导性作用的工程项目。

2) 工程量大、施工难度大、施工工期长的工程项目。

3) 为施工顺利进行必须的工程项目，如运输系统、动力系统等。

4) 供施工使用的项目。如钢筋加工厂、木材加工厂、各种预制构件加工厂、混凝土搅拌站、采砂（石）场等附属企业及其他为施工服务的临时设施。

(3) 注意施工顺序的安排。建筑施工活动必须在同一场地上进行。如果前一阶段的工作没有完成，后一阶段就可能不能进行。在施工组织总设计中，虽然不必像单位工程施工组织设计那样写得比较详细，但也要将某些较特殊项目的施工顺序作为重点安排对象列出，以引起足够重视。

(4) 注意施工季节的影响。不同季节对施工有很大影响，它不仅影响施工进度，而且还影响工程质量和投资效益，在确定工程开展顺序时应特别注意。例如大规模的土方工程和深基础工程施工，最好不要安排在雨季；寒冷地区的工程施工，最好在入冬时转入室内作业和设备安装。

2. 拟定主要工程的施工方案

在施工组织总设计中，施工方案一般是指针对建设项目中的单个建筑物而言，也就是对主要建筑物的施工工艺流程以及施工段划分提出原则性的意见。

施工方案编制的依据主要是：施工设计图纸，施工现场的勘察资料和信息，施工质量检查标准和验收规范，安全技术操作规程，施工机械性能手册，新技术、新设备、新工艺的资料。

施工方案编制的主要内容包括：确定主要的施工方法、施工工艺流程、施工机械设备等。对施工方法的确定，要兼顾技术工艺的先进性和经济的合理性；对施工工艺流程的确定，要符合施工的技术规律；对施工机械的选择，应使主导施工机械的性能能满足工程的需要，辅助配套机械的性能应与主导施工机械相适应，并能充分发挥主导施工机械的工作效率。

拟定施工方案的关键是选择确定施工机械，因此在确定主要建筑物施工方案时，应注意按以下几点考虑机械化施工方案的问题：

(1) 所选择的主要施工机械的类型和数量，应能满足各个主要建筑物的施工要求，并能在各工程上进行流水作业。

(2) 所选择的施工机械的类型和数量，尽量在当地或本企业内解决。

(3) 所选择的机械化施工总方案，不仅在技术上先进、适用，而且在经济上是合理的。

3. 编制施工准备工作计划

施工准备工作是完成建设项目的重要阶段，它直接影响项目施工的经济效益，必须优先安排。根据施工项目开展的顺序和主要工程的施工方案，编制施工项目全场性的施工准备工作计划。其主要内容包括：

(1) 安排好场内外运输，施工用主要道路，水、电、气来源及其引入方案。

(2) 安排好场地平整方案和全场性排水、防洪方案。

(3) 安排好生产和生活基地建设。包括：水泥混凝土搅拌站、沥青混凝土搅拌站、预制构件厂、钢筋和木材加工厂、机修厂等。

(4) 安排现场区域内的测量工作，设置永久性测量标志，为放线定位做好准备。

(5) 安排建筑材料、成品、半成品的货源、运输、储存方式。

(6) 编制新技术、新工艺、新材料、新结构的试制试验计划和职工技术培训计划。

(7) 冬季、雨季施工所需的特殊准备工作。

2.3.3 施工总进度计划

施工总进度计划是用以控制整个建设项目总工期的时间性技术文件。正确、合理地编制施工总进度计划，是保证各项工程至整个建设项目按期交付使用，充分发挥投资效果、降低工程成本的重要手段。

1. 施工总进度计划的主要作用

(1) 确定各施工项目施工准备工作、各主要工程项目和全场性工程的施工期限、开工和竣工日期。

(2) 确定施工现场各种劳动力、材料、成品、半成品、施工机械需要数量及调整情况。

(3) 确定施工现场临时设施的数量，水、电供应数量，能源交通的需要数量。

(4) 为各项重要资源供应提供依据。

2. 施工总进度计划的编制要点

施工总进度计划是反应建设项目的各单项或单位工程的开展顺序、开始及结束的时间以及相互衔接关系的工作计划。其基本要求是：保证拟建工程项目在规定的期限内按时或提前完成；使工程的施工具有连续性和均衡性；节省施工费用降低工程造价。为编制出科学合理的施工总进度计划，应掌握以下几个要点：

(1) 划分主要工程项目，并计算所有项目的工程量，填写工程量汇总表。

(2) 根据施工经验、施工企业的生产力水平、建设规模、建筑物类型，参考有关资料，确定建设总工期和单位工程工期。

(3) 根据使用要求和施工条件，结合物资技术供应情况，以及施工准备工作的实际，分期分批地组织施工，并明确每个施工阶段的主要施工项目和开工、竣工时间。

(4) 同一时间开工的项目不宜过多，以免施工干扰较大，人、机、料的供应过于分散。但应优先安排工程规模大、施工难度大、施工周期长的工程。

(5) 尽量做到连续、均衡、有节奏地施工。

(6) 施工总进度计划要按以上各项要求进行综合平衡，对不适当部分进行调整，按要求编制网络计划或形象进度计划。

3. 施工总进度计划的编制步骤

根据施工部署和已确定的施工方案，编制项目的施工总进度计划，其主要步骤如下：

(1) 计算拟建工程的工程数量。根据批准的总承建工程一览表，分别计算各工程项目的工程量。根据计算工程量选择施工方案和主要人力，运输、施工、安装机械的劳动量，计算劳动力、材料、施工机械等的需用量。在施工总进度计划编制时，工程量计算不必过于详细和精确，可使用概算定额法、扩大指标法等方法来计算，并将计算出来的工程量填入统一的工程量汇总表中。

(2) 确定各单项或单位工程的施工期限。各单位工程的施工期限，随着各单位工程的施工机械化程度、施工方法、施工技术和管理水平等的不同，有着很大的差别。同时也与建筑物类型、结构特征、现场施工条件、资源供应等有着密切的关系。因此在确定单位工程施工期限时，不仅应考虑工期定额，而且还应根据以上影响因素加以综合考虑。

(3) 确定各单位工程开工、竣工时间和相互衔接关系。在安排各单位工程开工、竣工时间和相互搭接关系时，应充分注意以下几点：

1) 保证重点，兼顾一般。在安排施工总进度时，要分清主次抓住重点，对工程量大、质量要求高、施工工期长、施工难度大、影响建设项目的工程，应优先考虑安排。同时，其他项目的安排也不可忽视。

2) 满足连续、均衡施工的要求。科学合理地制定施工总进度计划，应尽量使各主要工种施工人员、施工机械在施工全过程中连续施工，同时尽量使劳动力、施工机械和物资消耗在施工全过程中达到均衡，以利于劳动力调配、材料供应和充分利用临时设施。

3) 满足生产工艺的要求。生产工艺将各项施工活动串联在一起，要根据生产工艺的要求，确定分期分批的实施方案，合理安排各主要单位工程的施工顺序，以缩短建设工期，及早发挥投资效益。

4) 全面考虑各种条件的限制。在确定各单位工程开工、竣工时间和相互搭接关系时，还要考虑到各种客观条件的限制，也就是使施工总进度计划有一定的余地，全面考虑到施工中遇到的困难和问题。

(4) 安排施工进度，编制计划。施工总进度计划主要是控制性的，不必要搞得过细，过细反而对施工中的变化调整不便，一般只列到单位工程和全工地性工程。施工总进度计划可以用横道图表达，也可以用网络图表达。工程实践证明，用有时间坐标的网络图表达施工总进度计划，比用横道图表达更直观明了，并且还可以表达出各工程项目之间的逻辑关系，同时还能应用电子计算机对总进度计划进行调整和优化。

(5) 施工总进度计划的调整。施工总进度计划编制后，应根据施工组织设计的原则，对其进行综合平衡和调整。具体调整方法是：将同一时期各项工程的工作量叠加在一起，按一定比例绘制在施工总进度计划的底部，即可得出建设项目资源需用量动态曲线。若动态曲线上出现较大峰值或低谷，可以进行必要的调整与修正，使各个时期的工作量尽量达到均衡。调整和修正后的施工总进度计划，也不是固定不变的。在建设项目的实施过程中，也可随着施工的进展情况，对不适应的部分及时进行必要的调整；对于跨年度的建设项目，还应根据年度基本建设投资的实际情况，对施工总进度计划进行一定的调整。

2.3.4　主要技术经济指标及分析方法

在施工组织总设计中，主要技术经济指标分析的作用是：论证施工组织总设计是否技术先进可行、经济合理，通过科学的计算和分析比较，选择技术经济效果最佳的方案，为不断改进和提高施工总设计水平提供依据，为增产节约和提高经济效益提供信息。所以，技术经济指标分析是施工组织总设计中的重要内容之一，也是必要的设计手段。

1. 技术经济指标体系

技术经济指标体系一般包括如下内容：

(1) 质量指标。优良品率。

(2) 工期指标。包括总工期和分部工程工期，分部工程工期又包括路基工程工期、路面工程工期、桥涵工程工期、隧道工程工期、防护工程和其他沿线设施工程工期等。

(3) 劳动指标。用工指标（总用工和分部工程用工）、劳动力均衡系数、劳动生产率、劳动效率、节约工日。

(4) 材料使用指标。主要材料节约量、主要材料节约额、主要材料节约率。

(5) 机械使用指标。大型机械单方耗用量、大型机械单方消耗费用。

(6) 降低成本指标。降低成本额、降低成本率。

(7) 其他指标。

施工组织总设计的技术经济指标，应反映出方案的技术水平和经济性，在进行施工组织总设计的编制时，可有选择地使用指标体系中的内容，以进行技术经济评价。

2. 技术经济指标分析的基本要求

对技术经济指标分析，有以下几点基本要求：

(1) 对施工组织总设计要进行全面的分析。即对施工的技术方法、组织方法及经济效果进行分析；对需要和可能进行分析；对施工的具体环节和全过程进行分析。

(2) 进行技术经济指标分析时，应抓住施工部署与施工方案、施工总进度计划和施工总平面图三大重点，并以此建立技术经济指标体系。

(3) 进行技术经济指标分析时，要灵活运用定性方法和有针对性地应用定量的方法。在进行定量分析时，应对主要指标、辅助指标和综合指标区别对待。

(4) 进行技术经济指标分析时，应以设计方案要求、国家的有关规定及工程的实际需要为依据。

3. 施工组织总设计技术经济指标的内容

根据我国工程的实践经验，施工组织总设计中的技术经济指标应包括：施工周期；劳动生产率；单位工程优良率；降低成本指标；机械化施工程度指标；临时工程费用比例；

主要材料节约指标；其他指标。

(1) 施工周期。施工周期是指建设项目从正式开工到全部竣工投入使用为止的持续时间。它包括建设项目的总工期、单位工程工期、分部工程工期。

(2) 劳动生产率。劳动生产率包括的相关指标有：全员劳动生产率，单位面积用工和劳动力不均匀系数。其中劳动力不均匀系数的公式为

$$\text{劳动力不均匀系数} = \frac{\text{施工高峰人数}}{\text{施工平均人数}} \tag{2.24}$$

(3) 单位工程优良率。这是在施工组织总设计中确定的主要控制目标，它是按照工程质量评定标准，通过保证每个单位工程质量措施来实现的，是衡量承建单位技术水平和管理水平的重要指标。单位工程优良率是达优良标准的单位工程的数量占建设项目单位工程总个数的百分比。

(4) 降低成本指标。降低成本指标，包括降低成本额和降低成本率两种，这也是衡量施工企业技术水平和管理水平高低的重要指标。降低成本额和降低成本率可用下式表示：

$$\text{降低成本额} = \text{预算成本} - \text{施工组织总设计计划成本}$$

$$\text{降低成本率} = \frac{\text{降低成本额}}{\text{预算成本}} \times 100\%$$

(5) 机械化施工程度指标。主要包括：施工机械完好率、施工机械利用率和机械化程度指标 3 种。

$$\text{施工机械完好率} = \frac{\text{报告期机械完好台日数}}{\text{报告期机械制度台日数}} \times 100\%$$

$$\text{施工机械利用率} = \frac{\text{报告期机械实作台日数}}{\text{报告期机械制度台日数}} \times 100\%$$

$$\text{机械化程度指标} = \frac{\text{机械化施工完成的工作量}}{\text{总工作量}} \times 100\%$$

(6) 临时工程费用比例。临时工程费用比例的大小，直接影响着工程总投资、施工企业的经济效益、施工进度的快慢和施工平面布置，也是技术经济的一项重要指标。

$$\text{临时工程费用比例} = \frac{\text{全部临时工程费}}{\text{建筑安装工程总值}}$$

(7) 主要材料节约指标。主要材料指标包括：主要材料节约量和主要材料节约率两种。主要材料指标可用下式表示

$$\text{主要材料节约量} = \text{预算用量} - \text{施工组织总设计计划用量}$$

$$\text{主要材料节约率} = \frac{\text{主要材料节约量}}{\text{主要材料预算用量}} \times 100\%$$

4. 技术经济指标分析的方法

技术经济指标分析的方法，主要有定性分析方法和定量分析方法两种。

(1) 定性分析方法。定性分析方法是根据经验对施工组织总设计的优劣进行分析。如工程工期是否适当，可按一般规律或工期定额进行评价；选择的施工机械是否适当，主要看它能否满足使用要求；流水段的划分是否适当，主要看其能否给流水施工带来方便；施工平面图设计是否合理，主要看场地是否合理利用，临时设施费用比例是否适当；主要技术经济指标是否可行，主要与同期同类工程相比较。定性分析方法快速、简捷，但不准

确，不能优化，决策易受主观因素制约。

(2) 定量分析法。定量分析方法又分为多指标分析法、评分法和价值法3种。

1) 多指标分析法。多指标分析法简便实用，应用较多。但比较时要选用适当的指标，一定要具有可比性。有两种情况要分别对待：一种情况是一个方案的技术经济指标均优于另一个方案，优势明显，可比性强；另一种情况是通过计算几个方案的技术经济指标，优劣相互有穿插，分析比较时要进行必要加工，最好形成统一的、适用的单项指标，然后分析其优劣性。

2) 评分法。评分法实际上是对多种方案中的多项技术经济指标进行认真分析、科学评分，综合评价某种方案的优劣。

3) 价值法。价值法即对各种方案均计算出最终价值，用各自的价值大小评定方案的优劣。这种方法准确性强，但计算较烦琐。

2.4 公路工程施工组织设计示例

2.4.1 工程概况

1. 工程特征

本工程是某省一条公路工程A合同段，起点为K0+000，终点为K12+450，本标段路线全长12.45km。本合同段主要工程量如下：

(1) 路基工程。挖方76983m^3，其中土方55656m^3、石方21327m^3。路基填方57181m^3。

(2) 路面工程。厚15cm砂砾垫层15502m^2，厚16cm砂砾垫层6900m^2，厚25cm砂砾垫层13715m^2，厚15cm 5%水泥稳定碎石基层39935m^2，厚22cm水泥混凝土面层37455m^2，厚6cm沥青面层6900m^2。

(3) 小桥6座。其中2～13m装配式空心板桥3座，长135.38m，1～13m、1～10m、1～6m装配式空心板桥各1座，长度计79.98m。

(4) 钢筋混凝土盖板涵52道，长度659.5m；钢筋混凝土拱涵2～5.0m×5.0m1道，长度24.8m。

(5) 排水工程。7.5号浆砌梯形边沟690m，排水沟120m；急流槽46.52m，C20混凝土拦水带740m。

(6) 防护工程。7.5号浆砌挡土墙1884.34m^3；干砌片石892.5m^3；7.5号浆砌片石护肩752m^3。

(7) 沿线公路设施及预埋管线。钢筋混凝土立柱630根，单柱式交通标志26个，双悬臂式交通标志8个，里程碑5个，公路界碑25个，热溶性反光标线1485.5m^2，轮廓标线289个。

2. 技术标准

本标段采用交通部颁发的JTJ 001—97《公路工程技术标准》。

公路等级：二级（山岭重丘区）；设计车速：40km/h；路基宽度：7.5～12.0m；路面宽度：7.0～9.0m；最小半径：60m；最大纵坡：7%；桥涵设计荷载：汽-20，

挂-100；设计洪水频率：路基及小桥涵50年一遇，大桥100年一遇。

3. 沿线建设条件

(1) 地形地貌。本路段属中低山丘陵地形，构造剥蚀中低山残丘地貌。路线通过的地形山岭起伏较大，地形复杂。

(2) 工程地质。本工程沿线工程地质条件总体情况较好，未发现危及线路安全的大型滑坡、泥石流、地下洞穴等地质现象，路线通过的地段自然环境较好，自然边坡稳定，不良地质病害少，有利于工程建设。

(3) 水文地质。沿线主要河流为沪溪，其余均为山间溪流，长年流水，洪水季节水流急，易涨易落。主要河流顺山间溪流水质较好，符合工程用水标准。

(4) 地震烈度。根据村省地震烈度分区查明，本标段路线所经地区地震烈度小于6度区，在地震作用下，大型桥梁不会发生断层错位、斜坡失稳等地震效应。

(5) 交通条件。本标段为国道316线战备公路改建工程，局部路段进行了改线，全线交通状况良好，只需局部路段设置施工便道。施工时局部路段进行分隔施工，以维持原路交通。

(6) 筑路材料。本标段沿线天然石料丰富，易于开采，砂、砂砾从资溪、大陂及城关供应，其余材料从资溪、城关或从南平运至工地。

2.4.2 施工方案

1. 施工方法的确定

本合同段路基共有挖方：土方55656m^3，石方21327m^3，路基填方57181m^3。根据工期安排和工地实际情况，将组织2个土石方机械化作业队共同完成本合同段的土石方施工任务。土方开挖及运输采用机械化作业，当运距在100m内用推土机推送，运距大于100m时，用挖掘机配合自卸汽车施工。单边坡路基开挖时采用纵断面开挖，以增加开挖工作面。双边坡路基开挖时采用横断面开挖。对于风化层和松软岩石部位，用大马力推土机推挖。边坡用人工清刷。次坚石和坚石地段采用深孔控制爆破，边坡用预留光爆层实施光面爆破；根据本合同段石方开挖特点，采用深孔控制爆破施工和光面爆破两种施工工艺。水泥混凝土路面面层采用拌和场集中拌和后用混凝土运输车运送至施工现场进行摊铺。小桥施工方法略。

2. 主要分项工程的施工顺序

在做好施工准备后，便可进行路基土石方、排水工程、防护工程、涵洞工程等的施工。有挡土墙、护脚、护肩及涵洞等的路段，路基土石方应在前面的施工工序完成后方可进行施工。在路基施工时，优先安排进行K0＋000～K3＋200及K8＋600～K12＋200段的改线段（控制工期地段）施工，以保证整个合同段的施工工期。路基边沟在路堑开挖后进行施工；路面在路基填筑完成，检测合格后开始挖路槽，依序进行天然砂砾垫层、水泥稳定碎石基层及水泥混凝土面层的施工。小桥工程在工程开工后便可进行施工。最后进行公路设施及预埋管线施工，并清理场地，交工验收。

根据本合同段的工程项目内容及工程量，项目经理部以施工队为基本作业单位，根据工程需要划分3个施工队，各施工队设置及任务如下：

路基施工队：负责全标段路基土石方、排水防护工程及附属工程的施工。

路面施工队：负责全标段路面垫层、基层、面层及土路肩加固施工。

桥涵施工队：负责全标段小桥及涵洞工程施工。

2.4.3 施工进度计划

1. 施工总体计划安排原则

(1) 根据合同段工程范围内各主要工程项目数量，在合同工期的前提下，运用网络计划技术，统筹兼顾，合理地投入该工程的资源（劳力、机械设备、材料、资金等）。

(2) 在保证工程质量，施工安全的基础上，优化资源配置，挖掘设备潜力，确保优质、高效地完成施工任务。

(3) 以组织均衡法施工为基本方法，考虑该地区雨水充沛，施工受其影响较大等因素，为此应抓住每个施工黄金时期，对控制工期的高填深挖土石方工程以及影响土石方工程施工的涵洞工程迅速组织施工，为每个施工环节创造有利条件。

(4) 优化施工方案，采用先进技术和工艺，攻克难关，加快施工进度。

2. 施工总工期

本合同段合同工期为 2002 年 12 月 31 日前完工。本施工方案按（含施工准备）180 天安排。开工时间暂定 2002 年 7 月 1 日。具体开工时间依开工令为准，接到开工令后，2 天内开工。

3. 各主要工程项目计划工期

施工准备：2002 年 7 月 1 日～7 月 15 日

路基土石方：2002 年 7 月 15 日～10 月 30 日

桥梁工程：2002 年 7 月 20 日～12 月 15 日

路面垫层：2002 年 9 月 15 日～11 月 30 日

路面基层：2002 年 9 月 25 日～12 月 10 日

路面面层：2002 年 10 月 5 日～12 月 20 日

涵洞工程：2002 年 7 月 20 日～10 月 10 日

防护与排水：2002 年 7 月 15 日～11 月 30 日

其他工程：2002 年 11 月 15 日～12 月 30 日

施工进度计划见表 2.13，根据施工计划绘制的劳动力曲线图如图 2.9 所示。

表 2.13 施工进度计划表

序号	分项工程	施工进度计划（旬） 2002 年																	
		7月			8月			9月			10月			11月			12月		
		上	中	下	上	中	下	上	中	下	上	中	下	上	中	下	上	中	下
1	施工准备																		
2	路基土石方																		
3	涵洞工程																		
4	防护与排水																		
5	路面施工																		
(1)	天然砂砾垫层																		

续表

序号	分项工程	施工进度计划（旬）　2002年																	
		7月			8月			9月			10月			11月			12月		
		上	中	下	上	中	下	上	中	下	上	中	下	上	中	下	上	中	下
(2)	水泥稳定土基层									—	—	—	—	—	—	—	—		
(3)	水泥混凝土面层										—	—	—	—	—	—	—	—	
(4)	土路肩硬化														—	—	—	—	—
6	桥梁工程																		
(1)	基础工程			—	—	—	—	—	—	—									
(2)	墩台工程																		
(3)	梁体预制安装					—	—	—	—	—	—	—	—						
(4)	桥面铺装及人行道													—	—	—	—	—	
7	其　他														—	—	—	—	—

2.4.4　资源需用量计划表

1. 劳动力配置计划

施工中所需劳动力的工种、数量参见表2.14，劳动力进退场时间和施工进度计划与表2.13一致。

2. 主要材料用量计划

施工中所需材料主要有钢筋、水泥、原木、锯材、砂、碎石、片石等。其中钢筋、水泥、木材等拟考虑在资溪、城关或南平购买；碎石、片石等地材拟考虑利用现场开炸出的多余石方进行加工使用；砂、砂砾从资溪、大波乡的砂、砂砾料场购买。各种材料按照施工进度计划中各项目所需数量分期供应，详见表2.15所示的主要材料用量计划。

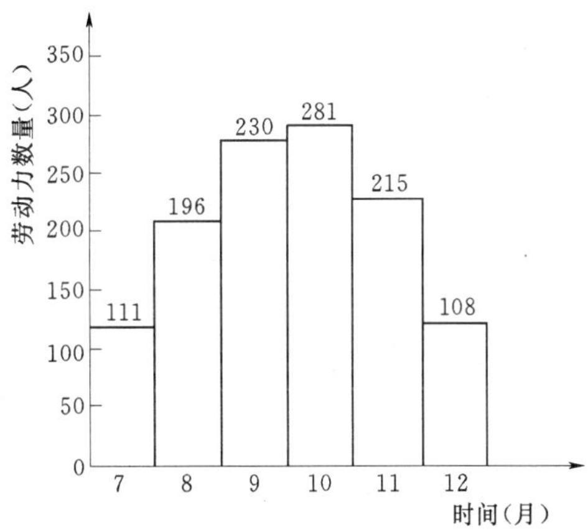

图2.9　劳动力曲线图

表2.14　劳动力用量计划表

工　种	人　数					
	2002年					
	7月	8月	9月	10月	11月	12月
机械工	25	40	45	50	40	20
监炮工	3	4	4	3		
爆破工	4	6	6	6		
砌筑工	20	40	4	40	22	
钢筋工	4	6	8	10	10	6
木　工	3	5	10	12	12	8

续表

工　种	人　数					
	2002 年					
	7 月	8 月	9 月	10 月	11 月	12 月
电焊工	2	2	4	4	3	2
机修工	2	3	3	3	3	2
混凝土工	6	8	10	12	12	8
钢模工			8	12	14	10
电　工	2	2	3	3	3	2
起重工			5	6	6	
普通工	40	80	120	120	90	50
合计（人）	111	196	230	281	105	108

表 2.15　主要材料用量计划

材料名称	规　格	计量单位	总数量	计　划　数　量					
				2002 年					
				7 月	8 月	9 月	10 月	11 月	12 月
原木		m^3	37	5	8	8	8	7	
锯材		m^3	58	8	10	15	15	10	
钢筋	Ⅰ级	t	40		8	10	9	9	4
钢筋	Ⅱ级	t	160		30	40	45	35	10
型钢		t	13	1	3	4	3	2	
空心钢钎		kg	442	82	120	120	120		
合金钻头		个	655	120	200	200	135		
铁件		kg	10192	1500	2000	2500	2500	1400	292
铁丝		kg	1271	171	300	300	300	200	
标线漆		kg	728					228	500
水泥	325 号	t	2309	209	400	500	500	450	250
水泥	425 号	t	3806		106	200	1100	1400	1000
硝铵炸药		t	5400	1000	1500	1700	1200		
导火线		m	12465	2500	3500	3500	2965		
普通雷管		个	9915	1915	3000	3000	2000		
石油沥青		t	79		6	10	8	20	35
汽油		kg	2091		300	450	500	450	391
柴油		kg	234854	40000	80000	80000	15000	12000	6854
电		度	81658	2658	10000	15000	25000	16000	8000
水		m^3	23061	1500	3000	3000	7000	6000	2561

续表

材料名称	规　格	计量单位	总数量	计　划　数　量					
				2002 年					
				7 月	8 月	9 月	10 月	11 月	12 月
中粗砂		m^3	9346	300	1500	1500	2500	2500	1046
砂砾		m^3	9000		200	1800	3500	3500	
天然砂砾		m^3	394	94	100	100	100		
片石		m^3	10820	1320	2500	2800	2500	1700	
碎石	2cm	m^3	298			58	80	100	60
碎石	4cm	m^3	7885		400	485	2000	3000	2000
碎石	8cm	m^3	2150	150	500	600	500	400	
路面用碎石		m^3	548					188	360
块石		m^3	207	17	50	70	50	20	

3. 施工机具及试验、质检仪器设备的使用计划

施工中施工机具、设备的种类、规格及数量投入以满足施工需要为原则，拟投入本工程的主要施工机械种类、规格及数量、使用时间见表 2.16。

表 2.16　　主要施工机械设备使用计划

设备名称	单位	数量	型号、产地	出厂日期（年）	使用时间（年．月）
推土机	台	1	TY220，山东，165kW	1997	2002.7～10
推土机	台	1	D8N，美国卡特比硕，225kW	1995	2002.7～10
挖掘机	台	3	320L，美国卡特比硕，247kW	1997	2002.7～10
轮胎式装载机	台	2	ZL50，中国厦门，$2m^2$	1998	2002.7～10
轮胎式装载机	台	2	ZL50，中国厦门，$2m^2$	1997	2002.7～10
光轮压路机	台	1	ZY8/15W 福建三明 8J.15t	1995	2002.7～12
振动式压路机	台	2	YZT18，陕西西安 95kW	1997	2002.7～ 12
小型式压路机	台	2	HZD.250，河南安阳	1996	2002.7～11
平地机	台	2	780.Ⅱ，美国德莱塞，180kW	1996	2002.7～12
自卸汽车	台	20	CQ19210，中国四川，9.5t	1996	2002.7～12
平板拖车	台	1	日本，30t	1995	2002.7～12
汽车吊	台	2	TL.300E，日本，180kW	1998	2002.9～12
汽车吊	台	1	16T，北京丰台	1998	2002.7～12
柴油发电机	台	1	TFW75，中国福州，75kW	1998	2002.7～12
柴油发电机	台	1	TFW135，中国福州，147kW	1997	2002.7～12
砂浆拌和机	台	4	HB200，福建	1997	2002.7～11
混凝土搅拌站	座	3	HZ403/12，中国山东，90kW	1998	2002.8～12

续表

设备名称	单位	数量	型号、产地	出厂日期（年）	使用时间（年．月）
混凝土搅拌机	台	2	JZC350，福建，350L	1997	2002.8～12
路面施工机械设备	套	2	振动梁、三滚轴、真空吸水机、磨光机、压纹机、切割机（中国温州）	2001	2002.10～12
洒水车	台	2	CQ19210 9.57	1997	2002.7～12
沥青洒布车	台	1	JN162，中国徐州，$8m^2$	1997	2002.11～12
混凝土运输车	辆	3	IPF85B.2，中国湖北，87kW	1997	2002.7～12
空压机	台	3	VY.12/7.6，中国广西，112kW	1998	2002.7～11
水泵	套	6	DA50*9，江西赣州，55kW	1996	2002.7～12
交流电焊机	台	10	BX3.500，上海康华	1997	2002.7～12
钢筋加工机械	套	3	中国福建	1997	2002.7～12
木工加工机械	套	1	中国邵武	1997	2002.7～12

材料试验仪器和质检设备配备的种类、规格、数量略。

2.4.5　施工总平面图设计

1. 临时设施的布置

(1) 施工便道。本合同段为旧路改建工程，可以直接利用原有道路进入现场施工。在K2+700～K3+200段铁关桥两端修建长约500m的施工便道，便于预制场及小桥施工。

(2) 项目经理部，施工队生产、生活用房。项目经理部拟设在K1+630的右侧，租用铁关村民房，作为整个合同段的指挥中心，各施工队的生活用房租用路线附近的民房，生产工棚在预制场、拌和站等设置点内进行搭设。

(3) 试验室、工地测量。项目经理部设立一个中心试验室与一个测量组。试验室配足土工试验仪器，进行本标段的土工试验检测，水泥、混凝土等试验检测委托相邻标段的试验室进行。工地试验人员值班作业，确保原材料和施工中各项试验工作及时正常进行。测量组配备全站仪、水平仪等测量仪器，确保线路中心及构造物各部尺寸放样准确，保证工程质量。

(4) 电力供应。本合同段拟设置1座350kVA变压器，并配备一台135kW发电机组备用，其他沿线路段配备75kW移动发电机3台供小桥及涵洞施工使用。

(5) 生产、生活用水。本合同段生产用水从就近河流取用，生活用水从山涧溪流取用或自打井抽取地下水。

(6) 拌和设施。本合同段拟在K3+000左侧设1座$50m^3/h$混凝土拌和站，负责本标段小桥下部及预制场的混凝土施工；在K1+630右侧及K8+500左侧各设置1座$50m^3/h$的路面混合料拌和站，向全段供应混凝土和水稳层混合料。

(7) 构件预制场。

2. 施工总平面布置图

本合同段拟在K3+000左侧设置1个小桥空心板、涵洞盖板等构件预制场。空心板预制底座设在填筑路基上。预制构件完成后再用平板车通过 316 国道运往各桥位安装。

根据本合同段地貌及各主要工程分布情况，结合本投标人确定的施工方案及机械设备配置。施工总平面本着尽量利用原有道路、少占地、减少临时工程的原则。路基开挖及各桥涵施工等临时生产设施大部分均在桥涵施工现场或征地范围内布置，料库、维修车间与停车场在施工队内布置。项目经理部与施工队均设置在路线附近，炸药库和雷管库设在规定安全距离的地方，并报请当地公安部门批准，派专人看守。施工总体平面布置如图 2.10 所示。

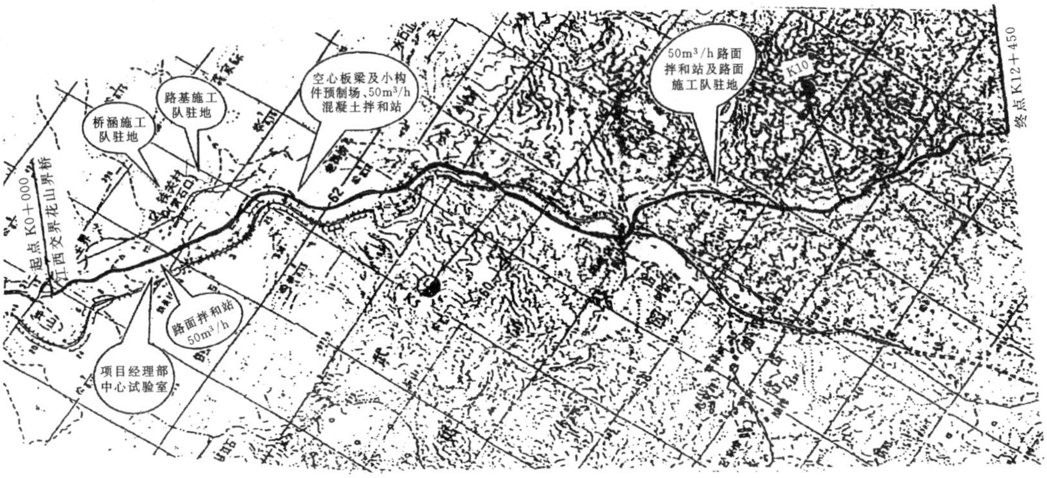

图 2.10 施工总体平面布置图

2.4.6 主要工程项目的施工技术措施

本例该部分详细阐述路基、路面工程、桥梁工程、涵洞工程、防护及排水工程、附属工程的施工工艺、各施工过程的技术方法和要求等内容。篇幅所限，这里做了删减。

2.4.7 施工中的各项保证措施

1. 工程质量保证措施

(1) 创优方针、目标和承诺。

1) 质量方针：科学管理、质量第一、顾客至上、创优争先。

2) 创优目标及承诺：争创国内公路施工一流水平，确保工程质量达到优良工程；整个合同段工程质量优良、出精品、绝次品；单位工程合格率 100%，优良率 85%以上。

(2) 技术保证措施。

1) 建立技术管理机构，健全技术保证体系。

2) 运用网络技术编制实施性施工组织设计指导工程施工，做到科学管理。

3) 制定技术管理制度，运用现代化技术手段、装备进行质量管理控制。

(3) 组织保证体系措施。

1) 形成项目部、施工区段和作业班组 3 级质量保障体系，层层把关，奖惩分明。

2) 建立质量管理制度。建立技术交底制度、材料检验制度、施工检查与验收制度等。

3) 加强质量意识教育及科学管理。

2. 确保工期的主要措施

保证合同工期是发挥投资效益、降低工程成本的有效途径，也是业主与施工企业的共同目标。在本项目中承包人将严格遵守合同工期。

(1) 工期目标。本合同段工程按合同要求在 2002 年 12 月 31 日前完工。采取有效措施，确保在合同工期内保质保量、安全、按时地完成施工任务。

(2) 确保工期目标实现的措施。

1) 优化施工方案，优化配套机械设备，提高设备利用率和机械化作业程度，为工程施工赢得时间，确保工期。

2) 做好人员、材料及机械设备的进场。

3) 精心编制实施性施工组织设计，实行动态网络管理，及时调整各分项工程的计划进度和劳力、机械，确保工程按时完工。

4) 合理安排冬季、雨季、农忙季节及节假日的施工，确保工程顺利开展。

5) 搞好物资设备管理和物资供给，准备充足的货源，保障施工。

6) 重抓质量、安全，以促进度，确保不出任何安全质量事故，确保工程顺利开展。

7) 强化施工调度指挥与协调工作，超前布局，密切监控落实，及时解决问题，避免搁置延误。重点项目或工序采取垂直管理，横向强制协调的强硬手段，减少中间环节，提高决策和工作效率。

3. 施工安全保证措施

全面建立健全安全生产管理体系。施工中贯彻执行国家有关安全、环境保护的法规。定期进行安全大检查，召开安全工作会议，发现问题及时处理。安全管理主要有以下几个方面：

(1) 建立安全管理制度。

(2) 施工期间爆破安全措施。

(3) 消防安全措施。

(4) 治安措施。

(5) 防汛措施。

4. 环境保护措施

环境保护是我国的一项基本国策，搞好环境保护是我们每一位公民的责任和义务，是祖国建设、资源开发的重要课题。本项目部将开展文明施工，场地布置统一规划，施工段材料堆放，各种物质材料按 ISO9002 系列标准正确配置，场区内管线布置线条整齐、清洁，废弃物统一深埋，定时处理。施工路基土石方弃土，严格按设计图指定位置集中堆放、分层压实并种植防护植被，保护工作与周围环境保持相协调。

(1) 建立环境保护体系。

(2) 减少、消除污染源。对于环境污染来讲，减少消除污染源是保护环境最直接、最有效的措施，是环境保护的根本。施工中的污染主要是指施工机械、设备、车辆、施工人员因施工造成的对环境的污染。

(3) 阻断污染传播途径。阻断污染的传播途径，隔离污染源和污染敏感受体是环境保护的又一有力措施，是环境污染标本兼治的一个方面。如施工现场噪音、异味、粉尘、生活污水、油污质废水的控制管理等。

5. 其他措施

雨季及夏季施工措施、农忙季节安排、施工期间维持旧路通车措施等（略）。

思　考　题

2.1　试说明施工组织设计的概念、作用与分类。

2.2　施工组织设计的编制原则是什么?

2.3　施工组织设计的编制依据是什么?

2.4　单位工程施工组织设计所包含的主要内容有哪些?

2.5　确定施工顺序时应考虑哪些主要因素?

2.6　试说明施工进度计划的编制依据。

2.7　施工进度图的形式有几种?

2.8　试说明工程量与劳动量的关系。

2.9　生产周期如何计算?

2.10　劳动力分配图如何绘制？如何根据分布图来判断施工进度计划的优劣?

2.11　试说明施工平面图有几种形式?

2.12　施工现场应采取哪些安全生产、文明施工措施?

2.13　试说明施工组织总设计的编制程序。

2.14　试说明施工组织总设计技术经济指标体系的主要内容。

2.15　试说明技术经济指标分析的方法。

第3章 流水施工组织原理

3.1 施工组织的基本方法

公路工程施工过程中的基本组织方法可归纳为顺序作业法、平行作业法和流水作业法3种。

3.1.1 顺序作业法

顺序作业法是指将拟建工程分成若干个施工段，各施工段上的全部施工过程划分为若干道工序，前一道工序完成后，后一道工序才开始；一个施工段完成后，下一个施工段才开始，以此类推，直至全部工程施工完毕为止。顺序作业法就是按固定的程序组织施工。有客观要求的工艺流程和施工顺序必须按先后次序进行顺序作业；也有人为组织安排的各工程项目之间的顺序作业。后者才是施工组织的顺序作业法。

例如，某路段有3座同类型的涵洞，有一个施工班组依次完成第一、第二、第三座涵洞，此时的施工组织安排就是顺序作业法。其工期可用下列公式计算。

(1) 假设每一道工序的持续时间为 t_i，某施工段有 n 道工序，则该施工段的施工期限 t 为

$$t = t_1 + t_2 + t_3 + \cdots + t_n = \sum_{i=1}^{n} t_i \tag{3.1}$$

(2) 设施工段的数目为 m，则完成全部施工任务的总工期 T，等于各施工段的施工期限之和

$$T = \sum_{i=1}^{n_1} t_{i,1} + \sum_{i=1}^{n_2} t_{i,2} + \cdots + \sum_{i=1}^{n_m} t_{i,n} = \sum_{j=1}^{m} \sum_{i=1}^{n} t_{ij} \tag{3.2}$$

式中 t_{ij}——第 j 个施工段的第 i 道工序的施工持续时间。

显然，这种顺序施工法用于工序相同的多个施工段的施工作业安排是不合适的。其缺点为：整个工期长，专业队施工不连续，容易造成窝工现象，大部分施工段上的工作面空闲，得不到充分利用。

3.1.2 平行作业法

平行作业法是指将拟建工程分成若干个施工段，每个施工段划分成若干道工序，同一工序在不同施工段上同时施工，一个施工段完工则全部工程施工完毕。几个施工段或几个作业点，分别同时按工艺顺序施工的作业方法。例如，上述3座涵洞，同时建立3个作业班组，同时按涵洞施工顺序开工的施工组织就是平行作业法。其工期可按下列公式进行计算。

(1) 假设每一道工序的持续时间为 t_i，某施工段有 n 道工序，则该工程项目的施工期限 t 为

$$t = t_1 + t_2 + t_3 + \cdots + t_n = \sum_{i=1}^{n} t_i \tag{3.3}$$

(2) 设施工段数目为 m，则完成全部施工任务的总工期 T，就是施工时间最长的施工项目（或施工段）的施工期限 t，即

$$T = \max\{t\} \tag{3.4}$$

平行作业法与顺序作业法相比较，虽然整个工期缩短，工作面也得到充分利用，但是劳动力和机具的需用量是顺序作业法的 m 倍，而且专业队施工也是不连续的。

3.1.3 流水作业法

流水作业法是指将拟建工程分成若干个施工段，每个施工段都划分为若干道相同的工序，按照施工的工艺顺序，各工序在不同施工段上相继投入施工，最后投入施工的施工段上的最后一道工序完成后，则全部工程施工也随之完毕，这种施工组织方法就是流水作业法。例如，上述 3 座涵洞都可分解为挖基坑、砌基础、砌桥台、上部安装等 4 道工序，分别建立 4 个专业班组，依次在各座涵洞上完成各自的工序则为流水作业施工组织。

下面举例说明并比较 3 种基本作业方法的特点。例如，某路段需要修建同一类型的 4 座小桥，每座桥的施工过程可分解为挖基坑、砌基础、砌桥台、上部安装 4 道工序。为了简化起见，例题中的比较范围仅限于施工工期和劳动力用量之间的关系，并假定 4 座小桥上每道工序所需的持续时间固定不变，且均为 5d，由此绘制的顺序作业法、平行作业法及流水作业法的施工进度横道图和劳动力需用量调配图，如图 3.1 所示。

由图 3.1 可以看出，顺序作业是 4 座小桥按先后顺序进行施工，第Ⅱ座小桥的施工必须待第Ⅰ座小桥全部完工后才能进行，同理依次进行第Ⅲ座、第Ⅳ座小桥施工。各座小桥的施工期限均为 20d，所以 4 座小桥的总工期为 80d；投入施工中的劳动力用量最多时为 12 人，最少时只有 3 人。

平行作业法是将 4 座小桥看作 4 个独立的项目，配以 4 组相等的劳动力同时开工。此时施工总工期不因施工对象数目的多少而变化，只取决于某座小桥的施工期限（各座小桥施工期限不等时，应取施工期限最长的小桥作为平行作业的总工期）。本例中平行作业总工期为 20d，但所需的劳动力却按施工对象的倍数增加，最多时为 48 人，最少时为 12 人。

流水作业法与上述两种方法不同，它将各座小桥的全部施工过程，按相同的工作内容划分为挖基坑、砌基础、砌桥台、上部安装 4 道独立的工序，分别建立 4 个专业施工班组，依次在每座小桥上执行同一工序的施工，即相同的工序顺序作业、不同工序平行作业。本例的流水作业施工总工期为 35d，劳动力需要量随着各专业班组的先后投入施工而逐渐增加，当全部施工班组都投入后，就开始保持稳定，直到第一施工班组退出施工时才开始减少，最后全部施工班组退出施工现场。所以投入施工的劳动力最多时为 26 人，最少时则只有 3 人。

由此可见，3 种基本施工组织方法的特点分别是：

(1) 顺序作业法的特点为：工期长、专业队施工不连续，大部分施工段上的工作面空闲。

(2) 平行作业法的特点为：工期短、工作面利用合理，但资源用量集中。

(3) 流水作业是顺序作业和平行作业相结合的一种施工方法，它保留了前两种方法的优点，克服了它们的缺点，其特点是工期适中、工作面可充分利用，专业队施工连续、资

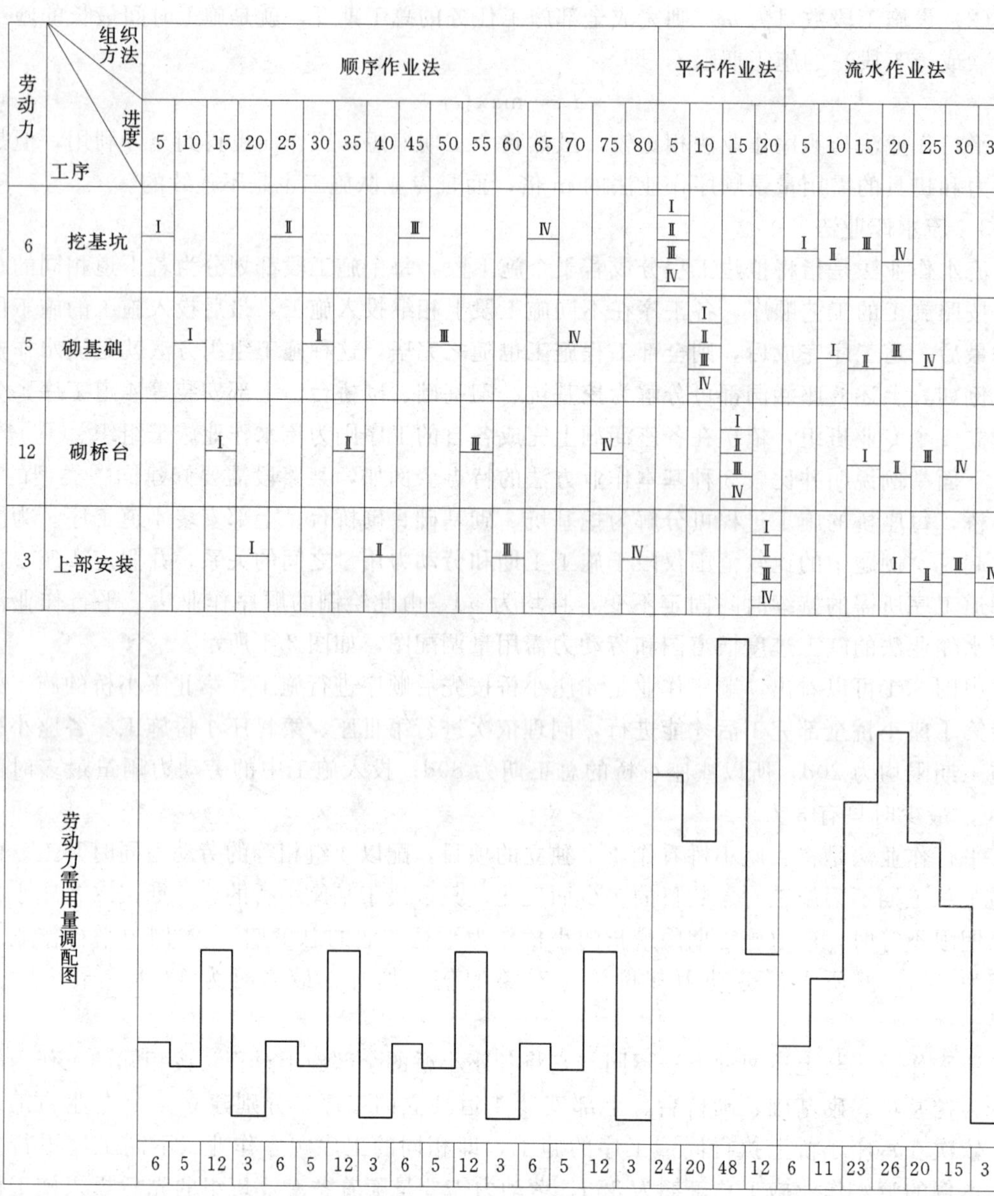

图 3.1　3 种作业方法施工进度及劳力调配图

Ⅰ、Ⅱ、Ⅲ、Ⅳ—4 座小桥

源用量均衡，在进行多施工段的施工组织中，其优点是显而易见的。

3.1.4　综合作业方法

顺序作业法、平行作业法、流水作业法在施工过程中可以单独运用，也可以根据具体条件，将两种以上作业方法综合运用，即形成综合作业方法。综合作业方法的主要形式有平行流水作业法、平行顺序作业法以及立体交叉平行流水作业法等其他施工组织方法。

平行施工组织通常有 3 种方法，一是指不同工序的施工班组在不同施工段上平行作业；二是指同一工序的施工班组在不同施工段上平行作业；三是指不同工序的施工班组在同一施工段上平行作业。图 3.1 例题中的平行作业法属于以上第一种情况；桥梁工程上部结构的预制施工时，各台座上平行预制梁板构件则属于第二种情况；有时为了适应路基工程施工进度要求，常常组织几个路基施工组，同时并进行交叉施工，也属于第二种情况；第三种情况则是为了充分利用工作面，而出现的搭接平行施工情况。平行作业法的 3 种情况，均可采用流水作业法进行施工组织。

平行流水作业法具有平行作业法和流水作业法的优点，可以保证在施工期限要求紧的条件下，实现均衡施工，因此在工程实际中运用广泛。

平行顺序作业法实质是用增加资源供应来达到缩短工期的目的，使顺序作业法和平行作业法的缺点更加突出，所以仅适用于必须突击赶工的施工情况。

立体交叉平行流水作业法适用于大型结构物的施工，例如大桥工程、立体交叉工程等工序数很多，工程量大且特别集中，而施工作业平面又较小，按一般施工组织安排施工需要很长的工期的工程。为了充分利用有限的作业面，在平行流水作业的基础上，采用上、下、左、右全面施工的方法，从而达到缩短工期的目的。

综上所述，流水作业法是科学的、合理的一种作业方法，以下主要介绍流水作业的施工组织原理。但是公路工程施工中，各种作业方法亦可根据具体情况适当选择使用。

3.2 流水施工组织方法

流水施工作业方法是一种建立在合理分工、紧密协作和大批量生产的基础之上的科学的施工组织方法。这种施工组织方法不仅使得每个专业队都能连续进行其熟练的专业工作，而且由各施工段构成的工作面也尽可能得到充分利用，因此，使得工程施工具有鲜明的节奏性、均衡性和连续性，同时，也会大大地提高劳动生产率和经济效益。

3.2.1 流水施工组织方法的步骤

(1) 将拟建的工程对象，依据已选择的施工方案和工程结构特性、空间位置及施工工艺过程（工序），确定流水作业的工程项目。

(2) 将组织流水施工的工程项目，从工艺上分解为若干工序并确定施工的先后顺序。不同的工序由不同的专业队按其先后顺序进行施工。

(3) 将组织流水作业的工程项目，尽可能地划分为劳动量大致相等或成倍数的若干施工段。按照施工的顺序，每个专业队沿着拟定的方向，依次在不同的施工段上施工。

(4) 对各施工段确定合理的施工组织顺序，以便各专业队按照规定的顺序，携带必要的施工机具，连续地由一个施工段转移到另一个施工段，反复进行同类工作。

(5) 确定合理的流水作业参数，要尽可能地相互协调，以便流水作业具有节奏性、连续性、平行性。

(6) 各施工过程按照施工顺序的要求，彼此排列和衔接起来，绘制施工进度计划图。

3.2.2 流水施工组织方法的特点

在公路工程施工中，公路产品具有固定性，人员、机械设备和建筑材料等资源供应则是流动的。公路工程形体都比较庞大，而且又多为线型工程，可以同时容纳各种不同专业的工人、不同的机具在不同的部位进行作业，故能够进行连续、均衡、有节奏的施工。

流水作业法的特点归纳为以下几点：

(1) 充分利用了工作面，缩短了工期。

(2) 前后工序衔接紧凑，消除了时间间歇，实现了生产的连续性和均衡性。

(3) 根据不同的工序建立了不同的专业队，而专业队重复循环从事同一技术工作，工人的操作熟练程度不断提高，为保证工程质量及进一步改进工艺奠定了基础，工作效率也会不断提高。

(4) 由于工效提高、劳动量减少、物资供应均衡、工期缩短等原因，可降低工程成本。

3.2.3 流水作业法的实质与组织原则

流水作业的实质是，同时容纳公路工程不同专业队伍在不同的位置上进行平行施工生产或顺序施工，而且施工过程具有鲜明的连续性、均衡性和节奏性，它与工业生产的流水作业根本差别在于产品固定不动，而劳动力、建筑材料和施工机具则按一定的顺序流动。

流水作业的效益具体表现在施工连续、进度加快、工期缩短，由于专业化程度较高，不仅能保证质量，而且提高了劳动生产率；又由于资源供应均衡，降低了工程成本。因此，公路工程施工组织应尽可能采用流水作业法。流水施工的基本组织原则有以下几点：

(1) 根据施工项目对象划分施工段。

(2) 划分工序并编制工艺流程，且按工艺原则建立专业班组。

(3) 各专业班组依次、连续进入各个施工段，完成同类工种的作业。

(4) 计算或确定流水作业参数。

(5) 相邻施工段及相邻工序尽可能连接紧密。

3.2.4 流水施工作业法的分级与表达方式

1. 流水施工的分级

根据流水施工组织的范围划分，流水施工通常可分为：

(1) 分项工程流水施工。分项工程流水施工也称为细部流水施工。它是在一个专业工种内部组织起来的流水施工。在项目施工进度计划表上，它是一条标有施工段或工作队编号的水平进度指示线段或斜向进度指示线段。

(2) 分部工程流水施工。分部工程流水施工也称为专业流水施工。它是在一个分部工程内部、各分项工程之间组织起来的流水施工。在项目施工进度计划表上，它由一组标有施工段或工作队编号的水平进度指示线段或斜向进度指示线段来表示的。

(3) 单位工程流水施工。单位工程流水施工也称为综合流水施工。它是在一个单位工程内部、各分部工程之间组织起来的流水施工，在项目施工进度计划表上，它是若干组分部工程的进度指示线段，并由此构成一张单位工程施工进度计划。

(4) 群体工程流水施工。群体工程流水施工亦称为大流水施工。它是在若干单位工程之间组织起来的流水施工。反映在项目施工进度计划上，是一张项目施工总进度计划。

2. 流水施工的表达方式

流水施工的表达方式，主要有横道图（水平图表、垂直图表）和网络图两种表达方式。

(1) 水平图表。在流水施工水平指示的表达方式中，横坐标表示流水施工的持续时间；纵坐标表示开展流水施工的施工过程、专业工作队的名称、编号和数目；呈梯形分布的水平线段表示流水施工的开展情况。

（2）垂直图表。在流水施工垂直指示图表的表达方式中，横坐标表示流水施工的持续时间；纵坐标表示开展流水施工所划分的施工段编号；n 条斜线段表示各专业工作队或施工过程开展流水施工的情况。

（3）网络图。网络图将在第 4 章详细讲述。用于流水施工组织的网络图主要有横道式网络图、流水步距式流水网络图 、搭接式流水网络图和三维流水网络图等，可参见有关文献。

3.2.5 流水施工作业参数

流水施工作业参数有空间参数、工艺参数、时间参数，以此表达空间和时间展开情况。

1. 空间参数的确定

空间参数有施工段 m 和工作面 A。

（1）施工段 m。施工段 m 的划分，一种是自然形成的，如几座桥、几个构件等；另一种是人为划分的，如路面工程分为若干施工段。施工段的划分数目过多会引起资源集中，数目过少会拖延工期。一般要求施工段数目不小于工序数（或专业队数），以利于同一时间能进入工作面流水作业。施工段的划分，应考虑以下原则：

1）划分施工段应使主要工种在各施工段上所需劳动量大致相等，其相差幅度以不超过 15%为宜，以免破坏流水的协调性。

2）应将构筑物的外形边缘、构造特点、伸缩缝、沉降缝、接缝等常作为划分施工段的自然界限；对于管道工程，分段的界限尽量划在各种检查井处。

3）每个施工段的大小应满足专业工种对工作面的要求。

施工段的划分要适当，应不小于工序数（专业队数），这样有利于安排流水作业，可使各专业队在同一时间都进入工作面施工，而不致窝工。不能把施工段数划分得少于工序数，因为这样会使专业队不能在进入工作面之后同时展开施工，无法形成流水作业的格局。

（2）工作面 A。工作面 A 的大小可以表明施工对象上可能安置多少工人操作或布置多少施工机械，为流水节拍的确定提供依据。一般施工中，工作面大小要求紧前工序结束后能为紧后工序提供工作面，且应满足施工技术规范和安全操作规程的要求。

2. 工艺参数的确定

工艺参数包括施工过程段 n 和流水强度 V。

（1）施工过程数 n。施工过程数 n，有时也称工序数。它的划分应与工程项目及施工组织分工相适应，对简单的施工过程，工序可划分得少些，对技术复杂的施工过程，工序可划分得多些。工序划分应使各道工序的持续时间相差不致太大，以利专业队合理分工。同时施工过程数的划分要符合施工专业队的施工习惯，以便于组织施工。

（2）流水强度 V。单位时间完成的工程数量称为流水强度 V。流水强度等于专业队的工人数或机械台数与产量定额的乘积。机械作业的流水强度可用式（3.5）表示

$$V_i = \sum_{i=1}^{L} R_i S_i \tag{3.5}$$

式中 R_i——某施工过程某主导机械同一型号机械台数；

S_i——施工过程 i 的施工机械台班产量定额；

L——主导施工机械的各种型号的种类数。

人工作业的流水强度可表示为

$$V_i = R_i S_i \tag{3.6}$$

式中 R_i——投入施工过程 i 的专业队工人数；

S_i——投入施工过程 i 的专业班组每一工人的产量定额。

3. 时间参数的计算

时间参数分为流水节拍 t_i 和流水步距 $K_{i,i+1}$。

(1) 流水节拍 t_i 的计算。流水节拍是指某道工序在施工段上完成工序操作的持续时间。其计算方法如下。

1) 根据施工单位投入的劳动力或机械数量计算，其计算公式为

$$t_i = \frac{Q_{ij}}{S_i R_i N_i} = \frac{P_{ij}}{R_i N_i} \tag{3.7}$$

式中 Q_{ij}——某施工段上第 i 道工序第 j 段的工程量；

S_i——该工序施工操作中每工日或每台班产量；

R_i——施工班组人数或施工机械台数；

P_{ij}——该工序所需的劳动量（工日数或台班数）；

N_i——每天工作班数。

式 (3.7) 计算结果应取整天数或 0.5d 的整数倍，以利于施工作业安排。

2) 根据合同分解的阶段工期要求确定，其计算公式为

$$t_i = \frac{T_e - \sum t_g}{m + n - 1} \tag{3.8}$$

式中 T_e——流水施工项目的合同分解工期；

$\sum t_g$——工序间停顿时间之和；

m——施工段数；

n——工序数。

3) 根据有关定额和施工经验或实际的劳动生产率确定。

(2) 流水步距 $k_{i,i+1}$ 的计算。流水步距是指相邻专业队相继投入同一施工段开始操作的时间间隔，用 $K_{i,i+1}$ 表示。流水步距的大小直接关系到施工中的连续性。流水步距的个数和工序数 n 存在这样的关系

$$流水步距数 = 工序数 - 1$$

确定流水步距的根本目的，是保证施工专业队进入流水线后，能连续不断地依次完成所有施工段的工程量，直到退出流水线为止，并使相邻专业队时间搭接紧凑、严密，施工组织合理，工期短。确定流水步距的要求为：

1) 始终保持两相邻施工工序的先后工艺顺序。

2）保证各专业队连续、均衡有序的施工，而工作面则允许有一定的空闲。

3）保证专业队连续施工的同时，还要使工程的工期最短，必须使前后两工序在施工时间上保持最大搭接，以此确定出最小流水步距。

其计算方法可按“累计数列错位相减取大差法”进行，即采用相邻两施工工序在每个施工段的持续时间（即流水节拍）累加数列错位相减，取最大值作为流水步距的方法。具体计算步骤为：首先将相邻两道工序的流水节拍分别累计得到两个数列；然后将后一工序的累计数列向后错一位与前一工序累计数列对齐相减得到第三个数列；最后从第三个数列中取最大的正值，即为流水步距。

3.3 流水施工基本类型

流水施工按其参数的特性可分为等节奏流水施工、异节奏流水施工和无节奏流水施工3大类。

3.3.1 等节奏流水施工

等节奏流水施工又称为全等节拍流水或固定节拍流水，是指各道工序的流水节拍在各个施工段上完全相等，且工序之间的流水节拍也完全相等。这是一种理想状态的流水作业类型，其特点为

$$t_i = K_{i,i+1} = \text{常数}$$

其工期计算公式为

$$T = \sum K_{i,i+1} + T_n + \sum t_g = (n-1)t_i + mt_{ij} + \sum t_g = (m+n-1)t_{ij} + \sum t_g \quad (3.9)$$

式中　T——全等节拍流水施工的工期；

T_n——最后一个施工过程在各个施工段上的施工延续时间；

$\sum t_g$——工序间停顿时间之和，工序间停顿是指技术间歇和组织间歇；

m、n 的意义同前。

【例 3.1】　某桥梁工程4个桥墩，有支模、扎筋、浇筑混凝土3个施工过程，流水节拍均相等，$t_{ij}=1$。试组成等节奏流水作业。

解：本例流水节拍全相等，也等于流水步距 $t_{ij} = K_{i,i+1} = 1\text{d}$。

工期 $T = \sum K_{i,i+1} + T_n + \sum t_g = (m+n-1)t_{ij} + \sum t_g = (4+3-1)\times 1 + 0 = 6(\text{d})$。本例工序间停顿时间为0，如果施工过程具有停顿时间，在工期中还要计算进去。组成流水作业如图3.2所示。

3.3.2 异节奏流水施工

1. 异节奏流水施工的概念

异节奏流水施工法，是指同一施工过程在各个施工段上的流水节拍全部相等，而不同施工过程之间的流水节拍不一定相等的流水施工组织方式。异节奏流水施工的特点是：

1）同一施工过程在各个施工段上的流水节拍全部相等。

2）不同施工过程的流水节拍全部或部分不相等。

3）各施工过程可连续施工。

施工过程	施工进度(d)					
	1	2	3	4	5	6
支模	Ⅰ	Ⅱ	Ⅲ	Ⅳ		
扎筋		Ⅰ	Ⅱ	Ⅲ	Ⅳ	
浇筑混凝土			Ⅰ	Ⅱ	Ⅲ	Ⅳ

图 3.2 某桥梁工程 4 个桥墩施工进度计划

2. 异节奏流水施工的组织形式

(1) 异节奏流水施工的一般方法。按照各施工过程保持施工连续性、彼此搭接的原则组织施工，这时可以看作无节奏施工的一个特例，可按照无节奏施工方法进行组织。其组织方法将在 3.3.3 中进行阐述。

(2) 成倍节拍流水施工法。因为异节奏施工法的特点，不同施工过程的流水节拍之间存在着一个最大公约数，为加快流水施工速度，可按照最大公约数的倍数组建每个施工过程的专业工作队，这样就构成了一个工期最短的流水施工方案，成为成倍节拍流水施工法。这是一种加快施工速度的方法，其施工工期的计算步骤为：

1) 计算各道工序流水节拍的最大公约数 $K_{i,i+1}$，也称为公共流水步距。

2) 求各道工序所需的专业队数 $b_i(b_i = t_i/K)$。

3) 把专业队总数 $\sum b_i$ 看成工序数 n，即 $n = \sum b_i$，并将 $K_{i,i+1}$ 看成流水步距。

4) 按全等节拍流水计算工期。

工期 T 的计算公式为

$$T = (\sum b_i - 1)K_{i,i+1} + T_n \tag{3.10}$$

式中 $\sum b_i$——各施工过程施工队数之和；

其他符号意义同前。

【例 3.2】 某道路工程划分为 6 个施工段，每个施工段包含挖路基、做垫层、做基层 3 个施工过程，即 $m=6$，$n=3$。各施工过程在 6 个施工段上的流水节拍均相等，挖路基 $t_{1j}=1\text{d}$，$t_{2j}=3\text{d}$，$t_{3j}=2\text{d}$，试组成成倍节拍流水作业。

解：计算各施工过程的专业队数。由于流水节拍的最大公约数是 1，则成倍节拍作业的流水步距为 1。专业队数为

$$b_1 = \frac{t_{1j}}{K_{i,i+1}} = \frac{1}{1} = 1(\text{队})$$

$$b_2 = \frac{t_{1j}}{K_{i,i+1}} = \frac{3}{1} = 3(\text{队})$$

$$b_3 = \frac{t_{1j}}{K_{i,i+1}} = \frac{2}{1} = 2(\text{队})$$

施工段 $m=6$，$\sum b_i = 1+3+2 = 6$(队)。工期 $T = (\sum b_i - 1)K_{i,i+1} + T_n = (6-1)\times 1 + 6 = 11(\text{d})$。绘制成倍节拍流水作业进度计划如图 3.3 所示。

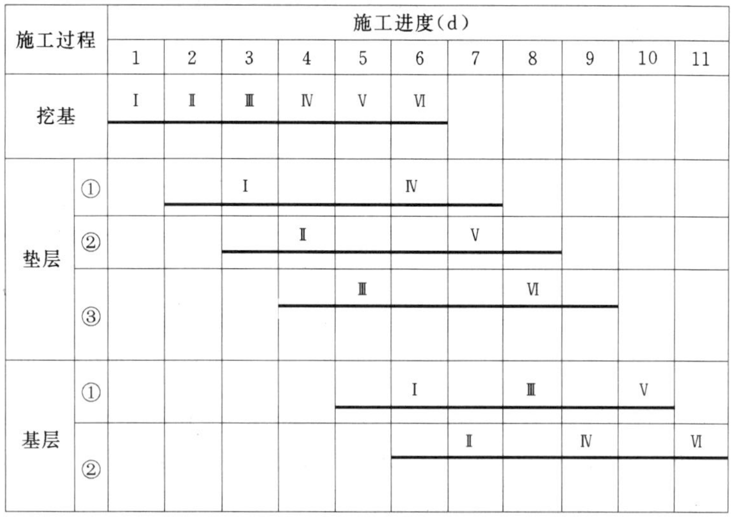

图 3.3 某道路工程施工进度图

3.3.3 无节奏流水施工

1. 无节奏流水施工的概念

无节奏流水施工也称为分别流水法，是指相同工序在各个施工段上的流水节拍不完全相等，各工序之间的流水节拍也不完全相等的流水作业方式。这种流水作业方法只要能按照施工顺序的要求，使相邻两个专业施工队在开工时间上能够彼此搭接起来，并使每个专业队都能够连续作业形成非节奏性的流水施工即可达到目的。因此，无节奏流水施工比较符合公路工程施工的一般情况，是流水施工的普遍形式。

2. 无节奏流水施工的特点

1）各个工序在各个施工段上的流水节拍通常不相等，流水步距也在很多情况下不相等。

2）施工专业队数目等于施工过程数，即 $\sum b_i = n$。

3）每个施工专业队必须保证连续施工，但工作面允许有间歇。

4）不一定将每个施工段上的每个施工过程都纳入流水作业，往往只考虑纳入主要施工过程。

无节奏流水施工的施工工期计算公式为

$$T = \sum K_{i,i+1} + T_n + \sum t_g \tag{3.11}$$

【例 3.3】 某工程项目划分为 4 个施工段（Ⅰ、Ⅱ、Ⅲ、Ⅳ）和 3 道施工工序（A、B、C）各工序在各个施工段上的流水节拍列于表 3.1，试组织无节奏流水作业。

表 3.1　　各工序在各个施工段上的流水节拍

施工工序	施工段上的流水节拍（工序持续时间）(d)				施工工序	施工段上的流水节拍（工序持续时间）(d)			
	Ⅰ	Ⅱ	Ⅲ	Ⅳ		Ⅰ	Ⅱ	Ⅲ	Ⅳ
A	3	4	4	5	C	2	2	3	3
B	3	3	2	2					

解：由表 3.1 可知，$m=4$，$n=3$，流水步距 K_{AB}、K_{BC} 按“累计数列错位相减取大差法”计算，即流水步距为

$$
\begin{array}{rrrrrr}
 & 3 & 7 & 11 & 16 & \\
-) & & 3 & 6 & 8 & 10 \\
\hline
 & 3 & 4 & 5 & 8 & -10
\end{array}
$$

则 $K_{AB}=8\text{d}$。

$$
\begin{array}{rrrrrr}
 & 3 & 6 & 8 & 10 & \\
-) & & 2 & 4 & 7 & 10 \\
\hline
 & 3 & 4 & 4 & 3 & -10
\end{array}
$$

则 $K_{BC}=4\text{d}$。

$$T=\sum K+T_n+\sum t_g=(8+4)+(2+2+3+3)+0=22(\text{d})$$

由 $T=22\text{d}$、$K_{AB}=8\text{d}$、$K_{BC}=4\text{d}$，以及各道工序在各个施工段上的持续时间，可绘制出流水施工进度横道图，如图 3.4 所示。

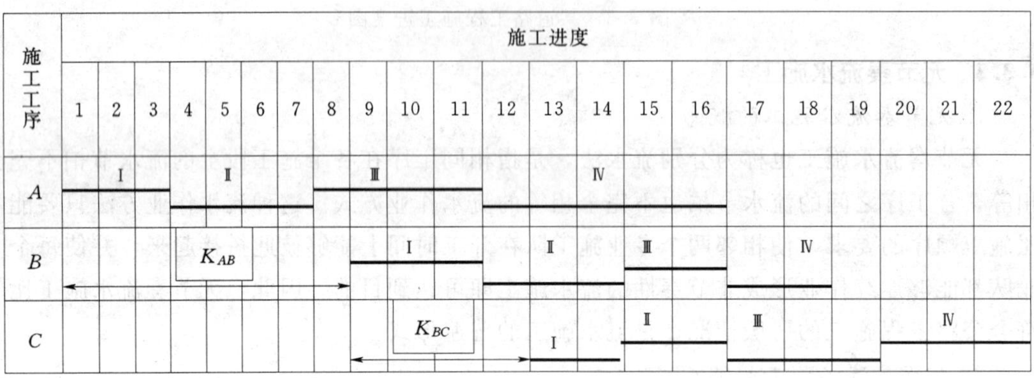

图 3.4　某工程项目流水施工横道图

【例 3.4】　某路段有 4 座相同性质的通道工程，其施工过程均可分解为挖基坑 A、砌基础 B、浇注墙身 C、安装盖板 D 等 4 道工序，各道工序在各座通道上的持续时间（流水节拍）见表 3.2，试按一、二、三、四自然顺序和四、二、一、三顺序施工，分别组织流水作业。

表 3.2　各施工过程及其持续时间

施工段 m / 工序 n	一	二	三	四	施工段 m / 工序 n	一	二	三	四
A	3	4	3	2	C	6	5	4	6
B	5	6	4	5	D	3	2	2	3

解：根据流水施工组织原则，施工段数 $m=4$，工序数 $n=4$，然后根据施工组织顺序分别计算相邻工序之间的流水步距 K，最后计算其总工期 T 并绘制施工进度横道图。

(1) 按一、二、三、四自然顺序组织流水作业。

K_{AB}:

$$\begin{array}{rrrrrr} & 3 & 7 & 10 & 12 & \\ -) & & 5 & 11 & 15 & 20 \\ \hline & 3 & 2 & -1 & -3 & -20 \end{array}$$

$K_{AB}=3$。

K_{BC}:

$$\begin{array}{rrrrrr} & 5 & 11 & 15 & 20 & \\ -) & & 6 & 11 & 15 & 21 \\ \hline & 5 & 5 & 4 & 5 & -21 \end{array}$$

$K_{BC}=5$。

K_{CD}:

$$\begin{array}{rrrrrr} & 6 & 11 & 15 & 21 & \\ -) & & 3 & 5 & 7 & 10 \\ \hline & 6 & 7 & 10 & 14 & -10 \end{array}$$

$K_{CD}=14$。

$$T=(K_{AB}+K_{BC}+K_{CD})+T_n+\sum t_g=(3+5+14)+(3+2+2+3)+0=32(\text{d})$$

由 $T=32$ 和 $K_{AB}=3$、$K_{BC}=5$、$K_{CD}=14$，可绘制流水作业施工进度横道图（略）。

（2）按四、二、一、三顺序组织施工时，应按其顺序重新列表于3.3。

表3.3　　按四、二、一、三顺序组织的各施工过程及其施工持续时间

施工段 m / 工序 n	四	二	一	三	施工段 m / 工序 n	四	二	一	三
A	2	4	3	3	C	6	5	6	4
B	5	6	5	4	D	3	2	3	2

此时 K_{AB} 为

$$\begin{array}{rrrrrr} & 2 & 6 & 9 & 12 & \\ -) & & 5 & 11 & 16 & 20 \\ \hline & 2 & 1 & -2 & -4 & -20 \end{array}$$

$K_{AB}=2$。同理 $K_{BC}=5$，$K_{CD}=13$。

$$T=(2+5+13)+(3+2+3+2)=30\ (\text{d})$$

其流水施工进度横道图略。

由上述示例可以看出，施工段的组织次序不同，其施工进度的总工期可能不同，在无特殊顺序要求的条件下，应以总工期最短作为组织施工段顺序的依据。

思　考　题

3.1　施工组织的基本方法及特点是什么。

3.2　常见的综合作业方法有几种？

3.3　流水作业参数的类型有哪些？每一种类型中又包括哪些参数？

3.4　流水节拍的概念及其计算方法是什么？

3.5　试简述流水步距的概念及其计算方法。

3.6　流水作业如何分级？有哪些表达形式？

3.7 流水施工包括哪些类型？流水施工组织方法的步骤有哪些？

3.8 什么是异节奏节拍流水施工，工期如何计算？

3.9 什么是无节奏流水施工，无节奏流水施工的基本特点是什么？

练 习 题

某公路工程，划分甲、乙、丙、丁4个施工段，每个施工段上有A、B、C、D 4个施工过程。根据下表的流水节拍，按甲、乙、丙、丁和丙、乙、丁、甲的顺序组织流水施工，分别计算该工程项目的流水步距、工期，并绘制横道图和垂直图施工进度计划。

施工段 工序	甲	乙	丙	丁
A	4	5	4	6
B	4	4	3	3
C	3	3	2	2
D	2	3	3	3

第4章 网络计划技术

4.1 网络计划技术概述

4.1.1 网络计划的概念及优缺点

网络计划技术是一种科学的计划管理方法，包括关键线路法（CPM）和计划评审技术（PERT）。工程建设领域主要应用关键线路法。关键线路法自20世纪50年代创始于美国，之后推广到世界各国，广泛应用于工业、农业、国防以及科研计划与管理中。我国20世纪60年代开始在工业管理中引进了关键线路法，经多年实践与应用，至今已广泛应用于工程建设领域。

网络计划技术的基本模型是网络图，网络图是指“由箭线和节点组成的，用来表示工作流程的有向、有序网状图形”。用网络图表达任务构成、工作顺序，并加注工作时间参数的进度计划称为网络计划。

网络计划与横道计划相比，具有以下优点：

(1) 网络图把施工过程中的各有关工作组成了一个有机的整体，能全面而明确地表达出各项工作开展的先后顺序和反映出各项工作之间的相互制约和相互依赖的关系。

(2) 能进行各种时间参数的计算。

(3) 在名目繁多、错综复杂的计划中找出决定工程进度的关键工作，便于管理者集中力量抓好主要矛盾，确保工期，避免盲目施工。

(4) 能够从许多可行方案中，选出最优方案。

(5) 在计划的执行过程中，某一工作由于某种原因推迟或者提前完成时，可以预见到它对整个计划的影响程度，而且能根据变化的情况迅速进行调整，保证自始至终对计划进行有效的控制与监督。

(6) 利用网络计划中反映出的各项工作的时间储备，可以更好地调配人力、物力，以达到降低成本的目的。

(7) 更重要的是，它的出现与发展使现代化的计算工具——计算机在建筑施工计划管理中得以应用。

网络计划也存在表达不直观、不易看懂、计算编制复杂，以及不易显示资源平衡等缺点。

网络计划技术可以为施工管理提供许多信息，有利于加强施工管理。它既是一种编制计划的科学的方法，也是一种科学的管理手段，有助于管理人员全面了解、重点掌握、灵活安排、合理组织、多快好省地完成计划任务，不断提高管理水平。因此，网络计划技术在公路建设领域也逐步得到广泛应用。

4.1.2 网络计划的分类

1. 按代号的不同区分

网络计划分为双代号网络计划和单代号网络计划。

2. 按目标的多少区分

(1) 单目标网络计划。网络计划所用的网络图只有一个终点节点的网络计划称单目标网络计划。

(2) 多目标网络计划。网络计划所用的网络图有多个终点节点的网络计划称多目标网络计划。

3. 时标网络计划

时标网络计划是指以时间坐标为尺度编制的网络计划。它的特点是箭线长度根据时间的多少绘制。

4. 搭接网络计划

搭接网络计划是指前后工作之间有多种逻辑关系的网络计划。

5. 按肯定与否进行区分

(1) 肯定型网络计划。肯定型网络计划是指子项目(工作)、工作之间的逻辑关系及各工作的持续时间都肯定的网络计划。本文只涉及肯定型网络计划。

(2) 非肯定型网络计划。非肯定型网络计划是指计划子项目(工作)、工作之间的逻辑关系及各工作的持续时间三者之中有一项及以上不肯定的网络计划。

6. 按网络计划包含的范围区分

(1) 局部网络计划。局部网络计划是指以一个建筑物或构筑物中的一部分,或以一个施工段为对象编制的网络计划。

(2) 单位工程网络计划。单位工程网络计划是指以一个单位工程或单体工程为对象编制的网络计划。

(3) 综合网络计划。综合网络计划是指以一个单项工程或以一个建设项目为对象编制的网络计划。

4.1.3 网络计划的表达方法

网络图是由箭线和节点组成的,用来表示工作流程的有向、有序网状图形。网络图中的工作是按计划任务需要粗细程度划分而成的,消耗时间或同时也消耗资源的一个子项目或子任务。它可以是单位工程、分部工程或分项工程,也可以是划分得更细的施工过程。

在一般情况下,完成一项工作既需要消耗时间,也需要消耗劳动力、原材料、施工机具等资源。但也有一些工作只消耗时间而不消耗资源,如混凝土浇筑后的养护过程等。

网络图有双代号网络图和单代号网络图两种表达形式。

1. 双代号网络图

双代号网络图又称箭线式网络图,它以箭线表示工作过程,以节点表示工作的开始或结束以及工作之间的连接状态。

2. 单代号网络图

单代号网络图又称节点式网络图,它以节点及其编号表示工作,以箭线表示工作之间的逻辑关系。

网络图中工作的表示方法如图 4.1 和图 4.2 所示。

网络图节点必须有编号。一个工程对象的网络图还形成由起始节点到终止节点的多条通道,称为线路。

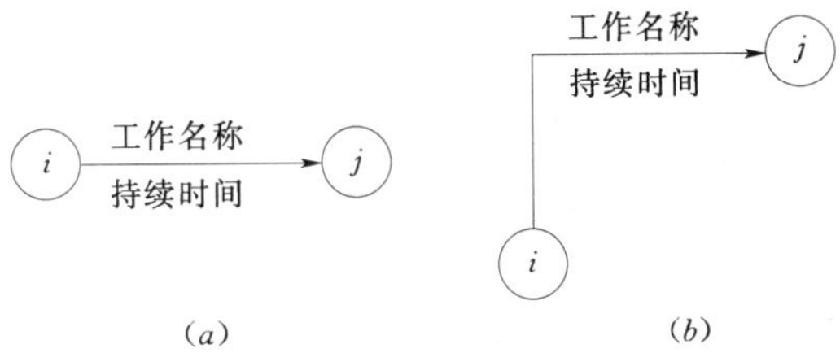

图 4.1 双代号网络图中工作的表示方法

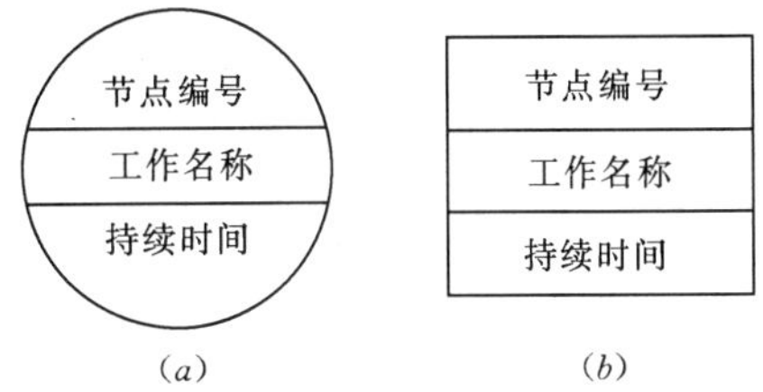

图 4.2 单代号网络图中工作的表示方法

在双代号网络图中，有时存在虚箭线，虚箭线不代表实际工作，既不消耗时间，也不消耗资源，称之为虚工作（或虚工序）。虚工作主要用来表示相邻两项工作之间的逻辑关系。在单代号网络图中，虚拟工作只能出现在网络图的起点节点或终点节点处。

4.1.4 逻辑关系

工艺关系和组织关系是工作之间的先后顺序关系——逻辑关系的组成部分。

1. 工艺关系

生产性工作之间由工艺过程决定的、非生产性工作之间由工作程序决定的先后顺序关系称为工艺关系。例如，建筑施工时，先做基础，后做结构，就是一种工艺关系。

2. 组织关系

工作之间由于组织安排需要或资源（劳动力、原材料、施工机具等）调配需要而规定的先后顺序关系称为组织关系。例如，某桥梁桥墩开工的先后、一栋建筑中各施工段间的施工顺序等，就是组织关系。

在施工方案确定后，一般说来工艺关系是不变的，而组织关系则应优化，即它是可变的。无论工艺关系或组织关系，在网络图中均表现为工作进行的先后顺序。

3. 逻辑关系的表达

逻辑关系的表达有 3 种：紧前工作、紧后工作和平行工作关系。

（1）紧前工作。在网络图中，相对于某工作而言，紧排在该工作之前的工作称为该工作的紧前工作。在双代号网络图中，工作与其紧前工作之间可能有虚工作存在。

（2）紧后工作。在网络图中，相对于某工作而言，紧排在该工作之后的工作称为该工作的紧后工作。在双代号网络图中，工作与其紧后工作之间也可能有虚工作存在。

（3）平行工作。在网络图中，相对于某工作而言，可以与该工作同时进行的工作即为该工作的平行工作。

紧前工作、紧后工作及平行工作是工作之间逻辑关系的具体表现，只要能根据工作之间的工艺关系和组织关系明确其紧前或紧后关系，即可据此绘出网络图。它是正确绘制网络图的前提条件。

4.1.5 线路、关键线路和关键工作

1. 线路

网络图中从起点节点开始，沿箭头方向顺序通过一系列箭线与节点，最后到达终点节点的通路称为线路。线路既可依次用该线路上的节点编号来表示，也可依次用该线路上的工作名称来表示。

2. 关键线路和关键工作

在关键线路法中，线路上所有工作的持续时间总和称为该线路的总持续时间。总持续时间最长的线路称为关键线路，关键线路的长度就是网络计划的总工期。

在网络计划中，关键线路可能不止一条。而且在网络计划执行过程中，关键线路还会发生转移。

关键线路上的工作称为关键工作。在网络计划的实施过程中，关键工作的实际进度提前或拖后，均会对总工期产生影响。因此，关键工作的实际进度是建设工程进度控制工作中的重点。

4.1.6 网络计划时间参数

所谓时间参数，是指网络计划、工作及节点所具有的各种时间值。

1. 工作持续时间和工期

(1) 工作持续时间。工作持续时间是指一项工作从开始到完成的时间。在双代号网络计划中，工作 $i—j$ 的持续时间用 $D_{i\text{-}j}$ 表示；在单代号网络计划中，工作 i 的持续时间用 D_i 表示。

(2) 工期。工期泛指完成一项任务所需要的时间。在网络计划中，工期一般有以下 3 种：

1) 计算工期。计算工期是根据网络计划时间参数计算而得到的工期，用 T_c 表示。

2) 要求工期。要求工期是任务委托人所提出的指令性工期，用 T_r 表示。

3) 计划工期。计划工期是指根据要求工期和计算工期所确定的作为实施目标的工期，用 T_p 表示。

2. 工作的 6 个时间参数

(1) 最早开始时间和最早完成时间。工作的最早开始时间是指在其所有紧前工作全部完成后，本工作有可能开始的最早时刻。工作的最早完成时间是指在其所有紧前工作全部完成后，本工作有可能完成的最早时刻。在双代号网络计划中，工作 $i—j$ 的最早开始时间和最早完成时间分别用 $ES_{i\text{-}j}$ 和 $EF_{i\text{-}j}$ 表示；在单代号网络计划中，工作 i 的最早开始时间和最早完成时间分别用 ES_i 和 EF_i 表示。

(2) 最迟完成时间和最迟开始时间。工作的最迟完成时间是指在不影响整个任务按期完成的前提下，本工作必须完成的最迟时刻。工作的最迟开始时间是指在不影响整个任务按期完成的前提下，本工作必须开始的最迟时刻。在双代号网络计划中，工作 $i—j$ 的最迟完成时间和最迟开始时间分别用 $LF_{i\text{-}j}$ 和 $LS_{i\text{-}j}$ 表示；在单代号网络计划中，工作 i 的最迟完成时间和最迟开始时间分别用 LF_i 和 LS_i 表示。

(3) 总时差和自由时差。工作的总时差是指在不影响总工期的前提下，本工作可以利用的机动时间。在双代号网络计划中，工作 $i—j$ 的总时差用 $TF_{i\text{-}j}$ 表示；在单代号网络计划中，工作 i 的总时差用 TF_i 表示。工作的自由时差是指在不影响其紧后工作最早开始时间的前提下，本工作可以利用的机动时间。在双代号网络计划中，工作 $i—j$ 的自由时差用 FF_{i-j} 表示；在单代号网络计划中，工作 i 的自由时差用 FF_i 表示。从总时差和自由时差的定义可知，对于同一项工作而言，自由时差不会超过总时差。当工作的总时差为零时，其自由时差必然为零。

3. 相邻两项工作之间的时间间隔

相邻两项工作之间的时间间隔是指本工作的最早完成时间与其紧后工作最早开始时间

之间可能存在的差值。工作 i 与工作 j 之间的时间间隔用 $LAG_{i,j}$ 表示。

4.2 双代号网络计划的编制

4.2.1 双代号网络图

双代号网络图如图 4.3 所示。图中的每一条箭线表示一项工作。箭线的箭尾节点表示该工作的开始，箭线的箭头节点表示该工作的结束。在非时标网络图中，箭线的长度不直接反映该工作所占的时间长短。箭线应画成水平直线、折线或斜线，而以水平直线为主，其水平投影的方向应自左向右，表示工作的进行方向。

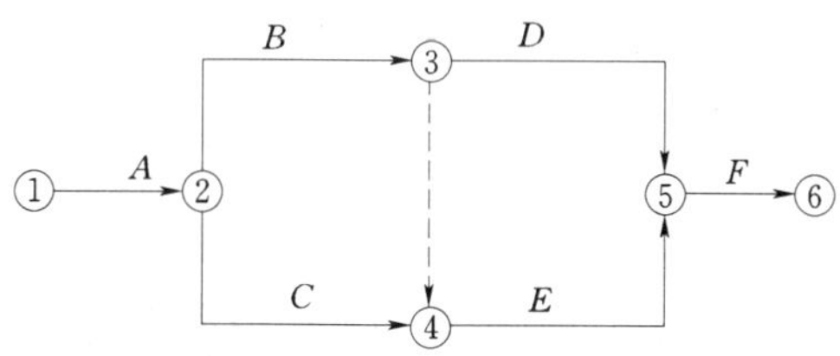

图 4.3 双代号网络图

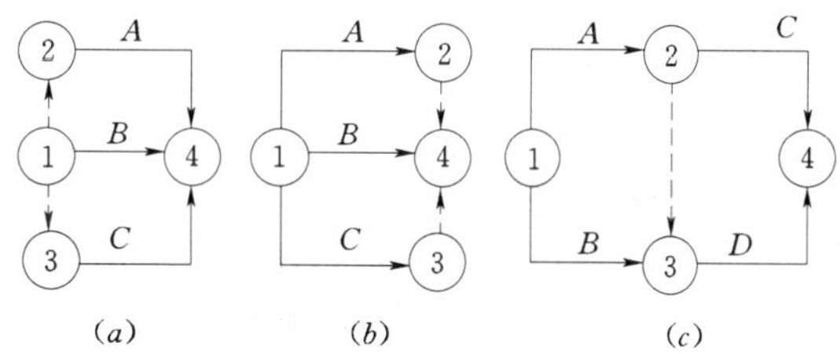

图 4.4 虚箭线的作用

双代号网络图的基本符号是圆圈、箭线及编号。

在图 4.3 中，含有一条虚箭线③--->④。该箭线表示一项虚工作。虚箭线的唯一功能是用来正确表达相关工作的逻辑关系的。它不消耗资源，持续时间为 0。虚工作可垂直向上、向下，也可以水平方向向右。图 4.4 中的 3 个图表示了虚工作的作用：图 4.4（a）用虚箭线将节点①到节点④的 3 项工作从开始节点区分开来；图 4.4（b）用虚箭线将节点①到节点④的 3 项工作从结束节点区分开来；图 4.4（c）表示 A 工作完成后进行 C，A、B 完成后进行 D，A、D 两项工作就是用虚箭线相联的，由于箭头向下，证明 B、C 工作被隔断，并无联系。

4.2.2 双代号网络图的绘制

1. 绘图规则

JGJ/T 121—1999《工程网络计划技术规程》确定了网络计划的 7 条规则如下：

（1）双代号网络图必须正确表达已定的逻辑关系。

（2）双代号网络图中，严禁出现循环回路。

（3）双代号网络图中，在节点之间严禁出现带双向箭头或无箭头的连线。

（4）双代号网络图中，严禁出现没有箭头节点或箭尾节点的箭线。

（5）当双代号网络图的某些节点有多条外向箭线或多条内向箭线时，在保证一项工作有唯一的一条箭线和对应的一对节点编号前提下，允许使用母线法绘图。箭线线型不同，可在从母线上引出的支线上标出，如图 4.5 所示。

（6）绘制网络图时，箭线不宜交叉，当交叉不可避免时，可用过桥法或指向法，如图 4.6 所示。

（7）双代号网络图是由许多条线路组成的、环环相套的封闭图形，只允许有一个起点节点和一个终点节点，而其他所有节点均是中间节点（既有指向它的箭线，又有背离它的

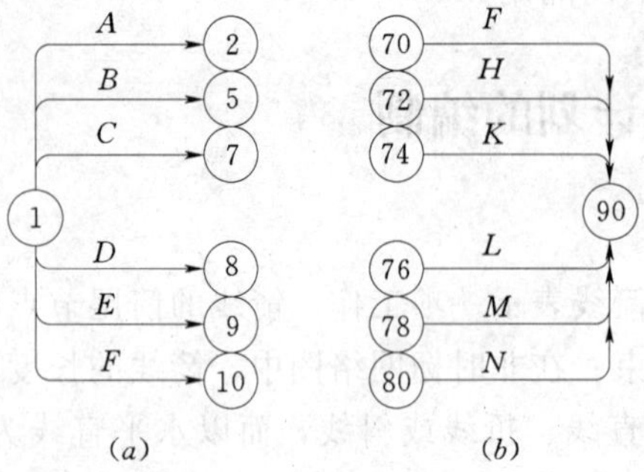

图 4.5 母线法绘图

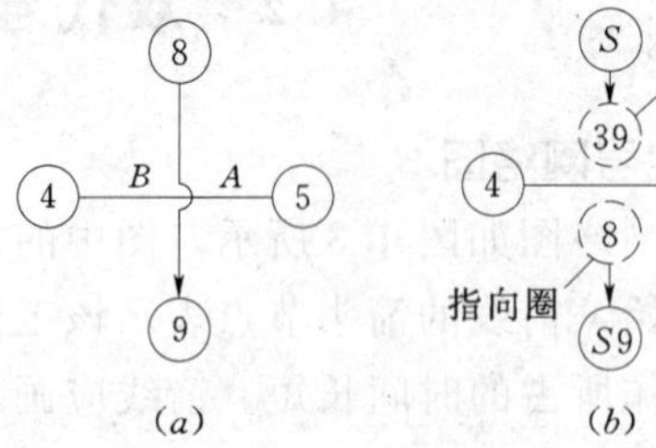

图 4.6 箭线交叉的表示方法

(*a*) 过桥法；(*b*) 指向法

箭线）。

2. 网络图的绘制

绘制双代号网络图的关键有两点：

（1）要正确运用虚箭线，正确反映工作之间的既定关系，有关系的工作一定把关系表达准确，且不要漏画"关系"，没有关系的工作一定不要扯上"关系"。

（2）严格按上述7条绘图规则绘图。

双代号网络图逻辑关系的表达见表4.1。

表 4.1　双代号网络图中各工作逻辑关系表示方法

序号	工作之间的逻辑关系	网络图中表示方法	说　明
1	有 *A*、*B* 两项工作，按照集资施工方式进行	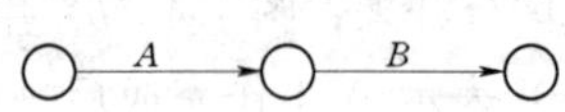	*B* 工作依赖着 *A* 工作，*A* 工作约束着 *B* 工作的开始
2	有 *A*、*B*、*C* 3 项工作同时开始	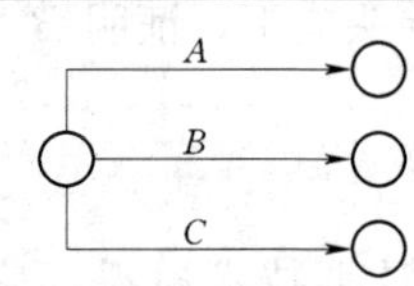	*A*、*B*、*C* 3 项工作称为平行工作
3	有 *A*、*B*、*C* 3 项工作同时结束	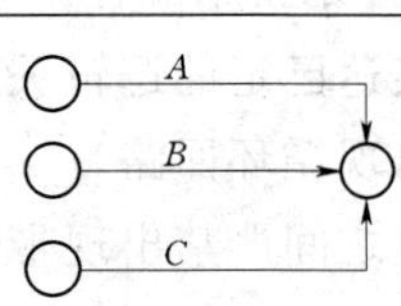	*A*、*B*、*C* 3 项工作称为平行工作
4	有 *A*、*B*、*C* 3 项工作，只有在 *A* 完成后，*B*、*C* 才能开始	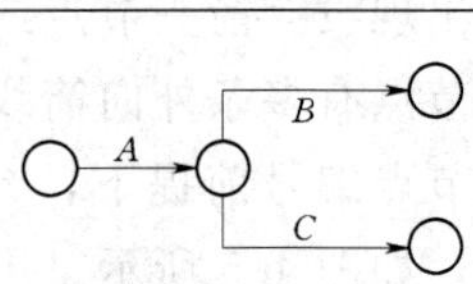	*A* 工作制约着 *B*、*C* 工作的开始。*B*、*C* 为平行工作
5	有 *A*、*B*、*C* 3 项工作，*C* 工作只有在 *A*、*B* 完成后才能开始	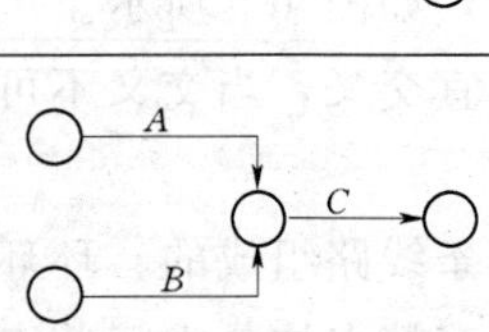	*C* 工作依赖着 *A*、*B* 工作。*A*、*B* 为平行工作

续表

序号	工作之间的逻辑关系	网络图中表示方法	说　明
6	有A、B、C、D 4项工作，只有当A、B完成后C、D才能开始	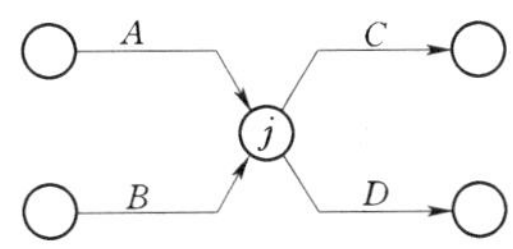	通过中间事件j正确地表达了A、B、C、D之间的关系
7	有A、B、C、D 4项工作，A完成后，C才能开始，A、B完成后D才开始	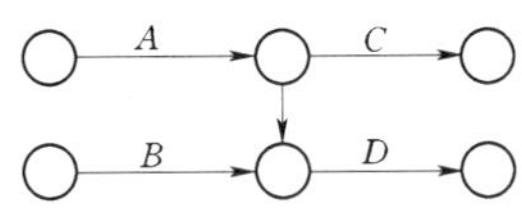	D与A之间引入了逻辑连接，(虚工作）只有这样才能正确表达它们之间的约束关系
8	有A、B、C、D、E 5项工作，A、B完成后C开始，B、D完成后E开始	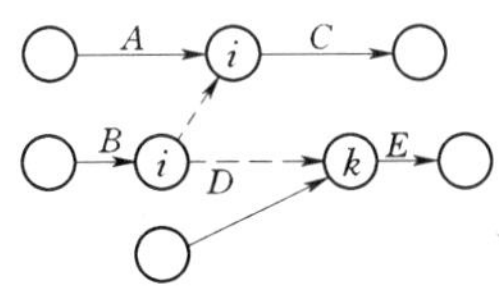	虚工作i—j反映出C工作受到B工作的约束；虚工作i—k反映出E工作受到B工作的约束
9	有A、B、C、D、E 5项工作，A、B、C完成后D才能开始，B、C完成后E才能开始	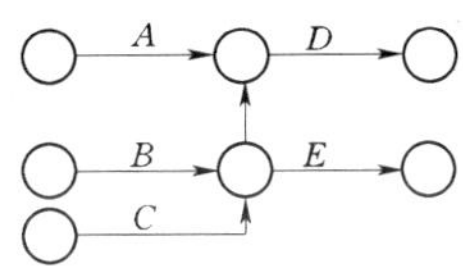	这是前面序号1、5情况通过虚工作连接起来，虚工作表示D工作受到B、C工作制约
10	A、B两项工作分3个施工段，平行施工	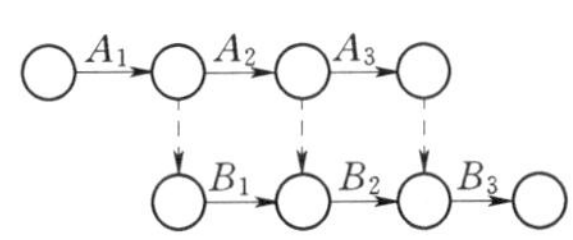	每个工种，工程建立专业工作队，在每个施工段上进行流水作业

为了说明网络图的绘制方法，下面根据表4.2的逻辑关系绘制双代号网络图。具体如图4.7所示。

表4.2　　某网络计划工作逻辑关系及持续时间表

工作	紧前工作	紧后工作	持续时间（d）	工作	紧前工作	紧后工作	持续时间（d）
A_1		A_2、B_1	2	C_3	B_3、C_2	E、F	2
A_2	A_1	A_3、B_2	2	D	B_3	G	2
A_3	A_2	B_3	2	E	C_3	G	1
B_1	A_1	B_2、C_1	3	F	C_3	I	2
B_2	A_2、B_1	B_3、C_2	3	G	D、E	H、I	4
B_3	A_3、B_2	D、C_3	3	H	G		3
C_1	B_1	C_2	2	I	F、G		3
C_2	B_2、C_1	C_3	4				

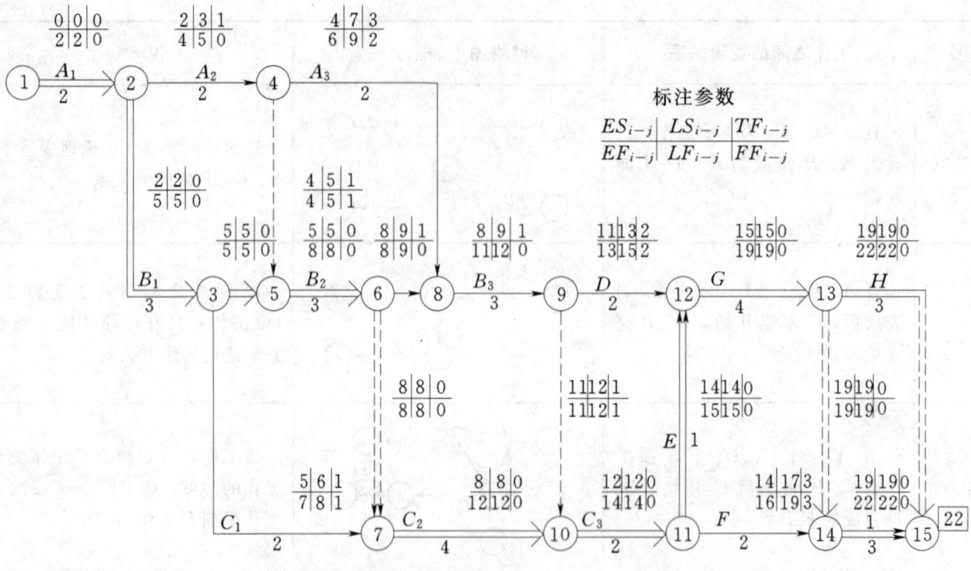

图 4.7 按工作计算法计算时间参数示例

4.2.3 时间参数计算

4.2.3.1 按工作计算法计算时间参数

1. 几点说明

(1) 按工作计算法计算时间参数，应在确定各项工作的持续时间之后进行。各项工作的持续时间的确定方法有两种：一是定额计算法；二是三时估计法。

1) 定额计算法，其计算公式是

$$D_{i-j} = \frac{Q_{i-j}}{RS} \tag{4.1}$$

式中 D_{i-j}——$i—j$ 工作持续时间；

Q_{i-j}——$i—j$ 工作的工程量；

R——人数；

S——劳动定额（产量定额）。

2) 当工作持续时间不能用定额计算法计算时，便可采用三时估计法，其计算公式是

$$D_{i-j} = \frac{A+4C+B}{6} \tag{4.2}$$

式中 D_{i-j}——$i—j$ 工作的持续时间；

A——工作的乐观（最短）持续时间估计值；

B——工作的悲观（最长）持续时间估计值；

C——工作的最可能持续时间估计值。

(2) 虚工作必须视同工作进行计算，其持续时间为零。

(3) 按工作计算法计算时间参数，其计算结果标注在箭线之上，如图 4.8 所示。

2. 工作最早时间的计算

现以图 4.7 为模型进行网络计划时间参数的计算。

(1) 工作最早开始时间的计算。工作的最早开始时间是指各紧前工作（紧排在本工作之前的工作）全部完成后，本工作有可能开始的最早时刻。工作 i—j 最早开始时间 $ES_{i,j}$ 的计算应符合下列规定：

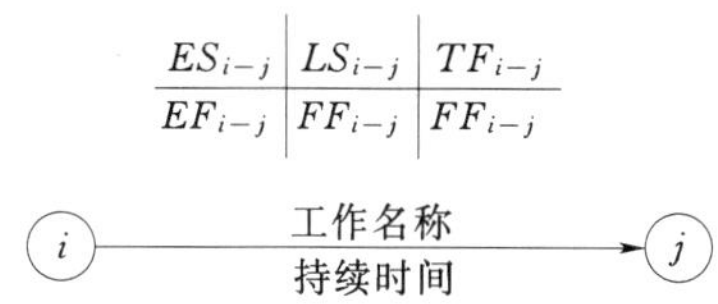

图 4.8 按工作计算法的标注内容

1) 工作 i—j 的最早开始时间 $ES_{i,j}$ 应从网络计划的起点节点开始，顺着箭线方向依次逐项计算。

2) 以起点节点 i 为箭尾节点的工作 i—j，当未规定其最早开始时间 ES_{i-j} 时，其值应等于零。即

$$ES_{i-j} = 0(i = 1) \tag{4.3}$$

因此，图 4.7 中，$ES_{1-2}=0$。

3) 当工作 i—j 只有一项紧前工作 h—i 时，其最早开始时间 ES_{i-j} 应为

$$ES_{i-j} = ES_{h-i} + D_{h-i} \tag{4.4}$$

式中 ES_{i-j}——工作 i—j 的紧前工作的最早开始时间；

D_{h-i}——工作 i—j 的紧前工作 h—i 的持续时间。

4) 当工作 i—j 有多个紧前工作时，其最早开始时间 ES_{i-j} 应为

$$ES_{i-j} = \max\{ES_{h-i} + D_{h-i}\} \tag{4.5}$$

按式（4.4）和式（4.5）计算图 4.7 中其他各项工作的最早开始时间，其计算结果如下：

$$ES_{2-3} = ES_{1-2} + D_{1-2} = 0 + 2 = 2$$
$$ES_{2-4} = ES_{1-2} + D_{1-2} = 0 + 2 = 2$$
$$ES_{3-6} = ES_{2-8} + D_{2-3} = 2 + 3 = 5$$
$$ES_{4-5} = ES_{2-4} + D_{2-4} = 2 + 2 = 4$$
$$ES_{5-6} = \max\{ES_{3-5} + D_{3-5}, ES_{4-5} + D_{4-5}\} = \max\{5 + 4, 4 + 0\} = \max\{5, 4\} = 5$$
$$ES_{6-7} = ES_{5-6} + D_{5-6} = 5 + 3 = 8$$

…

依次类推，算出其他工作的最早开始时间，如图 4.7 之标注。

(2) 工作最早完成时间的计算。工作最早完成时间指各紧前工作完成后，本工作有可能完成的最早时刻。工作 i—j 的最早完成时间 EF_{i-j} 应按式 4.6 进行计算

$$EF_{i-j} = ES_{i-j} + D_{i-j} \tag{4.6}$$

按式（4.6）计算图 4.7 的各项工作，结果如下

$$EF_{1-2} = ES_{1-2} + D_{1-2} = 0 + 2 = 2$$
$$EF_{2-3} = ES_{2-3} + D_{2-3} = 2 + 3 = 5$$
$$EF_{3-5} = ES_{3-5} + D_{3-5} = 5 + 0 = 5$$
$$EF_{4-5} = ES_{4-5} + D_{4-5} = 4 + 0 = 4$$
$$EF_{5-6} = ES_{5-6} + D_{5-6} = 5 + 3 = 8$$
$$EF_{6-7} = ES_{6-7} + D_{6-7} = 8 + 0 = 8$$

…

依次类推，算出其他工作的最早开始时间，如图 4.7 之标注。

3. 网络计划工期的计算

(1) 网络计划的计算工期 T_C 是指根据时间参数计算得到的工期，它应按式 (4.7) 计算

$$T_C = \max\{EF_{i-n}\} \tag{4.7}$$

式中 EF_{i-n}——以终点节点 ($j=n$) 为箭头节点的工作 i—n 的最早完成时间。

按式 (4.7) 计算，图 4.7 的计算工期为

$$T_C = \max\{EF_{13-15}, EF_{16-15}\} = \max\{22, 22\} = 22$$

此数用方框标于图 4.7 的终点节点⑮之右。

(2) 网络计划的计划工期的计算。网络计划的计划工期是指按要求工期和计算工期确定的作为实施目标的工期。其计算应按下述规定：

1) 当已规定要求工期 T_r 时

$$T_p \leqslant T_r \tag{4.8}$$

2) 当未规定要求工期时

$$T_p = T_c \tag{4.9}$$

由于图 4.7 未规定要求工期，故其计划工期取其计算工期，即

$$T_p = T_c = 22$$

此工期标注在终点节点⑮之右侧，并用方框框起来。

4. 工作最迟完成时间的计算

(1) 工作最迟完成时间的计算。工作最迟完成时间指在不影响整个任务按期完成的前提下，工作必须完成的最迟时刻。

1) 工作 i—j 的最迟完成时间 LF_{i-j} 应从网络计划的终点节点开始，逆着箭线方向依次逐项计算。

2) 以终点节点 ($j=n$) 为箭头节点的工作的最迟完成时间 LF_{i-n} 应按网络计划的计划工期 T_p 确定，即

$$LF_{i-n} = T_p \tag{4.10}$$

3) 其他工作 i—j 的最迟完成时间 LF_{i-j} 应按式 (4.11) 计算

$$LF_{i-j} = \min\{LF_{i-j} - D_{j-k}\} \tag{4.11}$$

式中 LF_{i-j}——工作 i—j 的各项紧后工作 j—k 的最迟完成时间；

D_{j-k}——工作 j 的各项紧后工作（紧排在本工作之后的工作）的持续时间。

按式 (4.10)，网络计划以终点节点⑮为结束节点的工作的最迟完成时间计算如下

$$LF_{13-15} = T_p = 22$$

$$LF_{14-15} = T_p = 22$$

按式 (4.11)，网络计划其他工作最迟完成时间计算如下

$$LF_{13-14} = \min\{LF_{14-15} - D_{14-15}\} = 22 - 3 = 19$$

$$LF_{12-13} = \min\{LF_{13-15} - D_{13-15}, LF_{13-14} - D_{13-14}\} = \min\{22-3, 19-0\} = 19$$

$$LF_{11-14} = \min\{LF_{14-15} - D_{14-15}\} = 22 - 3 = 19$$

$$LF_{10-11} = \min\{LF_{11-12} - D_{11-12}, LF_{11-14} - D_{11-14}\} = \min\{15-1, 19-2\} = 14$$

$$LF_{9-12} = \min\{LF_{12-13} - D_{12-13}\} = 19 - 4 = 15$$

$$LF_{8-9} = \min\{LF_{9-12} - D_{9-12}, LF_{9-10} - D_{9-10}\} = \min\{15-2, 12-10\} = 12$$

$$LF_{7-10} = \min\{LF_{10-11} - D_{10-11}\} = 14 - 2 = 12$$

$$\cdots$$

依次类推，算出其他工作的最迟完成时间，如图 4.7 之标注。

(2) 工作最迟开始时间的计算。工作的最迟开始时间是指在不影响整个任务按期完成的前提下，工作必须开始的最迟时刻。

工作 i—j 的最迟开始时间应按式（4.12）计算

$$LS_{i-j} = LF_{i-j} - D_{i-j} \tag{4.12}$$

按式（4.12）计算，网络计划图 4.7 的各项工作的最迟开始时间计算如下

$$LS_{14-15} = LF_{14-15} - D_{14-15} = 22 - 3 = 19$$
$$LS_{13-15} = LF_{13-15} - D_{13-15} = 22 - 3 = 19$$
$$LS_{12-13} = LF_{12-13} - D_{12-13} = 19 - 4 = 15$$
$$LS_{13-14} = LF_{13-14} - D_{13-14} = 19 - 0 = 19$$
$$LS_{11-12} = LF_{11-12} - D_{11-12} = 15 - 2 = 13$$
$$LS_{10-11} = LF_{10-11} - D_{10-11} = 14 - 2 = 12$$
$$LS_{9-10} = LF_{9-10} - D_{9-10} = 12 - 0 = 12$$
$$LS_{7-10} = LF_{7-10} - D_{7-10} = 12 - 4 = 8$$
$$\cdots$$

依次类推，算出其他工作的最迟开始时间，如图 4.7 之标注。

5. 工作总时差的计算

工作总时差是指在不影响总工期的前提下，本工作可以利用的机动时间。该时间应按式（4.13）或式（4.14）计算

$$TF_{i-j} = LS_{i-j} - ES_{i-j} \tag{4.13}$$

或

$$TF_{i-j} = LF_{i-j} - EF_{i-j} \tag{4.14}$$

按式（4.13）和式（4.14）计算，图 4.7 各项工作的总时差 TF_{i-j} 计算结果如下

$$TF_{1-2} = LS_{1-2} - ES_{1-2} = 0 - 0 = 0$$
$$TF_{2-3} = LS_{2-3} - ES_{2-3} = 2 - 2 = 0$$
$$TF_{2-4} = LS_{2-4} - ES_{2-4} = 3 - 2 = 1$$
$$TF_{3-7} = LS_{3-7} - ES_{3-7} = 6 - 5 = 1$$
$$TF_{5-6} = LS_{5-6} - ES_{5-6} = 5 - 5 = 0$$
$$TF_{6-7} = LS_{6-7} - ES_{6-7} = 8 - 8 = 0$$
$$TF_{7-10} = LS_{7-10} - ES_{7-10} = 8 - 8 = 0$$
$$TF_{8-9} = LS_{8-9} - ES_{8-9} = 9 - 8 = 1$$
$$\cdots$$

依次类推，算出其他工作的总时差，如图 4.7 之标注。

6. 工作自由时差的计算

工作自由时差是指在不影响其紧后工作最早开始时间的前提下，本工作可以利用的机动时间，工作 i—j 的自由时差 EF_{i-j} 的计算应符合下列规定：

(1) 当工作 i—j 有紧后工作 i—k 时，其自由时差应为

$$EF_{i-j} = ES_{j-k} - ES_{i-j} - D_{i-j} \tag{4.15}$$

或

$$FF_{i-j} = ES_{j-k} - EF_{i-j} \tag{4.16}$$

式中 ES_{j-k}——工作 $i—j$ 的紧后工作 $j—k$ 的最早开始时间。

（2）终点节点（$j=n$）为箭头节点的工作，其自由时差 EF_{i-j}，应按网络计划的计划工期 T_P 确定，即

$$FF_{i-n} = T_P - ES_{i-n} - D_{i-n} \tag{4.17}$$

或

$$FF_{i-n} = T_P - EF_{i-n} \tag{4.18}$$

网络计划图 4.7 的各项工作的自由时差 FF_{i-j} 按式（4.16）计算结果如下

$$FF_{1-2} = ES_{2-3} - EF_{1-2} = 2 - 2 = 0$$
$$FF_{2-3} = ES_{3-5} - EF_{2-3} = 5 - 5 = 0$$
$$FF_{2-4} = ES_{4-5} - EF_{2-4} = 4 - 4 = 0$$
$$FF_{4-5} = ES_{5-6} - EF_{4-5} = 5 - 4 = 1$$
$$FF_{3-5} = ES_{5-6} - EF_{3-5} = 5 - 5 = 0$$
$$FF_{3-7} = ES_{7-10} - EF_{3-7} = 8 - 7 = 1$$
$$FF_{5-6} = ES_{6-8} - EF_{5-6} = 8 - 8 = 0$$
$$FF_{6-7} = ES_{7-10} - EF_{6-7} = 8 - 8 = 0$$
$$FF_{6-8} = ES_{8-9} - EF_{6-8} = 8 - 8 = 0$$
$$FF_{7-10} = ES_{10-11} - EF_{7-10} = 12 - 12 = 0$$
$$FF_{8-9} = ES_{9-12} - EF_{8-9} = 11 - 11 = 0$$
$$\cdots$$

依次类推，算出其他工作的自由时差，如图 4.7 之标注。

图 4.7 中虚箭线中的自由时差归其紧前工作所有。

图 4.7 的结束工作 $i—j$ 的自由时差按式（4.18）计算如下

$$FF_{13-15} = T_P - EF_{13-15} = 22 - 22 = 0$$
$$FF_{14-15} = T_P - EF_{14-15} = 22 - 22 = 0$$

如图 4.7 之标注。

4.2.3.2 按节点法计算时间参数

1. 几点说明

（1）按节点法计算时间参数也应在确定各项工作的持续时间之后进行。

（2）按节点法计算时间参数，其计算结果应标注在节点之上，如图 4.9 所示。

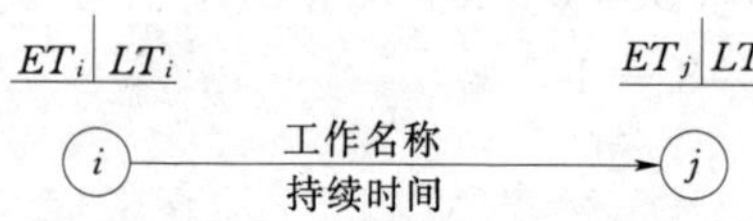

图 4.9 按节点计算法的标注内容

2. 节点计算方法

节点计算方法以节点为对象分别计算各个节点的参数以及工期。其计算方法是：

（1）节点 i 的最早时间 ET_i，是指双代号网络计划中，以该节点为开始节点的各项工作的最早开始时间。节点 i 的最早时间 ET_i 应从网络计划的起点节点开始，顺着箭线方向，依次逐项计算。

（2）计算计划工期 T_c，$T_c=ET$。

（3）节点最迟时间 LT_i，是指双代号网络计划中，以该节点为完成节点的各项工作的

最迟完成时间。节点 i 的最迟时间 LT_i 应从网络计划的终点节点开始，逆着箭线方向依次逐项计算，当部分工作分期完成时，有关节点的最迟时间必须从分期完成节点开始逆向逐项计算。

(4) 根据计算出的节点最早时间 ET_i 和节点最迟时间 LT_i，分别计算各项工作的最早开始时间 ES_{i-j}、最早完成时间 EF_{i-j}；最迟完成时间 LF_{i-j}、最迟开始时间 LS_{i-j}。

(5) 总时差 TF_{i-j} 和自由时差 FF_{i-j} 的计算同工作计算法。

节点计算法计算时间参数的示例如图 4.10 所示。

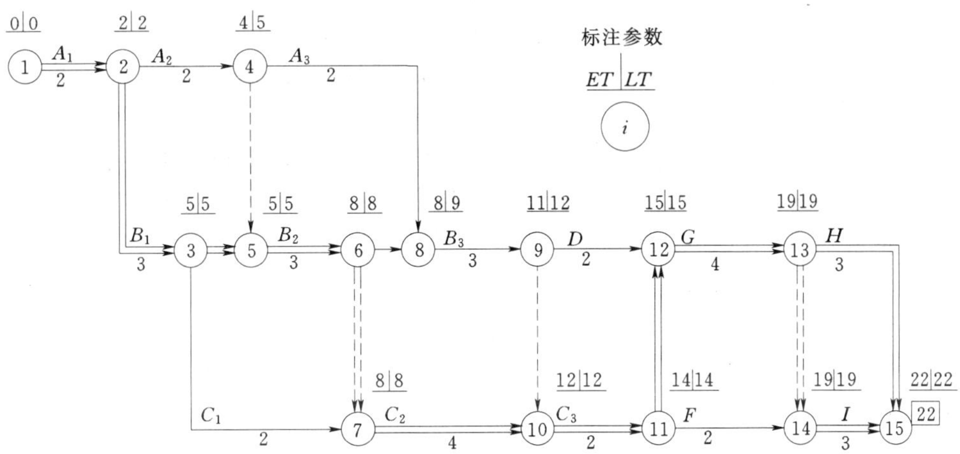

图 4.10 节点计算法示例

4.2.4 关键工作和关键线路的确定

1. 关键工作的确定

(1) 关键工作的概念。关键工作是指网络计划中总时差最小的工作。

(2) 关键工作的确定。根据上述关键工作的定义，图 4.7 的最小总时差为零，故关键工作为 1—2、2—3、3—5、5—6、6—7、7—10、10—11、11—12、12—13、13—14、13—15、14—15，共 12 项。

2. 关键线路的确定

(1) 关键线路的概念。关键线路是线路上总的工作持续时间为最长的线路。

(2) 关键线路的确定。双代号网络计划的关键线路是将关键工作自左而右依次首尾相连而形成的线路。因此，图 4.10 的关键线路是 1—2—3—5—6—7—10—11—12—13—14—15 及 1—2—3—5—6—7—10—11—12—13—15 两条。

3. 关键线路的标注

关键工作和关键线路在网络图上应当用粗线或双线、彩色线进行标注。

4.3 单代号网络计划的编制

4.3.1 单代号网络图的组成内容

单代号网络图如图 4.11 所示。

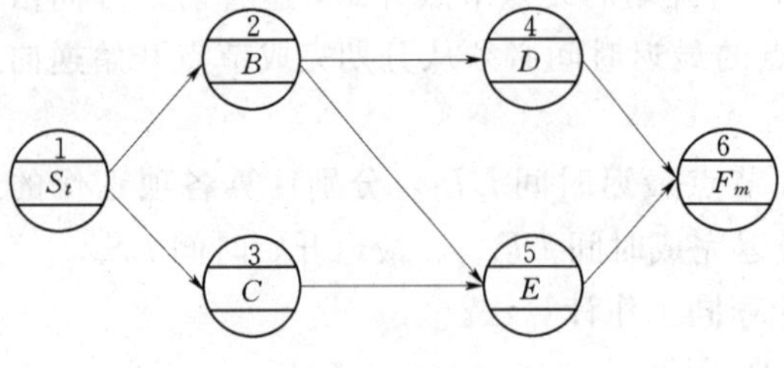

图 4.11 单代号网络图

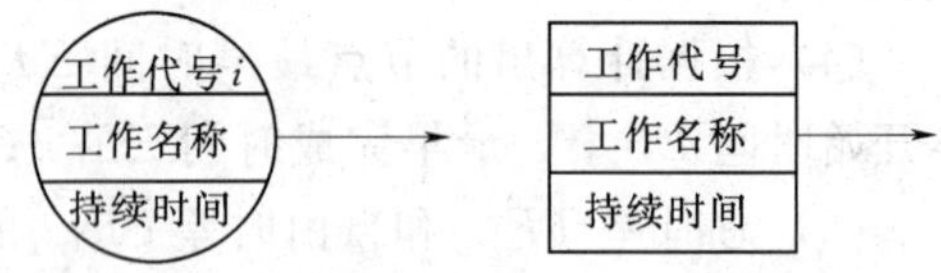

图 4.12 单代号网络图中节点的表示方法

1. 节点

在单代号网络图中，节点表示一项工作，宜用圆圈或方框表示，如图 4.12 所示。

2. 编号

单代号网络图中的节点必须编号，编号标注在节点内，其号码可间断，但严禁重复。一项工作必须有唯一的一个节点及相应的一个编号。

3. 箭线

单代号网络图中的箭线表示紧邻工作之间的逻辑关系。箭线应画成水平直线、折线或斜线。箭线水平投影的方向应自左向右，表示工作的进行方向。

4.3.2 单代号网络图的绘制

1. 绘图规则

(1) 单代号网络图必须正确表述已定的逻辑关系。

(2) 单代号网络图中严禁出现循环回路。

(3) 单代号网络图中严禁出现双向箭头或无箭头的连线。

(4) 单代号网络图中严禁出现没有箭尾节点的箭线和没有箭头节点的箭线。

(5) 绘制网络图时，箭线不宜交叉。当交叉不可避免时，可采用过桥法或指向法绘制(过桥法绘图及指向法绘图与双代号网络计划中的图 4.6 相同)。

(6) 单代号网络图中，只应有一个起点节点和一个终点节点。当网络图中出现多项无内向箭线的工作或多项无外向箭线的工作时，应在网络图的左端或右端分设一项虚工作，作为该网络图的起点节点 S_t 与终点节点 F_{in}。

2. 单代号网络图绘制

单代号网络图的绘制比双代号网络图的绘制较易，也不易出错，关键是要处理好箭线交叉，使图形规则，容易读图。

单代号网络图的工作关系表示方法见表 4.3。

表 4.3　　单代号网络图逻辑关系表示方法

描　述	图　示
A 工作完成后进行 B 工作	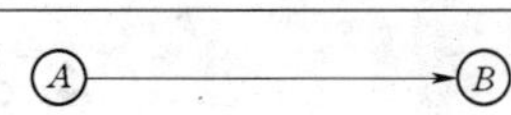
B、C 工作完成后进行 D 工作	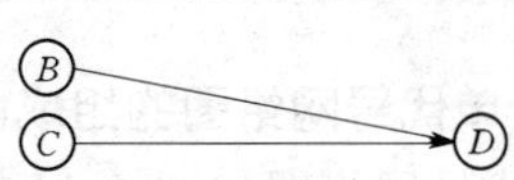

续表

描　　述	图　　示
B 工作完成后，D、C 工作可以同时开始	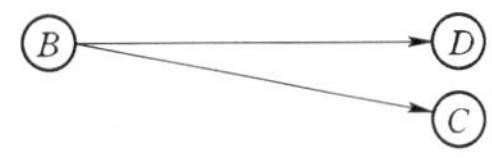
A 工作完成后进行 C 工作，B 工作完成后同时进行 C、D 工作	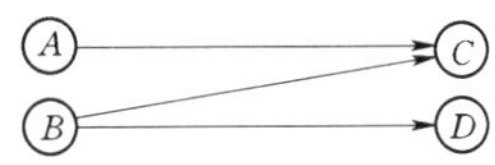

仍用表 4.2 的逻辑关系绘制单代号网络图。绘出的图形见图 4.13。

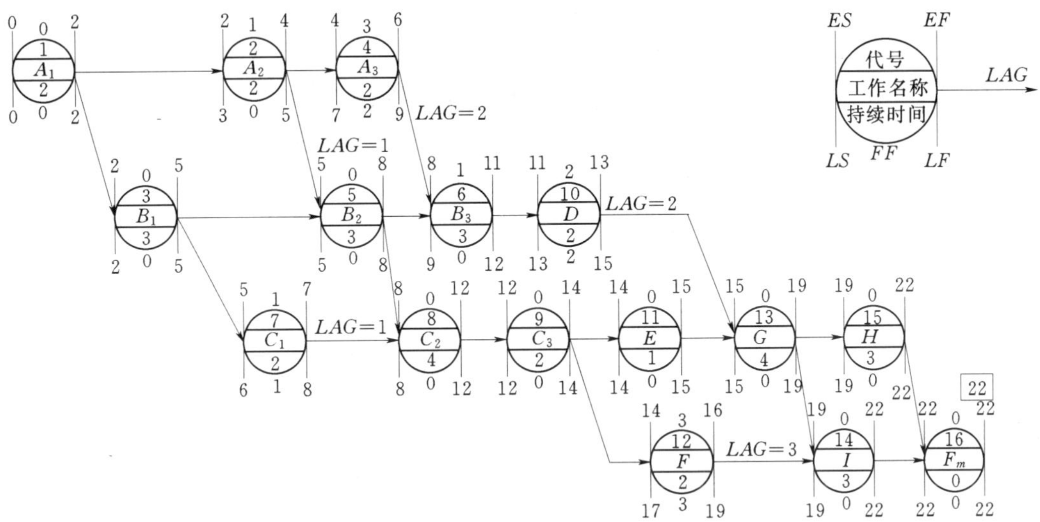

图 4.13　单代号网络计划时间参数计算示例（$LAG=0$ 的图中未注出）

绘图时，要从左向右，逐个处理表中所给的关系。只有紧前工作都绘制完成后，才能绘制本工作，并使本工作与紧前工作用箭线相连。当出现多个“起点节点”或多个“终点节点”时，增加虚拟起点节点或终点节点，并使之与多个“起点节点”或“终点节点”相连，形成符合绘图规则的完整图形。绘制完成后要认真检查，看图中的逻辑关系是否与表中一致，是否符合绘图规则，如有问题，及时修正。

4.3.3　时间参数的计算

（1）单代号网络计划时间参数的计算应在确定各项工作持续时间之后进行。计算方法也使用式（4.1）或式（4.2）。

（2）单代号网络计划时间参数的标注形式如图 4.14 所示。

（3）工作时间参数的计算。单代号网络图的参数计算方法和双代号网络图基本相同。只是单代号网络图中一般没有虚工序，因此也没有虚工序的参数计算过程，其计算结果仅总时差和自由时差有一定区别。对同一个工程对象而言，单代号网络图的时间进度和双代号的表达结果完全相同。

4.3.4　单代号网络计划关键工作和关键线路的确定

单代号网络计划关键工作的确定与双代号网络计划相同。

单代号网络计划关键线路应符合该线路从起点节点到终点节点均为关键工作，且关键线路上所有工作间的时间间隔均为 0 的规定。

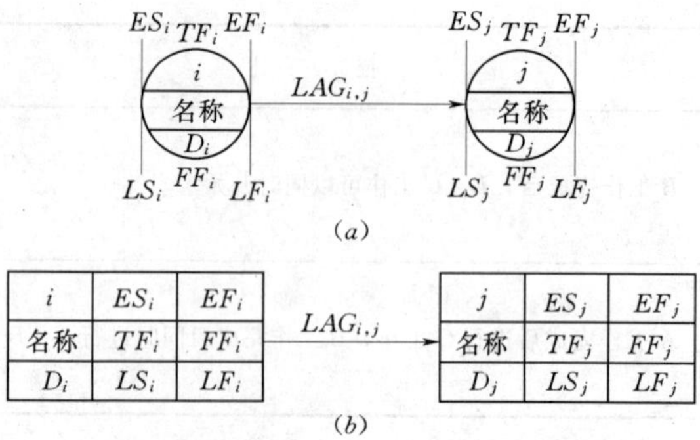

图 4.14　单代号网络计划时间参数的标注形式

根据以上原理，图 4.13 的关键线路为两条：1—3—5—8—9—11—13—14—16 和 1—3—5—8—9—11—13—15—16。关键线路的标注方法与双代号网络计划的标注方法相同。

4.4　双代号时标网络计划

4.4.1　双代号时标网络计划的概念、特点及适用范围

双代号时标网络计划是以时间坐标为尺度编制的双代号网络计划。

1. 双代号时标网络计划的特点

(1) 双代号时标网络计划兼有网络计划与横道计划两者的优点，能够清楚地表明计划的时间进程。

(2) 双代号时标网络计划能在图上直接显示各项工作的开始与完成时间、工作自由时差及关键线路。

(3) 双代号时标网络计划在绘制中受到时间坐标的限制，因此不易产生循环回路之类的逻辑错误。

(4) 可以利用双代号时标网络计划图直接统计资源的需要量，以便进行资源优化和调整。

(5) 因为箭线受时标的约束，故绘图不易，修改也较困难，往往要重新绘图。不过在使用计算机以后，这一问题已较易解决。

2. 双代号时标网络计划的适用范围

双代号时标网络计划适用于以下几种情况：

(1) 工作项目较少、工艺过程比较简单的工程。

(2) 局部网络计划。

(3) 作业性网络计划。

(4) 使用实际进度前锋线进行进度控制的网络计划。

由于单代号网络计划绘制成时标网络计划以后会使图形变得与双代号网络计划近似，故 JGJ/T 121—1999《工程网络计划技术规程》没有提及，实际上是不予提倡的。而且由于按最迟时间绘制时标网络计划会使时差利用产生困难，故也不主张使用。本书只涉及按最早时间绘制的双代号时标网络计划。

4.4.2　双代号时标网络计划的绘制方法

以图 4.7 为例，把它绘制成双代号时标网络计划，如图 4.15 所示。其绘制方法如下。

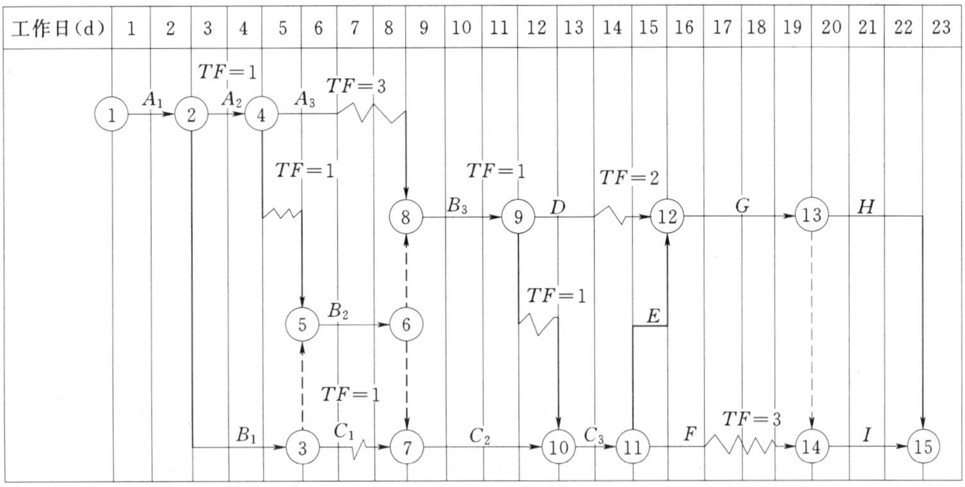

图 4.15 双代号时标网络计划示例

1. 先计算网络计划参数，再绘制时标网络计划的步骤

(1) 按表 4.2 的逻辑关系绘制双代号网络计划草图，如图 4.7 所示。

(2) 计算工作最早时间。

(3) 绘制时标表。时标表如图 4.15 所示。该表的时标既可标注在顶部，亦可标注在底部，或上下均标注，时标的长度单位必须注明。必要时可在顶部时标之上或底部时标之下加注日历的对应时间。中部的竖向刻度线宜为细线，为使图面清楚，竖线可少画或不画。

(4) 在时标表上，按最早开始时间确定每项工作的开始节点位置（图形尽量与草图一致）。

(5) 按各工作的时间长度绘制相应工作的实线部分，使其在时间坐标上的水平投影长度等于工作时间；虚工作因为不占时间，故只能以垂直虚线表示。

(6) 用波形线把实线部分与其紧后工作的开始节点连接起来，以表示自由时差。该时标网络计划即编制完成。

2. 直接按草图绘制双代号时标网络计划的步骤

(1) 按表 4.2 的逻辑关系绘制双代号网络计划草图，如图 4.7 所示。

(2) 绘制空白时标表。

(3) 将起点节点①定位在时标表的起始刻度线上。

(4) 按工作的持续时间绘制①节点的外向箭线①→②。

(5) 自左至右依次确定其余各节点的位置，如②、③、④、⑥、⑨、⑪节点之前只有一条内向箭线，则在其内向箭线绘制完成后即可在其末端将上述节点绘出；⑤、⑦、⑧、⑩、⑫、⑬、⑭、⑮节点则必须待其前面的两条内向箭线都绘制完成后才能定位在这些内向箭线中最晚完成的时刻处；其中，⑤、⑦、⑧、⑩、⑫、⑭各节点均有长度不足以达到该节点的内向实箭线，故用波形线补足。

(6) ⑮节点定位后，该时标网络计划即绘制完成。

4.4.3　关键线路和时间参数的确定

1. 关键线路的判定

双代号时标网络计划中，自终点节点向起点节点观察，凡自始至终不出现自由时差（波形线）的通路，就是关键线路。这是因为，如果某条线路自始至终都没有波形线，这条线路就不存在自由时差，也不存在总时差，没有机动余地，当然就是关键线路。或者说，这条线路上的各工作的最迟开始时间与最早开始时间是相等的，这样的线路特征只有关键线路才具备。

按照上述标准，图 4.15 的关键线路是 1—2—3—5—6—7—10—11—12—13—14—15 和 1—2—3—5—6—7—10—11—12—13—15 两条。

2. 最早时间和计算工期的判定

每条箭线箭尾和箭头所对应的时标值，就是该工作的最早开始时间和最早完成时间。

时标网络计划的计算工期，应是其终点节点与起点节点所在位置之差。

上述两点的理由是：时标网络计划是按最早时间绘制的，每一项工作都按最早开始时间确定其箭尾位置，起点节点定位在时标表的起始刻度线上，表示每一项工作的箭线在时间坐标上的水平投影长度都与其持续时间相对应，因此代表该工作的箭线末端（箭头）对应的时标值必然是该工作的最早完成时间，终点节点表示所有工作都完成，它所对应的时标值，也就是该网络计划的总工期。

3. 时差的判定与计算

（1）时标网络计划中，工作的自由时差表示在该工作的箭线中，波形线部分在坐标轴上的水平投影长度。这是因为双代号时标网络计划其波形线的后面节点所对应的时标值，是波形线所在工作的紧后工作的最早开始时间，波形线的起点对应的时标值是本工作的最早完成时间。因此，按照自由时差的定义，紧后工作的最早开始时间与本工作的最早完成时间的差（即“波形线在坐标轴上的水平投影长度”）就是本工作的自由时差。

（2）总时差不能从图上直接识别，需要进行计算。计算应自右向左进行，且符合下列规定：

1）以终点节点（$j—n$）为箭头节点的工作的总时差 TF_{i-j} 应按网络计划的计划工期 T_p 计算确定，公式为

$$TF_{i-n} = T_p - EF_{i-n} \tag{4.19}$$

2）其他工作的总时间差的计算公式是

$$TF_{i-j} = \min\{TF_{i-k} + FF_{i-j}\} \tag{4.20}$$

式中　TF_{j-k}——$i—j$ 工作的紧后工作 $j—k$ 的总时差。

之所以自右向左计算，是因为总时差受总工期制约，故只有在其紧后工作的总时差确定后才能计算。

总时差值“等于其诸紧后工作总时差的最小值与本工作的自由时差之和”，是因为总时差是某线路段上各项工作共有的时差，其值不小于其中任一工作的自由时差。因此，某工作的总时差除本工作独用的自由时差必然是其中的一部分之外，还必然包含其紧后工作的总时差。如果本工作有多项紧后工作，只有取诸紧后工作总时差的最小值才不会影响总工期。如果一项工作没有紧后工作，其总时差除包含其自由时差之外，就不会有其他的机

动时间可用，这样的工作其实只能是计划中的最后工作。如图 4.15 所示

$$TF_{14-15} = T_p - EF_{14-15} = 22-22 = 0$$

$$TF_{13-15} = T_p - EF_{13-15} = 22-22 = 0$$

$$TF_{13-14} = \min\{TF_{14-15} + FF_{13-14}\} = \min\{0+0\} = 0$$

$$TF_{12-13} = \min\{TF_{13-15} + FF_{13-15}, TF_{13-14} + FF_{13-14}\} = \min\{0+0, 0+0\} = 0$$

$$TF_{11-14} = \min\{TF_{14-15} + FF_{11-14}\} = \min\{0+3\} = 3$$

$$TF_{11-12} = \min\{TF_{12-13} + FF_{11-12}\} = \min\{0+0\} = 0$$

$$TF_{10-11} = \min\{TF_{11-14} + FF_{10-11}, TF_{11-12} + FF_{10-11}\} = \min\{3+0, 0+0\} = 0$$

$$TF_{9-12} = \min\{TF_{12-13} + FF_{9-12}\} = \min\{0+2\} = 2$$

$$TF_{9-10} = \min\{TF_{10-11} + FF_{9-10}\} = \min\{0+1\} = 1$$

$$TF_{8-9} = \min\{TF_{9-12} + FF_{8-9}, TF_{9-10} + FF_{8-9}\} = \min\{2+0, 1+0\} = 1$$

$$\cdots$$

依此类推，算出其他工作的总时差，可标注于相应箭线之上。

4. 双代号网络计划最迟时间的计算

由于最早时间与总时差已知，故最迟时间可用下列公式计算

$$LS_{i-j} = ES_{i-j} + TF_{i-j} \tag{4.21}$$

$$LF_{i-j} = EF_{i-j} + TF_{i-j} \tag{4.22}$$

仍以图 4.15 为例进行计算

$$LS_{1-2} = ES_{1-2} + TF_{1-2} = 0+0 = 0$$

$$LF_{1-2} = EF_{1-2} + TF_{1-2} = 2+0 = 2$$

$$LS_{2-4} = ES_{2-4} + TF_{2-4} = 2+1 = 3$$

$$LF_{2-4} = EF_{2-4} + TF_{2-4} = 4+1 = 5$$

$$LS_{4-8} = ES_{4-8} + TF_{4-8} = 4+3 = 7$$

$$LF_{4-8} = EF_{4-8} + TF_{4-8} = 6+3 = 9$$

$$\cdots$$

依此类推，可将各工作的最迟时间算出，可列表记录。

4.5 网络计划优化

网络计划的优化是指在时间、人力、物力、财力等指标要求下对初始方案进行调整，使之在既定条件下达到最佳状态，以取得最大经济效益。

网络计划的优化可分为工期优化、费用优化和资源优化。

4.5.1 工期优化

1. 计划工期与规定工期的关系

初始网络计划的总工期不符合规定的工期时，有两种情况。

(1) 当其关键路线长度小于规定工期时，意味着原计划中过多地增大了时差，从而使所需要的资源强度也增大了。在这种情况下，就应首先考虑适当地延长某些关键项目的持续时间（在不超过规定工期的界限内），从而减少单位时间内资源需要量的强度。

(2) 其关键路线长度超过规定的工期，在这种情况下，可以采用下述措施来缩短原计划的工期。

1) 缩短关键项目的工作历时。这种方法不改变原网络逻辑关系，只是对某些关键项目通过一定的措施（如一班制改两班制、增加设备），使其工作历时缩短，使计划的总工期缩短到符合要求为止，所以常被优先考虑采用。

2) 改变网络逻辑。如果缩短关键项目工作历时后，还不能满足工期的要求，便采用改变网络逻辑关系的方法。如：采用不同的施工方法或设备；采用新的工艺或新的施工顺序关系；将依次完成的工作采用平行流水作业的方式等，从而达到缩短工期的目的。

2. JGJ/T 121—1999《工程网络计划技术规程》关于工期优化的规定

(1) 当计算工期不满足要求时，可通过压缩关键工作的持续时间满足工期要求。

(2) 工期优化的计算，应按下述规定步骤进行：

1) 计算并找出初始网络计划的计算工期、关键线路及关键工作。

2) 按要求工期计算应缩短的持续时间。

3) 确定各关键工作能缩短的持续时间。

4) 选择关键工作，压缩其持续时间，并重新计算网络计划的计算工期。

5) 若计算工期仍超过要求工期，则重复以上步骤，直到满足工期要求或工期已不能再缩短为止。

6) 当所有关键工作的持续时间都已达到其能缩短的极限而工期仍不能满足要求时，应对计划的原技术、组织方案进行调整或对要求工期重新审定。

(3) 选择应缩短持续时间的关键工作宜考虑下列因素：

1) 缩短持续时间对质量和安全影响不大的工作。

2) 有充足备用资源的工作。

3) 缩短持续时间所需增加的费用最少的工作。

3. 工期优化举例

(1) 优化对象。某网络计划如图 4.16 所示。图中箭线上面括号外数字为工作正常持续时间，括号内数字为工作最短持续时间，假定上级指令性工期为 100d。

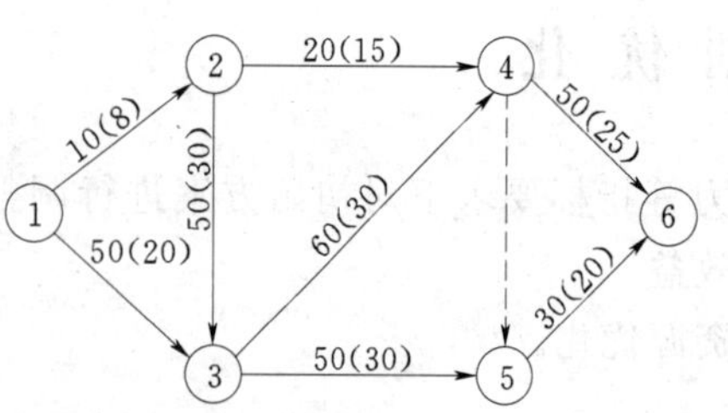

图 4.16　待优化的网络计划

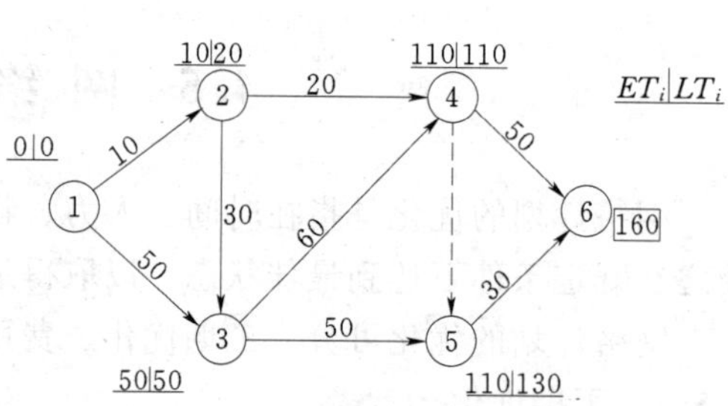

图 4.17　第一步计算

(2) 优化过程。

1) 第一步，用工作正常持续时间计算图 4.16 的节点最早时间和最迟时间，并找出关键线路，如图 4.17 所示。其关键线路为 1—3—4—6；关键工作为 1—3，3—4，4—6。

2) 第二步，计算需缩短的工期。根据图 4.17 为 160d，要达到 100d 的指令工期，需要缩短时间 60d。根据图 4.16 中数据，关键工作 1—3 可缩短 20d，3—4 可缩短 30d，4—6 可缩短 25d，共计可缩短 75d。考虑《工程网络计划技术规程》第（3）条中的选择因素，缩短工作 4—6，增加劳动力较多，故仅缩短工作 1—3 和 3—4，用最短持续时间代替正常工作时间，重新计算网络计划工期，如图 4.18 所示，其中关键线路为 1—2—3—4—6 和 1—2—3—5—6，工期为 120d，与上级指令性工期比较，尚差 20d。

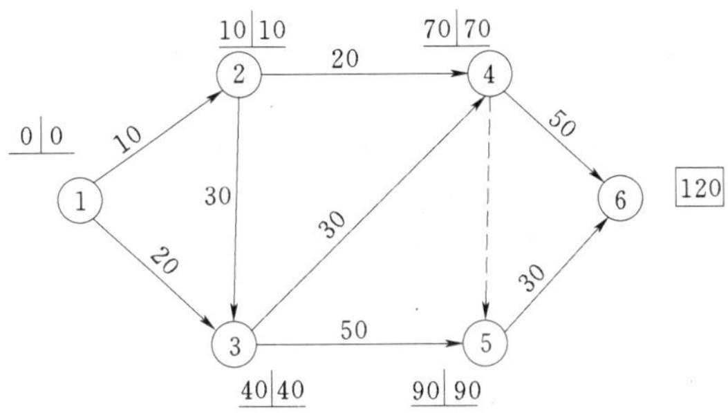

图 4.18 第二步计算

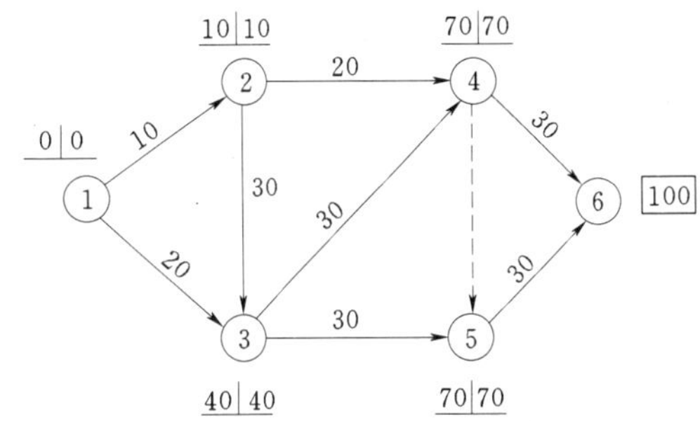

图 4.19 第三步计算

3）第三步，继续压缩。根据 JGJ/T 121—1999《工程网络计划技术规程》第（3）条要求，选择工作 3—5 和 4—6 压缩较宜，用最短持续时间置换 3—5 的正常持续时间（即 50d 压缩为 30d），工作 4—6 缩短 20d（即 50d 压缩成 30d）。重新计算，结果如图 4.19 所示。由图 4.19 可看出，工期达到 100d，满足了指令工期要求，优化结束。

4.5.2 费用优化

费用优化的主要目的是要寻求相应于工程成本最低的最优工期，或者是当原计划超过规定工期时，确定缩短哪些工作项目的历时最经济。

1. 工期—费用关系

一项工程的成本是由直接费用和间接费用组成的，它们与工期之间的关系如图 4.20 所示。

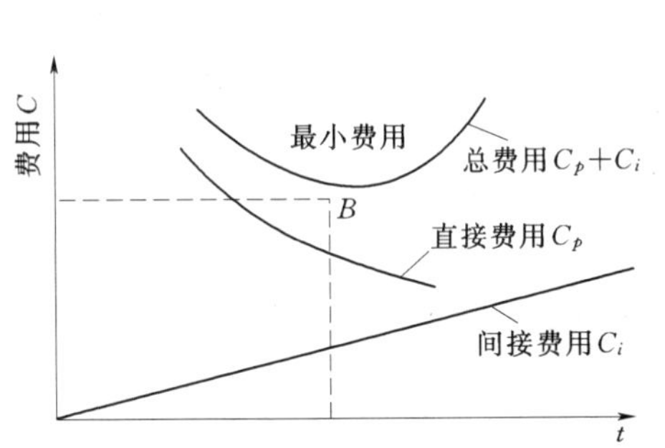

图 4.20 工期—费用关系曲线图

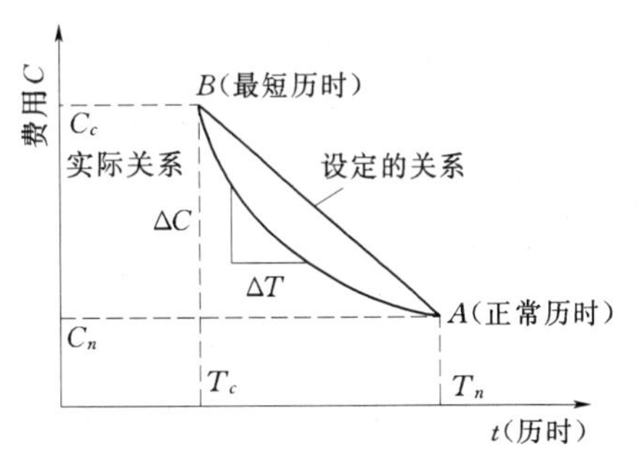

图 4.21 工作时间—直接费用关系（ATC）

任一工程都是由若干工作组成的，整个工程的直接费用也就是完成各项工作所需的直接费用的总和。工程的工期也与某些工作项目的完成时间有关，就任何一项工作而言，如果采用不同的施工方法或不同的历时，即可得到该工作的直接费用与历时的关系曲线，称为 ATC 图，如图 4.21 所示。它们是网络时间一费用优化的基本实用数据。

图 4.21 中相应于费用最小的 A 点，工作历时最长 T_n，称为正常历时，若从 A 点起，增加劳力、设备等，就会缩短工作历时，加快工作进度，但费用也会相应增加，一直加快到 B 点。若想再加快，实际已无效，此时的相应时间 t_c 就称为“最快历时”。曲线各段的斜率$S=\Delta C/\Delta T$，就是该工作每加快单位时间的费用增加率或称费用率。有时为了简化可以写成

$$S=\frac{C_c-C_n}{T_n-T_c} \tag{4.23}$$

不同的工作，S 值不同。所以，要缩短工程的工期。应优先缩短 S 值最小的关键工作的历时。在一般情况下，若缩短非关键项目的历时，就会使工程费用增加，而工期不会缩短。

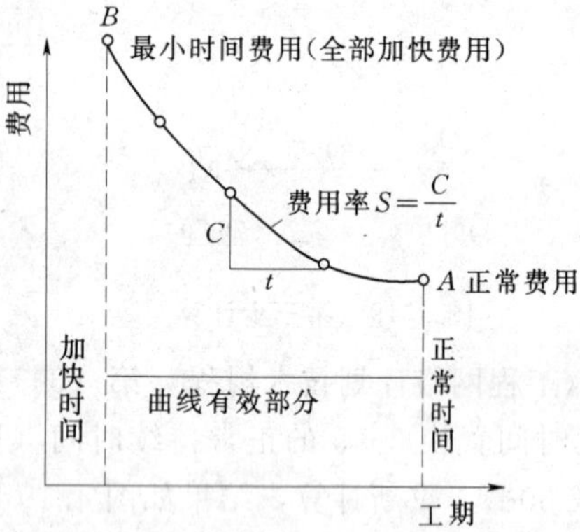

图 4.22 工程工期—费用关系（PTC）

根据有关工作的一些 ATC 图资料，对某工程的网络计划进行缩短工期的费用计算，可以得出该工程的工期—费用关系图或 PTC 图（图 4.22）。该曲线上的各点，是通过依次选择某些工作，有效地压缩工作历时而得到的。

对于一项工程的优化计算，通常是以最小费用解（图 4.22 中点 A）及最短时间解（图 4.22 中点 B）为两个极端。点 A 是每项工作都以费用最小的正常历时完成工程得到的直接费用和工期。点 B 是能够完成该项工程的最短时间，而且在此时间内相应的费用最小。如果整个工程中每项工作都以最快时间去完成，工期虽与最短时间解相同，但是总费用却大得多，显然其中有一些工作缩短历时是多余而无效的。

2. JGJ/T 121—1999《工程网络计划技术规程》对费用优化的规定

（1）进行费用优化，应首先求出不同工期下最低直接费用，然后考虑相应的间接费的影响和工期变化带来的其他损益，包括效益增量和资金的时间价值等，最后再通过迭加求出最低工程总成本。

（2）费用优化应按下列规定步骤进行：

1）按工作正常持续时间找出关键工作及关键线路。

2）按下列规定计算各项工作的费用率。

对双代号网络计划

$$\Delta C_{i-j}=\frac{CC_{i-j}-CN_{i-j}}{DN_{i-j}-DC_{i-j}} \tag{4.24}$$

式中 ΔC_{i-j}——工作 i—j 的费用率；

CC_{i-j}——将工作 i—j 持续时间缩短为最短持续时间后，完成该工作所需的直接费用；

CN_{i-j}——在正常条件下完成工作 i—j 所需的直接费用；

DN_{i-j}——工作 i—j 的正常持续时间；

DC_{i-j}——工作 i—j 的最短持续时间。

对单代号网络计划

$$\Delta C_i = \frac{CC_i - CN_i}{DN_i - DC_i} \tag{4.25}$$

式中 ΔC_i——工作 i 的费用率；

CC_i——将工作 i 持续时间缩短为最短持续时间后，完成该工作所需的直接费用；

CN_i——在正常条件下完成工作 i 所需的直接费用；

DN_i——工作 i 的正常持续时间；

DC_i——工作 i 的最短持续时间。

3）在网络计划中找出费用率（或组合费用率）最低的一项关键工作或一组关键工作，作为缩短持续时间的对象。

4）缩短找出的工作或一组工作的持续时间，其缩短值必须符合不能压缩成非关键工作和缩短后其持续时间不小于最短持续时间的原则。

5）计算相应的费用增加值。

6）考虑工期变化带来的间接费及其他损益，在此基础上计算总费用。

7）重复上述 3）～6）步骤，直到总费用至最低为止。

3."费用优化"实例

（1）优化对象。已知网络计划如图 4.23 所示。试求出费用最少的工期。图 4.23 中箭线上方为工作的正常费用和最短时间的费用（以千元为单位），箭线下方为工作的正常持续时间和最短的持续时间。已知间接费率为 120 元/d。

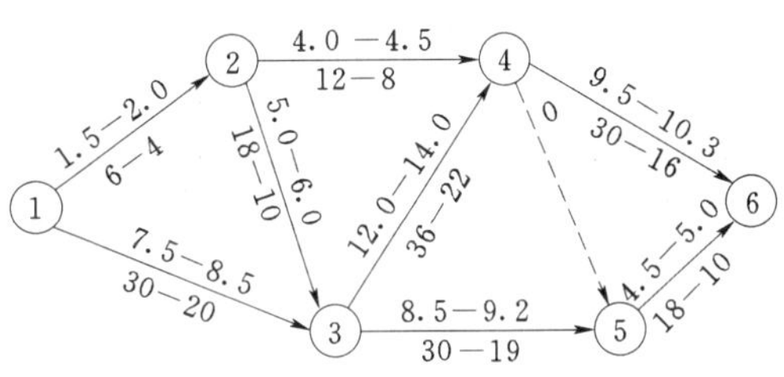

图 4.23 待优化网络计划

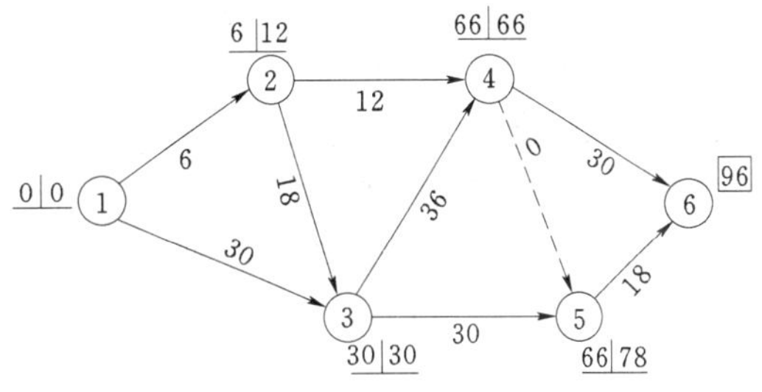

图 4.24 按正常持续时间计算的网络计划

（2）优化过程。

1）简化网络图。简化网络图的目的是在缩短工期过程中，删去那些不能变成关键工作的非关键工作，使网络图简化，减少计算工作量。

首先，按持续时间计算，找出关键线路及关键工作，如图 4.24 所示。

其次，从图 4.24 中看，关键线路为 1—3—4—6，关键工作为 1—3、3—4、4—6。用最短的持续时间置换那些关键工作的正常持续时间，重新计算，找出关键线路及关键工作。重复本步骤，直至不能增加新的关键线路为止。

经计算，图 4.24 中的工作 2—4 不能转变为关键工作，故删去它，重新整理成新的网络计划，如图 4.25 所示。

2）计算各工作费用率。

按式（4.24）计算工作 1—2 的费用率 ΔC_{1-2} 为

$$\Delta C_{1-2} = \frac{CC_{1-2} - CN_{1-2}}{DN_{1-2} - DC_{1-2}} = \frac{2000 - 1500}{6 - 4} = 250(\text{元}/\text{d})$$

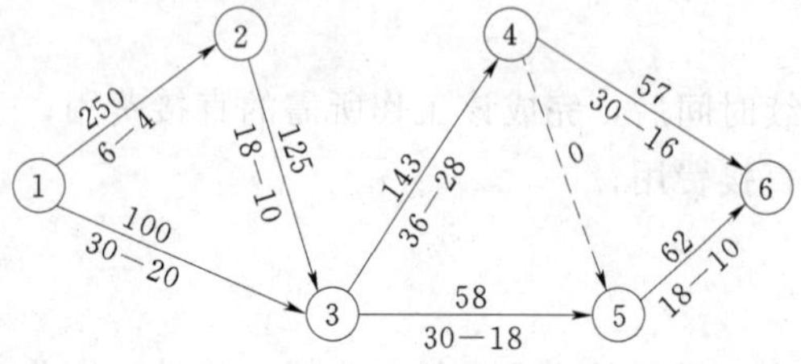

图 4.25 新的网络计划

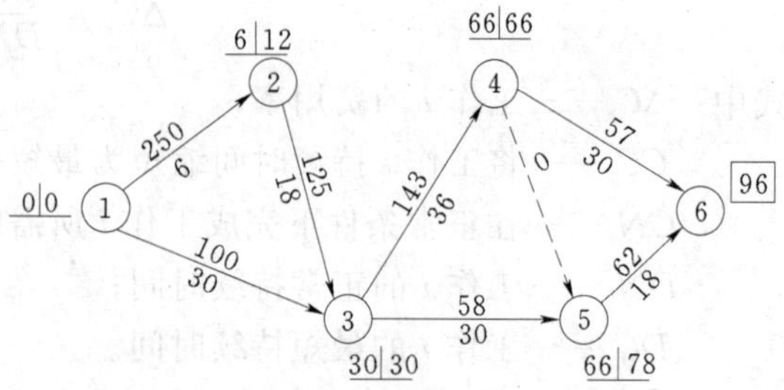

图 4.26 按新的网络计划确定的关键线路

其他工作费用率均按式（4.24）计算，将它们标注在图 4.25 中的箭线上方。

3）找出关键线路上工作费用率最低的关键工作。在图 4.26 中，关键线路为 1—3—4—6，工作费用率最低的关键工作是 4—6。

4）确定缩短时间大小的原则是原关键线路不能变为非关键线路。

已知关键工作 4—6 的持续时间可缩短 14d，由于工作 5—6 的总时差只有 12d（96—18—66=12d），因此，第一次缩短只能是 12d，工作 4—6 的持续时间应改为 18d，如图 4.27 所示。计算第一次缩短工期后增加费用 C_1 为

$$C_1 = 57 \times 12 = 684(\text{元})$$

通过第一次缩短后，在图 4.27 中关键线路变成两条，即 1—3—4—6 和 1—3—4—5—6。如果使该图的工期再缩短，必须同时缩短两关键线路上的时间。为了减少计算次数，关键工作 1—3、4—6 及 5—6 都缩短时间，工作 5—6 持续时间只能允许再缩短 2d，故该工作的持续时间缩短 2d。工作 1—3 持续时间可允许缩短 10d，但考虑工作 1—2 和 2—3 的总时差有 6d（12－0－6=6 或 30－18－6=6），因此工作 1—3 持续时间缩短 6d，共计缩短 8d，计算第二次缩短工期后增加的费用 C_2 为

$$C_2 = C_1 + 100 \times 6 + (57 + 62) \times 2 = 684 + 600 + 238 = 1522(\text{元})$$

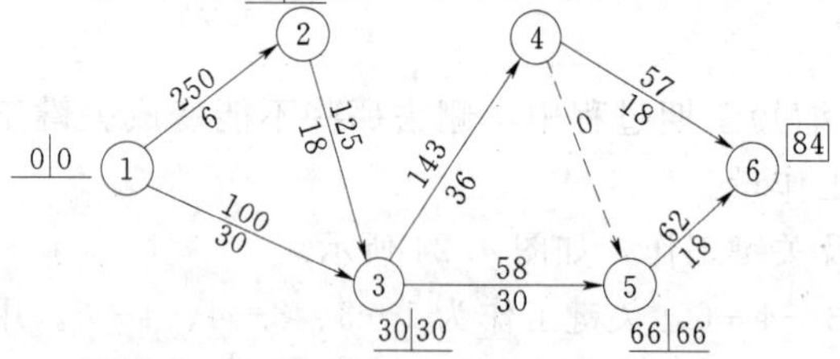

图 4.27 第一次工期缩短的网络计划

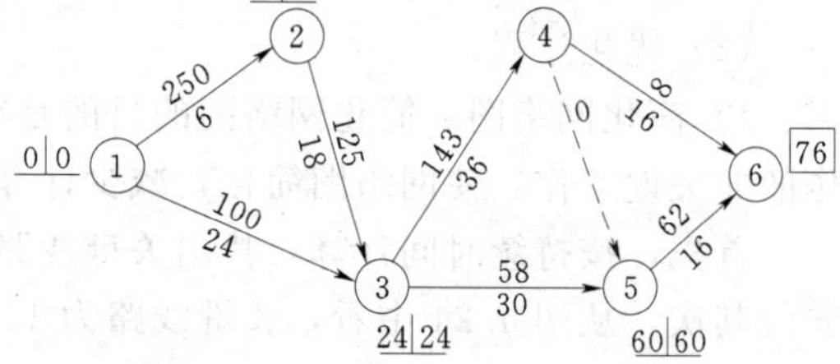

图 4.28 第二次工期缩短的网络计划

第三次缩短：从图 4.28 中看，工作 4—6 不能再缩，工作费用率用∞表示，关键工作 3—4 的持续时间缩短 6d，因工作 3—5 的总时差为 6d（60－30－24=6），计算第三次缩短工期后，增加的费用 C_3 为

$$C_3 = C_2 + 143 \times 6 = 1522 + 858 = 2380(\text{元})$$

第四次缩短：从图 4.29 中看，缩短工作 3—4 和 3—5 持续时间 8d，因为工作 3—4 最短的持续时间为 22d，第四次缩短工期后增加的费用 C_4 为

$$C_4 = C_3 + (143 + 58) \times 8 = 2380 + 201 \times 8 = 3988(\text{元})$$

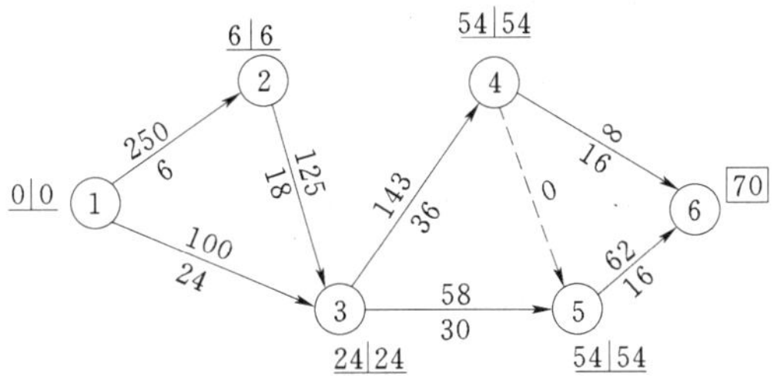

图 4.29 第三次工期缩短的网络计划

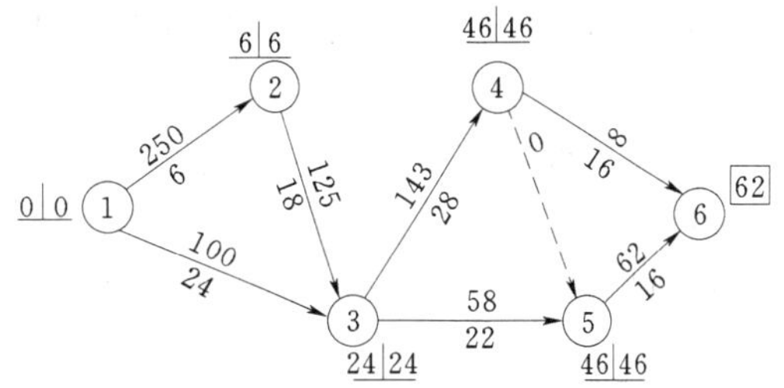

图 4.30 第四次工期缩短的网络计划

第五次缩短：从图 4.30 上看，关键线路有 4 条，只能在关键工作 1—2、1—3、2—3 中选择，只有缩短工作 1—3 和 2—3［工作费用率为（125＋100）］持续时间 4d。工作 1—3 的持续时间已达到最短，不能再缩短，经过五次缩短工期，不能再减少了，不同工期增加直接费用计算结束，第五次缩短工期后共增加费用 C_5 为

$$C_5 = C_4 + (125 + 100) \times 4 = 3988 + 900 = 4888(\text{元})$$

考虑不同工期增加费用及间接费用影响，见表 4.4，选择其中组合费用最低的工期作最佳方案。

表 4.4　　不同工期组合费用表

不同工期（d）	96	84	76	70	62	58
增加直接费用（元）	0	684	1522	2380	3988	4888
间接费用（元）	11520	10080	9120	8400	7440	6960
合计费用（元）	11520	10764	10642	10780	11428	11848

从表 4.4 中看，工期 76d 的合计费用最少，为 10642 元。费用最低方案如图 4.31 所示。

单代号网络计划进行费用优化计算时，除各工作费用率按式（4.25）计算外，其他步骤与双代号网络计划一样。

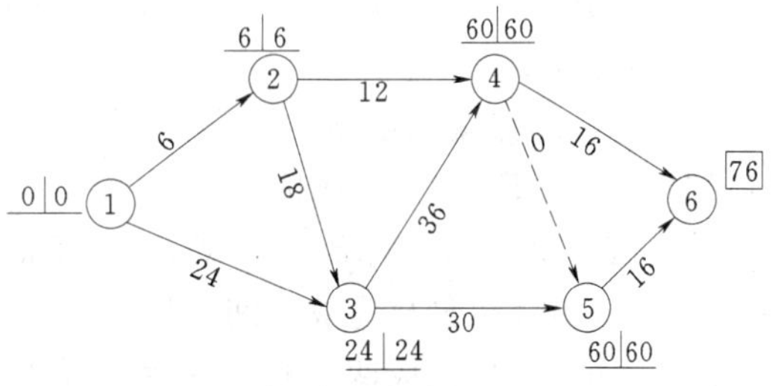

图 4.31 费用最低的网络计划

4.5.3 资源优化

“资源”是指完成任务所需人力、材料、机械设备、资金等的统称。

资源优化问题可归结为两种类型：一是资源有限，寻求最短工期；二是规定工期，寻求资源消耗均衡。无论是哪一类的资源优化问题，都是通过重新调整、安排某些工作项目，使网络计划的工期和资源分配情况得到改善。调整与安排的途径一般有 3 种：①利用时差，推迟某些工作的开始时间；②在条件允许的情况下，可以使某些工作项目在资源紧张的时段内暂时中断，以减少某种资源的需要量；③改变某些工作的历时。

4.5.3.1 “资源有限—工期最短”的优化

“资源有限—工期最短”的优化，是指通过优化，使单位时间内资源的最大需求量最小于资源限量，而为此需延长的工期最少，使“工期最短”。

1. JGJ/T 121—1999《工程网络计划技术规程》的规定

（1）“资源有限—工期最短”的优化，宜逐“时间单位”作资源检查，当出现第 t 个时间单位资源需用量 R_t 大于资源限量 R_a 时，应进行计划调整。

调整计划时，就对资源冲突的诸工作作新的顺序安排。顺序安排的选择标准是“工期延长时间最短”，其值的计算应按下列公式计算。

对双代号网络计划

$$\begin{aligned}\Delta D_{m'-n',i'-j'} &= \min\{\Delta D_{m-n,i-j}\}\\ \Delta D_{m-n,i-j} &= EF_{m-n} - LS_{i-j}\end{aligned} \tag{4.26}$$

式中　$\Delta D_{m'-n',i'-j'}$——在各种顺序安排中，最佳顺序安排所对应的工期延长时间的最小值，它要求将 LS_{i-j} 最大的工作 $i'-j'$ 安排在 $EF_{m'-n'}$ 最小的工作 $m'-n'$ 之后进行；

$\Delta D_{m-n,i-j}$——在资源冲突的诸工作中，工作 $i—j$ 安排在工作 $m—n$ 之后进行，工期所延长的时间。

对单代号网络计划：

$$\begin{aligned}\Delta D_{m'j'} &= \min\{\Delta D_{mj}\}\\ \Delta D_{m,i} &= EF_m - LS_i\end{aligned} \tag{4.27}$$

式中　$\Delta D_{m',j'}$——在各种顺序安排中，最佳顺序安排反对应的工期延长时间的最小值；

$\Delta D_{m,j}$——在资源冲突的诸工作中，工作 i 安排在工作 m 之后进行，工期所延长的时间。

（2）“资源有限—工期最短”的优化，应按下述规定步骤调整工作的最早开始时间。

1）计算网络计划每“时间单位”的资源需用量。

2）从计划开始日期起，逐个检查每个时间单位资源需用量是否超过资源限量，如果在整个工期内每个“时间单位”均能满足资源限量的要求，可行优化方案就编制完成。否则必须进行计划调整。

3）分析超过资源限量的时段（每“时间单位”资源需用量相同的时间区段），按式（4.26）计算 $\Delta D_{m'-n',i'-j'}$ 或按式（4.27）计算 $\Delta D_{m',i'}$ 值，依据它确定新的安排顺序。

4）若最早完成时间 $EF_{m'-n'}$ 或 $EF_{m'}$ 值最小值和最迟开始时间 $LS_{i'-j'}$ 或 $LS_{i'}$ 最大值同属一个工作，应找出最早完成时间 $EF_{m'-n'}$ 或 $EF_{m'}$ 值为次小，最迟开始时间 $LS_{i'-j'}$ 或 $LS_{i'}$ 为次大的工作，分别组成两个顺序方案，再从中选取较小者进行调整。

5）绘制调整后的网络计划，重复上述1）～4）的步骤，直到满足要求。

2.“资源有限—工期最短”优化举例

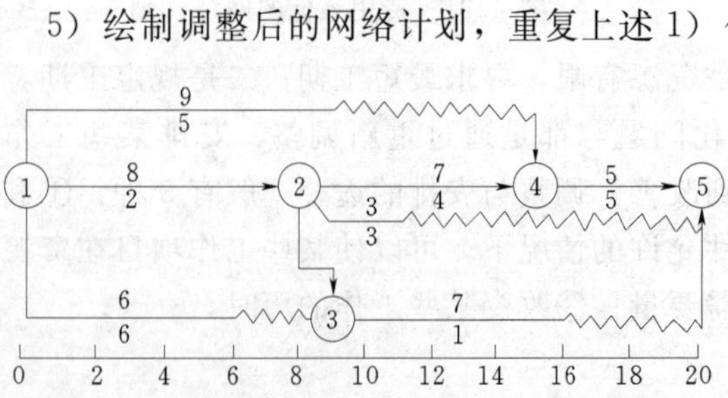

图 4.32 “资源有限—工期最短”的优化对象

（1）优化对象。某网络计划如图4.32所示，图中箭线上的数为工作持续时间，箭线下的数为工作资源强度，假定每天只有 9 个工人可供使用，如何安排各工作最早开始时间使工期达到最短？

（2）优化步骤。

1）计算每日资源需用量，见表4.5。

表4.5 每日资源需用量表

工作日	1	2	3	4	5	6	7	8	9	10	11	12	13	14	15	16	17	18	19	20
资源数量	13	13	13	13	13	13	7	7	13	8	8	5	5	5	5	6	5	5	5	5

注 表中资源数量是指资源强度的数量。

2）逐日检查是否满足要求？在表4.5中看到第一天资源需用量就超过可供资源量(9人)要求,必须进行工作最早开始时间调整。

3）分析资源超限的时段。在第1～6天，有工作1—4、1—2、1—3，分别计算EF_{i-j}、LS_{i-j}，确定调整工作最早开始时间方案，见表4.6。

表4.6 超过资源限量的时段的工作时间参数表

工作代号 $i-j$	EF_{i-j} (d)	LS_{i-j} (d)
1—4	9	6
1—2	8	0
1—3	6	7

根据式（4.26），确定$\Delta D_{m'-n',i'-j'}$最小值，$\min\{EF_{m-n}\}$和$\max\{LS_{i-j}\}$属于同一工作1—3，找出EF_{m-n}的次小值及LS_{i-j}的次大值是8和6，组成两组方案。

$$\Delta D_{1-3,1-4} = 6 - 6 = 0$$
$$\Delta D_{1-2,1-3} = 8 - 7 = 1$$

选择工作1—4安排在工作1—3之后进行，工期不增加，每天资源需用量从13人减少到8人，满足要求。如果有多个平行作业工作，当调整一项工作的最早开始时间后仍不能满足要求，就应继续调整。

重复以上计算方法与步骤，可行优化方案见表4.7及图4.33所示。单代号网络计划计算方法及步骤与双代号网络计划的计算方法与步骤一样。

表4.7 优化方案的每日资源数量表

工作日	1	2	3	4	5	6	7	8	9	10	11	12	13	14	15	16	17	18	19	20	21	22
资源数量	8	8	8	8	8	8	7	7	6	9	9	9	9	9	9	8	4	9	6	6	6	6

注 表中资源数量是指资源强度的数量。

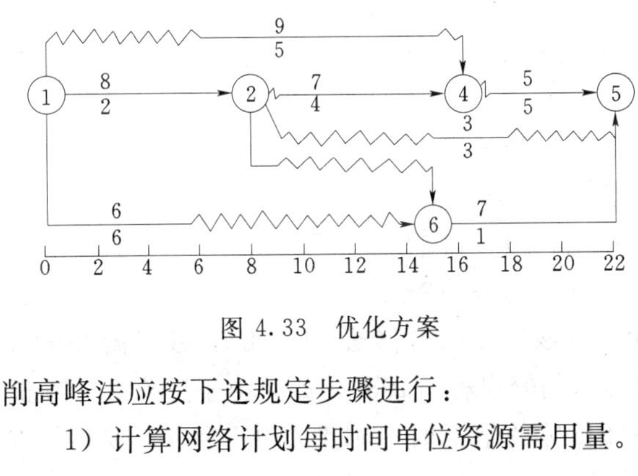

图4.33 优化方案

4.5.3.2 "工期固定—资源均衡"的优化

1. JGJ/T 121—1999《工程网络计划技术规程》的规定

"工期固定—资源均衡"优化，即工期不变，通过调整使资源均衡。

"工期固定—资源均衡"优化可用削高峰法（利用时差降低资源高峰值），获得资源消耗量尽可能均衡的优化方案。削高峰法应按下述规定步骤进行：

1）计算网络计划每时间单位资源需用量。

2）确定削峰目标，其值等于每时间单位资源需用量的最大值减一个单位量。

3）找出高峰时段的最后时间点 T_h 及有关工作的最早开始时间 ES_{i-j}（或 ES_i）和总时差 TF_{i-j}（或 TF_i）。

4）按下列规定计算有关工作的时间差值 ΔT_{i-j} 或 ΔT_i。

对双代号网络计划

$$\Delta T_{i-j} = TF_{i-j} - (T_h - ES_{i-j}) \tag{4.28}$$

对单代号网络计划

$$\Delta T_i = TF_i - (T_h - ES_i) \tag{4.29}$$

优先以时间差值最大的工作 $i'—j'$ 或工作 i' 为调整对象，令

$$ES_{i'-j'} = T_h \text{ 或 } ES_{i'} = T_h$$

5）若峰值不能再减少，即求得均衡优化方案。否则，重复以上步骤。

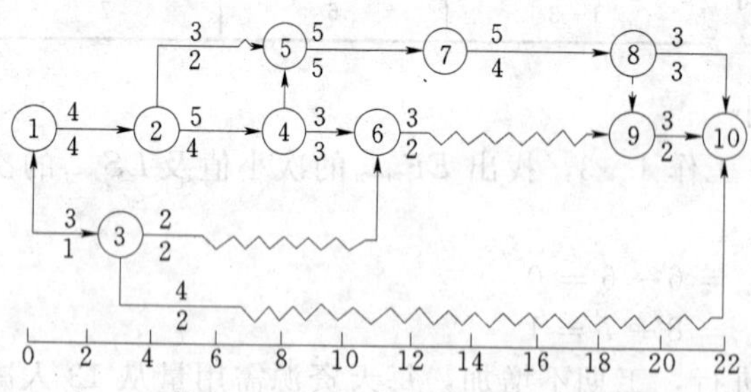

图 4.34 “工期固定—资源均衡”优化对象

2. “工期固定—资源均衡”优化举例

（1）优化对象。某时标网络计划如图 4.34 箭线上的数字为工作持续时间，箭线下的数字表示工作资源强度，要求通过优化，使工期固定，资源均衡。

（2）优化步骤。

1）计算每日所需资源数量，见表 4.8。

表 4.8　　每日资源数量表

工作日	1	2	3	4	5	6	7	8	9	10	11	12	13	14	15	16	17	18	19	20	21	22
资源数量	5	5	5	9	11	8	8	4	4	8	8	8	7	7	4	4	4	4	4	5	5	5

注　表中资源数量是指资源强度的数量。

2）确定削峰目标。削峰目标就是表 4.8 中资源数量中最大值减去它的一个单位量。削峰目标定为 10（11－1）。

3）找出下界时间点 T_h 及有关工作 $i—j$ 的 ES_{i-j}，TF_{i-j}，$T_h=5$；在第 5d 有 2—5、2—4、3—6、3—10 四个工作，相应的 FF_{i-j} 和 ES_{i-j} 分别为 2、4，0、4，12、3，15、3。

4）按式（4.28），计算 ΔT_{i-j}

$$\Delta T_{2-5} = 2-(5-4) = 1$$

$$\Delta T_{2-4} = 0-(5-4) = -1$$

$$\Delta T_{3-6} = 12-(5-3) = 10$$

$$\Delta T_{3-10} = 15-(5-3) = 13$$

其中工作 3—10 的 ΔT_{3-10} 值最大，故优先将该工作向右移动 2d（即第 5d 以后开始），然后计算每日资源数量，看峰值是否小于或等于削峰目标（10d）。如果由于工作 3—10 最早开始时间改变，在其他时段中出现超过削峰目标的情况时，则重复 3）和 4）步骤，直

至不超过削峰目标为止。本例工作 3—10 调整后，其他时间里没有再出现超过削峰目标的现象，见表 4.9 及图 4.35。

表 4.9　　每日资源数量表

工作日	1	2	3	4	5	6	7	8	9	10	11	12	13	14	15	16	17	18	19	20	21	22
资源数量	5	5	5	7	9	8	8	6	6	8	8	8	7	7	4	4	4	4	4	5	5	5

注　表中资源数量是指资源强度的数量。

从表 4.9 得知，经第一次调整后，资源数量最大值为 9，故削峰目标定为 8。逐日检查至第 5d，资源数量超过削峰目标值，在第 5d 中有工作 2—4、3—6、2—5，计算各 ΔT_{i-j} 值

$$\Delta T_{2-4}=0-(5-4)=1$$

$$\Delta T_{3-6}=12-(5-3)=10$$

$$\Delta T_{2-5}=2-(5-4)=1$$

其中工作 ΔT_{3-6} 值为最大，故优先调整工作 3—6，将其向右移动 2d，资源数量变化见表 4.10。

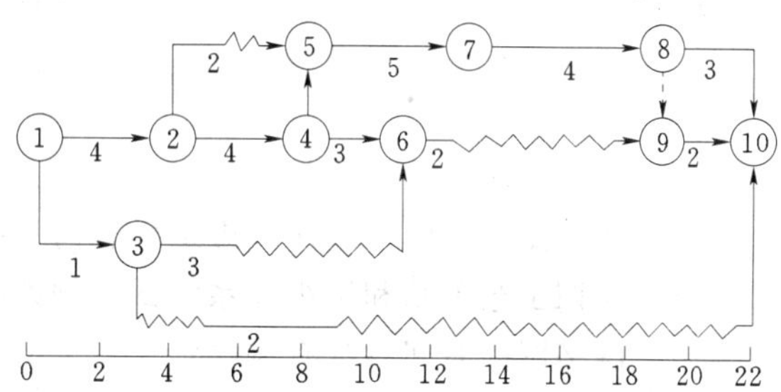

图 4.35　第一次调整后的时标网络计划

表 4.10　　每日资源数量表

工作日	1	2	3	4	5	6	7	8	9	10	11	12	13	14	15	16	17	18	19	20	21	22
资源数量	5	5	5	4	6	11	11	6	6	8	8	8	7	7	4	4	4	4	4	5	5	5

注　表中资源数量是指资源强度的数量。

由表 4.10 可知在第 6、7 两天资源数量又超过 8。在这一时段中有工作 2—5、2—4、3—6、3—10，再计算 ΔT_{i-j} 值

$$\Delta T_{2-5}=2-(7-4)=-1$$

$$\Delta T_{2-4}=0-(7-4)=-3$$

$$\Delta T_{3-6}=10-(7-5)=8$$

$$\Delta T_{3-10}=12-(7-5)=10$$

按理应选择 ΔT_{i-j} 值最大的工作 3—10，但因为它的资源强度为 2，调整它仍然不能达到削峰目标，故选择工作 3—6（它的资源强度为 3），满足削峰目标，将使之向右移动 2d。

通过重复上述计算步骤，最后削峰目标定为 7，不能再减少了，优化计算结果见表 4.11 及图 4.36。

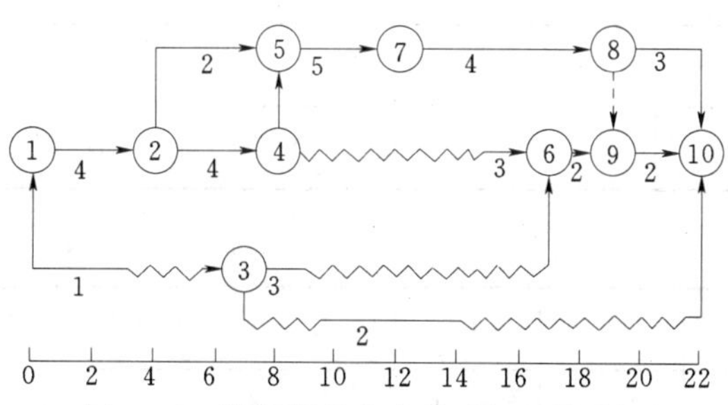

图 4.36　资源调整完成的时标网络计划

表 4.11 每日资源数量表

工作日	1	2	3	4	5	6	7	8	9	10	11	12	13	14	15	16	17	18	19	20	21	22
资源数量	5	5	5	4	6	6	6	7	7	5	7	7	7	7	7	7	7	7	6	5	5	5

注 表中资源数量是指资源强度的数量。

削高峰法的单代号网络计划的计算方法和步骤参看本例方法与步骤。ΔT_{i-j}值的含义相当于工作总时差，当$\Delta T_{i-j}<0$时，表示调整该工作最早开始时间后延长工期，因此只能选择$\Delta T_{i-j}>0$的工作进行最早开始时间调整。

思考题

4.1 什么是网络计划？具有什么优缺点？

4.2 什么是网络图？工作和虚工作有何不同？

4.3 何谓工艺关系和组织关系？试举例说明。

4.4 网络图的时间参数有哪些？

4.5 什么是双代号网络图？双代号网络图有哪几部分组成？又有哪些绘图规则？

4.6 什么是单代号网络图？单代号网络图有哪几部分组成？它和双代号网络图有何区别。

4.7 何谓工作的总时差和自由时差？关键线路和关键工作的确定方法有哪些？

4.8 工期优化和费用优化的区别是什么？

4.9 何谓资源优化？在“资源有限，工期最短”的优化中，当工期增量为负值时，说明什么？

练习题

4.1 已知工作之间的逻辑关系如题4.1表所示，分别绘制双代号网络图和单代号网络图。

题 4.1 表 (1)

工 作	A	B	C	D	E	G	H
紧前工作	C、D	E、H	—	—	—	D、H	—

题 4.1 表 (2)

工 作	A	B	C	D	E	G
紧前工作	—	—	—	—	B、C、D	A、B、C

题 4.1 表 (3)

工 作	A	B	C	D	E	G	H	I	J
紧前工作	E	H、A	J、G	H、I、J	—	H、A	—	—	E

4.2　某网络计划的有关资料如题 4.2 表所示，试绘制双代号网络图计划，并在图中标出各项工作的 6 个参数，最后用双箭线标明关键线路。

题 4.2 表

工　作	A	B	C	D	E	F	G	H	I	J	K
持续时间（d）	22	10	13	8	15	17	15	6	11	12	20
紧前工作	—	—	B、E	A、C、H	—	B、E	E	F、G	F、G	A、C、I、H	F、G

4.3　某网络计划的有关资料如题 4.3 表所示，试绘制双代号网络图计划，在图中标出各个节点的最早时间和最迟时间，并据此判断各项工作的 6 个主要时间参数。最后，用双箭线标明关键线路。

题 4.3 表

工　作	A	B	C	D	E	G	H	I	J	K
持续时间（d）	2	3	4	5	6	3	4	7	2	3
紧前工作	—	A	A	A	B	C、D	D	B	E、H、G	G

4.4　某网络计划的有关资料如题 4.4 表所示，试绘制单代号网络图计划，并在图中标出各项工作的 6 个主要时间参数及相邻两项工作之间的时间间隔。最后，用双箭线标明关键线路。

题 4.4 表

工　作	A	B	C	D	E	G
持续时间（d）	12	10	5	7	6	4
紧前工作	—	—	—	B	B	C、D

4.5　某网络计划的有关资料如题 4.5 表所示，试绘制双代号时标网络图计划，并判断各项工作的 6 个时间参数和关键线路。

题 4.5 表

工　作	A	B	C	D	E	G	H	I	J	K
持续时间（d）	2	3	5	2	3	3	2	3	6	2
紧前工作	—	A	A	B	B	D	G	E、G	C、E、G	H、I

4.6　已知网络计划如题 4.6 图所示，箭线下方括号外数字为工作的正常持续时间，括号内数字为工作的最短持续时间；箭线上方括号内的数字为优选系数。要求工期为 12，

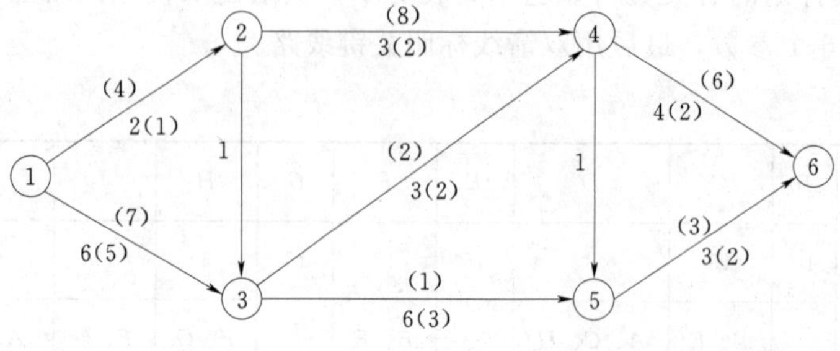

题 4.6 图

试对其进行工期优化。

4.7　已知网络计划如题 4.7 图所示，箭线下方括号数字为工作的正常持续时间，括号内数字为工作的最短持续时间；箭线上方括号内的数字为正常持续时间时的直接费，括号内数字为最短持续时间时的直接费。费用单位为千元，时间单位为 d。如果工程间接费率为 0.8 千元/d，则最低工程费用时的工期为多少天？

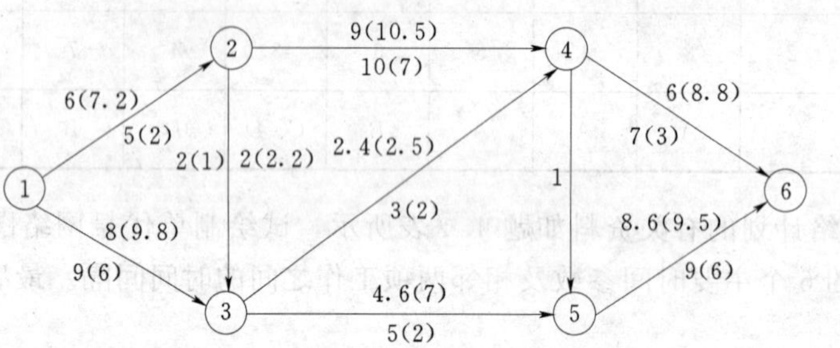

题 4.7 图

4.8　已知网络图如题 4.8 图所示，图中箭线上方的数字为工作的资源强度，箭线下方的数字为工作的持续时间，假定资源限量为 12。试对其进行“资源有限，工期最短”的优化。

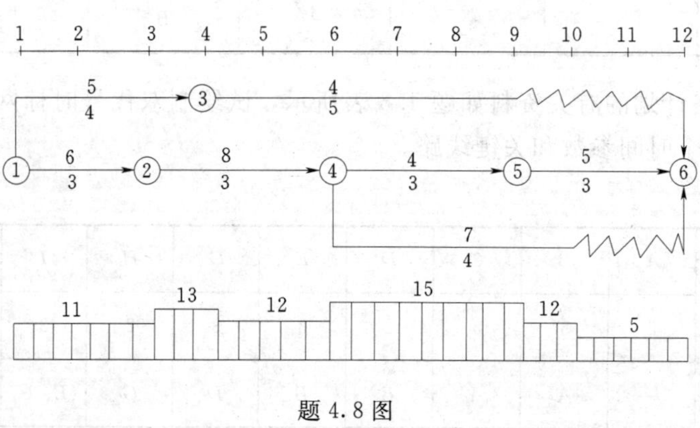

题 4.8 图

第5章 公路工程定额

5.1 概 述

5.1.1 定额的概念

1. 定额的含义

定额，顾名思义，“定”是确定，“额”是数额，综合起来是确定数额。即在合理的生产组织、合理的使用资源、合理的生产技术条件下，经过国家或主管部门科学地测定、分析、计算，而加以合理确定的生产单位合格产品或完成一定量工作所消耗的人力、材料、机械台班和资金等的数量标准。所以，定额是一种标准，是衡量经济效果的一种尺度。

在我国，凡经国家或其授权机关颁发的定额，都是具有法令性的一种指标，不得擅自修改和滥用。定额要保持相对的稳定性，但也要随着技术条件、管理条件的变化，及时地进行修订并补充，直到重新颁布新定额为止。

定额属于计价依据主要内容之一。所谓计价依据系指用以计算工程造价的基础资料的总称，除包括定额、指标、费率、基础单价外，还包括工程量数据以及政府主管部门颁发的各种有关经济法规、政策、计价办法等。

2. 定额的水平

定额的水平就是定额的高低，是一定时期社会生产力的反映，与当时的生产因素及生产力水平有着密切的关系。定额水平高反映出生产力水平较高，完成单位合格产品所必需的消耗资源数量就较少；反之，则说明生产力水平低，完成单位合格产品所必需的资源数量就较多。

定额的水平不是一成不变的，随着社会生产力的不断发展，定额的水平也在不断发展，因此，定额也应作出相应的调整。

定额的水平必须从实际出发，这样才有利于调动职工的积极性，提高劳动生产率，降低工程成本，保证工程质量和工期。我国的工程施工定额水平是平均先进水平，即：大多数生产者在正常的生产条件下通过努力均可达到的定额水平；预算定额水平是社会平均水平，在施工定额水平的基础上，又考虑了施工幅度差、超运距用工增加等，略低于施工定额水平。

3. 工程建设定额

在建筑安装工程施工生产过程中，为完成某项工程或结构构件，都必须消耗一定数量的劳动力、材料和机械台班的资源。在一定的社会生产力条件下，在建设工程领域的生产中，把科学的方法和生产实践相结合，生产出单位合格工程产品所必需的人工、材料、机械台班的数量标准，就是工程建设定额。

工程建设定额是一个庞大的体系，是建设工程中各类定额的总称，有许多种类，也涉及很多的专业，比如房屋建筑、市政、公路、水利、铁路、石油、矿山等均有各部门的配套定额。

5.1.2 定额的特点

1. 科学性

定额的科学性首先表现在用科学的态度制定定额，尊重客观实际，力排主观臆断，力求定额水平合理，即必须和生产力发展水平相适应，真实反映出工程建设中生产消费的客观规律。其次，工程建设定额的制定是利用现代科学技术的成就，在对工时分析、动作研究、现场布置、工具设备改革以及生产技术与组织的合理配合等方面进行综合研究的基础上，通过长期观察、测定、总结生产实践及广泛收集资料后制定的，是一套系统的、完整的、在实践中行之有效的方法。最后，表现在定额制定和贯彻的一体化上，定额制定是为了提供贯彻的依据，贯彻是为了实现管理的目标，也是对定额的信息反馈。工程建设定额管理在理论、方法和手段上必须科学化，以适应现代科学技术和信息社会发展的需要。

2. 系统性

定额是相对独立的系统，它是由多种定额结合而成的有机整体。定额的系统性是工程建设定额的特点决定的。按照系统理论的观点，工程建设本身就是一个庞大的实体工程系统，工程建设定额是为这个实体工程系统服务的，因而工程本身的多种类、多层次就决定了以它为服务对象的工程建设定额的多种类与多层次的系统性特点。

3. 统一性

定额的统一性，主要是由国家对经济发展的有计划的宏观调控职能决定的。为了使国民经济按照既定的目标发展，就需要借助于某些标准、定额、参数等，对工程建设进行规划、组织、调节、控制。

工程建设定额的统一性按照其影响力和执行范围来看，有全国统一定额、地区统一定额和行业统一定额等；按照定额的制定、颁布和贯彻使用来看，有统一的程序、统一的原则、统一的要求和统一的用途。

我国工程建设定额的统一性与工程建设本身的巨大投入和巨大产出有关。它对国民经济的影响不仅表现在投资的总规模和全部建设项目的投资效益等方面，还表现在具体建设项目的投资数额及其投资效益方面。

4. 权威性与指导性

主管部门颁发的定额具有很大的权威性，这种权威性在一些情况下具有的经济法规的性质。权威性反映统一的意志和统一的要求，也反映信誉和信赖程度以及反映定额的严肃性。

随着我国建设市场的不断成熟和规范，工程建设定额尤其是统一定额原具备的法令性特点逐渐弱化，转而成为对整个建设市场和具体建设产品交易的指导作用。

工程建设定额的指导性的客观基础是定额的科学性。只有科学的定额才能正确地指导客观的交易行为。工程建设定额的指导性体现在两个方面：一方面，工程建设定额作为国家各地区和行业颁布的指导性依据，可以规范建设市场的交易行为，在具体的建设产品定价过程中也可以起到相应的参考性作用，同时统一定额还可以作为政府投资项目定价以及造价控制的重要依据；另一方面，在现行的工程量清单计价方式下，体现交易双方自主，承包商报价的主要依据是企业定额，但企业定额的编制和完善仍然离不开统一的定额指导。

5. 稳定性和时效性

工程建设定额中的任何一种都是一定时期技术发展和管理的反映，因而在一段时期内都表现出稳定的状态。稳定的时间有长有短，一般在5～10年之间。保持定额的稳定性是维护定额的权威性所必须的。工程建设定额的稳定性同时也受它本身特点决定的，工程建设定额制定是利用现代科学技术的成就，在对工时分析、动作研究、现场布置、工具设备改革以及生产技术与组织的合理配合等方面进行综合研究的基础上，通过长期观察、测定、总结生产实践及广泛收集资料后制定的，工程建设定额制定和修改是十分繁重的、系统的工作，它需要动员和组织大量的人力和物力，需要收集大量的资料、数据，需要进行反复的调查和研究、测算、比较、平衡、审查、批准程序，这些工作本身就具有一定时段性，经常修改在客观上是不现实的。所以，在一定时期内工程建设定额具有相对稳定性。

但是，任何一种定额，都只能反映一定时期的生产力水平，当生产力发展了，定额就会与已经发展了的生产力水平不相适应，这样，它原有的作用就会逐步减弱以致消失，甚至产生负面效应。所以，工程建设定额在具有稳定性特点的同时，也具有显著的时效性。

从一段时间来看，定额是稳定的；从长期来看，定额是动态变化的。

5.1.3 定额的作用

1. 定额是编制计划的基础

企业的生产和经济活动都是有计划进行的，在制订计划时，直接或间接以各种定额为依据计算人力、物力和财力等各项资源需要量。因此，定额是编制计划的基础。

2. 定额是确定产品成本的依据，是评价设计方案合理性的尺度

建筑产品价格是由其产品生产过程中所消耗的人工、材料、机械台班的数量以及其他资源的数量所决定的，而它们的消耗量又是根据定额计算的。同时，同一建筑产品的不同设计方案的成本，反映了不同设计方案的技术经济水平的高低。因此，定额也是比较和评价设计方案是否经济合理的尺度。

3. 定额是实行投资包干和招标承包制的依据

为了提高水利水电工程建设的经济效益，我国在经济改革中推行了投资包干和招标承包制，在实施过程中，签订投资包干协议必须以定额为依据，编制招标标底和投标报价可参考定额。

4. 定额是企业进行经济核算、加强企业科学管理、提高经济效益的工具

施工企业为了提高经济效益，必须加强科学管理，实行经济核算。而定额正是企业在计算和平衡资金需用量、组织材料供应、编制施工进度计划、考核工料消耗与劳动生产率，贯彻按劳分配原则，实行经济核算的标准和依据。

5. 定额是总结推广先进生产方法的手段

用定额标定方法可以对同一产品在同一操作条件下的不同生产方式进行观察、分析和总结，然后在生产过程中推广先进生产方法，使劳动生产率得到提高。

5.1.4 我国公路工程定额体系及发展概况

新中国成立以来，随着我国社会主义建设事业的发展，我国交通部也进行了大规模的定额制定与管理工作，逐步形成了种类齐全的公路工程定额体系。

1. 20世纪50～70年代定额建立和发展阶段

1958年交通部公路工程总局，在测定的基础上，制定了全国统一的《公路工程预算定额》，各省、市制订了地方性的《预算定额》或《施工定额》基本上解决了当时公路建设的急需。1971年，交通部根据我国公路工程技术标准、技术规范和设计施工图纸的变化，特别是考虑当时公路建设采用专业队伍和民工相结合的生产方式所达到的定额水平，对1958年和1964年的定额进行了调整，于1973年颁发了《公路工程概算定额》、《公路工程预算定额》和《公路工程施工计划劳材手册》。这一时期处于计划经济时代，公路定额体系为国家经济建设的发展起到了很大作用。

2. 改革开放以后定额的发展和完善阶段

1983年，交通部根据国家改革开放的要求，又颁发了《公路工程概算定额》、《公路工程预算定额》。1984年颁发了《公路工程施工定额》。1986年5月交通部颁发试行了我国第一本《公路工程估算指标》。进入21世纪90年代以来，随着我国经济体制的变化，为适应其发展和需要，交通部于1992年颁布了新一轮的《公路工程概算定额》、《公路工程预算定额》。在此后的4年中，交通部组织专家和工程技术人员经过深入、广泛的调研和科学测定，对现行的概预算定额，工程估算指标、机械台班费用定额做了较大幅度的调整。1996年6月交通部以交公路发〔1996〕610号、〔1996〕611号文件通知发布了新修订的《公路工程机械台班费用定额》、《公路工程估算指标》、《公路基本建设工程概算、预算编制办法》和《公路工程概、预算定额基价表》，并从1996年7月1日起同时在全国施行。这些定额一直沿用到2007年底，达十几年时间，适用于公路基本建设中的新建、改建工程，公路养护的大、中修工程亦可参考使用。1997年交通部又发布了全国通用的新版《公路工程施工定额》，各省、自治区、直辖市也对施工定额的有关问题做了指导性的规定，并对公路小修保养问题分别编制了地方性的小修保养施工定额。2000年交通部发布了《公路基本建设交通工程概（预）算编制的规定》。

3. 2007年新版定额的发布实施

进入21世纪，我国公路建设进一步得到了迅猛的发展。随着我国工程建设领域改革不断深化和公路生产力水平的提高，需要对现有公路工程系列定额进行进一步修订。交通部在总结公路建设经验基础上，组织专家和工程技术人员进行了广泛深入的调研、测试，于2007年10月19日以中华人民共和国交通部公告（2007年第33号）的形式发布了新版的公路工程系列定额，并将其以规范的形式确定下来。公路2007版系列定额包括：

(1)《公路工程概算定额》(JTG/T B06—01—2007)。

(2)《公路工程预算定额》(JTG/T B06—02—2007)。

(3)《公路工程机械台班费用定额》(JTG/T B06—03—2007)。

(4)《公路工程基本建设项目概算预算编制办法》(JTG/T B06—2007)。

新版公路系列定额自2008年1月1日起施行。原发布的《公路基本建设工程概算、预算编制办法》(交公路发〔1996〕612号)、《公路基本建设工程交通工程概（预）算编制的规定》(公设技字〔2000〕285号)、《公路工程概算定额》和《公路工程预算定额》(交工发〔1992〕65号)、《公路工程机械台班费用定额》(交公路发〔1996〕610号）同时废止。原《公路工程施工定额》(公设字〔1997〕134号)、《公路工程估算指标》暂时没有变化，仍然适用。

5.2 定额的分类

5.2.1 按生产要素分类

在施工生产中起主要作用的有三大要素，即劳动力、材料和机械。所以按生产要素来分类可以把工程建设定额划分为劳动消耗定额、机械消耗定额和材料消耗定额三种。

1. 劳动消耗定额

劳动消耗定额简称劳动定额（也称为人工定额），是指完成一定数量的合格产品（工程实体或劳务）规定活劳动消耗的数量标准。为了便于综合和核算，劳动定额大多采用工作时间消耗量来计算劳动消耗的数量。劳动定额的主要表现形式是时间定额，但同时也表现为产量定额。

时间定额与产量定额互为倒数，即：时间定额×产量定额=1。

（1）时间定额是指在正常的技术组织条件下，某工种、某种技术等级的工人班组或个人，完成单位合格产品所必需的工作时间，以工日/单位产品表示，如工日/m^3、工日/t等。

$$单位产品时间定额=\frac{耗用工日数量}{完成单位合格产品数量}=\frac{1}{产量定额}$$

（2）产量定额是指在正常的技术组织条件下，某工种、某种技术等级的工人班组或个人，在单位时间内（工日）应完成合格产品的数量，以产品单位/工日表示，如m^3/工日、t/工日等表示。

$$产量定额=\frac{完成合格产品数量}{耗用工日数量}=\frac{1}{时间定额}$$

例如，公路工程定额中规定人工挖运土方，产品单位100m^3，消耗用工24.5工日，时间定额表示为24.5工日/100m^3；同理，每100m^3土方需用24.5工日的产量定额表示为100m^3/24.5工日=0.048（100m^3）/工日，即4.08m^3/工日。

2. 材料消耗定额

材料消耗定额，简称材料定额，是指完成一定数量的合格产品所需消耗材料的数量标准。

材料，是工程建设中使用的原材料、成品、半成品、构配件、燃料以及水、电等动力资源的统称。材料作为劳动对象构成工程的实体，需用数量很大，种类很多。所以材料消耗数量的多少，消耗是否合理，不仅关系到资源的有效利用，影响市场供求状况，而且对建设工程的项目投资、建筑产品的成本控制都起着决定性的影响。

3. 机械消耗定额

机械消耗定额是以一台机械一个工作班为计量单位，所以又称为机械台班定额。机械消耗定额是指为完成一定数量的合格产品（工程实体或劳务）所规定的施工机械台班消耗的数量标准。机械消耗定额的主要表现形式是机械时间定额，同时也以产量定额表现。

$$单位产品的机械时间定额=\frac{耗用机械台班数量}{完成单位合格产品数量}=\frac{1}{产量定额}$$

$$单位产品机械产量定额=\frac{完成合格产品数量}{机械台班消耗数量}=\frac{1}{时间定额}$$

如挖掘机挖土方，台班产量476m^3，每100m^3单位产品的时间定额则为1/4.76=

0.21台班。

5.2.2 按编制程序和用途分类

按编制程序和用途分类可以把工程建设定额分为施工定额、预算定额、概算定额、投资估算指标等。

1. 施工定额

施工定额是以同一性质的施工过程——工序作为研究对象，表示生产产品数量与时间消耗综合关系编制的定额。施工定额是施工企业（建筑安装企业）组织生产和加强管理的企业内部使用的一种定额，属于企业定额的性质。为了适应组织生产和管理的需要，施工定额的项目划分很细，是工程建设定额中分项最细、定额子目最多的一种定额，也是工程建设定额中的基础性定额。

施工定额由劳动定额、机械定额和材料定额三个相对独立的部分组成，主要用于工程的直接施工管理，以及作为编制工程施工设计、施工预算、施工作业计划、签发施工任务单、限额领料及结算计件工资或计量奖励工资的依据。它同时也是编制预算定额的基础。

2. 预算定额

预算定额是以分项工程或结构构件为对象编制的定额。其内容包括劳动定额、机械台班定额、材料消耗定额三个基本部分，是一种计价性定额。从编制程序上看，预算定额是以施工定额为基础综合扩大编制的，同时它也是编制概算定额的基础。

预算定额是在编制施工图预算阶段计算工程造价和工程中的劳动、机械台班、材料需要量时使用。它是调整工程预算和工程造价的重要基础，也可以作为编制施工组织设计、施工技术财务计划的参考。

3. 概算定额

概算定额是以扩大分项工程或扩大结构构件为对象编制的定额。它是计算和确定劳动、机械台班、材料消耗量所使用的定额，也是一种计价性定额。概算定额是编制扩大初步设计概算、确定建设项目投资额的依据。概算定额的项目划分粗细，与扩大初步设计的深度相适应，一般是在预算定额的基础上综合扩大而成的，每一综合分项概算定额都包含了数项预算定额。

4. 投资估算指标

投资估算定额是在项目建议书和可行性研究阶段编制投资估算、计算投资需要量时使用的一种定额。投资估算定额非常概略，往往以独立的单项工程或完整的工程项目为计算对象，编制内容是所有项目费用之和。其概略程度与可行性研究阶段相适应。投资估算指标往往是由概算定额综合扩大和统计资料分析编制而成的。

5.2.3 按编制单位和执行范围分类

按编制单位和执行范围分类，定额可以分为全国统一定额、行业统一定额、地区统一定额、企业定额、补充定额五种。

(1) 全国统一定额是由国家建设行政主管部门综合全国工程建设中技术和施工组织管理的情况编制，并在全国范围内执行的定额。

(2) 行业统一定额是考虑到各行业部门专业工程技术特点，以及施工生产和管理水平编制的定额。一般只在本行业和相同专业性质的范围内使用。

(3) 地区统一定额包括省、自治区、直辖市定额。地区统一定额主要是考虑地区性特点和全国统一定额水平作适当调整和补充编制的。

(4) 企业定额是由施工企业考虑本企业具体情况，参照国家、部门或地区定额的水平制定的定额。企业定额指在企业内部使用，是企业素质的一个标志。企业定额水平一般应高于国家现行定额，才能满足生产技术发展、企业管理和市场竞争的需要。在工程量清单方式下，企业定额正发挥着越来越大的作用。

(5) 补充定额是指随着设计、施工技术的发展，在现行定额不能满足需要的情况下，为了补充缺陷所编制的定额。补充定额只能在指定的范围内使用，可以作为以后修订定额的基础。

5.2.4 按专业分类

包括建筑工程定额（亦称土建定额）、设备安装工程定额、市政工程定额、公路工程定额、铁路工程定额、水利水电工程定额、水运工程定额、石油工程定额、电力工程定额、井巷工程定额等多种。

上述各种定额虽然适用于不同的情况和用途，但是它们是一个互相联系的、有机的整体，在实际工程项目建设中需配合适用。

5.3 定额人工、材料、机械台班消耗量的确定方法

人工、材料和机械台班的消耗数量是反映各类资源消耗的多少，也是定额构成的核心内容。合理确定各类定额的消耗量的数量标准，是制定定额的关键。深刻理解定额消耗量的内容和制定方法，也是编制概预算或工程施工管理正确运用定额的必备理论基础。

5.3.1 施工过程和工作时间研究

1. 施工过程工序研究

施工定额的制定对象是工序，工序又是由一系列的操作和动作完成的。一个施工过程可以分解为多个工序，一个工序又可以分解为多个操作，一个操作又可分解为多个动作。

施工定额是以施工过程中独立的最小部分——工序为编制对象，以时间定额和产量定额表示工序的消耗标准。研究完成施工过程中的工序所必须的消耗时间是制定施工定额的基本方法和着眼点。为了科学地制定工序完成所必需的时间，应首先对工序的性质、类型和组成结构进行逐一分解。例如，钢筋加工施工过程中包含运钢筋、除锈、调直、弯曲、绑扎成型等工序；这些工序又分解为若干操作，如弯曲工序可分解成置于加工平台、对准位置、弯曲、堆放等操作过程；操作又可分解成一系列的动作，如置于平台操作可分解成走向钢筋、拿起、返回、放置和安放于弯曲架上等一系列动作等。

2. 施工过程的工作时间研究

工作时间消耗得研究，主要目的是确定施工的时间定额和产量定额。其内容主要包括生产工人工作时间研究和施工机械工作时间研究。

(1) 工人工作时间的组成。工人的工作时间包括定额工作时间和非定额工作时间。

定额工作时间是正常施工生产工序必须消耗的工作时间，就是施工定额的时间定额。定额工作时间包括：基本工作时间、辅助工作时间、准备与结束工作时间、不可避免间断

时间和休息时间等 5 个部分。

非定额工作时间是正常施工条件下的不必要损失或浪费的工作时间，制定定额时不予考虑。其内容主要包括多余或偶然工作时间、违反劳动纪律时间、施工过失造成停工时间和非施工过失造成的停工时间等。

(2) 机械工作时间。机械工作时间同样也包括定额时间和非定额时间两大部分。

施工机械定额时间是正常施工条件下的机械台班必须消耗的时间。机械定额时间包括正常负荷下的工作时间、降低负荷下的工作时间、不可避免的中断时间、不可避免的无负荷和工作时间等 4 大部分内容。

机械的非定额时间主要包括多余或偶然工作时间、违反劳动纪律时间、施工本身造成的停工时间和非施工本身造成的停工时间等。

3. 人工定额、机械定额的工作时间的测定方法

(1) 经验估计法。这是由具有丰富经验的定额测定人员、工程技术人员、技术工人根据各自的实践经验，结合现场观察和图纸分析，考虑设备、工具和其他的施工组织条件，直接估计工时消耗的一种方法。

(2) 统计分析法。根据同类型工序生产的实际工时消耗和产品数量统计资料，在统计分析和整理的基础上，考虑施工组织措施，测算出定额指标。

(3) 计时观察法。这种方法是通过对施工过程中具体活动的实地观察，详细地记录施工中的人工、机械等工时消耗、完成合格产品数量及有关影响因素，然后将记录结果加以整理、分析，并经合理取舍得到技术数据，最后确定定额的消耗指标。

5.3.2 定额制定的基本方法

1. 人工定额制定

人工定额制定主要是按照科学的方法，合理确定定额时间，将定额时间的各组成部分相加就得到工序的时间定额。根据时间定额可进一步计算出工序的产量定额。

人工定额制定的方法有以下 3 种：

(1) 计时观察法。是指以观察测时为手段，通过密集抽样和粗放抽样等技术进行直接的时间研究，以确定工作时间的技术测定方法。

(2) 经验估工法。通过采用“三时估工法”，是指由定额测定人员估计出完成某一工作的最乐观时间，最可能时间和最悲观时间，然后分别给以 1.4.1 的权重，加权计算工作时间的定额制定方法。

(3) 统计分析法。是指以积累的大量统计资料为基本依据，通过科学分析对比，整理制定出定额时间的方法。

2. 材料消耗定额的制定

材料消耗定额的制定，可通过现场技术测定、实验室试验、现场统计和理论计算得到。

材料消耗定额的计算方法可表示为

$$材料消耗量 = 净用量 \times (1 + 材料损耗率) \tag{5.1}$$

$$材料损耗率 = \frac{损耗量}{净用量} \times 100\%$$

一般材料的消耗量的确定方法有以下几种：

（1）现场技术测定法主要用于编制材料损耗量定额，也可用于提供材料净用量的参考数据。这种方法是通过现场观察、技术测定手段确定材料消耗指标的一种方法。

（2）实验室试验法主要用于编制材料的净用量定额数量。通过试验能够对材料的组成、结构、配合比等得出科学的结论，为编制定额提供比较精确的技术数据。注意试验法得到的技术数据不得直接用于施工生产。

（3）现场统计法是通过进场材料和使用材料数量的大量统计资料进行分析计算，获得材料消耗数据，确定材料消耗指标的一种方法。

上述3种方法应用时，必须要求材料符合国家标准，施工质量达到要求，以保证获得可靠的定额编制依据。

（4）理论计算法是运用一定的计算公式计算材料消耗量的方法。如砌砖工程中的标准砖和砂浆的消耗数量可通过理论计算法计算得到。对于周转材料，如模板、脚手架等，材料消耗定额应为周转材料的摊销量

$$\text{周转材料摊销量} = \text{一次使用量} \times \text{摊销系数} \tag{5.2}$$

其中

$$\text{一次使用量} = \text{材料净用量} \times (1 + \text{材料损耗率})$$

$$\text{摊销系数} = \text{周转使用次数} - \frac{(1 - \text{损耗率}) \times \text{回收价值率}}{\text{周转次数}} \times 100\%$$

$$\text{周转使用系数} = \frac{(\text{周转次数} - 1) \times \text{损耗率}}{\text{周转次数}} \times 100\%$$

$$\text{回收价值率} = \frac{\text{一次使用量} \times (1 - \text{损耗率})}{\text{周转次数}} \times 100\%$$

3. 机械台班消耗定额的制定方法

机械消耗定额的制定，首先确定正常的施工条件，其次确定机械1h纯工作生产率，然后在工作时间研究的基础上确定机械施工的正常利用系数，最终得到机械台班消耗产量定额，即

$$\text{施工机械台班产量定额} = \text{机械 1h 纯工作生产率} \times \text{工作班纯工作时间} \tag{5.3}$$

或

$$\text{施工机械台班产量定额} = \text{机械 1h 纯工作生产率} \times \text{工作班延续时间} \times \text{机械正常利用系数}$$

$$\text{机械 1h 纯工作生产率} = \text{施工机械纯工作 1h 正常循环次数} \times \text{一次循环生产的产品数量}$$

$$\text{机械的正常利用系数} = \frac{\text{机械在一个工作班内的纯工作时间}}{\text{工作班时间}}$$

计算出机械的产量定额后，根据时间定额和产量定额的倒数关系，可计算出施工机械的时间定额。

5.3.3 预算定额中人工、材料、机械台班消耗量的组成与计算方法

1. 人工消耗量

预算定额人工消耗量是根据测算后综合取定的工程数量和参照施工定额中人工消耗指标计算出的。人工消耗量不分工种、不分技术等级全部综合在一起，再考虑人工幅度差，则可制定出该项目的人工消耗量指标。

人工的消耗量确定可以有两种方法：一是以施工定额的劳动定额为基础确定；二是以

计时观察法现场测定资料为基础，再经计算确定。

（1）以劳动定额为基础计算人工工日数的方法。人工消耗工日数量包括基本工和其他工两部分。

1）基本工指完成单位合格新产品所必须消耗的技术工种用工。按技术工种相应劳动定额工时定额计算，以不同工种列出定额工日。

2）其他工包括辅助工、超运距用工、人工幅度差用工。辅助工是指技术工种劳动定额内不包括而在预算定额内又必须考虑的工时，如机械土方工程配合用工，电焊着火用工等；超运距用工是指预算定额的平均水平运距超过劳动定额规定水平运距部分，超运距＝预算定额取定运距－劳动定额已包括的运距；人工幅度差用工是指在劳动定额作业时间之外，在预算定额应考虑的正常施工条件下所发生的各种工时损失，预算定额人工消耗量可表示为

$$工日消耗数量 =（基本用工 + 超运距用工 + 辅助用工）\times 人工幅度差系数 \quad (5.4)$$

（2）以现场测定资料为基础计算人工工日数的方法。遇劳动定额缺项的需要进行项目测定，可采用现场工作日写实等计时观察方法确定和计算定额的人工耗用量。

2. 材料消耗量

预算定额的材料消耗量由材料的净用量和各种合理损耗量组成。各种合理损耗是指场内运输损耗和操作损耗；而场外运输损耗和工地仓库保管损耗则计入材料预算价格之中。根据作用不同，公路工程预算定额中材料消耗指标的表现形式和计算方法也不同。

（1）定额的材料类型。

1）主要材料。是指直接构成工程实体的材料，其中包括成品、半成品的材料。

2）辅助材料。是指构成工程实体除主要材料外的其他材料，如垫木钉子、铅丝等。

3）周转性材料。是指脚手架、模板等多次周转使用的不构成工程实体的其他材料。

4）其他材料。是指用量较少，难以计量的零星用料。

（2）材料消耗量计算方法。预算等额的材料消耗指标确定的基本原理和施工定额材料消耗量计算基本相同，应采用现场技术测定、实验室试验、现场统计和理论计算等方法。

其他材料的确定一般按工艺测算并在定额项目材料计算表内列出名称、数量，并依编制期价格占主要材料的比率计算，列在定额材料栏之下，定额内可不列材料名称及消耗量，直接以其他材料费（金额）表示。

3. 机械台班消耗量

预算定额中的机械台班消耗量指标，主要是根据其施工定额各分项工程的机械台班耗用量，再考虑机械的幅度差来确定。少数情况下可以采用现场测定法。

（1）以施工定额为基础计算法。这是根据施工定额确定机械台班消耗量计算的。这种方法是指施工定额或劳动定额中机械台班产量加机械幅度差计算预算定额的机械台班消耗量，即

$$预算定额机械耗用台班 = 施工定额机械消耗台班 \times 机械幅度差系数 \quad (5.5)$$

机械的幅度差是指施工定额中没有包括的，而机械在合理的施工组织条件下所必需的停歇时间。其内容主要包括：

1）施工机械转移工作面和相互配套作业的影响时间。

2）正常施工时不可避免的工序间歇。

3）工程质量检查对机械的影响时间。

4）临时水、电线路现场发生位置转移、移动发生的机械停歇时间。

5）工程结尾时，工程量不饱满发生的机械停歇时间等。

机械的幅度差系数应该经测定和统计资料确定，在预算定额中加以考虑。

（2）现场测定法。以现场测定资料为基础确定机械台班消耗量。如果遇到施工定额缺项者，则需依单位时间完成的产量测定机械台班的消耗量。

5.4 公路工程施工定额及其应用

5.4.1 施工定额的作用

《公路工程施工定额》（公设字［1997］134 号），是建筑安装工人或工作小组在合理的施工组织和正常施工条件下，完成单位合格产品所消耗的劳动力、材料或机械台班的数量标准。它是根据专业施工的作业对象和工艺水平制定的，反映了企业的施工水平、装备水平和管理水平。它的作用范围仅限于施工企业内部的经营、组织、施工的管理，包括企业生产经营活动计划、组织、协调、控制和指挥等活动。施工定额和其他定额不同，是企业定额，可以由企业根据自身的条件和市场行情，根据国家规定的法律法规自选编制，并自行决定定额水平，因而施工定额具有较为重要的作用。

（1）施工定额是企业内部进行计划经营管理的依据。

（2）施工定额是企业内部组织和指挥生产的依据。

（3）施工定额是企业内部计算工人劳动报酬的依据。

（4）施工定额是企业内部进行成本管理和经济核算的依据。

（5）施工定额是企业内部衡量生产水平和技术先进性的依据。

5.4.2 施工定额的编制依据与编制原则

1. 编制依据

公路工程施工定额编制以下列技术资料为依据：

（1）交通部 1992 年以前颁发的各项施工及验收技术规范。

（2）交通部 1992 年以前颁发的安全操作规程及其他有关规定。

（3）建筑安装工人技术等级标准。

（4）技术测定资料、经验统计资料及有关半成品、配合比资料等。

2. 编制原则

（1）贯彻平均先进的原则。

（2）施工定额在内容和形式上贯彻简明适用的原则。

（3）在编制方法上，施工定额贯彻了专家为主、专业人员和生产群众相结合的原则。

5.4.3 施工定额的主要内容与组成

《公路工程施工定额》是交通部于 1997 年颁布施行的。它包括总说明、各章说明、定额项目表和附录等内容。

《公路工程施工定额》编制定额项目共划分十八章，包括准备工作、路基工程、路面工程、隧道工程、基础工程、打桩工程、灌注桩造孔工程、砌筑工程、模板、架子及木作工程、钢筋及钢丝束工程、混凝土及钢筋混凝土工程、预制构件运输工程、安装工程、钢桥工程、杂项工程、临时工程、备料、材料运输等，涉及到了公路建筑安装的各方面。

1. 文字说明部分

(1) 总说明。有关定额具有共同性的问题通常列在总说明中。总说明的基本内容有：定额的用途、适用范围及编制依据；定额水平；定额综合性工作内容；工程质量及安全要求；定额指标的计算方法；有关规定和说明等。

(2) 各章说明。主要内容有：适用范围、工作内容、定额计算方法、质量要求、施工方法、术语及其他说明等。

2. 定额项目表及附注

定额项目表是各章分节定额的核心部分，包括劳动定额和机械定额。挖掘机挖装土方见表5.1，拖拉机拌和稳定土混合料见表5.2。

表 5.1　　2.7 挖掘机挖装土方

工作内容：安设挖掘机，开擗工作面，挖土，装汽车，移动位置，推土机清理余土。　　每 $100m^3$ 的机械定额

项目		松土	普通土	硬土	序号
挖掘机斗容量 (m^3)	0.6 以内	$\frac{0.263}{3.8}$	$\frac{0.303}{3.3}$	$\frac{0.346}{2.89}$	一
	1.0 以内	$\frac{0.165}{6.06}$	$\frac{0.19}{5.26}$	$\frac{0.216}{4.63}$	二
	2.0 以内	$\frac{0.1}{10}$	$\frac{0.116}{8.62}$	$\frac{0.133}{7.52}$	三
编号		1	2	3	

注 1. 不需装汽车时，时间定额乘 0.87 系数。

2. 用功率为 75kW 推土机配合施工，每台挖掘机配推土机：$0.6m^3$ 挖掘机配推土机 0.33 台，$1.0m^3$ 挖掘机配推土机 0.4 台，$2.0m^3$ 挖掘机配推土机 0.5 台。

表 5.2　　3.8 拖拉机拌和稳定土混合料

工作内容：打碎大块，捡出不合格料，拌和。

每 $1000m^2$ 的劳动定额、机械定额

项目	拖拉机功率（kW）
	75 以内
劳动定额	$\frac{1.37}{0.73}$
机械定额	$\frac{0.23}{4.348}$
编号	1

注　定额适用于各种稳定土基层的拌和，压实厚度在 20cm 以内，超过 20cm 分两层铺筑时，时间定额乘以 2.0 的系数。

(1) 施工定额表组成。

1) 表号表名。是指分节编号和施工项目名称，位于表最上端，如表 5.1 所示“2.7 挖掘机挖装土方”。

2) 工作内容。位于表名下方，说明本项工程的工作内容、范围。

3) 单位产品定额。如每 $1000m^2$ 的劳动定额、机械定额。

4) 项目。位于表左，区分不同子目的名称。

5) 劳动定额数量标准。说明该工作的劳动力时间定额或每工产量。

6) 机械定额数量标准。说明该工作的需要的机械台班数量或台班产量。

7) 每工产量。说明该工作每个工日的产量。

8) 编号。位于表最下方，是每个细目的顺序号。

附注列在定额表的下面，主要是根据施工条件的变化，规定人工、机械定额用量的增

减变化，通常采用乘系数和增减工日或台班的方法来计算。附注的作用是对定额的补充、说明或使用限制。

（2）定额表的使用说明。

1）复式表的时间定额、产量定额除少数项目外，均用下列形式表示：时间定额（工日）/每工产量或时间定额（台班）/台班产量。

2）定额项目中，凡注明“以内”、“以下”者均包括本身在内，“以外”、“以上”者均不包括本身。

3）定额编号方法为“页码-表号-栏号”或“表号-栏号”，如拖拉机拌和稳定土混合料子目的定额表号可表示为 67－3－8－1 或 3－8－1。

3. 附录

附录放在定额的最后面，作为定额使用和换算的依据。包括砂浆、混凝土的配合比，爆破材料单位消耗量，砌筑工程石料及砂浆，土石分类表和锯材分类表等。

5.4.4 施工定额的应用

1. 定额应用几点说明

（1）定额的章节内容除各章节另有说明书外，均包括准备、结束、熟悉施工图纸、检查安全技术措施、布置操作地点、领退料具、工序交接、队组自检互检、机械加油加水、排除一般机械故障、保养机具、操作完毕后的场地清理、操作过程中的次要工序以及汽车在 5km、其他自行式机械在 1km 以内由停车场至工作地点的往返空驶。

（2）工程质量要求均按国家或地方制定的施工及验收技术规范、工程质量检验评定标准、技术规程中有关质量要求和质量标准执行。

（3）根据公路工程的特点，本定额列有劳动定额和机械定额两大部分，有的项目还同时列出劳动定额和机械定额，均表示在一定的生产组织条件下，某种机械单独或班组工人与机械共同完成某一项工程项目的机械定额或劳动与机械定额。

2. 有关规定及计算方法

（1）综合定额就是完成同一产品的各项（或工序）定额的综合。定额表内的时间定额工序综合用“综合”表示。其计算方法如下

$$\text{综合时间定额(工日)} = \text{各单项(或工序)时间定额总和}$$

$$\text{综合产量定额} = \frac{1}{\text{综合时间定额(工日)}}$$

（2）本定额各个项目内均包括正常施工条件下的场内搬运距离的运输，至于场外运输及在特殊情况下发生了超过定额运距的运输时，可根据“材料运输”一章中有关的项目计算和增加。

（3）同时使用两个或两个以上系数时，按连乘方法计算。

（4）本定额所指的构件体积均为构件实体，不包括空心部分。

公路工程施工定额在应用时应考虑各地区、各部分以及各施工企业实际投入进行调整，不可强求统一。

【例 5.1】 试计算某桥梁预制混凝土护筒木模板的综合时间定额和综合产量定额。

解： 查目录知本项目在《公路工程施工定额》第九章第一节预制混凝土构件模板（护筒）。

查定额编号 193－9－1－34 得到：每 $1m^2$ 各个工序的时间定额为，制作 1.12 工日；安装 0.108 工日；拆除 0.046 工日。

预制混凝土护筒木模板的综合时间定额为

$$1.12 + 0.108 + 0.046 = 1.274(\text{工日}/m^2)$$

预制混凝土护筒木模板的综合产量定额为

$$\frac{1}{1.274} = 0.785(m^2/\text{工日})$$

【例 5.2】 试确定自卸汽车运输沥青混合料的施工定额。自卸汽车为10t，运距4km。

解： 查定额编号 81－3－26－4－7 得：

每 $100m^3$ 压实体积的机械定额为 1.84/0.543（表示时间定额和产量定额）。

5.5 公路工程概算定额及其应用

5.5.1 公路工程概算定额的作用

现行《公路工程概算定额》由交通部颁发，它在预算定额的基础上，考虑新技术、新工艺、新材料和新施工设备综合而成，能适合各等级公路概算编制的需要。当基本建设进入初步设计阶段或技术设计阶段时，必须编制设计概算或修正概算。概算定额是编制设计概算或修正概算的依据之一。其主要作用有以下几点：

（1）概算定额是编制设计概算和修正概算的主要依据。

（2）概算定额是编制建设项目投资估算指标的基础。

（3）概算定额是进行设计方案和施工方案经济比较的依据。

（4）概算定额是编制主要材料供应量的基础。

5.5.2 概算定额的编制依据

概算定额应结合公路工程技术和施工工艺状况，结合前沿的资料信息编制。其编制依据主要概括为以下几点：

（1）合理的施工组织和一般正常的施工条件、施工方法。

（2）国家现行的公路工程施工技术及验收规范、质量评定标准及安全操作规程。

（3）交通部颁发的现行标准设计图、有代表性的设计图或施工详图。

（4）公路工程预算定额资料。

（5）其他有关技术资料、现场统计资料、工料机价格信息等。

5.5.3 概算定额的主要内容

《公路工程概算定额》由文字说明、定额项目表（包括路基工程、路面工程、隧道工程、涵洞工程、其他工程及沿线设施、临时工程共7章），以及定额用词说明等组成。

1. 文字说明

（1）总说明。总说明列在定额的最前面，主要包括定额的作用、适用范围、编制依据、工料机消耗量制定的规定、施工技术条件以及其他共性的说明等，是对概算定额的综合说明。

（2）章说明。章说明列在每一章的前面。《公路工程概算定额》7章的前面均设置了章说明，是对该章定额各个分节的共性问题的说明，主要包括了本章定额应用的有关规定、计算换算的方法规定等。

(3) 节说明。节说明列于每一节的前面，主要是本节定额各工程细目的具体使用方法，而且往往列出工程量计算的方法和规则。节说明是划分的概算项目计算工程量和定额套用的最具体的规定和方法说明，是定额应用的最直接的根据。

2. 定额项目表

定额项目表是各章定额的主要内容，集中反映概算定额的人工、材料、机械台班的消耗量指标，是定额的核心。如泥结碎石路面的定额项目表，见表5.3。

表 5.3　　2-2-1 泥结碎石路面

工程内容：1）清扫整理下承层；2）铺料、整平；3）调浆、灌浆；4）撒铺嵌缝料、整形、洒水、碾压、找补。

单位：$1000m^2$

顺序号	项目	单位	代号	人工摊铺				机械摊铺			
				压实厚度10cm		每增加1cm		压实厚度10cm		每增加1cm	
				面层	基层	面层	基层	面层	基层	面层	基层
				1	2	3	4	5	6	7	8
1	人工	工日	1	34.4	34.4	3.1	3.1	18.4	18.3	1.6	1.6
2	水	m^3	866	27	27	3	3	—	—	—	—
3	黏土	m^3	911	28.28	28.28	2.83	2.83	28.28	28.28	2.83	2.83
4	石屑	m^3	961	11.03	11.03	1.10	1.10	11.03	11.03	1.10	1.10
5	路面用碎石(1.5cm)	m^3	965	11.10	—	1.11	—	11.10	—	1.11	—
6	路面用碎石(3.5cm)	m^3	967	100.34	11.1	10.03	1.11	100.34	11.10	10.03	1.11
7	路面用碎石(6cm)	m^3	969	—	100.34	—	10.03	—	100.34	—	10.03
8	120kW以内自行式平地机	台班	1057	—	—	—	—	0.30	0.17	—	—
9	6～8t光轮压路机	台班	1075	0.28	0.28	—	—	0.28	0.28	—	—
10	12～15t光轮压路机	台班	1078	0.74	0.74	—	—	0.74	0.74	—	—
11	6000L以内洒水汽车	台班	1405	—	—	—	—	0.59	0.59	0.06	0.06
12	基价	元	1999	10073	9048	953	850	9849	8700	908	806

(1) 概算定额表的组成。

1) 表名。位于表最上方，是指概算定额中工程项目的编号、名称。

2) 工程内容。位于表左上方，是指该项目的主要工作内容。

3) 定额单位。位于表右上方，是指该工程项目的单位，如$1000m^2$、$10m^3$等。

4) 顺序号。位于表左边第一列，是指该项目所需人工、材料、机械等的先后顺序。

5) 项目。位于表左边第二列，是该项目人工、材料、机械等的名称。

6) 单位。位于表左边第三列，是该项目人工、材料、机械等对应的单位。

7) 代号。位于表左边第四列，是计算机对人工、材料、机械等名称的识别代号。

8) 子目名。是该项目涉及的子目名称。

9) 工料机数量标准。列于定额表右面，是定额表的相应数据指标部分。

10）其他材料费。该项目使用的未一一列人的小型材料费用。

11）小型机具使用费。指该项目未列入机械台班费用定额的小型机械工具等使用费。

12）基价。指该项目涉及的工料机的定额基价，是用来计算其他费用的基数。

（2）定额编号的表示方法。定额编号的表示方法有很多种，一般采用“页号-表号-栏号”或直接采用“表号-栏号”表示，其含义是“页号-章-节-表-栏”或“章-节-表-栏”。如表5.3中压实厚度10cm泥结碎石路面基层子目的定额编号表示为167－2－2－1－2，意思表示为定额第167页表2－2－1的第2栏的子目代号，表2－2－1的含义是定额第2章第2节第1个表；也可不要负号，将其定额编号表示为2－2－1－2，表示定额表2－2－1的第2个子目代号。

（3）定额指标的表现形式。公路工程概算定额是消耗量定额，定额表中列出了单位合格产品的人工、材料、机械台班的消耗量。

为了便于进行价格比较，定额列出了“基价”，2007年版的《公路工程概算定额》基价已经不再有计费基础的作用。

5.5.4 概算定额总说明概要

1. 概算定额的适用范围、编制依据及定额概要

（1）《公路工程概算定额》（JTG/T B06—01—2007）是全国公路专业统一定额，它是编制初步设计概算的依据，也是编制建设项目投资估算指标的基础，适用于公路基本建设新建、改建工程。对于公路养护的大修、中修工程，可参考使用。

（2）本定额是以人工、材料、机械台班消耗量表现的工程概算定额，编制概算时，其人工费、材料费、机械使用费应按《公路工程基本建设项目概算预算编制办法》（JTG/T B06—2007）的规定计算。

（3）本定额包括路基工程、路面工程、隧道工程、涵洞工程、桥梁工程、其他工程及沿线设施、临时工程共7章。如需使用材料采集加工、材料运输定额，可采用《公路工程预算定额》（JTG/T B06—02—2007）中有关项目。

（4）本定额是按照合理的施工组织和一般正常的施工条件编制的。定额中所采用的施工方法和工程质量标准，是根据国家现行的公路工程施工技术及验收规范、质量评定标准及安全操作规程取定的，除定额中规定允许换算者外，均不得因具体工程的施工组织、操作方法和材料消耗与定额的规定不同而变更定额。

（5）本定额是以交通部的现行标准设计图为依据编制的，没有标准设计图的定额项目，则选择有代表性的设计图或施工详图。不同载重标准和不同桥宽均可使用本定额。

2. 定额消耗量制定的统一规定和计算方法

（1）本定额除潜水工作每工日6h，隧道工作每工日7h外，其余均按每工日8h计算。

（2）本定额中所列的工程内容，除扼要说明了所综合的工程项目外，均包括各项目的全部施工过程的内容和辅助工日。

（3）建筑材料、成品、半成品从现场堆放地点或场内加工地点至操作或安装地点的场内水平或垂直运输所需的人工和机械消耗，已按一般正常合理的施工组织设计计算在定额项目内。并考虑了材料发生二次倒运费用和场内运输超运距用工，以及材料从工地仓库运至施工现场用工。除定额中另有说明者外，均不得另行增加。

(4) 本定额中的材料消耗量系按现行材料标准的合格料的标准规格料计算的。定额内材料、成品、半成品均已包括场内运输及操作损耗。其场外运输损耗、仓库保管损耗应在材料预算价格内考虑。

(5) 定额中周转性的材料、模板、支撑、脚手杆、脚手板和挡土板等的数量，已考虑了材料的正常周转次数并计入定额内。其中就地浇筑钢筋混凝土梁用的支架及拱圈用的拱盔、支架，如确因施工安排达不到规定的周转次数时，可根据具体情况进行换算并按规定计算回收，其余工程一般不予抽换。

3. 定额换算、调整的统一规定

(1) 本定额中列有的混凝土、砂浆强度等级和用量，其材料用量已经按照概算定额附录中配合比表规定的数量列入定额，不得重算。如设计强度等级和定额列入等级不同时，可按照概算定额附录所列的配合比进行换算。但施工配合比材料用量和定额配合比不同时，除配合比表说明中允许换算的以外，均不得调整。

(2) 本定额中各类混凝土均未考虑外掺剂的费用，如设计需要添加外掺剂时，可按照设计另行计算外掺剂费用并适当调整定额中水泥用量。

(3) 本定额中各类混凝土均按照施工现场拌和进行编制，当采用商品混凝土时，可将相关定额中水泥、砂浆、碎石的消耗量扣除，并按定额中所列的混凝土消耗量增加商品混凝土的消耗。

(4) 本定额中只列工程所需的材料消耗数量和主要机械台班数量。次要、零星材料和小型机具均未一一列出，分别列入“其他材料费”和“小型机具使用费”内，以“元”计算，编制概算时按此计算。

(5) 本定额中各项目的施工机械种类、规格是按一般合理的施工组织确定的，如施工中实际采用的机械种类、规格与定额规定的不同时，一律不得抽换。

(6) 本定额中的施工机械的台班消耗，已考虑了工地合理的停置、空转和必要的备用量等因素。

4. 其他规定

(1) 本定额未包括公路养护管理房屋等工程，如养路道班房、桥头看守房、收费站房等工程，这类工程应执行地区的建筑安装工程定额。

(2) 其他未包括的项目，各省、自治区、直辖市交通厅（局）可编制补充定额在本地区执行，并报交通部备案；还缺少的项目，各设计单位可编制补充定额，随同概算文件一并送审，并将编制依据送各省、自治区、直辖市公路（交通）工程定额站备查。所有补充定额均应按照本定额的编制原则、方法进行编制。

(3) 本定额遇有冬季、雨季施工的工程、夜间施工的工程、高原地区施工的工程、边施工边维持通车的工程的情况，可按《公路工程基本建设项目概算预算编制办法》的有关规定办理。

(4) 本定额表中注明“某某数以内”或“某某数以下”者，均包括某某数本身；而注明“某某数以外”或“某某数以上”者，则不包括某某数本身。定额内数量带“()”者，则表示基价中未包括其价值。

(5) 凡本定额中带有※号者，均为参考定额，使用定额时可根据情况调整。

(6) 本定额的基价是人工费、材料费、机械使用费的合计价值，基价中的人工费、材料费基本上是按北京市2007年的人工、材料预算价格计算的（详见2007年发布的《公路工程预算定额》的附录），机械使用费是按2007年交通部公布的《公路工程机械台班费用定额》(JTG/T B06—03—2007）计算的。

(7) 本定额中的“工料机代号”系编制概算采用电子计算机计算时作为对人工、材料、机械名称识别的符号，不应随意变动。编制补充定额时，遇有新增材料或机械名称，可取相近品种材料或机械代号间的空号。

5.5.5 概算定额应用

概算定额综合性较强，套用概算定额较预算定额简单些。定额的应用主要有以下方法。

1. 直接套用法

公路工程的概算项目绝大多数采用直接套用法，也是一种最简单的方法。当设计要求、工作内容及确定的工程项目与相应定额的工程项目完全符合，则可直接套用定额。套用时要注意定额的总说明、章说明、节说明及定额表的附注的要求，避免发生套用错误。

2. 复杂定额套用法

复杂定额主要指一个定额的工程内容与设计图纸内容不符，为了完善其套用项目，使其和图纸项目工程内容相符合，需要进行定额其他项目的补充、调整和完善。复杂定额的套用方法主要有定额合并、系数调整、增减数量和配合比换算等。

以下例题中集中反映了典型的概算定额应用方法。

【例 5.3】 某公路路基，海拔2800m，山岭重丘地形，机械打眼开炸，次坚石，推土机清运，运距60m，试确定其概算定额。

解： 公路工程概算定额编号：24-1-1-12-(6+8×2)；

定额值如下：1000m³ 天然密实岩石；

人工：105.7+3.2×2=112.1（工日）；

空心钢钎：18kg；

合金钻头：25个；

硝铵炸药：179kg；

导火线：481m；

普通雷管：381个；

其他材料费：26.4元；

135K履带式推土机：4.51+0.99×2=6.49（台班）；

9m³/min机动空压机：8.45台班；

小型机具使用费：494.40元；

基价：18221+1329×2=20879（元）。

【例 5.4】 某一级公路路基工程，需要填土压实2102300m³，填筑材料为普通土。现场无利用方，路基占地及取土坑均为耕地。采用1m³以内斗容单斗挖掘机挖装土方，平均挖深2m。试确定：挖掘机挖装借方作业所需概算定额消耗量及基价为多少？

解： 挖掘机挖装土方（借方）工料机消耗量。查公路工程概算定额10-1-1-6-5，并根据定额第一章第一节路基土石方工程的说明，以天然密实方为计量单位的定额，套用的定额应乘以系数 1.16。计算工料机消耗量为：

人工：14.7×2102300×1.16/1000=35848.42（工日）；

75kW 以内履带式推土机：0.44×2102300×1.16/1000=1073.01（台班）；

$1m^3$ 以内单斗挖掘机：2.06×2102300×1.16/1000=5023.66（台班）；

基价：2694×2102300×1.16/1000=6569771.59（元）。

【例 5.5】 某二级公路二灰碎石稳定基层，采用路拌法施工，设计厚度为 16cm，设计配合比为石灰：粉煤灰：碎石=7：13：80，试确定石灰、粉煤灰、碎石的概算定额数量。

解： 由概算定额 123-2-1-4-21、123-2-1-4-22 及路面工程说明可知，定额规定 15cm 压实厚主度配合比 5：15：80，其材料用量为 15.829：63.31：164.89；厚度每增减 1cm 材料用量为 1.055：4.22：10.99，则换算后各种材料用量为：

石灰：[15.829+1.0559×（16－15）]×7/5=23.64（t）；

粉煤灰：[63.31+4.22×（16－15）]×13/15=58.53（m^3）；

碎石：[164.89+10.99×（16－15）]×80/80=175.88（m^3）。

【例 5.6】 江苏省某公路采用厂拌稳定土基层，设计厚度 36cm，设计配合比石灰：粉煤灰：碎石为 5：15：80，试确定其概算定额。

解： 由于该段基层为 36cm 厚，在进行分层拌和、碾压时，拖拉机、平地机、压路机台班按照定额数量加倍，每 $1000cm^3$ 增加 3 工日。

概算定额表编号 146-2-1-7-（31+32×21），$1000m^2$ 二灰碎石定额数量如下：

人工：6.9+0.2×21+3=14.1（工日）；

水：28+2×21=70（m^3）；

生石灰：15.987+1.066×21=38.373（t）；

粉煤灰：63.95+4.26×21=153.41（t）；

碎石：166.54+4.26×21=256（t）；

$3m^3$ 以内轮式装载机：0.44+0.03×21=1.07（台班）；

6～8t 光轮压路机：0.14×2=0.28（台班）；

12～15t 光轮压路机：1.30×2=2.6（台班）；

300t/h 以内稳定土厂拌设备：0.22+0.01×21=0.43（台班）；

9.5m 以内稳定土摊铺机：0.24×2=0.48（台班）；

6000L 以内洒水汽车 0.32 台班；

基价：9749+554×21=21383（元）。

5.6 公路工程预算定额及其应用

公路工程预算定额的内容、应用方法和概算定额很相似，但是预算定额主要是施工图阶段使用，定额内容、定额子目、应用方法更加具体、详细，同时也有一定的区别。

5.6.1 公路工程预算定额的作用

现行《公路工程预算定额》是全国公路专业统一定额，在公路基本建设程序进入施工图设计阶段时，具有十分重要的作用。

(1) 预算定额是编制施工图预算定额的依据，同时也是确定建设项目工程造价、控制基本建设项目投资的依据。

(2) 预算定额是编制概算定额和估算指标的依据。

(3) 预算定额是对设计方案进行经济技术比较、分析的依据。

(4) 预算定额是编制施工组织设计的依据。

(5) 预算定额是进行工程结算的依据。

(6) 预算定额是编制标底，进行投标报价的依据。

(7) 预算定额是施工企业进行经济分析的依据。

5.6.2 预算定额编制依据

(1) 合理的施工组织和一般正常的施工条件。

(2) 国家现行的公路工程施工技术及验收规范、质量评定标准及安全操作规程。

(3) 北京市 2007 年的人工、材料预算价格。

(4) 2007 年交通部公布的《公路工程机械台班费用定额》。

(5) 其他有关技术资料、现场统计资料等。

5.6.3 预算定额的主要内容

《公路工程预算定额》由文字说明、定额项目表（包括路基工程、路面工程、隧道工程、桥涵工程、防护工程、其他工程及沿线设施、临时工程、材料采集及加工、材料运输共 9 章）及附录等组成。

1. 文字说明

(1) 总说明列在定额的最前面，是对预算定额的综合说明。其内容主要包括定额的作用、适用范围、编制依据及指导思想；各章节子项统一的规定；有关规定、施工技术条件以及其他共性的说明；定额所采用的标准、换算方法；定额中未包括项目和补充定额编制的规定等。

(2) 章说明列在每一章的前面。《公路工程预算定额》9 章的前面均设置了章说明，是对该章定额各个分节的共性问题的说明，主要包括：本章包括内容；本章定额应用的统一规定；换算的规定等。

(3) 节说明。2007 版《公路工程预算定额》各章的节，均设置了“说明”，并列于每一节的前面。节说明包括本节各工程项目的统一规定；具体使用方法；换算的方法；工程量计算的方法和规则。节说明是计算工程量和定额套用的最具体方法说明，是定额应用的最直接的根据。

2. 定额项目表

定额项目表是各章定额的主要内容，集中反映概算定额的人工、材料、机械台班的消耗量指标，是定额的核心。如预算定额中路拌法水泥、石灰稳定土基层的定额项目见表 5.4，泥结碎石路面见表 5.5。

(1) 定额项目表的组成。预算定额表的组成内容和表 5.3 概算定额表基本相同。

1) 表名。位于表最上方，是指预算定额中工程项目的编号、名称，例如表 5.4 中“2-2-1泥结碎石路面”即为表名。

表 5.4 **2-1-6 路拌法水泥、石灰稳定土基层**

工程内容：1）清扫整理下承层；2）消解石灰；3）铺料、铺灰，洒水，拌和；4）整形、碾压、找补；5）初期养护。

1. 人工沿路拌和　　单位：1000m²

顺序号	项目	单位	代号	人工摊铺				机械摊铺			
				压实厚度 8cm		每增加 1cm		压实厚度 8cm		每增加 1cm	
				面层	基层	面层	基层	面层	基层	面层	基层
				1	2	3	4	5	6	7	8
1	人工	工日	1	136.6	8.4	100.2	6.0	142.3	8.8	105.9	6.4
2	32.5 级水泥	t	832	15.147	1.010	16.515	1.101	15.147	1.010	16.515	1.101
3	水	m³	866	38	2	41	2	38	2	41	2
4	生石灰	t	891	10.393	0.693	11.332	0.756	10.393	0.693	11.332	0.756
5	土	m³	895	195.29	13.02	62.72	4.18	195.29	13.02	62.72	4.18
6	砂	m³	897	—	—	124.34	8.29	—	—	124.34	8.29
7	6～8t 光轮压路机	台班	1075	0.27	—	0.27	—	0.27	—	0.27	—
8	12～15t 光轮压路机	台班	1078	1.27	—	1.27	—	1.27	—	1.27	—
9	基价	元	1999	14831	914	18735	1176	15112	934	19015	1196

表 5.5 **2-2-1 泥结碎石路面**

工程内容：1）清扫整理下承层；2）铺料、整平；3）调浆、灌浆；4）撒铺嵌缝料、整形、洒水、碾压、找补。

单位：1000m²

顺序号	项目	单位	代号	人工摊铺				机械摊铺			
				压实厚度 8cm		每增加 1cm		压实厚度 8cm		每增加 1cm	
				面层	基层	面层	基层	面层	基层	面层	基层
				1	2	3	4	5	6	7	8
1	人工	工日	1	27.4	27.4	3.0	3.0	14.7	14.6	1.6	1.6
2	水	m³	866	21	21	3	3	—	—	—	—
3	黏土	m³	911	22.62	22.62	2.83	2.83	22.62	22.62	2.83	2.83
4	石屑	m³	961	8.83	8.83	1.10	1.10	8.83	8.83	1.10	1.10
5	路面用碎石（1.5cm）	m³	965	8.88	8.88	1.11	—	8.88	—	1.11	—
6	路面用碎石（3.5cm）	m³	967	80.28	80.28	10.03	1.11	80.28	8.88	10.03	1.11
7	路面用碎石（6cm）	m³	969	—	—	—	10.03	—	80.28	—	10.03
8	120kW 以内自行式平地机	台班	1057	—	—	—	—	0.29	0.17	—	—
9	6～8t 光轮压路机	台班	1075	0.27	0.27	—	—	0.27	0.27	—	—
10	12～15t 光轮压路机	台班	1078	0.73	0.73	—	—	0.73	0.73	—	—
11	6000L 以内洒水汽车	台班	1405	—	—	—	—	0.46	0.46	0.06	0.06
12	基价	元	1999	8122	7301	948	845	7987	7052	908	806

2）工程内容。位于表左上方，是指该项目的主要工作内容。

3）定额单位。位于表右上方，是指该工程项目的单位，如 $1000m^2$、$10m^3$ 等。

4）顺序号。位于表左边第一列，是指该项目所需人工、材料、机械等的先后顺序。

5）项目。位于表左边第二列，是该项目人工、材料、机械等的名称。

6）单位。位于表左边第三列，是该项目人工、材料、机械等对应的单位，如人工单位"工日"等。

7）代号。位于表左边第四列，是计算机对人工、材料、机械等名称的识别代号。

8）子目名。是该项目涉及的子目名称，在表的右上方。

9）子目号（栏号）。指本项涉及的不同子目录的数字代码，如路拌法水泥、石灰稳定土基层压实厚度 8cm 基层的栏号为 2。

10）工料机数量标准。列于定额表右面，是定额表的相应数据指标部分。

11）其他材料费。该项目使用的未一一列入的小型材料费用。

12）小型机具使用费。指该项目未列入机械台班费用定额的小型机械工具使用费。

13）基价。指该项目涉及的工料机的定额基价，是用来计算其他费用的基数。

（2）定额编号的表示方法。定额表号的表示方法有很多种，一般采用"页号-表号-栏号"或直接采用"表号-栏号"表示，其含义是"页号-章-节-表-栏"或"章-节-表-栏"。如表 5.5 中压实厚度 8cm 泥结碎石路面基层子目的定额编号为 129－2－2－1－2 或 2－2－1－2。定额编号 129－2－2－1－2表示第 129 页表2－2－1的 2 栏，表2－2－1的含义为第 2 章第 2 节的第 1 个表。

（3）定额指标的表现形式。公路工程预算定额和概算定额一样，也是消耗量定额，定额表中列出了单位合格产品的人工、材料、机械台班的消耗量。

为了便于进行价格比较，定额列出了"基价"，2007 年版的《公路工程概算定额》基价已经不再有计费基础的作用。

3. 预算定额的附录

附录放在定额的最后面，作为定额使用和换算的依据。预算定额的附录包括 4 项：路面材料计算基础数据、基本定额、材料的周转及摊销，以及定额基价人工、材料单位重、损耗、单价表。

5.6.4 预算定额总说明概要

1. 预算定额的适用范围、编制依据及定额概况

（1）《公路工程预算定额》（JTG/T B06—02—2007）是全国公路专业统一定额，它是编制施工图预算的依据，也是编制工程预算定额（指标）的基础，适用于公路基本建设新建、改建工程，不适用于独立核算执行产品出厂价格的构件厂生产的构配件。对于公路养护的大修、中修工程，可参考使用。

（2）本定额是以人工、材料、机械台班消耗量表现的工程预算定额。编制预算时，其人工费、材料费、机械使用费应按《公路工程基本建设项目概算预算编制办法》（JTG/T B06—2007）的规定计算。

（3）本定额包括路基工程、路面工程、隧道工程、桥涵工程、防护工程、其他工程及沿线设施、临时工程、材料采集及加工、材料运输共 9 章及附录。

（4）本定额是按照合理的施工组织和一般正常的施工条件编制的。定额中所采用的施

工方法和工程质量标准，是根据国家现行的公路工程施工技术及验收规范、质量评定标准及安全操作规程取定的，除定额中规定允许换算者外，均不得因具体工程的施工组织、操作方法和材料消耗与定额的规定不同而变更定额。

2. 定额消耗量制定的统一规定

（1）本定额除潜水工作每工日 6h，隧道工作每工日 7h 外，其余均按每工日 8h 计算。

（2）本定额中的工程内容，均包括定额项目的全部施工过程。定额内除扼要说明施工的主要操作工序外，均包括准备与结束、场内操作范围内的水平与垂直运输、材料工地小搬运、辅助和零星用工、工具及机械小修、场地清理等工程内容。

（3）本定额中的材料消耗系按现行材料标准的合格料和标准规格料计算的。定额内材料、成品、半成品均已包括场内运输及操作损耗，编制预算时，不得另行增加。其场外运输损耗、仓库保管损耗以及由于材料供应规格和质量不符合定额规定而发生的加工损耗，应在材料预算价格内考虑。

（4）本定额中周转性的材料、模板、支撑、脚手杆、脚手板和挡土板等的数量，已考虑了材料的正常周转次数并计入定额内。其中就地浇筑钢筋混凝土梁用的支架及拱圈用的拱盔、支架，如确因施工安排达不到规定的周转次数时，可根据具体情况进行换算并按规定计算回收，其余工程一般不予抽换。

3. 定格的换算、调整的统一规定

（1）本定额中列有混凝土、砂浆的标号和用量，其材料用量已按附录中配合比表规定的数量列入定额，不得重算。如设计采用的混凝土、砂浆标号或水泥标号与定额所列标号不同时，可按配合比表进行换算。但实际施工配合比材料用量与定额配合比表用量不同时，除配合比表说明中允许换算者外，均不得调整。

（2）本定额中各类混凝土均未考虑外掺剂的费用，如设计需要添加外掺剂时，可按照设计另行计算外掺剂费用并适当调整定额中水泥用量。

（3）本定额中各类混凝土均按照施工现场拌和进行编制，当采用商品混凝土时，可将相关定额中水泥、砂浆、碎石的消耗量扣除，并按定额中所列的混凝土消耗量增加商品混凝土的消耗。

（4）水泥混凝土、钢筋、模板工程的一般规定列在第 4 章说明中，该规定同样适用于其他各章。

（5）本定额中各项目的施工机械种类、规格是按一般合理的施工组织确定的。如施工中实际采用机械的种类、规格与定额规定的不同时，一律不得换算。

（6）本定额中的施工机械的台班消耗，已考虑了工地合理的停置、空转和必要的备用量等因素。编制预算的台班单价，应按《公路工程机械台班费用定额》（JTG/T B06—03—2007）分析计算。

（7）本定额中只列工程所需的主要材料用量和主要机械台班数量。对于次要、零星材料和小型施工机具均未一一列出，分别列入“其他材料费”及“小型机具使用费”内，以“元”表示，编制预算即按此计算。

4. 其他规定

其他规定指未包括的项目的规定、补充规定、其他说明，工料机代号的规定等内容。

这部分与5.5.4中公路工程概算定额的其他规定完全相同。

5.6.5 预算定额应用

预算定额的应用方法主要有直接套用法和复杂定额套用（合并、调整、换算等）法，和概算定额基本相同，可参见5.5.5。

要能充分正确的运用好定额，必须要熟悉并深刻的理解、掌握定额的规定，而且要对工程内容、施工工艺方法等能够充分的把握。通过反复使用定额，能够正确套用、灵活运用。以下例题反映了预算定额应用的典型方法。

【例5.7】 某路基工程，零填方地段3.5km，路槽宽度7.5m，路基加宽填筑部分需要清除松土。(1) 试计算基底压实面积工程量；(2) 确定清除宽填土方的定额。

解：根据公路工程预算定额的第一章第一节规定，零填及挖方地段基底压实面积可按路槽底宽乘以长度计算；路基加宽填筑部分需要清除松土，按照刷坡定额中普通土子目计算。

(1) 基底压实：3500×7.5＝26250 (m^2)。

(2) 清除宽填土方的定额。查定额表45-1-1-21-2刷坡检底，工作内容为挖土、装运土、挂线、整修边坡及底面，则每1000m^3清除宽填土方定额为：人工287.3工日；基价14135元。

【例5.8】 某工程项目3cm细粒式沥青混凝土分项工程，采用拌和沥青混凝土AC—13 (120/h以内)，运送10km，机械摊铺细粒式（100t/h以内)，有下封层。试确定该项目的预算定额。

解：本工程细目包含有4个定额子目：拌和沥青混凝土LH—15 (120t/h以内)、运输10km、机械摊铺细粒式（120t/h以内)、下封层。需要查预算定额，分别计算它们的定额数量。

(1) 拌和沥青混凝土AC—13 (100t/h以内) 每1000m^3路面实体的定额值。查定额表号156-2-2-11-15得：

人工：47工日；

石油沥青：122.536t；

砂：471.22m^3；

矿粉：128.404t；

石屑：261.18m^3；

路面用碎石：(1.5cm) 723.22m^3；

其他材料费：1287.5元；

设备摊销费：3464.1元；

2 m^3以内轮式装载机：7.00台班；

120t/h以内电动沥青搅拌和设备：3.73台班；

5t以内自卸汽车：3.88台班；

定额基价：634685元。

(2) 沥青混合料运输10km（采用8t以内自卸车）。查定额表号160-2-2-13-(9＋11×18)，每1000m^3路面实体的定额值：

8t以内自卸汽车：14.67＋1.34×18＝38.79（台班）；

定额基价：7136＋652×18＝18872（元）。

(3) 机械摊铺细粒式（120t/h以内）定额值。查定额表164-2-2-14-17得每

1000m³ 路面实体的定额值：

人工：41.9 工日；

6.8t 光轮压路机：7.88 台班；

12.15t 光轮压路机：5.91 台班；

6.0m 以内沥青混合料摊铺机：4.00 台班；

9.16t 轮胎压路机：3.84 台班；

定额基价：15213 元。

（4）下封层定额值。按照每 1000m² 路面封层计算定额值，查定额表 171－2－2－16－11得：

人工：5.5 工日；

石油沥青：1.185t；

煤：0.23t；

石屑：8.16 m³；

其他材料费：27.7 元；

设备摊销费：14.7 元；

6.8t 光轮压路机：0.27 台班；

4000L 以内沥青洒布车：0.1 台班；

小型机具使用费：3.3 元；

定额基价：5519 元。

【例 5.9】 某桥梁工程盖梁，混凝土设计强度 C35，钢模板，非泵送施工，试确定其预算定额的水泥、中砂、碎石的定额数量。

解： 查公路工程预算定额表 480－4－6－4－2，项目表中混凝土强度为 C30，需要对混凝土配合比进行换算。

换算后的定额数量＝定额混凝土体积×设计配合比每 m³ 混凝土中原材料消耗量

每 10m³ 混凝土 C35 实体的换算后的定额值计算如下：

首先将定额表中的水泥、中砂、碎石的消耗量全部减除，只保留原定额子目中 C30 混凝土 10.2m³ 的数量。查预算定额附录的配合比表，每 1m³C35 混凝土中，42.5 级水泥 406kg、中砂 0.48m³、4cm 碎石 0.83m³，因此得到换算后的定额数量如下：

42.5 级水泥：10.2×406＝4141.2（kg）；

中砂：10.2×0.48＝4.90（m³）；

4cm 碎石：10.2×0.83＝8.47（m³）；

原定额表中其他数量不变。

5.7 公路工程机械台班费用定额及其应用

5.7.1 公路工程机械台班费用定额的作用

《公路工程机械台班费用定额》（JTG/T B06—03—2007）是由交通部 2007 年颁布施行的。机械台班费用定额是编制公路基本建设工程设计概算和施工图预算的依据，它在公路基本建设过程中具有很重要的作用。其作用主要表现为：

(1) 机械台班费用定额是计算机械台班单价的依据。

(2) 机械台班费用定额是计算台班消耗的人工、燃料等实物量的依据。

(3) 机械台班费用定额是编制施工组织设计，进行经济比较的依据。

5.7.2 公路工程机械台班费用定额的主要内容

1. 机械台班费用定额的内容组成

现行《公路工程机械台班费用定额》包括：土石方工程机械，路面工程机械，混凝土及灰浆机械，水平运输机械，起重及垂直运输机械，打桩、钻孔机械，泵类机械，金属、木、石料加工机械，动力机械，工程船舶，其他机械等，共计11类746个子目。

2. 机械台班费用定额项目表

机械台班费用定额项目表见表5.6。项目表的内容组成如下：

(1) 类别。位于定额表的最上方，指机械所属的类别，如“二、路面工程机械”。

(2) 序号。指定额的子目顺序号，也是机械台班费用定额的编号。

(3) 代号。位于定额表第一行，是计算机对机械名称和规格的识别代码。

(4) 机械名称与主机型号。说明采用机械的名称、类型规格、主机型号。

(5) 费用项目。按不变费用和可变费用的次序计列。不变费用由折旧费、大修理费、经常修理费、安装拆卸及辅助设施费构成，直接采用机械台班费用定额表中“小计值”。可变费用由人工费、动力燃料费、养路费及车船使用税构成。

(6) 定额基价。是不变费用和可变费用之和，仅供参考。

定额编号的方法：机械台班费用定额的表号的定额编号比较简单，可直接采用“页码-子目号”或“子目号”表示，如120t/h以内沥青混合拌和设备的定额编号为20－148等。

5.7.3 机械台班费用定额的费用组成与计算

1. 机械台班费用定额的费用组成

机械台班费用定额由以下7项费用组成：

(1) 折旧费。指机械设备在规定的使用期限内陆续收回其原值的费用。

(2) 大修理费。指机械设备规定的大修理间隔台班必须进行大修理，以恢复其正常功能所需的费用。

(3) 经常修理费。指机械设备除在修理以外的各级保养（包括一、二、三级保养）及为排除临时故障所需的费用；为保障机械正常运转所需替换设备、随机使用工具、附具摊销和维护的费用；机械运转与日常保养所需的润滑油脂、擦拭材料（布及棉纱等）费用和机械在规定年工作台班以外的维护、保养费用等。

(4) 安装拆卸及辅助设施费。指机械在施工现场进行安装、拆卸所需的人工费、材料费、机械费、试运转费以及安装所需的辅助设施费。辅助设施费包括安置机械的基础、底座及固定锚桩等费用。

(5) 人工费。指随机操作人员的工作日工资（包括基本工资、各类津贴、补贴、辅助工资、劳动保护费以及各类保险和住房公积金等）。

(6) 动力燃料费。指机械在运转施工作业中所耗用的电力、固体燃料（煤、木柴）、液体燃料（汽油、柴油、重油）和水等。

(7) 养路费和车船使用税。指按国家规定应缴纳的机械养路费和车船使用税等。

表 5.6 **机械台班费用定额项目表**

序号	代号	机械名称			主机型号	不变费用					可变费用									
						折旧费	大修理费	经常修理费	安拆及辅助设施费	小计	人工	汽油	柴油	重油	煤	电	水	木柴	养路费及车船使用税	定额基价
						元					工日	kg				kW·h	m³	kg	元	
二、路面工程机械																				
145	1201	沥青混合料拌和设备	生产能力(t/h)	30 以内	LB.30	634.54	78.50	227.65	—	940.69	5	—	—	897.60	—	606.06	—	—	—	4033.30
146	1202			60 以内	LB800	959.22	118.67	344.14	—	1422.03	6	—	—	1795.20	—	1318.11	—	—	—	7468.75
147	1203			80 以内	LB1000	1277.17	158.00	458.20	—	1893.37	6	—	—	2393.60	—	1560.92	—	—	—	9749.16
148	1204			120 以内	LB1500	1918.44	237.33	688.26	—	2844.03	6	—	—	3590.40	—	1859.23	—	—	—	14214.93
149	1205			160 以内	LB2000	2856.11	353.33	1024.66	—	4234.10	6	—	—	4787.20	—	3052.46	—	—	—	19612.31
150	1206			240 以内	LB3000	4580.56	566.67	1643.34	—	6790.57	6	—	—	7180.80	—	4474.63	—	—	—	29653.06
151	1207			320 以内	H40000	6455.89	798.67	2316.14	—	9570.70	6	—	—	9574.40	—	5917.61	—	—	—	39928.91
152	1209	沥青混合料摊铺机 不带自动找平	最大摊铺宽度(m)	3.6 以内	LTU4	106.70	43.12	84.95	—	234.77	—	—	27.43	—	—	—	—	—	—	467.58
153	1210			4.5 以内	LT.6A	167.06	67.51	132.99	—	367.56	—	—	32.00	—	—	—	—	—	—	622.76
154	1211	沥青混合料摊铺机 带自动找平		4.5 以内	2LTZ45	402.82	124.58	245.42	—	772.82	—	—	42.06	—	—	—	—	—	—	1126.51
155	1212			6.0 以内	S1500，S1502	679.00	210.00	413.70	—	1302.70	—	—	46.63	—	—	—	—	—	—	1678.79
156	1213			9.0 以内	S1700	829.89	256.67	505.64	—	1592.20	—	—	96.69	—	—	—	—	—	—	2213.58
157	1214			12.5 以内	S2000	1266.39	391.67	771.59	—	2429.65	—	—	136.41	—	—	—	—	—	—	3245.66
158	1216	稀浆封层机	摊铺宽度 2.5～3.5m		RF80 47kW	851.44	263.33	950.62	—	2065.39	2	—	—	—	—	—	—	—	—	—

2. 机械台班费用定额的费用计算的有关规定

(1) 定额中各类机械（除机械设备、变压器和配电设备外）每台（艘）班均按8h计算，潜水设备每台班按6h计算，变压器和配电设备每昼夜按一个台班计算。

(2)“1”中第（1）～（4）项费用（折旧费、大修理费、经常修理费、安装拆卸及辅助设施费）为不变费用，编制机械台班单价时，除青海、新疆、西藏等边远地区外，应直接采用。边远地区因维修工资、配件材料等价差较大而需调整不变费用时，可根据具体情况，由省、自治区、直辖市交通厅制定系数并报交通部公路司备案后执行。

(3)“2”中第（5）～（7）项费用（人工费、动力燃料费、养路费和车船使用税）为不变费用，编制机械台班单价时，随机操作人员数量及动力物资消耗量应以本定额中的数值为准。工资标准按《公路工程基本建设项目概算预算编制办法》（JTG B06—2007）的规定执行，工程船舶和潜水设备的工日单价，按当地有关部门规定计算。动力燃料费按当地的动力物资的工地预算价格计算。

养路费及车船使用税如需缴纳时，应按各省、自治区、直辖市及国务院有关部门规定的标准，按机械的年工作台班计入台班费中，机械的年工作台班参见表5.7。

表5.7　　机械年工作台班

机械项目	沥青洒布车、汽车式画线车	平板拖车组	液态沥青运输车、散装水泥运输车、混凝土搅拌运输车、混凝土、辅送泵车、自卸汽车、运油汽车、加油汽车、洒水汽车、拖拉机、汽车式起重机、轮胎式起重机、汽车式钻孔机、内燃拖轮、起重船	载货汽车、机动翻斗车	工程驳船、抛锚船、机动艇、泥浆船
年工作台班	150	160	200	220	230

(4) 机械自管理部门至工地或自某一工地至另一工地的运杂费，不包括在本定额中。

(5) 加油及油料过滤的损耗和由变电设备至机械之间的辅电路电力损失，均已包括在本额中。

(6) 定额中凡注明“××以内”者，均含“××”数本身。定额子目步距起点均由前项开始，“30以内”、“60以内”、“80以内”等，其中“60以内”指“30以外至60以内”，“80以内”指“60以外至80以内”。

(7) 定额的计算单位均执行国家颁布的《中华人民共和国法定计量单位》。

(8) 定额中的基价是不变费用和可变费用的合计数，仅供参考比较之用，不作为编制公路工程基本建设项目概算、预算的依据。不变费用是按定额规定编制的，可变费用中的人工费、动力燃料费按表5.8的预算价格计算。

表5.8　　可变费用预算价格

项　目	工资（工日）	汽油（kg）	柴油（kg）	重油（kg）	煤（kg）	电（kW·h）	水（m^3）	木柴（kg）
预算价格（元）	49.20	5.20	4.90	2.80	0.265	0.55	0.50	0.49

(9) 定额按照公路工程中常用的施工机械的规格编制的规格编制，规格与之相同或相似的，均应直接采用。定额中未包括的机械项目，各省、自治区、直辖市交通厅（局、委）可根据本定额的编制原则和方法编制补充定额，并报交通部公路司备案。

5.7.4　公路工程机械台班费用定额的应用

机械台班费用定额是公路工程概算定额和预算定额的配套定额，主要目的是计算出施工机械台班费单价。运用定额时应按照机械的种类、规格型号，根据机械台班费用定额计算的规定，正确套用定额子目进行机械台班费用单价计算。

【例 5.10】　某山西境内公路工程，试确定 120t/h 以内沥青混合拌和设备的机械台班费用定额。

解： 查《公路工程机械台班费用定额》路面机械 20－148 计算如下。

(1) 不变费用。按照定额规定直接采用：

折旧费：1918.44 元；

大修理费：237.33 元；

经常修理费：688.26 元；

安装拆卸及辅助设施费：0；

不变费用小计：2844.03 元。

(2) 可变费用。按照定额说明中的规定，人工、动力燃料消耗量按照定额规定值计算；人工工资标准、材料单价按照《公路工程基本建设项目概算预算编制办法》规定计算；养路费及车船使用税如需缴纳时，应按各省、自治区、直辖市及国务院有关部门规定的标准，按机械的年工作台班计入台班费中。

人工：6 工日；

重油：3590.40kg；

电：1859.23kW·h；

养路费机车船使用税：按有关规定计算。

(3) 定额基价。定额基价为按照公路工程机械台班费用定额规定计算出的不变费用与可变费用之和，仅起到参考作用，不作为编制概预算的机械台班费单价。

本子目的定额基价为：14214.93 元。

思　考　题

5.1　什么是定额的水平？定额有哪些特点和作用？

5.2　简述定额如何分类？

5.3　简述人工定额、机械定额的工作时间的测定方法。

5.4　简述人工、材料、机械台班施工定额制定的基本方法。

5.5　简述公路工程施工定额的作用、编制依据和主要内容。

5.6　什么是概算定额？简述概算定额的作用和主要内容组成。

5.7　什么是预算定额？简述预算定额的作用和主要内容组成。

5.8　预算定额中有哪些调整换算的统一规定？简述概预算定额有哪些应用方法。

5.9　简述机械台班费用定额的作用和内容组成。

练　习　题

5.1　试确定 $1.0m^3$ 普通土挖掘机挖装土方的施工定额（用复式定额表示）。

5.2　自卸汽车 8t，运输稳定土混合料，运距 5km，试确定其施工定额。

5.3　某公路路基，海拔 2500m，山岭重丘地形，控制爆破土方，坚石，推土机清运，运距 70m，试确定其概算定额。

5.4　某一级公路路基工程，需要填土压实 $15000m^3$，填筑材料为松土。现场无利用方，路基占地及取土坑均为耕地。采用 $1m^3$ 以内斗容单斗挖掘机挖装土方，平均挖深 1.8m。试确定挖掘机挖装借方作业所需概算定额消耗量及基价为多少？

5.5　某一级公路二灰碎石基层，采用场拌法施工，设计厚度为 16cm，设计配合比为石灰：粉煤灰：碎石＝5：10：85，试确定石灰、粉煤灰、碎石的概算定额数量。

5.6　某工程项目 4.0cm 中粒式沥青混凝土分项工程，采用拌和沥青混凝土 AC—16（120/h 以内），运输 8km，机械摊铺中粒式（120t/h 以内），石油沥青下封层。试确定该项目的预算定额。

5.7　某桥梁工程耳背墙，混凝土设计强度 C35，钢模板，非泵送施工，试确定其预算定额的水泥、中砂、碎石的预算定额。

5.8　某桥主桥灌注桩采用回旋钻机钻孔，桩径 140cm，孔深 40m，砂土，干处理设钢护筒，灌注桩混凝土起重机配吊斗施工，试确定钻孔、钢护筒、混凝土浇筑的预算定额值。

5.9　某陕西境内公路工程，试确定最大摊铺宽度 6.0m 以内沥青混合摊铺机的机械台班费用定额。

5.10　试确定单斗履带式挖掘机（斗容量 $1.25m^3$）的机械台班费用定额和台班基价。

第 6 章　公路工程概预算项目、文件组成与工程量计算

6.1　概　　述

6.1.1　公路工程概预算的概念与分类

1. 公路工程概预算的概念

公路工程概预算是指在公路工程建设过程中，根据不同设计阶段的设计文件包含的分部分项工程量和有关定额、指标及取费标准，预先计算和确定建设项目的全部工程费用的技术经济文件。

公路工程概预算的费用内容包括建筑安装工程费，设备、工具器具购置费，工程建设其他费用和预备费 4 大部分。建筑安装工程概算、预算费用即是根据工程设计包含的分部分项工程量和其相对应的地区人工、材料、机械单价表及有关费用标准编制而成。

2. 公路工程概预算的分类

根据我国的设计和概预算文件编制以及管理方法，概预算可按照工程内容和设计阶段来划分。

(1) 按照建设内容划分。

1) 公路基本建设工程概预算。

2) 公路大修、中修工程概预算。

3) 公路小修保养工程概预算。

(2) 按照各设计阶段划分

1) 初步设计阶段编制设计概算。

2) 技术设计阶段编制修正概算。

3) 施工图设计阶段编制施工图预算。

(3) 按照建设项目组成划分。

1) 单位工程概预算。

2) 单项工程综合概预算。

3) 建设项目总预算。

6.1.2　公路工程概预算作用

工程概预算是决定工程结构物设计价值的综合文件，是基本建设管理工作中的重要环节。它既是衡量完成国家计划的依据，又是正确组织施工的前提。概预算文件编制的质量好坏，对国家基本建设资金使用是否正确、合理有密切的关系。

一个工程设计，技术上是否先进合理，设计造价是衡量的标准之一。从设计到施工直至投入使用，都离不开工程概预算造价。工程概预算是设计文件的组成部分，又是工程管理不可缺少的内容和依据。

（1）工程概预算是编制基本建设计划，确定和控制基本建设投资额的依据。

（2）工程概预算是衡量设计方案经济合理性和选择最佳设计方案的依据。

（3）工程概预算是实行基本建设招投标，签订工程合同，办理工程拨款、贷款和结算的依据。

（4）工程概预算是施工企业加强经营管理，搞好经济核算的基础。

（5）工程概预算是对工程进行成本分析和统计工程进度的重要指标。

必须指出：由于设计概算和施工图预算编制的时间阶段、依据和要求不同，其作用也不同。主要表现在：设计概算在确定和控制建设项目投资总额等方面的作用最为突出；施工图预算在最终确定和控制单项工程或单位工程的计划价格、作为施工企业加强经济管理等方面的作用最显著。

6.1.3 公路工程的投资额测算体系

为了对公路基本建设工程进行全面而有效的经济管理，在项目建设的各阶段都必须编制有关的经济文件，这些不同的经济文件的投资额则要根据其主要内容要求，由不同测算工作来完成。投资额按公路工程的建设程序进行分类，有如下几种。

1. 投资估算

投资估算是指在规划阶段、项目建议书阶段、可行性研究阶段，建设单位向国家申请拟定项目或国家对拟定项目进行决策时，按照国家和主管部门规定的编制方法，依据估算指标、各项取费标准，现行的人工、材料、设备价格，以及工程具体条件编制的技术经济文件。

投资估算是项目建议书和可行性研究报告的重要组成部分，是建设项目经济评价中支出费用的关键部分。交通部在 1996 年 7 月公布了新的《公路工程投资估算编制办法》和《公路工程估算指标》，在编制公路工程投资估算时，应按其规定执行，并应满足预可行性研究和工程可行性研究的深度要求。

（1）投资估算的作用。由于投资决策过程可进一步划分为规划阶段、项目建议书阶段、可行性研究阶段、编制设计任务书等 4 个阶段，所以投资估算工作也相应分为 4 个阶段。不同阶段投资估算的准确程度不同，进而所起的作用也不同。总之，投资估算是前期各个阶段工作中，作为论证拟建项目是否经济合理的重要文件。它具有下列作用：

1）投资估算是国家决定拟建项目是否继续进行研究的依据。

2）投资估算是国家审批项目建议书的依据。

3）投资估算是国家批准设计任务书的重要依据。

4）投资估算是国家编制中长期规划，保持合理比例和投资结构的重要依据。

（2）投资估算的类型。根据投资估算的作用不同，其内容的深浅程度也不尽相同。它可分为两类：

1）项目建议书投资估算。

2）工程可行性研究投资估算。

2. 概算

概算包括设计概算和修正设计概算。它是指在初步设计或技术设计阶段，由设计单位根据设计图纸、概算定额、各类费用定额、建设地区的自然条件和技术经济条件等资料，预先计算和确定建设项目从筹建至竣工验收的全部建设费用的经济文件。设计概算和修正设计概算是初步设计文件或技术设计文件的重要组成部分。

设计概算应控制在批准的建设项目可行性研究报告投资估算允许幅度范围内。设计单位应按不同的设计阶段编制设计概算和修正概算。

对于某些大型工程或特殊工程当采用三阶段设计时，在技术设计阶段随着设计内容的深化，可能出现建设规模、结构造型、设备类型和数量等内容与初步设计相比有所变化的情况，设计单位应对投资额进行具体核算。对初步设计总概算进行修改，即编制修正设计概算作为技术文件的组成部分。

概算的作用主要有以下几点：

(1) 设计概算经批准后是基本建设项目投资最高限额。建设项目总概算一经批准，在其随后的其他阶段是不能随意突破的。

(2) 设计概算是编制建设项目计划、签订建设项目总包合同、实行建设项目包干、控制预算、考核设计经济合理性和建设成本的依据。

(3) 设计概算是国家确定和控制公路基本建设投资总额，选择最佳设计方案的依据。

(4) 以批准的初步设计进行施工招标的工程，其设计概算是控制标底的最高限额。

(5) 设计概算是控制施工图设计和施工图预算的依据。

3. 施工图预算

施工图预算是施工图设计文件的重要组成部分，是指在施工图设计阶段，设计单位根据施工图设计文件、施工组织设计、国家颁布的预算定额及有关费用标准、工程量计算规则、基础单价、国家及地方有关规定等，编制的反映单位工程或单项工程建设费用的经济文件。

施工图预算又称设计预算，它应在已批准的设计概算控制下进行编制，并与施工单位编制的施工预算相区别。公路基本建设工程不论采用几个阶段设计，设计单位在施工图设计阶段均应编制施工图预算，并且在开工前编制并报请批准。

(1) 施工图预算的作用。施工图预算的作用主要有以下几点：

1) 施工图预算是设计阶段控制工程造价的主要指标。

2) 施工图预算经审定后，是确定工程造价、编制或调整固定资产投资计划和考核工程成本的依据。

3) 以施工图设计进行施工招标的工程，经审定后的施工图预算是编制工程标底或造价控制值的依据，也是施工企业投标报价的基础。

4) 对不宜实行招标而采用施工图预算加调整价结算的工程，经审定后的施工图预算可作为确定合同价款的基础或作为审查施工企业提出的施工预算的依据。

5) 施工图预算是考核施工图设计经济合理性的依据。施工图设计应控制在批准的初步设计及其概算范围之内。如单位工程预算突破相应概算时，应分析原因，对施工图设计中不合理部分进行修改，对其合理部分应在总概算投资范围内调整解决。

(2) 施工图预算的类型。施工图预算有单位工程预算、单项工程预算和建设项目总预算。单位工程预算是根据施工图设计文件、现行预算定额、费用标准以及人工、材料、机械台班等预算价格资料，以一定方法编制而成的。编制单位工程的施工图预算，然后汇总所有各单位工程施工图预算，成为单项工程施工图预算；再汇总所有各单项工程施工图预算，便是一个建设项目建筑安装工程的总预算。

4. 施工预算

施工预算是指在施工阶段，在施工图预算的控制下，施工单位根据施工图计算的分项工程量、施工定额、施工组织设计或分部分项工程施工过程的设计及其他有关技术资料，通过工料分析，计算和确定完成一个工程项目、一个单位工程、其中的分部分项工程所需的人工、材料、机械台班消耗量和直接费标准，是建筑安装产品及企业基层成本的计划文件。施工预算的作用主要有以下几个方面：

（1）施工预算是施工单位进行成本控制与成本核算的依据。

（2）施工预算是编制施工作业计划的依据。施工作业计划是施工企业计划管理的中心环节，也是计划管理的基础和具体化。

（3）施工预算是施工单位向施工班组签发施工任务单和限额领料的依据。

（4）施工预算是计算超额奖和计算计件工资、实行按劳分配的依据。施工预算工人的劳动成果与劳动报酬联系起来，很好地体现了多劳多得的按劳分配原则。

（5）施工预算是施工企业进行经济活动分析的依据。进行经济活动分析是企业加强经营管理，提高经济效益的有效手段。

5. 标底

标底是招标工程的预期价格，它主要是根据招标文件和图纸，按有关规定，结合工程的具体情况，计算出的合理工程价格。它是由业主委托具有相应资质的设计单位、社会咨询单位编制完成的，包括发包造价、与造价相适应的质量保证措施及主要施工方案、为了缩短工期所需的措施费等。其中主要是合理的发包造价。

实行招标的工程项目，一般由招标单位对发包的工程，按发包工程的工程内容（通常由工程量清单来明确）、设计文件、合同条件以及技术规范和有关定额等资料进行编制。其编制一方面应遵守国家的有关规定和要求，另一方面应力求准确。标底一般以设计概算和施工图预算为基础编制，以其中的建筑安装工程费为主，且不准超过批准的概算或施工图预算。

标底应在编制完成后报送招标投标管理部门审定。标底的作用主要有以下几点：

（1）招标单位在一定浮动范围内合理控制工程造价，明确自己在发包工程上应承担的财务义务。

（2）标底也是投资单位考核发包工程造价的主要尺度。

（3）标底是评标的一个基本依据，也是衡量投标人报价水平高低的基本指标。

6. 报价

投标报价即报价，是施工企业（或厂家）根据招标文件及有关定额（有时往往是投标单位根据自身的施工经验与管理水平所制定的企业定额），并根据招标项目所在地区的自然、社会和经济条件及施工组织方案、投标单位的自身条件，计算完成招标工程所需各项费用的经济文件。报价是投标文件最重要的组成部分，是投标工作的关键和核心，中标的报价是基本建设产品的成交价格。

报价的作用主要有以下几个方面：

（1）它反映的是市场价格，体现了企业的经营管理、技术和装备水平。

（2）报价是决定能否中标的主要依据。报价过高，中标率就会降低；报价过低，尽管中标率增大，但可能无利可图，甚至承担工程亏本的风险。因此，能否准确计算和合理确定工程报价，是施工企业在投标竞争中能否获胜的前提条件。

（3）中标单位的报价将直接成为工程承包合同价的主要基础，并对将来的施工过程起着严格的制约作用。承包单位和业主均不能随意更改报价。

7. 工程结算

工程项目的建设是一个复杂的过程，涉及的单位都是一些相对独立的经济实体，有着各自的经济利益，在项目建设过程中承担着不同的工程内容，因此，无论公路工程项目采用何种方式进行建设，在建设过程中，各经济实体之间必然会发生货币收支行为。

这种在项目建设过程中由于器材采购、劳务供应、施工单位已完工程点的移交和可行性研究、设计任务的完成等经济活动而引起的货币收支行为，就是项目结算。

（1）工程结算的意义与作用。正确而及时地组织项目结算，全面做好项目结算的各项工作，对于加速资金周转，加强经济核算，促进建设任务的完成，保证项目建设的顺利进行以及加强对项目建设过程的财政信用监督等方面都有着十分重要的意义。

项目的结算过程，实际上也是组织基本建设活动，实行基本建设拨款、贷款的投资过程，也是及时掌握项目投资活动中的动态及其变化情况的过程。项目结算是国家组织基本建设经济活动，及时掌握经济活动信息，实现固定资产再生产任务的重要手段。同时，通过结算，可以协助建设单位有计划地组织一切货币收支活动，使各企业、各单位的劳动耗能及时得到补偿。

（2）工程结算的类型。工程结算包括以下几种类型：

1）货物结算。是指建设单位同其他经济单位之间，由于物资的采购和转移而发生的结算。

2）劳务供应结算。是指建设单位同其他单位之间，由于互相提供劳务而发生的结算。

3）工程费用结算。是指建设单位同施工单位之间，由于拨付各种预付款和支付已完工程等费用而发生的结算。

4）其他货币资金的结算。其他货币资金结算是指基本建设各部门、各企业和各单位之间由于资金往来以及他们同建设银行之间，因存款、贷款业务而发生的结算。

工程费用结算习惯上又称为工程价款结算，是项目结算中最重要和最关键的部分，是项目结算的主体内容，占整个项目结算额的75％～80％左右。

目前，由于各地区施工单位流动资金供应方式的差别和具体工程项目的不同，工程价款的结算方法有多种形式。公路建设项目的结算详见第9章有关内容。

8. 竣工决算

竣工决算是指在建设项目完工后竣工验收阶段，由建设单位编制的建设项目从筹建到建成投产或使用的全部实际成本的技术经济文件。它是公路建设投资管理的重要环节，是公路工程竣工验收、交付使用的重要依据，也是进行公路建设项目财务总结，银行对其实行监督的必要手段。

竣工决算由文字说明和竣工决算报表两部分组成。

文字说明主要包括：工程概况；设计概算和基本建设规划执行情况；各项技术经济指标完成情况；各项拨款（或贷款）使用情况；建设成本和投资效果的分析以及建设过程中

的主要经验；存在的问题和解决意见等。

竣工决算报表包括竣工决算审批表、工程概况专用表和财务通用表等，详见本书第 9.3 节阐述。

应当注意，施工单位往往也根据工程结算结果，编制单位工程竣工成本决算，核算单位工程的预算成本、实际成本和成本降低额。

投资活动的进展顺序及相关工作内容和投资额测算的相互关系如图 6.1 所示。

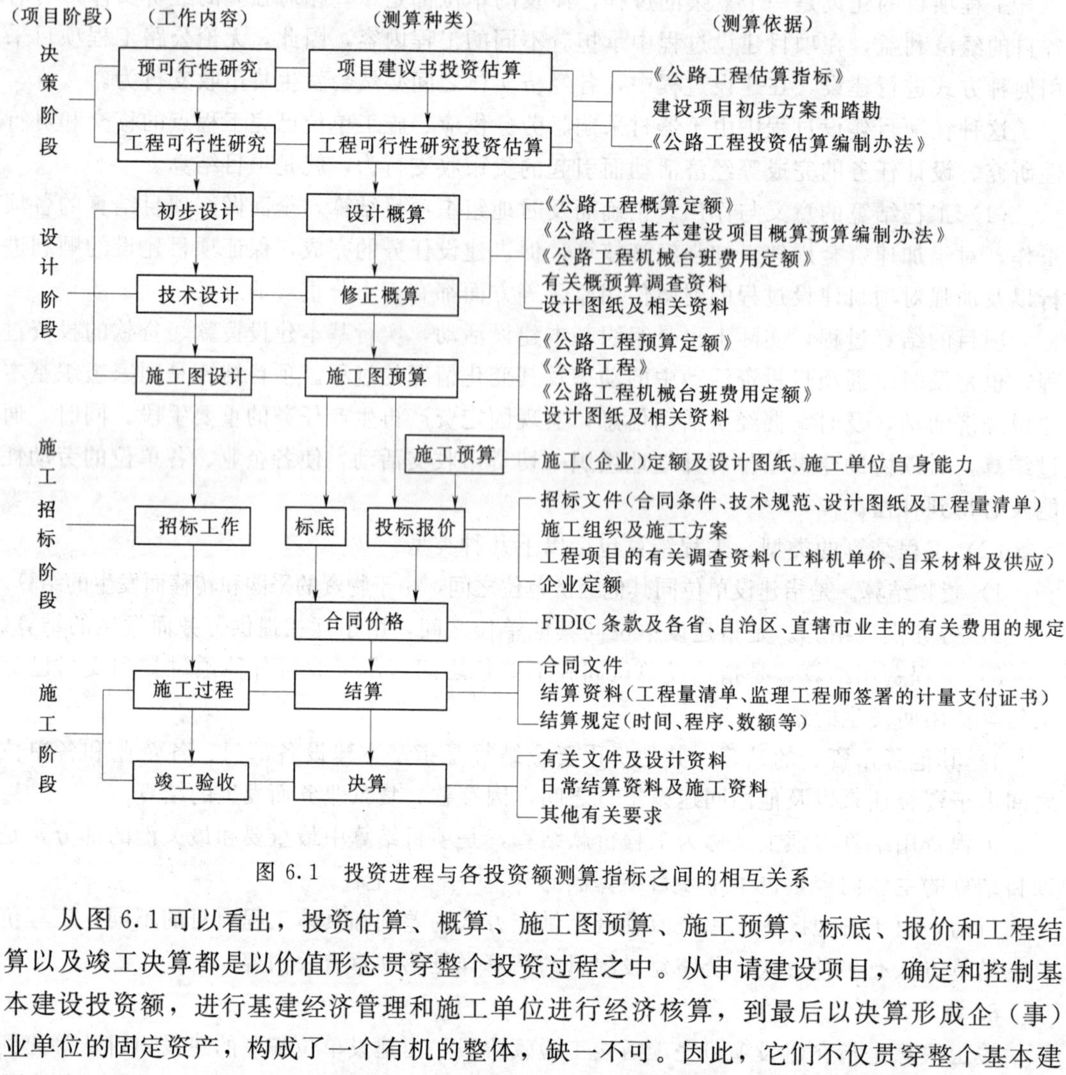

图 6.1　投资进程与各投资额测算指标之间的相互关系

从图 6.1 可以看出，投资估算、概算、施工图预算、施工预算、标底、报价和工程结算以及竣工决算都是以价值形态贯穿整个投资过程之中。从申请建设项目，确定和控制基本建设投资额，进行基建经济管理和施工单位进行经济核算，到最后以决算形成企（事）业单位的固定资产，构成了一个有机的整体，缺一不可。因此，它们不仅贯穿整个基本建设投资活动中，也是连接参与项目建设活动各经济实体的纽带。

一般而言：预算不能超过概算，概算则不能超出估算所允许的幅度范围，结算不能突破合同价的允许范围，合同价不能偏离报价与标底太多。总之，各种测算环环相扣，紧密联系，共同对投资额进行有效控制。

6.1.4　我国公路工程概预算费用的组成

根据交通部 2007 年 10 月 19 日发布的《公路工程基本建设项目概算预算编制办法》

(JTG B06—2007)(以下简称《编制办法》)的规定，公路工程概预算总费用由建筑安装工程费，设备、工具、器具及家具购置费，工程建设其他费用，预备费共四大部分费用组成，如图6.2所示。公路工程概预算总费用亦称概预算总金额，其减去回收金额后即为公路工程基本建设项目基本造价。

- 公路工程概预算总金额
  - 建筑安装工程费
    - 直接费
      - 直接工程费
        - 人工费
        - 材料费
        - 施工机械使用费
      - 其他工程费
        - 冬季施工增加费
        - 雨季施工增加费
        - 夜间施工增加费
        - 特殊地区施工增加费
        - 行车干扰施工增加费
        - 安全文明措施费
        - 施工辅助费
        - 工地转移费
        - 临时设施费
    - 间接费
      - 规费
        - 养老保险费
        - 失业保险费
        - 医疗保险费
        - 住房公积金
        - 工伤保险费
      - 企业管理费
        - 基本费用
        - 主副食运费补贴
        - 职工探亲路费
        - 职工取暖补贴
        - 财务费用
    - 计划利润税金
  - 设备、工具、器具及家具购置费
    - 办公及生活用家具购置费
    - 设备、工具、器具购置费
  - 工程建设其他费用
    - 土地征用及拆迁补偿费
    - 建设工程项目管理费
    - 研究实验费
    - 前期工作费
    - 专项评价(估)费
    - 施工机构迁移费
    - 供电贴费
    - 联合试运转费
    - 生产人员培训费
    - 固定资产投资方向调节税
    - 建设期贷款利息
  - 预备费
    - 基本预备费
    - 价差预备费

图6.2 公路工程概预算费用的构成

6.2　公路工程概预算项目

6.2.1　概预算项目划分的有关规定

（1）概预算项目应严格按项目表的序列及内容编制，不得随意划分。

（2）概预算项目应按项目表的序列及内容编制，如实际出现的工程和费用项目与项目表的内容不完全相符时，第一、第二、第三部分和“项”的序号应保留不变，“目”、“节”、“细目”可随需要增减，并按项目表的顺序以实际出现的“目”“节”“细目”依次排列，不保留缺少的“目”、“节”、“细目”的序号。如第二部分，设备、工具、器具购置费在该项工程中不发生时，第三部分工程建设其他费用仍为第三部分。同样，路线工程第一部分第六项为隧道工程，第七项为公路设施及预埋管线工程，若路线中无隧道工程项目，但其序号仍保留，公路设施及预埋管线工程仍为第七项。但如“目”或“节”或“细目”发生这样的情况时，可依次递补改变序号。

（3）路线建设项目中的互通式立体交叉、辅道、支线，如工程规模较大时，也可按概预算项目表单独编制建筑安装工程，然后将其概预算建筑安装工程总金额列入路线的总概预算表中相应的项目内。

6.2.2　概预算项目表及要求

公路建设工程从筹建至竣工、验收、交付使用的全过程中需要的建设费用，应按照建筑安装工程费，设备及工具、器具购置和工程建设其他费用 3 部分列项。其中设备、工（器）具和家具是一般工业部门生产的产品，购置活动属于价值转移性质；而工程建设其他费用多为费用性质的支付。这两部分费用可分别按国家规定的有关费用标准和相应的产品价格直接计算，较易确定。但是，建筑安装工程则不同，要从基本的分项工程的各项消耗开始逐步扩大计算，其中包括直接、间接的消耗和建筑安装工人为社会所创造的价值，因此，公路工程概预算价值的主要组成部分是建筑安装工程的概预算价值。在一定意义上讲，编制公路工程概预算，主要是编制建筑安装工程概预算，它是编制公路工程概预算的关键。

建筑安装工程是由相当数量的分项工程组成的庞大复杂的综合体，直接计算出它的全部人工、材料和机械台班的消耗量及价值，是一项极为困难的工作。为了准确无误地计算和确定建筑安装工程的造价，必须对公路基本建设工程项目进行科学地分析与分解，使之有利于公路工程概预算的编审，以及公路基本建设的计划、统计、会计和基建拨款贷款等各方面的工作，同时，也是为了便于同类工程之间进行比较和对不同分项工程进行技术经济分析，使编制概预算项目时不重不漏，保证质量，因此，必须对概预算项目的划分、排列顺序及内容作出统一规定，这就形成了公路工程概预算项目表。

公路工程概预算项目应按项目表的序列及内容编制。概预算项目主要包括以下内容。

第一部分　建筑安装工程

第一项　临时工程

第二项　路基工程

第三项　路面工程

第四项 桥梁涵洞工程

第五项 交叉工程

第六项 隧道工程

第七项 公路设施及预埋管线工程

第八项 绿化及环境保护工程

第九项 管理、养护及服务房屋

第二部分 设备及工具、器具购置费

第三部分 工程建设其他费用

概预算项目表中详细列出了第一、第二、第三部分的各个项、目、节、细目，编制概预算时应严格按照其要求划分项目，项目表的详细内容见表6.1。

表6.1 **公路工程概预算项目表**

项	目	节	细目	工程或费用名称	单位	备　注
				第一部分　建筑安装工程费	公路公里	建设项目路线总长度（主线长度）
一				临时工程	公路公里	
	1			临时道路	km	新建便道与利用原有道路的总长
			1	临时便道的修建与维护	km	新建便道长度
			2	原有道路的维护与恢复	km	利用原有道路长度
				……		
	2			临时便桥	m/座	指汽车便桥
	3			临时轨道铺设	km	
	4			临时电力线路	km	
	5			临时电信线路	km	不包括广播线
	6			临时码头	座	按不同的形式划分节或细目
二				路基工程	km	扣除桥梁、隧道和互通立交的主线长度，独立桥梁或隧道为引道或接线长度
	1			场地清理	km	
		1		清理与掘除	m^2	按清除内容的不同划分细目
			1	清除表土	m^3	
			2	伐树、挖根、除草	m^2	
				……		
		2		挖除旧路面	m^2	按不同的路面类型和厚度划分细目
			1	挖除水泥混凝土路面	m^2	
			2	挖除沥青混凝土路面	m^2	
			3	挖除碎（砾）石路面	m^2	
				……		
		3		拆除旧建筑物、构筑物	m^3	按不同的构筑材料划分细目

续表

项	目	节	细目	工程或费用名称	单位	备　　注
二	1	3	1	拆除钢筋混凝土结构	m^3	
			2	拆除混凝土结构	m^3	
			3	拆除砖石及其他砌体	m^3	
				……		
	2			挖方	m^3	
		1		挖土方	m^3	按不同的地点划分细目
			1	挖路基土方	m^3	
			2	挖改路、改河、改渠土方	m^3	
				……		
		2		挖石方	m^3	按不同的地点划分细目
			1	挖路基石方	m^3	
			2	挖改路、改河、改渠石方	m^3	
				……		
		3		挖非适用材料	m^3	
		4		弃方运输	m^3	
	3			填方	m^3	
		1		路基填方	m^3	按不同的填筑材料划分细目
			1	换填土	m^3	
			2	利用土方填筑	m^3	
			3	借土方填筑	m^3	
			4	利用石方填筑	m^3	
			5	填砂路基	m^3	
			6	粉基灰及填石路基	m^3	
				……		
		2		改路、改河、改渠填方	m^3	按不同的填筑材料划分细目
			1	利用土方填筑	m^3	
			2	借土方填筑	m^3	
			3	利用石方填筑	m^3	
				……		
		3		结构物台背回填	m^3	按不同的填筑材料划分细目
			1	填碎石	m^3	
				……		
	4			特殊路基处理	km	指需要处理的软弱路基长度
		1		软土处理	km	按不同的处理方法划分细目

续表

项	目	节	细目	工程或费用名称	单位	备　注
二	4	1	1	抛石挤淤	m^3	
			2	砂、砂砾垫层	m^3	
			3	灰土垫层	m^3	
			4	预压与超载预压	m^2	
			5	袋装砂井	m	
			6	塑料排水板	m	
			7	粉喷桩与旋喷桩	m	
			8	碎石桩	m	
			9	砂桩	m	
			10	土工布	m^2	
			11	土工格栅	m^2	
			12	土工格室	m^2	
				……		
		2		滑坡处理	处	按不同的处理方式划分细目
			1	卸载土石方	m^3	
			2	抗滑桩	m^3	
			3	预应力锚索	m	
				……		
		3		岩溶洞回填	m^3	按不同的回填材料划分细目
			1	混凝土	m^3	
				……		
		4		膨胀土处理	km	按不同的处理方法划分细目
			1	改良土	m^3	
				……		
		5		黄土处理	m^3	按黄土的不同特性划分细目
			1	陷穴	m^3	
			2	湿陷性黄土	m^2	
				……		
		6		盐渍土处理	m^2	按不同的厚度划分细目
				……		
	5			排水工程	km	按不同的结构类型分节
		1		边沟	m^3/m	按不同的材料、尺寸划分细目
			1	现浇混凝土边沟	m^3/m	

续表

项	目	节	细目	工程或费用名称	单位	备注
二	5	1	2	浆砌混凝土预制块边沟	m^3/m	
			3	浆砌片石边沟	m^3/m	
			4	浆砌块石边沟	m^3/m	
				……		
		2		排水沟	处	按不同的材料、尺寸划分细目
			1	现浇混凝土排水沟	m^3/m	
			2	浆砌混凝土预制块排水沟	m^3/m	
			3	浆砌片石排水沟	m^3/m	
			4	浆砌块石排水沟	m^3/m	
				……		
		3		截水沟	m^3/m	按不同的材料、尺寸划分细目
			1	浆砌混凝土预制块截水沟	m^3/m	
			2	浆砌片石截水沟	m^3/m	
				……		
		4		急流槽	m^3/m	按不同的材料、尺寸划分细目
			1	现浇混凝土急流槽	m^3/m	
			2	浆砌片石急流槽	m^3/m	
				……		
		5		暗沟	m^3	按不同的材料、尺寸划分细目
				……		
		6		渗（盲）沟	m^3/m	按不同的材料、尺寸划分细目
				……		
		7		排水管	m	按不同的材料、尺寸划分细目
				……		
		8		集水井	m^3/个	按不同的材料、尺寸划分细目
				……		
		9		泄水槽	m^3/个	按不同的材料、尺寸划分细目
				……		
	6			防护与加固工程	km	按不同的结构类型分节
		1		坡面植物防护	m^2	按不同的材料划分细目
			1	播种草籽	m^2	
			2	铺（植）草皮	m^2	
			3	土工织物植草	m^2	

续表

项	目	节	细目	工程或费用名称	单位	备　注
二	6	1	4	植生袋植草	m^2	
			5	液压喷播植草	m^2	
			6	客土喷播植草	m^2	
			7	喷混植草	m^2	
				……		
		2		坡面圬工防护	m^3/m^2	按不同的材料和形式划分细目
			1	现浇混凝土护坡	m^3/m^2	
			2	预制块混凝土护坡	m^3/m^2	
			3	浆砌片石护坡	m^3/m^2	
			4	浆砌块石护坡	m^3/m^2	
			5	浆砌片石骨架护坡	m^3/m^2	
			6	浆砌片石护面墙	m^3/m^2	
			7	浆砌块石护面墙	m^3/m^2	
				……		
		3		坡面喷浆防护	m^2	按不同的材料划分细目
			1	抹面、捶面护坡	m^2	
			2	喷浆护坡	m^2	
			3	喷射混凝土护坡	m^3/m^2	
				……		
		4		坡面加固	m^2	按不同的材料划分细目
			1	预应力锚索	t/m	
			2	锚杆、锚钉	t/m	
			3	锚固板	m^3	
				……		
		5		挡土墙	m^3/m	按不同的材料和形式划分细目
			1	现浇混凝土挡土墙	m^3/m	
			2	锚杆挡土墙	m^3/m	
			3	锚碇板挡土墙	m^3/m	
			4	加筋土挡土墙	m^3/m	
			5	扶壁式、悬臂式挡土墙	m^3/m	
			6	桩板墙	m^3/m	
			7	浆砌片石挡土墙	m^3/m	
			8	浆砌块石挡土墙	m^3/m	

续表

项	目	节	细目	工程或费用名称	单位	备　注
二	6	5	9	浆砌护肩墙	m^3/m	
			10	浆砌（干砌）护脚	m^3/m	
				……		
		6		抗滑桩	m^3	按不同的规格划分细目
				……		
		7		冲刷防护	m^3	按不同的材料和形式划分细目
			1	浆砌片石河床铺砌	m^3	
			2	导流坝	m^3/处	
			3	驳岸	m^3/m	
			4	石笼	m^3/处	
				……		
		8		其他工程	km	根据具体情况划分细目
				……		
三				路面工程	km	
	1			路面垫层	m^2	按不同的材料分节
		1		碎石垫层	m^2	按不同的厚度划分细目
		2		砂砾垫层	m^2	按不同的厚度划分细目
				……		
	2			路面底基层	m^2	按不同的材料分节
		1		石灰稳定类底基层	m^2	按不同的厚度划分细目
		2		水泥稳定类底基层	m^2	按不同的厚度划分细目
		3		石灰粉煤灰稳定类底基层	m^2	按不同的厚度划分细目
		4		级配碎（砾）石底基层	m^2	按不同的厚度划分细目
				……		
	3			路面基层	m^2	按不同的材料分节
		1		石灰稳定类基层	m^2	按不同的厚度划分细目
		2		水泥稳定类基层	m^2	按不同的厚度划分细目
		3		石灰粉煤灰稳定类基层	m^2	按不同的厚度划分细目
		4		级配碎（砾）石底基层	m^2	按不同的厚度划分细目
		5		水泥混凝土基层	m^2	按不同的厚度划分细目
		6		沥青碎石混合料基层	m^2	按不同的厚度划分细目
				……		
	4			透层、黏层、封层	m^2	按不同的形式分节

续表

项	目	节	细目	工程或费用名称	单位	备注
三	4	1		透层	m^2	
		2		黏层	m^2	
		3		封层	m^2	按不同的材料划分细目
			1	沥青表处封层	m^2	
			2	稀浆封层	m^2	
				……		
		4		单面烧毛纤维土工布	m^2	
		5		玻璃纤维格栅	m^2	
				……		
	5			沥青混凝土面层	m^2	指上面层面积
		1		粗粒式沥青混凝土面层	m^2	按不同的厚度划分细目
		2		中粒式沥青混凝土面层	m^2	按不同的厚度划分细目
		3		细粒式沥青混凝土面层	m^2	按不同的厚度划分细目
		4		改性沥青混凝土面层	m^2	按不同的厚度划分细目
		5		沥青玛蹄脂碎石混合料面层	m^2	按不同的厚度划分细目
				……		
	6			水泥混凝土面层	m^2	按不同的材料分节
		1		水泥混凝土面层	m^2	按不同的厚度划分细目
		2		连续配筋混凝土面层	m^2	按不同的厚度划分细目
		3		钢筋	t	
	7			其他面层	m^2	按不同的类型分节
		1		沥青表面处治面层	m^2	按不同的厚度划分细目
		2		沥青贯入式面层	m^2	按不同的厚度划分细目
		3		沥青上拌下贯式面层	m^2	按不同的厚度划分细目
		4		泥结碎石面层	m^2	按不同的厚度划分细目
		5		级配碎（砾）石面层	m^2	按不同的厚度划分细目
		6		天然砂砾面层	m^2	按不同的厚度划分细目
				……		
	8			路槽、路肩及中央分隔带	km	
		1		挖路槽	m^2	按不同的土质划分细目
			1	土质路槽	m^2	
			2	石质路槽	m^2	
		2		培路肩	m^2	按不同的厚度划分细目

续表

项	目	节	细目	工程或费用名称	单位	备　注
三	8	3		土路肩加固	m^2	按不同的加固方式划分细目
			1	现浇混凝土	m^2	
			2	铺砌混凝土预制块	m^2	
			3	浆砌片石	m^2	
				……		
		4		中央分隔带回填土	m^3	
		5		路缘石	m^3	按现浇和预制安装划分细目
				……		
	9			路面排水	km	按不同的类型分节
		1		拦水带	m	按不同的材料划分细目
			1	沥青混凝土	m	
			2	水泥混凝土	m	
		2		排水沟	m	按不同的类型划分细目
			1	路肩排水沟	m	
			2	中央分隔带排水沟	m	
				……		
		3		排水管	m	按不同的类型划分细目
			1	纵向排水管	m	
			2	横向排水管	m/道	
				……		
		4		集水井	m^3/个	按不同的规格划分细目
				……		
四				桥梁涵洞工程	km	指桥梁长度
	1			漫水工程	m/处	
		1		过水路面	m/处	
		2		混合式过水路面	m/处	
	2			涵洞工程	m/道	按不同的结构类型分节
		1		钢筋混凝土管涵	m/道	按管径和单孔、双孔划分细目
			1	1—ϕ1.0m 圆管涵	m/道	
			2	1—ϕ1.5m 圆管涵	m/道	
			3	倒虹吸管	m/道	
				……		
		2		盖板涵	m/道	按不同的材料和涵径划分细目

续表

项	目	节	细目	工程或费用名称	单位	备　　注
四	2	2	1	2.0m×2.0m 石盖板涵	m/道	
			2	2.0m×2.0m 钢筋混凝土盖板涵	m/道	
				……		
		3		箱涵	m/道	按不同的涵径划分细目
			1	4.0m×4.0m 钢筋混凝土箱涵	m/道	
				……		
		4		拱涵	m/道	按不同的材料和涵径划分细目
			1	4.0m×4.0m 石拱涵	m/道	
			2	4.0m×4.0m 钢筋混凝土拱涵	m/道	
				……		
	3			小桥工程	m/座	按不同的结构类型分节
		1		石拱桥	m/座	按不同的跨径划分细目
		2		钢筋混凝土矩形板桥	m/座	按不同的跨径划分细目
		3		钢筋混凝土空心板桥	m/座	按不同的跨径划分细目
		4		钢筋混凝土 T 形梁桥	m/座	按不同的跨径划分细目
		5		预应力混凝土空心板桥	m/座	按不同的跨径划分细目
				……		
	4			中桥工程	m/座	按不同的结构类型或桥名分节
		1		钢筋混凝土空心板桥	m/座	按不同的跨径或工程部位划分细目
		2		钢筋混凝土 T 形梁桥	m/座	按不同的跨径或工程部位划分细目
		3		钢筋混凝土拱桥	m/座	按不同的跨径或工程部位划分细目
		4		预应力混凝土空心板桥	m/座	按不同的跨径或工程部位划分细目
				……		
	5			大桥工程	m/座	按桥名或不同的工程部位分节
		1		××大桥	m^2/m	按不同的工程部位划分细目
			1	天然基础	m^3	
			2	桩基础	m^3	
			3	沉井基础	m^3	
			4	桥台	m^3	
			5	桥墩	m^3	
			6	上部构造	m^3	注明上部构造跨径组成及结构形式
				……		

续表

项	目	节	细目	工程或费用名称	单位	备　注
四	5	2		……	m^2/m	
	6			××特大桥工程	m^2/m	按桥名分目，按不同的工程部位分节
		1		基础	m^2/座	按不同的形式划分细目
			1	天然基础	m^3	
			2	桩基础	m^3	
			3	沉井基础	m^3	
			4	承台	m^3	
				……		
		2		下部构造	m^3/座	按不同的形式划分细目
			1	桥台	m^3	
			2	桥墩	m^3	
			3	索塔	m^3	
				……		
		3		上部构造	m^3	按不同的形式划分细目，并注明其跨径组成
			1	预应力混凝土空心板	m^3	
			2	预应力混凝土 T 形梁	m^3	
			3	预应力混凝土连续梁	m^3	
			4	预应力混凝土连续刚构	m^3	
			5	钢管拱桥	m^3	
			6	钢箱梁	t	
			7	斜拉索	t	
			8	主缆	t	
			9	预应力钢材	t	
				……		
		4		桥梁支座	个	按不同规格划分细目
			1	矩形板式橡胶支座	dm^3	
			2	圆形板式橡胶支座	dm^3	
			3	矩形四氟板式橡胶支座	dm^3	
			4	圆形四氟板式橡胶支座	dm^3	
			5	盆式橡胶支座	个	
				……		
		5		桥梁伸缩缝	m	指伸缩缝长度，按不同规格划分细目
			1	橡胶伸缩装置	m	

续表

项	目	节	细目	工程或费用名称	单位	备　注
四	6	5	2	模数式伸缩装置	m	
			3	填充式伸缩装置	m	
				……		
		6		桥面铺装	m^3	按不同的材料划分细目
			1	沥青混凝土桥面铺装	m^3	
			2	水泥混凝土桥面铺装	m^3	
			3	水泥混凝土垫平层	m^3	
			4	防水层	m^2	
				……		
		7		人行道系	m	指桥梁长度，按不同的类型划分细目
			1	人行道及栏杆	m^3/m	
			2	桥梁钢防撞护栏	m	
			3	桥梁波形梁护栏	m	
			4	桥梁水泥混凝土防撞墙	m	
			5	桥梁防护网	m	
				……		
		8		其他工程	m	指桥梁长度，按不同类型划分细目
			1	看桥房及岗亭	座	
			2	砌筑工程	m^3	
			3	混凝土构件装饰	m^2	
				……		
五				交叉工程	处	按不同的交叉形式分目
	1			平面交叉道	处	按不同的类型分节
		1		公路与铁路平面交叉	处	
		2		公路与公路平面交叉	处	
		3		公路与大车道平面交叉	处	
				……		
	2			通道	m/处	按结构类型分节
		1		钢筋混凝土箱式通道	m/处	
		2		钢筋混凝土板式通道	m/处	
				……		
	3			人行天桥	m/处	
		1		钢结构人行天桥	m/处	

续表

项	目	节	细目	工程或费用名称	单位	备　注
五	3	2		钢筋混凝土结构人行天桥	m/处	
	4			渡槽	m/处	按结构类型分节
		1		钢筋混凝土渡槽	m/处	
		2		……		
	5			分离式立体交叉	处	按交叉名称分节
		1		××分离式立体交叉	处	按不同的工程内容划分细目
			1	路基土石方	m^3	
			2	路基排水防护	m^3	
			3	特殊路基处理	km	
			4	路面	m^2	
			5	涵洞及通道	m^3/m	
			6	桥梁	m^2/m	
				……		
		2		……		
	6			××互通式立体交叉	处	按互通名称分目（注明其类型），按不同的分部工程分节
		1		路基土石方	m^3/km	
			1	清理与掘除	m^2	
			2	挖土方	m^3	
			3	挖石方	m^3	
			4	挖非适用材料	m^3	
			5	弃方运输	m^3	
			6	换填土	m^3	
			7	利用土方填筑	m^3	
			8	借土方填筑	m^3	
			9	利用石方填筑	m^3	
			10	结构物台背回填	m^3	
		2		特殊路基处理	km	
			1	特殊路基垫层	m^3	
			2	预压与超载预压	m^2	
			3	袋装砂井	m	
			4	塑料排水板	m	
			5	粉喷桩与旋喷桩	m	
			6	碎石桩	m	

续表

项	目	节	细目	工程或费用名称	单位	备　注
五	6	2	7	砂桩	m	
			8	土工布	m^2	
			9	土工格栅	m^2	
			10	土工格室	m^2	
				……		
		3		排水工程	m^3	
			1	混凝土边沟、排水沟	m^3/m	
			2	砌石边沟、排水沟	m^3/m	
			3	现浇混凝土急流槽	m^3/m	
			4	浆砌片石急流槽	m^3/m	
			5	暗沟	m^3	
			6	渗（盲）沟	m^3/m	
			7	拦水带	m	
			8	排水管	m	
			9	集水井	m^3/个	
				……		
		4		防护工程	m^3	
			1	播种草籽	m^2	
			2	铺（植）草皮	m^2	
			3	土工织物植草	m^2	
			4	植生袋植草	m^2	
			5	液压喷播植草	m^2	
			6	客土喷播植草	m^2	
			7	喷混植草	m^2	
			8	现浇混凝土护坡	m^3/m^2	
			9	预制块混凝土护坡	m^3/m^2	
			10	浆砌片石护坡	m^3/m^2	
			11	浆砌块石护坡	m^3/m^2	
			12	浆砌片石骨架护坡	m^3/m^2	
			13	浆砌片石护面墙	m^3/m^2	
			14	浆砌块石护面墙	m^3/m^2	
			15	喷射混凝土护坡	m^3/m^2	
			16	现浇混凝土挡土墙	m^3/m	

续表

项	目	节	细目	工程或费用名称	单位	备　注
五	6	4	17	加筋土挡土墙	m^3/m	
			18	浆砌片石挡土墙	m^3/m	
			19	浆砌块石挡土墙	m^3/m	
				……		
		5		路面工程	m^2	
			1	碎石垫层	m^2	
			2	砂砾垫层	m^2	
			3	石灰稳定类底基层	m^2	
			4	水泥稳定类底基层	m^2	
			5	石灰粉煤灰稳定类底基层	m^2	
			6	级配碎（砾）石底基层	m^2	
			7	石灰稳定类基层	m^2	
			8	水泥稳定类基层	m^2	
			9	石灰粉煤灰稳定类基层	m^2	
			10	级配碎（砾）石基层	m^2	
			11	水泥混凝土基层	m^2	
			12	透层、黏层、封层	m^2	
			13	沥青混凝土面层	m^2	
			14	改性沥青混凝土面层	m^2	
			15	沥青玛琋脂碎石混合料面层	m^2	
			16	水泥混凝土面层	m^2	
			17	中央分隔带回填土	m^3	
			18	路缘石	m^3	
				……		
		6		涵洞工程	m/道	
			1	钢筋混凝土管涵	m/道	
			2	倒虹吸管	m/道	
			3	盖板涵	m/道	
			4	箱涵	m/道	
			5	拱涵	m/道	
		7		桥梁工程	m^2/m	
			1	天然基础	m^3	
			2	桩基础	m^3	

续表

项	目	节	细目	工程或费用名称	单位	备　注
五	6	7	3	沉井基础	m^3	
			4	桥台	m^3	
			5	桥墩	m^3	
			6	上部构造	m^3	
				……		
		8		通道	m/处	
六				隧道工程	km/座	按隧道名称分目，并注明其形式
	1			××隧道	m	按明洞、洞门、洞身开挖、衬砌等分节
		1		洞门及明洞开挖	m^3	
			1	挖土方	m^3	
			2	挖石方	m^3	
				……		
		2		洞门及明洞修筑	m^3	
			1	洞门建筑	m^3/座	
			2	明洞衬砌	m^3/m	
			3	遮光棚（板）	m^3/m	
			4	洞口坡面防护	m^3	
			5	明洞回填	m^3	
				……		
		3		洞身开挖	m^3/m	
			1	挖土石方	m^3	
			2	注浆小导管	m	
			3	管棚	m	
			4	锚杆	m	
			5	钢拱架（支撑）	t/榀	
			6	喷射混凝土	m^3	
			7	钢筋网	t	
				……		
		4		洞身衬砌	m^3	
			1	现浇混凝土	m^3	
			2	仰拱混凝土	m^3	
			3	管、沟混凝土	m^3	
				……		

续表

项	目	节	细目	工程或费用名称	单位	备注
六	1	5		防水与排水	m^3	
			1	防水板	m^2	
			2	止水带、条	m	
			3	压浆	m^3	
			4	排水管	m	
				……		
		6		洞内路面	m^2	按不同的路面结构和厚度划分细目
			1	水泥混凝土路面	m^2	
			2	沥青混凝土路面	m^2	
				……		
		7		通风设施	m	按不同的设施划分细目
			1	通风机安装	台	
			2	风机启动柜洞门	个	
				……		
		8		消防设施	m	按不同的设施划分细目
			1	消防室洞门	个	
			2	通道防火闸门	个	
			3	蓄（集）水池	座	
			4	喷防火涂料	m^2	
				……		
		9		照明设施	m	按不同的设施划分细目
			1	照明灯具	m	
				……		
		10		供电设施	m	按不同的设施划分细目
		11		其他工程	m	按不同的内容划分细目
			1	卷帘门	个	
			2	检修门	个	
			3	洞身及洞门装饰	m^2	
				……		
	2			××隧道	m	
七				公路设施及预埋管线工程	公路公里	
	1			安全设施	公路公里	按不同的设施分节
		1		石砌护栏	m^3/m	

续表

项	目	节	细目	工程或费用名称	单位	备注
七	1	2		钢筋混凝土防撞护栏	m^3/m	
		3		波形钢板护栏	m	按不同的形式划分细目
		4		隔离栅	km	按不同的材料划分细目
		5		防护网	km	
		6		公路标线	km	按不同的类型划分细目
		7		轮廓标	根	
		8		防眩板	m	
		9		钢筋混凝土护柱	根/m	
		10		里程碑、百米桩、公路界碑	块	
		11		各类标志牌	块	按不同的规格和材料划分细目
		12		……		
	2			服务设施	公路公里	按不同的设施分节
		1		服务区	处	按不同的内容划分细目
		2		停车区	处	按不同的内容划分细目
		3		公共汽车停靠站	处	按不同的内容划分细目
	3			管理、养护设施	公路公里	按不同的设施分节
		1		收费系统设施	处	按不同的内容划分细目
			1	设备安装	公路公里	
			2	收费亭	个	
			3	收费天棚	m^2	
			4	收费岛	个	
			5	通道	m/道	
			6	预埋管线	m	
			7	架设管线	m	
				……		
		2		通信系统设施	公路公里	按不同的内容划分细目
			1	设备安装	公路公里	
			2	管道工程	m	
			3	人（手）孔	个	
			4	紧急电话平台	个	
				……		
		3		监控系统设施	公路公里	按不同的内容划分细目
			1	设备安装	公路公里	

续表

项	目	节	细目	工程或费用名称	单位	备　注
七	3	3	2	光（电）缆敷设	km	
				……		
		4		供电、照明系统设施	公路公里	按不同的内容划分细目
			1	设备安装	公路公里	
				……		
		5		养护工区	处	按不同的内容划分细目
			1	区内道路	km	
				……		
	4			其他工程	公路公里	
			1	悬出路台	m/处	
			2	渡口码头	处	
			3	辅道工程	km	
			4	支线工程	km	
			5	公路交工前养护费	km	按附录一（略）计算
八				绿化及环境保护工程	公路公里	
	1			撒播草种和铺植草皮	m^2	按不同的内容分节
		1		撒播草种	m^2	按不同的内容划分细目
		2		铺植草皮	m^2	按不同的内容划分细目
		3		绿地喷灌管道	m	按不同的内容划分细目
	2			种植乔木、灌木	株	按不同的内容分节
		1		种植乔木	株	按不同的树种划分细目
			1	高山榕	株	
			2	美人蕉	株	
				……		
		2		种植灌木	株	按不同的树种划分细目
			1	夹竹桃	株	
			2	月季	株	
				……		
		3		种植攀缘植物	株	按不同的树种划分细目
			1	爬山虎	株	
			2	葛藤	株	
				……		
		4		种植竹类植物	株	按不同的内容划分细目

续表

项	目	节	细目	工程或费用名称	单位	备　注
八	2	5		种植棕榈类植物	株	按不同的内容划分细目
		6		栽植绿篱	m	
		7		栽植绿色带	m^2	
	3			声屏障	m	按不同的类型分节
		1		消声板声屏障	m	
		2		吸音砖声屏障	m^3	
		3		砖墙声屏障	m^3	
				……		
	4			污水处理	处	按不同的内容分节
	5			取土、弃土场防护	m^3	按不同的内容分节
				……		
九				管理、养护及服务房屋	m^2	
	1			管理房屋	m^2	
		1		收费站	m^2	
		2		管理站	m^2	
		3		……		
	2			养护房屋	m^2	按房屋名称分节
		1		……		
	3			服务房屋	m^2	按房屋名称分节
		1		……		
				第二部分　设备及工具、器具购置费	公路公里	
一				设备购置费	公路公里	
	1			需安装的设备	公路公里	
		1		监控系统设备	公路公里	按不同设备分别计算
		2		通信系统设备	公路公里	按不同设备分别计算
		3		收费系统设备	公路公里	按不同设备分别计算
		4		供电照明系统设备	公路公里	按不同设备分别计算
	2			不需安装的设备	公路公里	
		1		监控系统设备	公路公里	按不同设备分别计算
		2		通信系统设备	公路公里	按不同设备分别计算
		3		收费系统设备	公路公里	按不同设备分别计算
		4		供电照明系统设备	公路公里	按不同设备分别计算
		5		养护设备	公路公里	按不同设备分别计算
二				工具、器具购置	公路公里	
三				办公及生活用家具购置	公路公里	
				第三部分　工程建设其他费用	公路公里	
一				土地征用及拆迁补偿费	公路公里	

续表

项	目	节	细目	工程或费用名称	单位	备　注
二				建设项目管理费	公路公里	
	1			建设单位（业主）管理费	公路公里	
	2			工程质量监督费	公路公里	
	3			工程监理费	公路公里	
	4			工程定额测定费	公路公里	
	5			设计文件审查费	公路公里	
	6			竣（交）工验收试验检测费	公路公里	
三				研究试验费	公路公里	
四				建设项目前期工作费	公路公里	
五				专项评价（估）费	公路公里	
六				施工机构迁移费	公路公里	
七				供电贴费	公路公里	
八				联合试运转费	公路公里	
九				生产人员培训费	公路公里	
十				固定资产投资方向调节税	公路公里	
十一				建设期贷款利息	公路公里	
				第一、二、三部分费用合计	公路公里	
				预备费	元	
				1. 价差预备费	元	
				2. 基本预备费	元	预算实行包干时列系数包干费
				概（预）算总金额	元	
				其中：回收金额	元	
				公路基本造价	公路公里	

6.3 概预算文件组成

概预算文件由封面及目录、概预算编制说明、全部概预算计算表格组成。

6.3.1 封面及目录

概预算文件的封面和扉页应按《编制办法》中的规定制作，扉页的次页应有建设项目名称、编制单位、编制与复核人员姓名并加盖执业（从业）资格印章、编制日期及第几册共几册等内容。目录应按概预算表的表号顺序编排。

6.3.2 概预算编制说明

概预算编制完成后，应写出编制说明，文字力求简明扼要。编制说明应叙述的内容一般有：

(1) 建设项目设计资料的依据及有关文号，如建设项目可行性研究报告批准文件号、初步设计和概算批准文号（编修正概算及预算时），以及根据何时的测设资料及比选方案进行编制的等。

(2) 采用的定额、费用标准，人工、材料、机械台班单价的依据或来源，补充定额及编制依据的详细说明。

(3) 与概预算有关的委托书、协议书、会议纪要的主要内容（或将抄件附后）。

(4) 总概预算金额，人工、钢材、水泥、木料、沥青的总需用量情况，各设计方案的经济比较，以及编制中存在的问题。

(5) 其他与概预算有关但不能在表格中反映的事项。

6.3.3 概预算表格

1. 概预算表格计算顺序和相互关系

概预算文件的主要内容和组成部分是概预算表格，它实际上是由一套规定的表格所组成。并且，公路工程概预算应按统一的概预算表格计算。概预算表格是一个有机的整体，它们互相联系，共同反映出工程的费用。概预算的材料和机械台班单价及各项费用的计算都应通过规定的表格反映。各种表格的计算顺序及相互关系如图 6.3 所示。

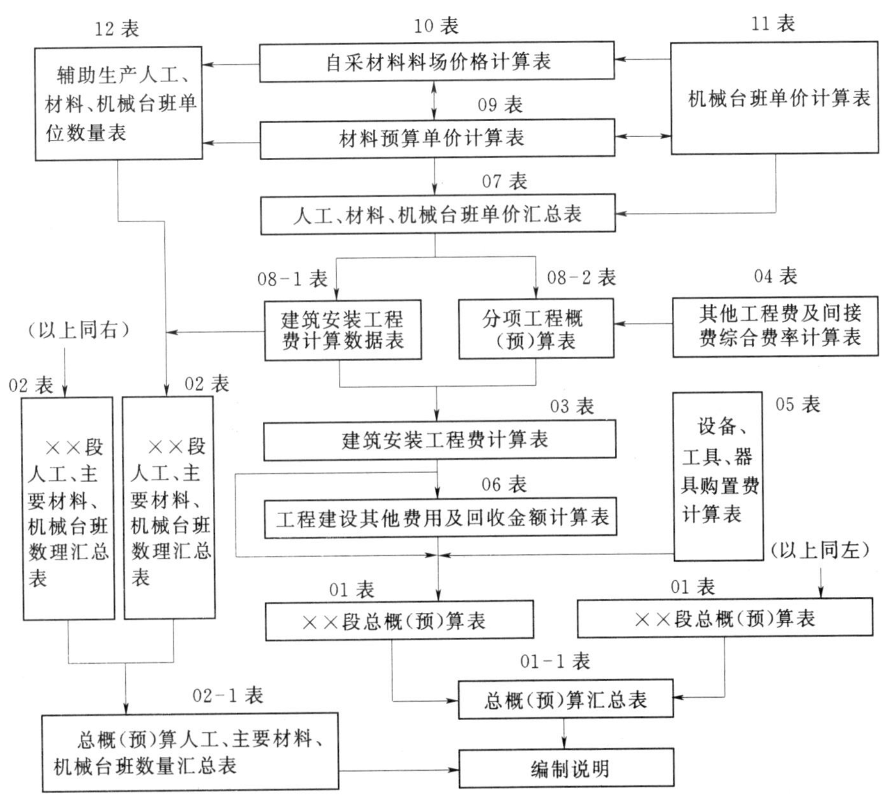

图 6.3 概预算各种表格的计算顺序和相互关系

概预算应按一个建设项目进行编制。当一个建设项目需要若干个单项工程编制时，应根据需要分别编制，但必须汇总编制“总概（预）算汇总表”。

2. 概预算表格的样式及填表说明

公路工程概预算应按统一的概预算表格计算，其中概预算相同的表格样式，在印制表格时，应将概算表与预算表分别印制。

（1）总概（预）算汇总表。总概（预）算汇总表的表格样式见表6.2，规定的统一编号为01-1表。

表 6.2　　总概（预）算汇总表

建设项目名称：

编 制 范 围：　　　　第　页　共　页　01-1表

项次	工程或费用名称	单位	总数量	概预算金额（元）				技术经济指标	各项费用比例（%）	备注
							合计			

编制：　　　　复核：

填表说明：

1）一个建设项目分若干单项工程编制概（预）算时，应通过本表汇总全部建设项目的概（预）算金额。

2）本表反映一个建设项目的各项费用组成、概预算总值和技术经济指标。

3）本表中“项次”、“工程或费用名称”、“单位”、“总数量”、“概预算金额”应由各单项或单位工程总概（预）算表（01表）转来，“目”、“节”可视需要增减，“项”应保留。

4）“技术经济指标”以各项概（预）算金额汇总合计除以相应总数量计算，“各项费用比例”以汇总的各项目概（预）算金额合计除以总概预算金额合计计算。

（2）总概（预）算人工、主要材料、机械台班数量汇总表。总概（预）算人工、主要材料、机械台班数量汇总表的表格样式见表6.3，即02-1表。

表 6.3　　总概（预）算人工、主要材料、机械台班数量汇总表

建设项目名称：

编 制 范 围：　　　　第　页　共　页　02-1表

序号	规格名称	单位	总数量	编 制 范 围						

编制：　　　　复核：

填表说明：

1）一个建设项目分若干单项工程编制概（预）算时，应通过本表汇总全部建设项目的人工、主要材料、机械台班的数量。

2）本表各栏数据均由各单项或单位工程中的概（预）算中的人工、主要材料、机械台班数量汇总表（02 表）转来。

3）“编制范围”指单项工程或单位工程。

（3）总概（预）算表。总概（预）算表的表格样式见表 6.4，即 01 表。

表 6.4　　总概（预）算表

建设项目名称：

编 制 范 围：　　　　第　页　共　页　01 表

项	目	节	细目	工程或费用名称	单位	数量	概预算金额（元）	技术经济指标	各项费用比例（%）	备注
1	2	3	4	5	6	7	8	9	10	11

编制：　　　　复核：

填表说明：

1）本表反映一个单项或单位工程的各项费用组成、概（预）算金额、技术经济指标等。

2）本表的 1、2、3、4、5、6 栏应按概（预）算项目表的序列及内容填写，2，3，4 栏可视需要增减，但 1 栏应保留。

3）7、8 栏来自于 03 表、05 表、06 表。

4）9、10 栏计算同 01－1 表。

（4）人工、主要材料、机械台班数量汇总表。人工、主要材料、机械台班数量汇总表的表格样式见表 6.5，即 02 表。

表 6.5　　人工、主要材料、机械台班数量汇总表

建设项目名称：

编 制 范 围：　　　　第　页　共　页　02 表

序号	规格名称	单位	总数量	分项统计									场外运输损耗	
												合计	%	数量

编制：　　　　复核：

填表说明：

1）本表各栏数据由 08－2 表、12 表经分析计算后统计而来。

2）发生的冬季、雨季及夜间施工增工及临时设施用工，根据有关附录规定计算后列入本表有关项目中。

（5）建筑安装工程费计算表。建筑安装工程费计算表的表格样式见表 6.6，即 03 表。

表 6.6　　　　建筑安装工程费计算表

建设项目名称：

编 制 范 围：　　　　　　　　　　　　　　　　　　　　　　第　页　共　页　03 表

序号	工程名称	单位	工程数量	直接费（元）						间接费（元）	利润（元）费率（%）	税金（元）综合税率（%）	建筑安装费	
				直接工程费				其他工程费	合计				合计（元）	单价（元）
				人工费	材料费	机械使用费	合计							
1	2	3	4	5	6	7	8	9	10	11	12	13	14	15

编制：　　　　　　　　　　　　　　　　　　　　　　　　　　复核：

填表说明：

1）本表各栏数据之间的关系：5，6，7 栏均由 08－2 表经计算转来。

2）8 栏＝5 栏＋6 栏＋7 栏；9 栏＝8 栏×9 栏的费率或（5 栏＋7 栏）×9 的费率；10 栏＝8 栏＋9 栏；11 栏＝5 栏×规费综合费率＋10 栏×企业管理费综合费率；12 栏＝（10 栏＋11 栏－规费）×12 的费率；13 栏＝（10 栏＋11 栏＋12 栏）×综合税率；14 栏＝10 栏＋11 栏＋12 栏＋13 栏；15 栏＝14 栏÷4 栏。

（6）其他工程费及间接费综合费率计算表。其他工程费及间接费综合费率计算表的表格样式见表 6.7，即 04 表。

表 6.7　　　　其他工程费及间接费综合费率计算表

建设项目名称：

编 制 范 围：　　　　　　　　　　　　　　　　　　　　　　第　页　共　页　04 表

序号	工程类别	其他直接费（%）											间接费（%）													
		冬季施工增加费	雨季施工增加费	夜间施工增加费	高原地区施工增加费	风沙地区施工增加费	沿海地区施工增加费	行车干扰工程施工增加费	安全及文明施工措施费	临时设施费	施工辅助费	工地转移费	综合费率		规费						企业管理费					
													Ⅰ	Ⅱ	养老保险费	失业保险费	医疗保险费	住房公积金	工伤保险费	综合费率	基本费用	主副食运费补贴	职工探亲路费	职工取暖补贴	财务费用	综合费率
1	2	3	4	5	6	7	8	9	10	11	12	13	14	15	16	17	18	19	20	21	22	23	24	25	26	27

编制：　　　　　　　　　　　　　　　　　　　　　　　　　　复核：

填表说明：

1）本表应根据建设工程项目的具体情况，按照《编制办法》及有关规定取费。

2）14 栏＝3 栏＋4 栏＋5 栏＋8 栏＋10 栏＋11 栏＋12 栏＋13 栏；15 栏＝6 栏＋7 栏

+9栏；21栏=16栏+17栏+18栏+19栏+20栏；27栏=22栏+23栏+24栏+25栏+26栏。

(7) 设备、工具、器具购置费计算表。设备、工具、器具购置费计算表的表格样式见表6.8，即05表。

表6.8　设备、工具、器具购置费计算表

建设项目名称：
编 制 范 围：　　　　第　页　共　页　05表

序号	设备、工具、器具规格名称	单位	数量	单价（元）	金额（元）	说明

编制：　　　　复核：

填表说明：

1) 本表应根据具体的设备、工具、器具购置费按具体的购置清单计算。

2) 包括设备规格、单位、数量、单价及需要说明的有关方面。

(8) 工程建设其他费用及回收金额计算表。工程建设其他费用及回收金额计算表的表格样式见表6.9，即06表。

表6.9　工程建设其他费用及回收金额计算表

建设项目名称：
编 制 范 围：　　　　第　页　共　页　06表

序号	费用名称及回收金额项目	说明及计算式	金额（元）	备注

编制：　　　　复核：

填表说明：

1) 土地征用及拆迁补偿费应填写土地补偿单价、数量和安置补助费标准、数量等，列式计算所需费用，填入金额栏。

土地补偿费=数量×单价

安置补助费=补助标准×数量

2) 建设项目管理费包括建设单位（业主）管理费、工程质量监督费、工程监理费、工程定额测定费、设计文件审查费、竣（交）工验收试验检测费，按"建筑安装工程费×费率"或有关定额列式计算。

3) 研究试验费应根据设计需要进行研究试验的项目分别填写项目名称和金额，也可列式计算或进行说明。

4）建设项目前期工作费按国家有关规定填入本表，列式计算。

5）其余有关工程建设其他费用的填入和计算方法，根据规定依此类推。

(9) 人工、材料、机械台班单价汇总表。人工、材料、机械台班单价汇总表的表格样式见表 6.10，即 07 表。

表 6.10　　人工、材料、机械台班单价汇总表

建设项目名称：

编 制 范 围：　　　　第　页　共　页　07 表

序号	名称	单位	代号	预算单价（元）	备注	序号	名称	单位	代号	预算单价（元）	备注

编制：　　　　复核：

填表说明：

本表预算单价主要由 09 表、11 表转来。

(10) 建筑安装工程费计算数据表。建筑安装工程费计算数据表的表格样式见表 6.11，即 08－1 表。

表 6.11　　分项工程概（预）算表

建设项目名称：　　编制范围：　　数据文件编号：　　公路等级：

路线或桥梁的长度（km）：　　路基或桥梁宽度（m）：　　第　页　共　页　08－1 表

项的代号	本项目数	目的代号	本目节数	节的代号	本节细目数	细目的代号	费率编号	定额个数	定额代号	项或目或节或细目或定额的名称	单位	数量	定额调整情况

编制：　　　　复核：

填表说明：

1）本表应逐行从左向右横向跨栏隔行填写。

2）“项”、“目”、“节”、“细目”、“定额”等的代号应根据实际需要按“概预算项目表”（详见 6.4.1）和公路工程概（预）算定额的序列及内容填写。

3）本表主要是为利用计算机软件编制概预算提供基础数据，具体填表规则由软件用户手册详细制定。

(11) 分项工程概（预）算表。分项工程概（预）算表的表格样式见表 6.12，即 08－2 表。

表 6.12　　分项工程概（预）算表

建设项目名称：
编 制 范 围：　　　　　　　　　　　　　　　　　　　　　第　页　共　页　08-2表

序号	工程项目												合计	
	工程细目													
	定额单位													
	工程数量													
	定额代号													
	工料机名称	单位	单价（元）	定额	数量	金额（元）	定额	数量	金额（元）	定额	数量	金额（元）	数量	金额（元）
1	人工	工日												
2	……													
	定额基价	元												
	直接工程费	元												
	其他工程费 Ⅰ	元												
	其他工程费 Ⅱ	元												
	间接费 规费 Ⅰ	元												
	间接费 企业管理费 Ⅱ	元												
	利润及税金	元												
	建筑安装工程费	元												

编制：　　　　　　　　　　　　　　　　　　　　　　　　复核：

填表说明：

1）本表按具体分项工程数量、对应概（预）算定额子目填写，单价由07表转来。

2）金额＝工料机各项的单价×数量。

3）其他直接费按相应项目的直接工程费或人工费与机械使用费之和×规定费率计算。

4）规费按相应项目的人工费×规定费率计算；企业管理费按相应项目的直接费×规定费率计算。

5）利润按相应项目的（直接费＋间接费－规费）×利润率计算；税金按相应项目的（直接费＋间接费＋利润）×税率率计算。

（12）材料预算单价计算表。材料预算单价计算表的表格样式见表6.13，即09表。

表 6.13　　材料预算单价计算表

建设项目名称：
编 制 范 围：　　　　　　　　　　　　　　　　　　　　　第　页　共　页　09表

序号	规格名称	单位	原价（元）	运杂费					原价运费合计（元）	场外运输损耗		采购及保管费		预算单价（元）
				供应地点	运输方式、比重及运距	毛重系数或单位	运杂费构成说明或计算式	单位运费（元）		费率（%）	金额（元）	费率（%）	金额（元）	

编制：　　　　　　　　　　　　　　　　　　　　　　　　复核：

填表说明：

1）本表计算各种材料自供应地点或料场到工地的全部运杂费与材料原价及其他费用组成的材料预算单价。

2）运输方式按火车、汽车、船舶等以及其所占比重分别填写。

3）毛重系数、场外运输损耗、采购与保管费按规定填写。

4）根据材料的供应地点、运输方式、运输单价、毛重系数等通过运杂费计算公式得出材料的单位运费。

5）材料原价与单位运费、场外运输损耗、材料的运输保管费组成材料预算单价。

（13）自采材料料场价格计算表。自采材料料场价格计算表的表格样式见表 6.14，即 10 表。

表 6.14　　自采材料料场价格计算表

建设项目名称：

编 制 范 围：　　　　　　　　　　　　第　页　共　页　10 表

<table>
<tr><th rowspan="2">序号</th><th rowspan="2">定额号</th><th rowspan="2">材料规格名称</th><th rowspan="2">单位</th><th rowspan="2">料场价格（元）</th><th colspan="2">人工（工日）</th><th rowspan="2">间接费（元）（占人工费百分比）</th><th colspan="2">（　）单价（元）</th><th colspan="2">（　）单价（元）</th><th colspan="2">（　）单价（元）</th></tr>
<tr><th>定额</th><th>金额</th><th>定额</th><th>金额</th><th>定额</th><th>金额</th><th>定额</th><th>金额</th></tr>
<tr><td></td><td></td><td></td><td></td><td></td><td></td><td></td><td></td><td></td><td></td><td></td><td></td><td></td><td></td></tr>
<tr><td></td><td></td><td></td><td></td><td></td><td></td><td></td><td></td><td></td><td></td><td></td><td></td><td></td><td></td></tr>
</table>

编制：　　　　　　　　　　　　　　　　　　复核：

填表说明：

1）本表主要用于分析计算自采材料料场价格，应将选用的定额人工、材料、机械台班数量全部列出，包括相应的工料机单价。

2）材料规格用途相同而生产方式（如人工捶碎石、机械轧碎石）不同时，应分别计算单价，再以各种生产方式所占比重根据合计价格加权平均计算料场价格。

3）定额中机械台班有调整系数时，应在本表中计算。

（14）机械台班单价计算表。机械台班单价计算表的表格样式见表 6.15，即 11 表。

表 6.15　　机械台班单价计算表

建设项目名称：

编 制 范 围：　　　　　　　　　　　　第　页　共　页　11 表

<table>
<tr><th rowspan="3">序号</th><th rowspan="3">定额号</th><th rowspan="3">机械规格名称</th><th rowspan="3">台班单价</th><th colspan="2">不变费用</th><th colspan="8">可变费用</th></tr>
<tr><th colspan="2">调整系数</th><th colspan="2">人工（元/工日）</th><th colspan="2">汽油（元/kg）</th><th colspan="2">……</th><th rowspan="2"></th><th rowspan="2">合计</th></tr>
<tr><th>定额</th><th>调整值</th><th>定额</th><th>金额</th><th>定额</th><th>金额</th><th>定额</th><th>金额</th></tr>
<tr><td></td><td></td><td></td><td></td><td></td><td></td><td></td><td></td><td></td><td></td><td></td><td></td><td></td><td></td></tr>
<tr><td></td><td></td><td></td><td></td><td></td><td></td><td></td><td></td><td></td><td></td><td></td><td></td><td></td><td></td></tr>
<tr><td></td><td></td><td></td><td></td><td></td><td></td><td></td><td></td><td></td><td></td><td></td><td></td><td></td><td></td></tr>
</table>

编制：　　　　　　　　　　　　　　　　　　复核：

填表说明：

1）本表应根据公路工程机械台班费用定额进行计算。不变费用如有调整系数，应填入调整值；可变费用各栏填入定额数量。

2）人工、动力燃料的单价由09表转来。

（15）辅助生产人工、材料、机械台班数量计算表。辅助生产人工、材料、机械台班数量计算表的表格样式见表6.16，即12表。

表6.16　　辅助生产人工、材料、机械台班数量计算表

建设项目名称：

编 制 范 围：　　　　第　页　共　页　12表

序号	规格名称	单位	人工（工日）					

编制：　　　　复核：

填表说明：

本表各栏数据由自采材料料场价格计算表（10表）统计而来。

6.3.4 甲组文件与乙组文件

概预算文件是设计文件的组成部分，应按《公路工程基本建设项目设计文件编制办法》关于设计文件报送份数，随设计文件一并报送。

概预算文件按不同的需要分为两组，甲组文件为各项费用计算表；乙组文件为建筑安装工程费用各项基础数据计算表，只供审批使用。乙组文件表格样式征得省、自治区、直辖市交通厅（局）同意后，结合实际情况允许变动或增加某些计算过渡表格样式。

甲乙组文件包括的内容如下：

（1）甲组文件：

编制说明

总概（预）算汇总表（01-1表）

总概（预）算人工、主要材料、机械台班数量汇总表（02-1表）

总概（预）算（01表）

人工、主要材料、机械台班数量汇总表（02表）

建筑安装工程费计算表（03表）

其他工程费及间接费综合费率计算表（04表）

设备、工具、器具购置费计算表（05表）

工程建设其他费用及回收金额计算表（06表）

人工、材料、机械台班单价汇总表（07表）

（2）乙组文件：

建筑安装工程费计算数据表（08-1表）

分项工程概（预）算表（08-2表）

材料预算单价计算表（09 表）

自采材料料场价格计算表（10 表）

机械台班单价计算表（11 表）

辅助生产人工、材料、机械台班数量计算表（12 表）

此外，在报送乙组文件时，还应提供“建筑安装工程费各项基础数据计算表”的电子文档和编制补充定额的详细资料。

6.4　公路概预算列项与工程量计算

6.4.1　公路概预算项目列项方法

1. 概预算项目列项方法

编制公路工程概预算文件时，应根据《编制办法》（JTG B06—2007）中的项目表的序列及内容填制。按照概预算项目划分要求划分出工程项目的第一、第二、第三部分，并划分出“项”、“目”、“节”、“细目”，也为工程量计算做好准备。

2. 概预算项目列项的注意事项

（1）分项工程计算表（08－2 表）编制对象一般是公路概预算项目表的“细目”或“节”，个别情况下可能是“目”，应根据工程的施工过程，并结合定额的选套情况，按照概预算项目表综合确定其工程名称。

（2）概预算项目表的细目和 08－2 表中选配定额的“工程细目”并不一定相同，细目的列项按照概预算项目表的“细目”名称和单位进行。

（3）08－2 表中的分项工程名称和 03 表中的工程名称项目完全一致，并根据情况列入 01 表的“细目”、“节”或“项”中。

（4）概预算项目表中的“细目”并不是 08－2 表中的“工程细目”，两者不可等同，有时一个“细目”可能包含几个选套定额子目（即 08－2 表的工程细目）。

（5）一个分项工程在 08－2 表中可能含有几个选套定额的“工程细目”，其工程量可能不同，需分别计算。

6.4.2　工程量计算方法

工程费用是以工程量乘工程单价来计算的，因此工程量是编制工程概预算的基本要素之一。工程量是以物理计量单位或自然计算单位表示的分项工程和结构构件的数量。其计算单位一般是以公制度量单位如长度（m）、面积（m^2）、体积（m^3）、重量（kg 或 t）等，以及以自然单位如“个”、“台”、“套”等表示的。

科学的进行工程量计算，做到不重不漏是编制概预算的基础工作。工程量计算准确与否，是衡量设计概预算质量好坏的重要标志之一。因此概预算编制人员除应具有本专业的知识外，还应当具有一定的公路、桥梁结构、机电、金属结构等专业知识，掌握工程量计算的基本要求、计算方法和计算规则。按照概预算编制的有关规定，正确处理各类工程量。

工程量计算的依据一般有：施工图纸及设计说明；施工组织设计或施工方案；定额说明及其工程量计算规则。

6.4.2.1　工程量计算的有关说明

1. 工程项目的设置

工程项目的设置必须与概算定额子目划分相适应。如土石方开挖工程应按不同土壤、岩石类别分别列项；土石方填筑应按土方、堆石料、反滤层、垫层料等分列。再如钻孔灌浆工程，一般概算定额将钻孔、灌浆单列，因此，在计算工程量时，钻孔、灌浆也应分开计算。

2. 计量单位

工程量的计量单位要与定额子目的单位一致。有的工程项目的工程量可以用不同的计量单位表示，如混凝土防渗可以用阻水面积（m^2），也可以用进尺（m）和混凝土浇筑方量（m^3）来表示。

3. 工程量计算的内容

（1）设计工程量计算按照公路工程工程量有关计算规则进行。可行性研究、初步设计阶段的设计工程量就是按照建筑物和工程的几何轮廓尺寸计算的数量，即设计工程量就是图纸工程量。

（2）施工超挖、超填量及施工附加量。

4. 道路工程量计算规则

（1）快车道、慢车道以平方面积计算，均不包括立缘石、平缘石及镶边石所占面积。

（2）人行道以平方面积计算，不包括靠车行道沿石及红线边沿镶边石（或镶边砖）所占面积及人行道所设树池面积。

（3）立缘石及镶边石工程量以延长米计算，定额中已综合考虑了埋设曲线沿石等因素，执行时不作调整。

（4）道路内各种检查井、井水斗、污水井所占面积，在计算道路面积时不预扣除。

（5）埋设立缘石，平缘石、镶边石所用垫层及护石灰土，若与道路灰土基础有重叠的部分，在计算灰土工程时，应以道路灰土基础为准，大于道路灰土基础的灰土方能计为缘石垫层灰土及护石灰土工程量。

（6）施工附加量系指为完成本项工程而必须增加的工程量，如土方工程中的取土坑、实验坑，隧洞工程中的为满足交通、放炮要求而设置的内错车道、避炮洞以及下部扩挖所需增加的工程量；施工超填量是指由于施工超挖及施工附加相应增加的回填工程量。

6.4.2.2　土石方工程量计算

1. 土石方有关计算的说明

（1）土石方开挖工程量，应根据设计开挖图纸，按不同土壤和岩石类别分别进行计算，石方开挖工程应将明挖、槽挖、水下开挖、平洞、斜井和竖井开挖等分别计算。

（2）土石方填筑工程量，应根据建筑物设计断面中的不同部位及其不同材料分别进行计算，其沉陷量应包括在内。

(3) 路基强夯工程量，区分夯击能量、每一夯击点的夯击数，按设计图示强夯面积以 m^2 计算。

(4) 人工挖土方、基坑、槽沟按图示垫层外皮的宽、长，乘以挖土深度以 m^3 计算，并乘以放坡系数。

(5) 路基挖土按垫层外皮尺寸以 m^3 计算。

(6) 回填土应扣除设计地坪以下埋入的基础垫层及基础所占体积，以 m^3 计算。

(7) 余土或亏土是施工现场全部土方平衡后的余土或亏土，以 m^3 计算。

2. *路基土石方计算*

路基土石方是公路工程的一项主要工程量，在公路设计和路线方案比较中，路基土石方数量的多少是评价公路测设质量的主要技术经济指标之一。在编制公路施工组织计划和工程概预算时，还需要确定分段和全线路基土石方数量。

地面形状是很复杂的，填挖方不是简单的几何体，计算时一般应按工程的要求，在保证使用精度的前提下力求简化。

(1) 横断面面积计算——积距法。路基的填挖断面面积，是指断面图中原地面线与路基设计线所包围的面积，高于地面线者为填，低于地面线者为挖，两者应分别计算。通常采用积距法和坐标法，现仅就积距法作简单介绍，坐标法可参阅相应文献。

积距法计算如图 6.4 所示，将断面按单位横宽划分为若干个梯形和三角形，每个小条块的面积近似按每个小条块中心高度与单位宽度的乘积计算（$A_i=bh_i$）。横断面面积按式 (6.1) 计算

$$A = bh_1 + bh_2 + bh_3 + \cdots + bh_n = b\sum h_i \tag{6.1}$$

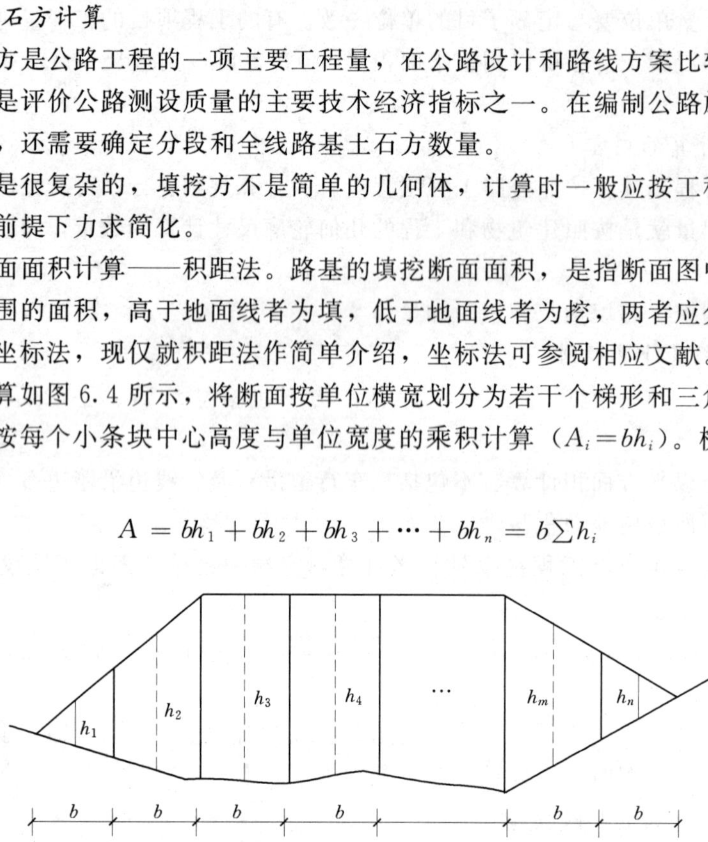

图 6.4　横断面面积计算（积距法）

当 $b=1$m 时，则 A 在数值上就等于各小条块平均高度之和 $\sum h_i$。

(2) 平均断面法。路基土石方计算工作量较大，加之路基填挖变化的不规则性，在工程上通常采用近似计算方法——平均断面法计算土石方体积。即假定相邻断面间为一棱柱体，土石方体积按式 (6.2) 计算

$$V = \frac{(A_1 + A_2)L}{2} \tag{6.2}$$

式中　V——体积，即土石方数量，m^3；

A_1、A_2——相邻两断面的面积，m^2；

L——相邻断面之间的距离，m。

平均断面法如图 6.5 所示。用平均断面法计算土石方体积简便、实用，是公路上常采用的方法。但其精度较差，只有当 A_1、A_2 相差不大时才较准确。

当 A_1、A_2 相差较大时，则按棱台体公式计算更为接近，按式（6.3）计算

$$V = \frac{1}{3}(A_1 + A_2)L\left(1 + \frac{\sqrt{m}}{1+m}\right) \tag{6.3}$$

其中　　$m = A_1/A_2 \quad (A_1 < A_2)$

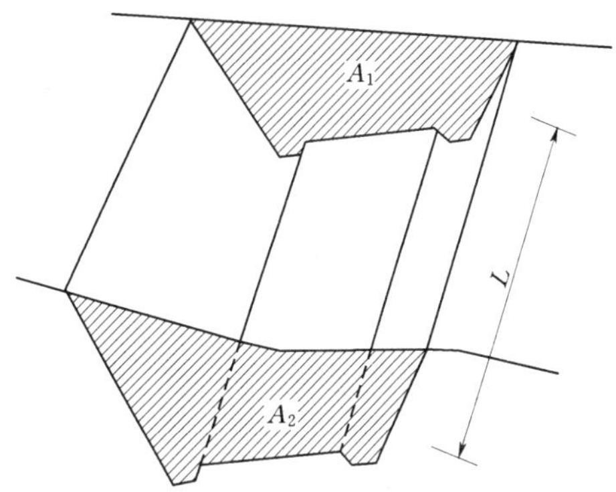

图 6.5　平均断面法

式（6.3）的计算方法精度较高，应尽量采用，特别适用于计算机计算。

应该注意：计算路基土石方数量时，应扣除大桥、中桥及隧道所占路线长度的体积；桥头引道的土石方，可视需要全部或部分列入桥梁工程项目中，但应注意不要遗漏或重复；小桥涵所占的体积一般可不扣除。

路基工程中的挖方按天然密实方体积计算，填方按压实后的体积计算，各级公路各类土石方与天然密实方换算系数见表 6.17。

表 6.17　　　　路基土石方换算系数

公路等级	土石类别				
	土方				石方
	松土	普通土	硬土	运输	
二级及二级以上公路	1.23	1.16	1.09	1.19	0.92
三级、四级公路	1.1	1.05	1.00	1.08	0.84

6.4.2.3　砌石工程量计算

砌石工程量应按建筑物设计图纸的几何轮廓尺寸，以“建筑成品方”计算。砌石工程量应将干砌石和浆砌石分开。干砌石应按干砌卵石、干砌块石，同时还应按建筑物或构筑物的不同部位及型式，如护坡（平面、曲面）、护底、基础、挡土墙、桥墩等分别计列；浆砌石按浆砌块石、卵石、条料石。同时尚应按不同的建筑物（浆砌石拱圈明渠、隧洞、重力坝）及不同的结构部位分项计列。

6.4.2.4　混凝土及钢筋混凝土工程量计算

混凝土及钢筋混凝土工程量的计算应根据建筑物的不同部位及混凝土的设计强度等级分别计算。

（1）钢筋及埋件、设备基础螺栓孔洞工程量应按设计图纸所示的尺寸并按定额计量单位计算。

（2）边坡土钉工程量按设计图示重量以 t 计算。

（3）喷射混凝土工程量，按图示支护面积以 m^2 计算。初喷 5cm 为基本层，每增加 1cm 按增加层计算。

（4）计算地下工程（如隧洞、竖井、地下厂房等）混凝土的衬砌工程量时，若采用公路工程概算定额，应以设计断面的尺寸为准；若采用预算定额，计算衬砌工程量时应包括设计衬砌厚度加允许超挖部分的工程，但不包括允许超挖范围以外增加超挖所充填的混凝土量。

6.4.2.5　钻孔灌浆工程量

钻孔工程量按实际钻孔深度计算，计量单位为 m。计算钻孔工程量时，应按不同岩石类别分项计算。

灌浆工程量从基岩面起计算，计算单位为 m 或 m^2。计算工程量时，应按不同岩层的不同单位吸水率或单位干料耗量分别计算。

隧洞回填灌浆，其工程量计算范围一般在顶拱中心角 90°～120°范围内的拱背面积计算，高压管道回填灌浆按钢管外径面积计算工程量。

6.4.2.6　模板工程量计算

在编制概（预）算时，模板工程量应根据设计图纸及混凝土浇筑分缝图计算。在初步设计之前没有详细图纸时，可进行估算，即

模板工程量＝相应工程部位混凝土概算工程量×相应的立模面系数

立模面系数是指每单位混凝土（$100m^3$）所需的立模面积（m^2）。立模面系数与混凝土的体积、形状有关，也就是与建筑物的类型和混凝土的工程部位有关。

6.4.2.7　钢筋工程量计算

（1）钢筋工程应区别现浇、预制构件、不同钢种和规格，分别按设计长度乘以单位重量，以 t 计算。

（2）计算钢筋工程量时，设计已规定钢筋搭接长度的，按规定搭接长度计算；设计未规定搭接长度的，已包括在钢筋的损耗率之内，不另计算搭接长度。钢筋电渣压力焊接、套筒挤压等接头，以个计算。

（3）先张法预应力钢筋，按构件外形尺寸计算长度，后张法预应力钢筋按设计图规定的预应力钢筋预留孔道长度，并区别不同的锚具类型，分别按下列规定计算：

1）低合金钢筋两端采用螺杆锚具时，预应力的钢筋按预留孔道长度减 0.35m，螺杆另行计算。

2）低合金钢筋或钢绞线采用 JM、XM、QM 型锚具孔道长度在 20m 以内时，预应力钢筋长度增加 1m；孔道长度 20m 以上时预应力钢筋长度按增加 1.8m 计算。

3）碳素钢丝采用锥形锚具，孔道长在 20m 以内时，预应力钢筋长度增加 1m；孔道长在 20m 以上时，预应力钢筋长度增加 1.8m.

4）碳素钢丝两端采用镦粗头时，预应力钢丝长度按增加 0.35m 计算。

（4）钢筋计算长度的确定。钢筋长度计算公式可表示为

钢筋长度＝构件图示尺寸－保护层总厚度＋两端弯钩长度
＋图纸注明的搭接长度、弯起钢筋斜长的增加值

其中保护层厚度、钢筋弯钩长度、钢筋搭接长度、弯起钢筋斜长的增加值以及各种类

型钢筋设计长度应按照规定计算。

1）受力钢筋的混凝土保护层厚度。应符合设计要求，当设计无具体要求时，不应小于受力钢筋直径，并应符合表 6.18 的要求。

表 6.18　　钢筋的混凝土保护层厚度　　单位：mm

环境条件	构件名称	混凝土强度等级		
		低于 C25	C25 及 C30	高于 C30
室内正常环境	板、墙、壳	15		
	梁、柱	25		
露天或室内高湿度环境	板、墙、壳	35	25	15
	梁、柱	45	35	25
有垫层	基础	35		
无垫层		70		

注　1. 轻骨料混凝土的钢筋的保护层厚度应符合国家现行标准《轻骨料混凝土结构设计规程》。
2. 钢筋混凝土受弯构件，钢筋端头的保护层厚度一般为 10mm。
3. 板、墙、壳中分布钢筋的保护层厚度不应小于 10mm；梁、柱中的箍筋和构造钢筋的保护层厚度不应小于 15mm。

2）钢筋的弯钩长度。Ⅰ级钢筋末端需要做 180°、135°、90°弯钩时，其圆弧弯曲直径 D 不应小于钢筋直径 d 的 2.5 倍，平直部分长度不宜小于钢筋直径 d 的 3 倍；HRRB335 级、HRB400 级钢筋的弯弧内径不应小于钢筋直径 d 的 4 倍，弯钩的平直部分长度应符合设计要求，如图 6.6 所示（d 为钢筋直径 mm）。180 °的每个弯钩长度＝$6.25d$；135°的每个弯钩长度＝$4.9d$；90°的每个弯钩长度＝$3.5d$。

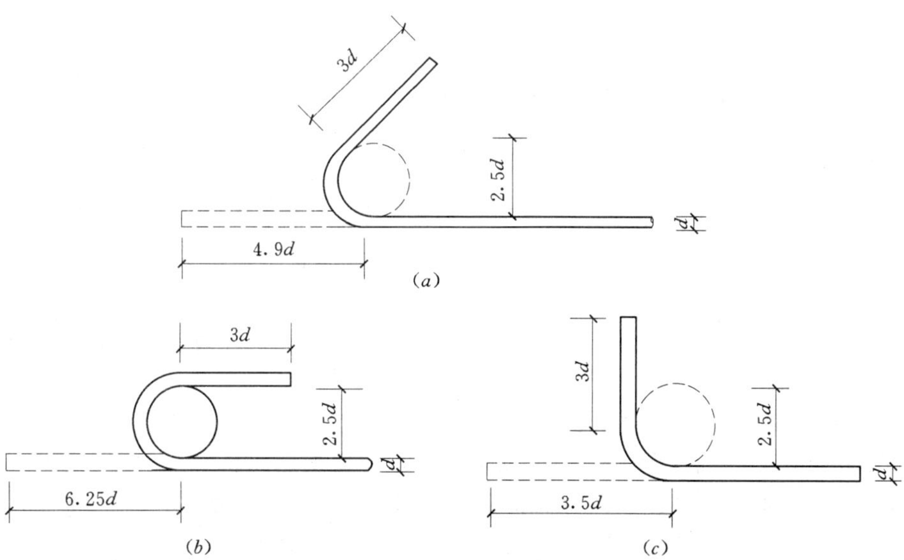

图 6.6　钢筋弯钩示意图

（a）135°斜弯钩；（b）180°半圆弯钩；（c）90°直弯钩

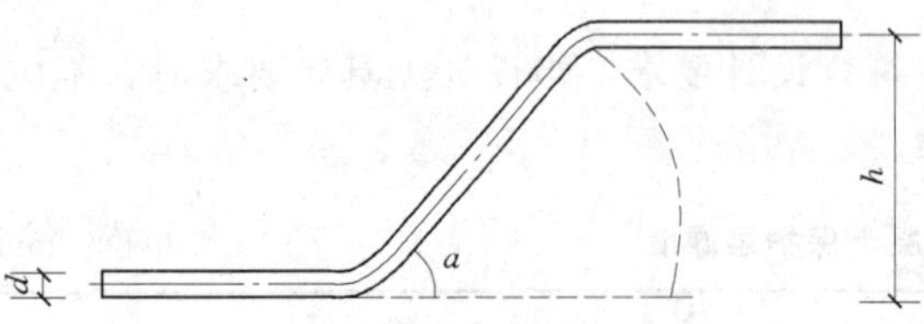

图 6.7　钢筋弯起示意图

3）弯起钢筋的增加长度。弯起钢筋的弯起角度一般有 30°、45°、60° 3 种，如图 6.7 所示。其弯起增加值是指钢筋斜长与水平投影长度之间的差值，见表 6.19。

4）箍筋调整值。箍筋调整值为弯钩增加长度与弯曲度量差值两项之和，需根据箍筋外包尺寸或内包尺寸而定，见表 6.20。

表 6.19　　弯起钢筋的增加长度值

钢筋弯曲角度	30°	45°	60°	90°	135°
量度差值	0.35d	0.5d	0.85d	2d	2.5d

表 6.20　　箍 筋 调 整 值　　单位：mm

箍筋量度方法	箍　筋　直　径			
	4～5	6	8	10～12
量外包尺寸	40	50	60	70
量内包尺寸	80	100	120	150～170

（5）箍筋长度的确定。箍筋的长度有两种计算方法：一种是按构件断面外边周长减去 8 个混凝土保护层厚度再加 2 个弯钩长度计算；第二种方法是按构件断面外边周长加上增减值计算。

箍筋的末端应作弯钩，弯钩形式应符合设计要求。

6.4.3　预算定额工程量计算说明

1. 临时工程的工程量计算规则

（1）汽车便道按路基宽度为 7.0m 和 4.5m 分别编制，便道路面宽度按 6.0m 和 3.5m 分别编制，路基宽度 4.5m 的定额中已包括错车道的设置。

（2）临时汽车便桥载重按汽车-15 级、桥面净宽 4m、单孔跨径 21m 编制。

（3）人工夯打小圆木桩的土质划分及桩入土深度的计算方法与打桩工程相同。圆木桩的体积，根据设计桩长和梢径（小头直径），按木材材积表计算。

2. 路基工程工程量计算

（1）路基土石方的开挖工作，是按土石方的运输和压实只分为土方和石方两项，并均以 m^3 为计算单位。

（2）下列数量应由施工组织设计提出，并计入路基填方数量内计算：清除表土或零填方地段的基底压实、耕地填前夯（压）实后，回填至原地面标高所需土石方数量；因路基沉陷需增加填筑的土石方数量；为保证路基边缘的压实度须加宽填筑时所需的土石方数量。

3. 路面工程

（1）路面项目中的厚度均为压实厚度，培路肩厚度为净培路肩的夯实厚度。

(2) 透层、粘层在计算工程量时，不应漏计。

(3) 水泥、石灰稳定类基层定额中的水泥或石灰与其他材料系按一定配合比编制的，当设计配合比与定额标明的配合比不同时，有关材料可分别按式 (6.4) 换算

$$C_i = [C_d + B_d(H_i - H_0)]\frac{L_i}{L_d} \tag{6.4}$$

式中 C_i——按设计配合比换算后的材料数量；

C_d——定额中基本压实厚度的材料数量；

B_d——定额中压实厚度每增减 1cm 的材料数量；

H_0——定额的基本压实厚度；

H_i——设计的压实厚度；

L_d——定额标明的材料百分率,%；

L_i——设计配合比的材料百分率,%。

4. 桥梁涵洞工程

桥梁工程中项目较多，计算工作难度也大。

(1) 基坑开挖工程量按基坑容积计算。基坑挡土板的支挡面积，按坑内需支挡的实际侧面积计算。

(2) 灌注桩工程。

1) 灌注桩成孔工程量按设计入土深度计算，定额中的孔深指护筒顶至桩底的深度。成孔定额中同一孔内的不同土质，不论其所在的深度如何，均执行总孔深定额。

2) 钢护筒的工程量按护筒的设计重量计算。设计重量为加工后的成品重量，包括加劲肋及连接用法兰盘等全部钢材重量。当设计提供不出钢护筒的重量时，可参考表 6.21 的重量进行计算，桩径不同时可内插计算。

表 6.21　　钢护筒的直径和重量之间的关系

桩径 (cm)	100	120	150	200	250	300	350
每米护筒重量 (kg/m)	170.2	238.2	289.1	499.1	612.6	907.5	1259.2

(3) 预制、安装混凝土及钢筋混凝土构件的工程量计算规则。

1) 制作、张拉预应力钢筋、钢丝束定额是按不同的锚头型式分别编制的，当每 t 钢丝的束数或每 t 钢筋的根数有变化时，可根据定额进行抽换。定额中的"××锚"是指金属加工部件的重量，锚庆所用其他材料已分别列入定额中有关材料或其他材料费内。定额中的束长为一次张拉的长度。

2) 预应力钢筋、钢丝束及钢绞线定额中均已计入锚垫板、螺旋筋、管道压浆的消耗量，斜拉索的防腐费用也已计入定额中，编制预算时不得另行计算。镦头锚的锚具重量可按设计数量进行调整。

3) 安装金属支座的工程量系指半成品钢板的重量（包括座板、齿板、垫板、辊轴等）。至于锚栓、梁上的钢筋网、铁件等均以材料数量综合在定额内。

4) 预制构件的工程量为构件的实际体积（不包括空心部分），但预应力构件的工程量

为构件预制体积与构件端头封锚混凝土的数量之和。

5）预应力钢绞线、预应力精轧螺纹粗钢筋及配锥形（弗氏）锚的预应力钢丝的工程量为锚固长度与工作长度的重量之和。

5. 隧道工程工程量计算规则

（1）开挖工程量按设计断面（成洞断面加衬砌断面）计算，定额中已考虑超挖因素，不得将超挖数量计入工程量。

（2）喷射混凝土工程量按设计厚度乘以喷护面积计算。

（3）模筑混凝土工程量按设计厚度乘以模筑面积计算。

（4）回填工程量为设计容许超挖数量，一般控制在设计开挖工程量 4%以内。

6. 防护工程工程量计算规则

（1）定额中未列出的其他结构形式的砌石防护工程，需要时按“桥涵工程”项目的有关定额计算。

（2）定额中除已注明者外，均不包括挖基、基础垫层的工程内容，需要时按“桥涵工程”项目的有关定额计算。

7. 其他工程及沿线设施的工程量计算规则

（1）钢筋混凝土防撞护栏中铸铁柱与钢管栏杆按柱与栏杆的总重量计算，预埋螺栓、螺母及垫圈等附件已综合在定额内，编制预算时，不得另行计算。

（2）波形钢板护栏中钢管柱、Z 形柱按柱的成品重量计算；波形钢板按波形钢板、端头板（包括端部稳定的锚定板、夹具、挡板）与撑架的总重量计算；柱帽、固定螺栓、连接螺栓、钢丝绳、螺母及垫圈等附件已综合在定额内，编制预算时，不得另行计算。

（3）金属标志牌按板面、立柱、横梁、法兰盘及加固槽钢、螺栓、螺母、垫板、抱箍、滑块等的总重量计算。

（4）路面标线按划线的净面积计算。

工程概预算中工程量的计算是一项繁琐的工作，必须对计算的工程量反复检查核对。其要求是，工程量计算底稿清楚、计算口径一致、单位统一，不得漏项和重复计算，从而提高工程概预算的价值的精确度，确保概预算文件的准确性和编制质量。

思　考　题

6.1　公路工程概预算如何分类，其作用是什么？

6.2　公路工程建设项目投资额测算体系中有哪些测算方式？其相互关系是什么？

6.3　公路工程概预算项目如何划分？概预算项目表的主要内容是什么？

6.4　简述我国公路工程概预算费用的组成有哪些？

6.5　公路工程概预算文件构成是什么？甲组文件和乙组文件各有哪些内容组成？

6.6　公路工程概预算列项方法及其注意事项是什么？

6.7　土石方横断面面积计算方法是什么？路基土石方体积如何计算？

6.8　钢筋长度如何计算？箍筋长度的计算方法有哪些？

第 7 章　公路工程概预算费用计算与编制示例

为合理确定和有效控制工程造价，提高公路建设项目工程造价的编制质量，交通部根据建设部、财政部发布的《建筑安装工程费用项目组成》（建标〔2003〕206 号）的规定，结合公路行业的特点，发布了新版《公路基本建设工程概算预算编制办法》（JTG B06—2007）（以下简称《编制办法》），并于 2008 年 1 月 1 日起执行。

《编制办法》适用于新建和改建的公路工程基本建设项目概算、预算的编制和管理。农村公路可参照本办法执行，具体计算方法和计费标准由各省、自治区、直辖市交通主管部门制定。

根据公路建设概预算费用组成，公路工程的各项费用包括建筑安装工程费，设备、工具、器具及家具购置费、工程建设其他费和预备费，概预算费用的计算标准和方法是编制公路工程概预算文件的关键和基础。

本章结合《编制办法》阐述了公路工程概预算的费用计算方法、步骤及工程案例。

7.1　建筑安装工程费计算方法

建筑安装工程费是概预算费用中最关键和最活跃的部分，理论上讲包括建筑安装生产过程的各类资源投入的消耗所花费的价值及其创造的新价值，主要包括三个部分：一是生产资料的消耗转移所产生的物化劳动的价值；二是劳动者为满足个人生活需要的所消耗转化的活劳动价值；三是生产者为社会创造的新价值。

按照《编制办法》，建筑安装工程费包括直接费、间接费、利润及税金 4 个部分。其中直接费包括直接工程费和其他工程费。

7.1.1　直接工程费

直接工程费是指施工过程中耗费的构成工程实体和有助于工程形成的各项费用，包括人工费、材料费、施工机械使用费。

1. 人工费

人工费系指列入概预算定额的直接从事建筑安装工程施工的生产工人开支的各项费用。

人工费计算公式可表述为

$$人工费=概预算定额计算的人工工日消耗数量\times每工日人工费 \tag{7.1}$$

编制概预算时，分项工程的人工费可表达为

$$分项工程的人工费=\sum(每个工程细目工程数量\times概预算定额人工消耗量\times所在地区每工日人工费) \tag{7.2}$$

(1) 每工日人工费。公路工程生产工人每工日人工费按如下公式计算人工费(元 / 工日) =[基本工资(元 / 月) + 地区生活补贴(元 / 月) + 工资性津贴(元 / 月)] × (1 + 14%) × 12 月 ÷ 240(工日)　　(7.3)

式中　基本工资——按不低于工程所在地政府主管部门发布的最低工资标准的 1.2 倍计算；

地区生活补贴——国家规定的边远地区生活补贴、特区补贴；

工资性津贴——物价补贴，煤、燃气补贴，交通费补贴等。

以上各项标准由各省、自治区、直辖市公路（交通）工程造价（定额）管理站根据当地人民政府的有关规定核定后公布执行，并抄送交通部公路司备案。并应根据最低工资标准的变化情况及时调整公路工程生产工人工资标准。

【例 7.1】　已知河北某地区，基本工资 610 元/月，地区生活补贴 120 元/月，工资性津贴 70 元/月，试确定该地区每工日人工费单价。

解：根据式（7.2）计算如下

人工费＝（610＋120＋70）×（1＋14%）×12÷240＝45.60（元 /工日）

因 2007 版公路定额和编制办法刚刚实施，各地区尚无补充文件，本例价格仅是说明计算方法的例题，不做为实际价格使用。

（2）人工费包括的内容。

1）基本工资。系指发放给生产工人的基本工资、流动施工津贴和生产工人劳动保护费，以及为职工缴纳的养老、失业、医疗保险费和住房公积金等。

2）工资性补贴。系指按规定标准发放的物价补贴，煤、燃气补贴，交通费补贴，地区津贴等。

3）生产工人辅助工资。

4）职工福利费。系指按国家规定标准计提的职工福利费。

2. 材料费

材料费系指施工过程中耗用的构成工程实体的原材料、辅助材料、构（配）件、零件、半成品、成品的用量和周转材料的摊销量，按工程所在地的材料预算价格计算的费用。材料费计算可表述为

材料费 = ∑(概预算定额计算的材料消耗数量 × 材料预算价格)　　(7.4)

编制概预算时，分项工程材料费可表示为

分项工程的材料费 =∑[∑(每个工程细目工程数量 × 概预算定额材料消耗量 × 所在地区材料预算价格)]　　(7.5)

材料预算价格按照下式计算：

材料预算价格 =(材料原价 + 运杂费) × (1 + 场外运输损耗率) × (1 + 采购及保管费率) − 包装品回收价值　　(7.6)

材料预算价格由材料原价、运杂费、场外运输损耗、采购及仓库保管费组成。材料预算价格的内容和计算方法如下：

（1）材料原价。外购材料按照出厂价格或者供销部门供应价格，并根据情况加计供销部门手续费和包装费计算，或采用当地规定的价格计算；地方性材料包括外购的砂、石材料等，按实际调查价格或当地主管部门规定的预算价格计算；自采材料（自采的砂、石、

黏土等材料），按定额中开采单价加辅助生产间接费和矿产资源税（如有）计算。材料原价应按实计取。

（2）运杂费。运杂费系指材料自供应地点至工地仓库（施工地点存放材料的地方）的运杂费用。包括装卸费、运费，以及可能发生的过磅、标签、支撑加固等其他杂费。

一种材料有两个以上供应地点，都应根据不同的运距、运量、运价采用加权平均的方法计算运费。

有容器或包装的材料及长大轻浮材料，应按表7.1规定的毛重计算。桶装沥青、汽油、柴油按每吨摊销一个旧汽油桶计算包装费（不计回收）。

表 7.1　材料毛重系数及单位毛重表

材　料　名　称	单位	毛　重　系　数	单位毛重
爆破材料	t	1.35	—
水泥、块状沥青	t	1.01	—
铁钉、铁件、焊条	t	1.10	—
液体沥青、液体燃料、水	t	桶装1.17，油罐车装1.00	—
木料	m^3	—	1.000t
草袋	个	—	0.004t

（3）场外运输损耗。场外运输损耗系指有些材料在正常的运输过程中发生的损耗，这部分损耗应摊入材料单价内。材料场外运输操作损耗率见表7.2。

表 7.2　材料场外运输操作损耗率表　　单位：%

材　料　名　称		场外运输（包括一次装卸）	每增加一次装卸
块状沥青		0.5	0.2
石屑、碎砾石、砂砾、煤渣、工业废渣、煤		1.0	0.4
砖、瓦、桶装沥青、石灰、黏土		3.0	1.0
草皮		7.0	3.0
水泥（袋装、散装）		1.0	0.4
砂	一般地区	2.5	1.0
	多风地区	5.0	2.0

注　汽车运水泥，如运距超过500km时，增加损耗率，装袋0.5%。

（4）采购及保管费。材料采购及保管费系指材料供应部门（包括工地仓库以及各级材料管理部门）在组织采购、供应和保管材料过程中，所需的各项费用及工地仓库的材料储存损耗。材料采购及保管费，以材料的原价加运杂费及场外运输损耗的合计数为基数，乘以采购保管费率计算。材料的采购及保管费费率为2.5%。外购构件（如外购的钢桁梁、钢筋混凝土构件及加工钢材等半成品）的采购保管费率为1%。商品混凝土采购保管费率为0。

【例7.2】　某路面工程桶装沥青，调查供应价格为3500元/t，运价为0.9元/（t·km），装卸费3.5元/t，运输距离180km，场外运输损耗率为3%，试计算沥青的预算价格。

解：运杂费＝0.9×180＋3.5＝165.5（元/t）

采购保管费率2.5%，按照规定摊销沥青桶价值60元/t，则

沥青的预算价格为＝（3800＋165.5＋60）×（1＋3%）×（1＋2.5%）＝4249.92（元/t）

3．施工机械使用费

施工机械使用费系指列入概预算定额的施工机械台班数量，按相应的机械台班费用定额计算的施工机械使用费和小型机具使用费。可用下式表示

$$\text{施工机械使用费} = \sum(\text{概预算定额计算的机械台班消耗数量} \times \text{施工机械台班预算价格}) \tag{7.7}$$

编制概预算时，分项工程机械使用费可表示为

$$\text{分项工程的机械使用费} = \sum[\sum(\text{每个工程细目工程数量} \times \text{概预算定额机械台班消耗量} \times \text{所在地区机械台预算价格})] \tag{7.8}$$

施工机械台班预算价格按交通部公布的现行《公路工程机械台班费用定额》（JTG/T B06—03）计算。台班单价由不变费用和可变费组成。

不变费用包括折旧费、大修理费、经常修理费、安装拆卸及辅助设施费等。

可变费用包括用包括机上人员人工费、动力燃料费、养路费及车船使用税。台班人工费工日单价同生产工人人工费单价。动力燃料费用则按材料费的计算规定计算。

当工程用电为自行发电时，电动机械每千瓦时电的单价可由下述近似公式计算

$$A = 0.24\frac{K}{N} \tag{7.9}$$

式中 A——每千瓦时电单价，元；

K——发电机组的台班单价，元；

N——发电机组的总功率，kW。

7.1.2 其他工程费

其他工程费系指直接工程费以外施工过程发生的直接用于工程的费用。内容包括冬季施工增加费、雨季施工增加费、夜间施工增加费、特殊地区施工增加费、行车干扰工程施工增加费、安全及文明施工措施费、临时设施费、施工辅助费、工地转移费等九项。公路工程中的材料二次搬运等其他工程费已包括在概预算定额中，不再另计。

其他工程费的费率取定，按照《编制办法》，根据不同的工程内容划分了13个工程类别，工程类别不同，规定的费率也不同。其他工程费的工程类别划分如下：

1）人工土方。系指人工施工的路基、改河等土方工程，以及人工施工的砍树、挖根、除草、平整场地、挖盖山土等工程项目，并适用于无路面的便道工程。

2）机械土方。系指机械施工的路基、改河等土方工程，以及机械施工的砍树、挖根、除草等工程项目。

3）汽车运输。系指汽车、拖拉机、机动翻斗车等运送的路基、改河土（石）方、路面基层和面层混合料、水泥混凝土及预制构件、绿化苗木等。

4）人工石方。系指人工施工的路基、改河等石方工程，以及人工施工的挖盖山石项目。

5）机械石方。系指机械施工的路基、改河等石方工程（机械打眼即属机械施工）。

6）高级路面。系指沥青混凝土路面、厂拌沥青碎石路面和水泥混凝土路面的面层。

7）其他路面。系指次高级、中级、低级路面的面层，各等级路面的基层、底基层、垫层，采用结合料稳定的路基和软土等特殊路基处理等工程，以及有路面的便道工程。

8）构造物Ⅰ。系指无夜间施工的桥梁、涵洞、防护（包括绿化）及其他工程，交通工程及沿线设施工程［设备安装及金属标志牌、防撞钢护栏、防眩板（网）、隔离栅、防护网除外］，以及临时工程中的便桥、电力电讯线路、轨道铺设等工程项目。

9）构造物Ⅱ。系指有夜间施工的桥梁工程。

10）构造物Ⅲ。系指商品混凝土（包括沥青混凝土和水泥混凝土）的浇筑和外购构件及设备的安装工程。商品混凝土和外购构件及设备的费用不作为其他工程费和间接费的计算基数。

11）技术复杂大桥。系指单孔跨径在120m以上（含120m）和基础水深在10m以上（含10m）的大桥主桥部分的基础、下部和上部工程。

12）隧道。系指隧道工程的洞门及洞内工程。

13）钢材及钢结构。系指钢桥及钢索吊桥的上部构造，钢沉井、钢围堰、钢套箱及钢护筒等基础工程，钢索塔，钢锚箱，钢筋及预应力钢材，模数式及橡胶板式伸缩缝，钢盆式橡胶支座，四氟板式橡胶支座，金属标志牌、防撞钢护栏、防眩板（网）、隔离栅、防护网等工程项目。

购买路基材料的费用不作为其他工程费和间接费的计费基数。

1. 冬季施工增加费

冬季施工增加费系指按照公路工程施工及验收规范所规定的冬季施工要求，为保证工程质量和安全生产所需采取的防寒保温设施、工效降低和机械作业率降低以及技术操作过程的改变等所增加的有关费用。

（1）冬季施工增加费的计算。冬季施工增加费以各类工程的直接工程费之和为基数，按工程所在地的气温区选用表7.3的费率计算，即

$$冬季施工增加费=\sum(各类工程的直接工程费\times冬季施工增加费率) \qquad (7.10)$$

表7.3　冬季施工增加费率表　单位：%

气温区 / 工程类别	冬季期平均气温（℃）								准一区	准二区
	＞−1		−1～−4		−4～−7	−7～−10	−10～−14	＜−14以下		
	冬一区		冬二区		冬三区	冬四区	冬五区	冬六区		
	Ⅰ	Ⅱ	Ⅰ	Ⅱ						
人工土方	0.28	0.44	0.59	0.76	1.44	2.05	3.07	4.61	—	—
机械土方	0.43	0.67	0.93	1.17	2.21	3.14	4.17	7.07	—	—
汽车运输	0.08	0.12	0.17	0.21	0.40	0.56	0.84	1.27	—	—
人工石方	0.06	0.10	0.13	0.15	0.30	0.44	0.65	0.98	—	—
机械石方	0.08	0.13	0.18	0.21	0.42	0.61	0.91	1.37	—	—
高级路面	0.37	0.52	0.72	0.81	1.48	2.00	3.00	4.50	0.06	0.16
其他路面	0.11	0.20	0.29	0.37	0.62	0.80	1.20	1.80	—	—
构造物Ⅰ	0.34	0.49	0.66	0.75	1.36	1.84	2.76	4.14	0.06	0.15

续表

<table>
<tr><td rowspan="4">气温区
工程类别</td><td colspan="8">冬季期平均气温（℃）</td><td rowspan="4">准一区</td><td rowspan="4">准二区</td></tr>
<tr><td colspan="2">>−1</td><td colspan="2">−1～−4</td><td>−4～−7</td><td>−7～−10</td><td>−10～−14</td><td><−14 以下</td></tr>
<tr><td colspan="2">冬一区</td><td colspan="2">冬二区</td><td rowspan="2">冬三区</td><td rowspan="2">冬四区</td><td rowspan="2">冬五区</td><td rowspan="2">冬六区</td></tr>
<tr><td>Ⅰ</td><td>Ⅱ</td><td>Ⅰ</td><td>Ⅱ</td></tr>
<tr><td>构造物Ⅱ</td><td>0.42</td><td>0.60</td><td>0.81</td><td>0.92</td><td>1.67</td><td>2.27</td><td>3.40</td><td>5.10</td><td>0.08</td><td>0.19</td></tr>
<tr><td>构造物Ⅲ</td><td>0.83</td><td>1.18</td><td>1.60</td><td>1.81</td><td>3.29</td><td>4.46</td><td>6.69</td><td>10.03</td><td>0.15</td><td>0.37</td></tr>
<tr><td>技术复杂大桥</td><td>0.48</td><td>0.68</td><td>0.93</td><td>1.05</td><td>1.91</td><td>2.58</td><td>3.87</td><td>5.81</td><td>0.08</td><td>0.21</td></tr>
<tr><td>隧道</td><td>0.10</td><td>0.19</td><td>0.27</td><td>0.35</td><td>0.58</td><td>0.75</td><td>1.12</td><td>1.69</td><td>—</td><td>—</td></tr>
<tr><td>钢材及钢结构</td><td>0.02</td><td>0.05</td><td>0.07</td><td>0.09</td><td>0.15</td><td>0.19</td><td>0.29</td><td>0.43</td><td>—</td><td>—</td></tr>
</table>

冬季施工增加费的计算，采用全年平均摊销的方法，即不论是否在冬季施工，均按规定的取费标准计取冬季施工增加费。一条路线穿过两个以上的气温区时，可分段计算或按各区的工程量比例求得全线的平均增加率，计算冬季施工增加费。

(2) 冬季气温区的划分。冬季气温区的划分是根据气象部门提供的满 15 年以上的气温资料确定的。

冬季气温区划分为冬一至六区，以及准冬季区，共 7 个大的分区。冬一区、冬二区、准冬季区分别划分两个副区。全国冬季施工气温区划分见《编制办法》附录七。

2. 雨季施工增加费

雨季施工增加费系指雨季期间施工为保证工程质量和安全生产所需采取的防雨、排水、防潮和防护措施，工效降低和机械作业率降低以及技术作业过程的改变等，所需增加的有关费用。

(1) 雨季施工增加费的计算。雨季施工增加费以各类工程的直接工程费之和为基数，按工程所在地的雨量区、雨季期选用表 7.4 的费率计算。

$$雨季施工增加费 = \sum(各类工程的直接工程费 \times 雨季施工增加费率) \quad (7.11)$$

雨季施工增加费采用全年平均摊销的方法，即不论是否在雨季施工，均按规定的取费标准计取雨季施工增加费。室内管道及设备安装工程不计雨季施工增加费。

一条路线通过不同的雨量区和雨季期时，应分别计算雨季施工增加费或按工程量比例求得平均的增加率，计算全线雨季施工增加费。

(2) 雨量区和雨季期的划分。雨量区和雨季期的划分，是根据气象部门提供的满 15 年以上的降雨资料确定的。全国雨季施工雨量区及雨季期的划分见《编制办法》附录八。若当地气象资料与附录八所划定的雨量区及雨季期出入较大时，可按当地气象资料及上述划分标准确定工程所在地的雨量区及雨季期。

3. 夜间施工增加费

夜间施工增加费系指根据设计、施工的技术要求和合理的施工进度要求，必须夜间连续施工而发生的工效降低、夜班津贴以及有关照明设施（包括所需照明设施的安拆、摊销、维修及没燃料、电）等增加的费用。

表 7.4 雨季施工增加费费率表

单位：%

雨季区（月数）	1	1.5	2		2.5		3		3.5		4		4.5		5		6		7	8
雨量区 / 工程类别	Ⅰ	Ⅱ	Ⅰ	Ⅱ	Ⅰ	Ⅱ	Ⅰ	Ⅱ	Ⅰ	Ⅱ	Ⅰ	Ⅱ	Ⅰ	Ⅱ	Ⅰ	Ⅱ	Ⅰ	Ⅱ	Ⅰ	Ⅰ
人工土方	0.04	0.05	0.07	0.11	0.09	0.13	0.11	0.15	0.13	0.17	0.15	0.20	0.17	0.23	0.19	0.26	0.21	0.31	0.36	0.42
机械土方	0.04	0.05	0.07	0.11	0.09	0.13	0.11	0.15	0.13	0.17	0.15	0.20	0.17	0.23	0.19	0.27	0.22	0.32	0.37	0.43
汽车运输	0.04	0.05	0.07	0.11	0.09	0.13	0.11	0.16	0.13	0.19	0.15	0.22	0.17	0.25	0.19	0.27	0.22	0.32	0.37	0.43
人工石方	0.02	0.03	0.05	0.07	0.06	0.09	0.07	0.11	0.08	0.13	0.09	0.15	0.10	0.17	0.12	0.19	0.15	0.23	0.27	0.32
机械石方	0.0	0.04	0.06	0.10	0.08	0.12	0.10	0.14	0.12	0.16	0.14	0.19	0.16	0.22	0.18	0.25	0.20	0.29	0.34	0.39
高级路面	0.03	0.04	0.06	0.10	0.08	0.13	0.10	0.15	0.12	0.17	0.14	0.19	0.16	0.22	0.18	0.25	0.20	0.29	0.34	0.39
其他路面	0.03	0.04	0.06	0.09	0.08	0.12	0.09	0.14	0.10	0.16	0.12	0.18	0.14	0.21	0.16	0.24	0.19	0.28	0.32	0.37
构造物Ⅰ	0.03	0.04	0.05	0.08	0.06	0.09	0.07	0.11	0.08	0.13	0.10	0.105	0.12	0.17	0.14	0.19	0.16	0.23	0.27	0.31
构造物Ⅱ	0.03	0.04	0.05	0.08	0.07	0.10	0.08	0.12	0.09	0.14	0.11	0.16	0.13	0.18	0.15	0.21	0.17	0.25	0.30	0.34
构造物Ⅲ	0.06	0.08	0.11	0.17	0.14	0.21	0.17	0.25	0.20	0.30	0.23	0.35	0.27	0.40	0.31	0.45	0.35	0.52	0.60	0.69
技术复杂大桥	0.03	0.05	0.07	0.10	0.08	0.12	0.10	0.14	0.12	0.16	0.14	0.19	0.16	0.22	0.18	0.25	0.20	0.29	0.34	0.39
隧道	—	—	—	—	—	—	—	—	—	—	—	—	—		—	—	—	—	—	—
钢材及钢结构	—	—	—	—	—	—	—	—	—	—	—	—	—		—	—	—	—	—	—

夜间施工增加费计算按夜间施工工程项目（如桥梁工程项目包括上、下部构造全部工程）的直接工程费之和为基数，按表 7.5 的费率计算。

表 7.5　　夜间施工增加费费率表　　单位：%

工程类别	费率	工程类别	费率
构造物Ⅱ	0.35	技术复杂大桥	0.35
构造物Ⅲ	0.70	钢材及钢结构	0.35

注　设备安装工程及金属标志牌、防撞钢护栏、防眩板（网）、隔离栅、防护网等不计夜间施工增加费。

4. 特殊地区施工增加费

特殊地区施工增加费包括高原地区施工增加费、风沙地区施工增加费和沿海地区施工增加费三项。

(1) 高原地区施工增加费。高原地区施工增加费系指在海拔高度 1500m 以上地区施工，由于受气候、气压的影响，致使人工、机械效率降低而增加的费用。该费用各类工程的人工费和机械使用费之和为基数，按表 7.6 的费率计算。

表 7.6　　高原地区施工增加费费率表　　单位：%

工程类别	海拔高度（m）							
	1501～2000	2001～2500	2501～3000	3001～3500	3501～4000	4001～4500	4501～5000	＞5000
人工土方	7.00	13.25	19.75	29.75	43.25	60.00	80.00	110.00
机械土方	6.56	12.60	18.66	25.60	36.05	49.08	64.72	83.80
汽车运输	6.50	12.50	18.50	25.00	35.00	47.50	62.50	80.00
人工石方	7.00	13.25	19.75	29.75	43.25	60.00	80.00	110.00
机械石方	6.71	12.82	19.03	27.01	38.50	52.80	69.62	92.72
高级路面	6.58	12.61	18.69	25.72	36.26	49.41	65.17	84.58
其他路面	6.73	12.84	19.07	27.15	38.74	53.17	70.44	93.60
构造物Ⅰ	6.87	13.06	19.44	28.56	41.18	56.86	75.61	102.47
构造物Ⅱ	6.77	12.90	19.17	27.54	39.41	54.18	71.85	96.03
构造物Ⅲ	6.73	12.85	19.08	27.19	38.81	53.27	70.57	93.84
技术复杂大桥	6.70	12.81	19.01	26.94	38.37	52.61	69.65	92.27
隧道	6.76	12.90	19.16	27.50	39.35	54.09	71.72	95.81
钢材及钢结构	6.78	12.92	19.20	27.66	39.62	54.50	72.30	96.80

一条路线通过两个以上（含两上）不同的海拔高度分区时，应分别计算高原地区施工增加费或按工程量比便求得平均的增加率，计算全线高原地区施工增加费。

(2) 风沙地区施工增加费。风沙地区施工增加费系指在沙漠地区施工时，由于受风沙影响，按照施工及验收规范的要求，为保证工程质量和安全生产而增加的有关费用。

风沙地区的施工增加费以各类工程的人工费和机械使用费之和为基数，根据工程所在地的风沙区划分及类别，按表 7.7 的费率计算。

表 7.7 **风沙区施工增加费费率表** 单位:%

风沙区划 / 工程类别	风沙一区			风沙二区			风沙三区		
	沙漠类型								
	固定	半固定	流动	固定	半固定	流动	固定	半固定	流动
人工土方	6.00	11.00	18.00	7.00	17.00	26.00	11.00	24.00	37.00
机械土方	4.00	7.00	12.00	5.00	11.00	17.00	7.00	15.00	24.00
汽车运输	4.00	8.00	13.00	5.00	12.00	18.00	8.00	17.00	26.00
人工石方	—	—	—	—	—	—	—	—	—
机械石方	—	—	—	—	—	—	—	—	—
高级路面	0.50	1.00	2.00	1.00	2.00	3.00	2.00	3.00	5.00
其他路面	2.00	4.00	7.00	3.00	7.00	10.00	4.00	10.00	15.00
构造物 Ⅰ	4.00	7.00	12.00	5.00	11.00	17.00	7.00	16.00	24.00
构造物Ⅱ	—	—	—	—	—	—	—	—	—
构造物Ⅲ	—	—	—	—	—	—	—	—	—
技术复杂大桥	—	—	—	—	—	—	—	—	—
隧道	—	—	—	—	—	—	—	—	—
钢材及钢结构	1.00	2.00	4.00	1.00	3.00	5.00	2.00	5.00	7.00

(3) 沿海地区工程施工增加费。沿海地区工程施工增加费系指工程项目在沿海地区施工受海风、海浪和潮汐的影响，致使人工、机械效率降低等所需增加的费用。本项费用由沿海各省、自治区、直辖市交通厅（局）制定具体的适用范围（地区），并抄送交通部公路司备案。

沿海地区工程施工增加费以各类工程的直接工程费之和为基数，按表 7.8 的费率计算。

表 7.8 **沿海地区工程施工增加费费率表** 单位:%

工 程 类 别	费 率	工 程 类 别	费 率
构造物Ⅱ	0. 15	技术复杂大桥	0. 15
构造物Ⅲ	0. 15	钢材及钢结构	0. 15

5. 行车干扰工程施工增加费

行车干扰工程施工增加费系指由于边施工边维持通车，受行车干扰的影响，致使人工、机械效率降低而增加的费用。该费用受行车影响部分的工程项目的人工费和机械使用之和为基数，按表 7.9 的费率计算。

6. 安全及文明施工措施费

安全及文明施工措施费系指工程施工期间为满足安全生产、文明施工、职工健康生活所发生的费用。安全及文明施工措施费以各类工程的直接工程费之和为基数，按表 7.10 的费率计算。

表 7.9 **行车干扰工程施工增加费费率表** 单位:%

工程类别	施工期间平均每昼夜双向行车次数(汽车、畜力车合计)							
	51～100	101～500	501～1000	1001～2000	2001～3000	3001～4000	4001～5000	>5000
人工土方	1.64	2.46	3.28	4.10	4.76	5.29	5.86	6.44
机械石方	1.39	2.19	3.00	3.89	4.51	5.02	5.56	6.11
汽车运输	1.36	2.09	2.85	3.75	4.35	4.84	5.36	5.89
人工石方	1.66	2.40	3.33	4.06	4.71	5.24	5.81	6.37
机械石方	1.16	1.71	2.38	3.19	3.70	4.12	4.56	5.01
高级路面	1.24	1.87	2.50	3.11	3.61	4.01	4.45	4.88
其他路面	1.17	1.77	2.36	2.94	3.41	3.79	4.20	4.62
构造物Ⅰ	0.94	1.41	1.89	2.36	2.74	3.04	3.37	3.71
构造物Ⅱ	0.95	1.43	1.90	2.37	2.75	3.06	3.39	3.72
构造物Ⅲ	0.95	1.42	1.90	2.37	2.75	3.05	3.38	3.72
技术复杂大桥	—	—	—	—	—	—	—	—
隧道	—	—	—	—	—	—	—	—
钢材及钢结构	—	—	—	—	—	—	—	—

表 7.10 **安全及文明施工措施费费率表** 单位:%

工程类别	费率	工程类别	费率
人工土方	0.59	构造物Ⅰ	0.72
机械土方	0.59	构造物Ⅱ	0.78
汽车运输	0.21	构造物Ⅲ	1.57
人工石方	0.59	技术复杂大桥	0.86
机械石方	0.59	隧道	0.73
高级路面	1.00	钢材及钢结构	0.53
其他路面	1.02		

注 设备安装工程按表中费率的50%计算。

7. 临时设施费

临时设施费系指施工企业为进行建筑安装工程施工所必需的生活和生产的临时建筑物、构筑物和其他临时设施的费用等，但不包括概预算定额中临时工程在内。

临时设施费用内容包括临时设施的搭设、维修、拆除费和摊销费。

临时设施费以各类工程的直接工程费之和为基数，按表7.11的费率计算。

表 7.11 **临时设施费费率表** 单位:%

工程类别	费率	工程类别	费率
人工土方	1.57	构造物Ⅰ	2.65
机械土方	1.42	构造物Ⅱ	3.14
汽车运输	0.92	构造物Ⅲ	5.81
人工石方	1.60	技术复杂大桥	2.92
机械石方	1.97	隧道	2.57
高级路面	1.92	钢材及钢结构	2.48
其他路面	1.87		

8. 施工辅助费

施工辅助费包括生产工具用具使用费、检验试验费和工程定位复测、工程点交、场地清理等费用。

施工辅助以各类工程的直接工程费之和为基数，按表 7.12 的费率计算。

表 7.12　　施工辅助费率表　　单位：%

工程类别	费率	工程类别	费率
人工土方	0.89	构造物Ⅰ	1.30
机械土方	0.49	构造物Ⅱ	1.56
汽车运输	0.16	构造物Ⅲ	3.03
人工石方	0.85	技术复杂大桥	1.68
机械石方	0.46	隧道	1.23
高级路面	0.80	钢材及钢结构	0.56
其他路面	0.74		

9. 工地转移费

工地转移费系指施工企业根据建设任务的需要，由已竣工的工地或后方基地迁至新工地的搬迁费用。

工地转移费以各类工程的直接工程费之和为基数，按表 7.13 的费率计算。工地转移里程数在表列里程之间时，费率以内插计算。工地转移距离在 50km 以内的工程不计算工地转移费。

表 7.13　　工地转移费费率表　　单位：%

工程类别	工地转移里程（km）					
	50	100	300	500	1000	每增加 100
人工土方	0.15	0.21	0.32	0.43	0.56	0.03
机械石方	0.50	0.67	1.05	1.37	1.82	0.08
汽车运输	0.31	0.40	0.62	0.82	1.07	0.05
人工石方	0.16	0.22	0.33	0.45	0.58	0.03
机械石方	0.35	0.43	0.74	0.97	1.28	0.06
高级路面	0.61	0.83	1.30	1.70	2.27	0.12
其他路面	0.56	0.75	1.18	1.54	2.06	0.10
构造物Ⅰ	0.56	0.75	1.18	1.54	2.06	0.11
构造物Ⅱ	0.66	0.89	1.40	1.83	2.45	0.13
构造物Ⅲ	1.31	1.77	2.77	3.62	4.85	0.25
技术复杂大桥	0.75	1.01	1.58	1.06	2.76	0.14
隧道	0.52	0.71	1.11	1.45	1.94	0.10
钢材及钢结构	0.72	0.97	1.51	1.97	2.64	0.13

7.1.3　间接费

间接费由规费和企业管理费两项组成。

间接费的费率取定，按照《编制办法》进行。间接费工程类别划分和其他工程费工程类别划分完全相同。

1. 规费

规费系指法律、法规、规章、规程规定施工企业必须缴纳的费用（简称规费）。其内容包括施工企业按照规定标准为职工缴纳的养老保险费、失业保险费、医疗保险费、住房公积金和工伤保险费等。

各项规费以各类工程的人工费之和为基数，按国家或工程所在地法律、法规、规章、规定的标准计算。

2. 企业管理费

企业管理费由基本费用、主副食运费补贴、职工探亲路费、职工取暖补贴和财务费用五项组成。

（1）基本费用。基本费用系指施工企业为组织施工生产和经营管理所需的费用。其内容包括管理人员工资、办公费、差旅交通费、固定资产使用费、工具用具使用费、劳动保险费、工会经费、职工教育经费、保险费、工程保修费、工程排污费、税金以及上述项目以外的其他必要的费用支出等共13项。

基本费用的计算以各类工程的直接费之和为基数，按表7.14的费率计算。

表7.14　基本费用费率表　单位：%

工程类别	费率	工程类别	费率
人工土方	3.36	构造物Ⅰ	4.44
机械土方	3.26	构造物Ⅱ	5.53
汽车运输	1.44	构造物Ⅲ	9.79
人工石方	3.45	技术复杂大桥	4.72
机械石方	3.28	隧道	4.22
高级路面	1.91	钢材及钢结构	2.42
其他路面	3.28		

（2）主副食运费补贴。主副食运费补贴系指施工企业在远离城镇及乡村的野外施工购买生活必需品所增加的费用。该费用以各类工程的直接费之和为基数，按表7.15的费率计算。

$$\text{每综合里程} = \text{粮食运距} \times 0.06 + \text{燃料运距} \times 0.09 + \text{蔬菜运距} \times 0.15 + \text{水运距} \times 0.7 \tag{7.12}$$

粮食、燃料、蔬菜、水的运距均为全线平均运距；综合里程数在表列里程之间时，费率可内插；综合里程在1km以内的工程不计取本项费用。

（3）职工探亲路费。职工探亲路费系指按照有关规定施工企业职工在探亲期间发生的往返车船费、市内交通费和途中住宿费等费用。

表 7.15 **主副食运费补贴费率表** 单位:%

工程类别	综合里程 (km)											
	1	3	5	8	10	15	20	25	30	40	50	每增加 10
人工土方	0.17	0.25	0.31	0.39	0.45	0.56	0.67	0.76	0.89	1.06	1.22	0.16
机械土方	0.13	0.19	0.24	0.30	0.35	0.43	0.52	0.59	0.69	0.81	0.95	0.13
汽车运输	0.14	0.20	0.25	0.32	0.37	0.45	0.55	0.62	0.73	0.86	1.00	0.14
人工石方	0.13	0.19	0.24	0.30	0.34	0.42	0.51	0.58	0.67	0.81	0.92	0.12
机械石方	0.12	0.18	0.22	0.28	0.33	0.41	0.49	0.55	0.65	0.76	0.89	0.12
高级路面	0.08	0.12	0.15	0.20	0.22	0.28	0.33	0.38	0.44	0.52	0.60	0.08
其他路面	0.09	0.12	0.15	0.20	0.22	0.28	0.33	0.38	0.44	0.52	0.61	0.09
构造物Ⅰ	0.13	0.18	0.23	0.28	0.32	0.40	0.49	0.55	0.65	0.76	0.89	0.12
构造物Ⅱ	0.14	0.20	0.25	0.30	0.35	0.43	0.52	0.60	0.70	0.83	0.96	0.13
构造物Ⅲ	0.25	0.36	0.45	0.55	0.64	0.79	0.96	1.09	1.28	1.51	1.76	0.24
技术复杂大桥	0.11	0.16	0.20	0.25	0.29	0.36	0.43	0.49	0.57	0.68	0.79	0.11
隧道	0.11	0.16	0.19	0.24	0.28	0.34	0.42	0.48	0.56	0.66	0.77	0.10
钢材及钢结构	0.11	0.16	0.20	0.26	0.30	0.37	0.44	0.50	0.59	0.69	0.80	0.11

该费用以各类工程的直接费之和为基数，按表 7.16 的费率计算。

表 7.16 **职工探亲路费费率表** 单位:%

工程类别	费率	工程类别	费率
人工土方	0.10	构造物Ⅰ	0.29
机械土方	0.22	构造物Ⅱ	0.34
汽车运输	0.14	构造物Ⅲ	0.55
人工石方	0.10	技术复杂大桥	0.20
机械石方	0.22	隧道	0.27
高级路面	0.14	钢材及钢结构	0.16
其他路面	0.16		

(4) 职工取暖补贴。职工取暖补贴系指按规定发放给职工的冬季职工取暖费或在施工现场设置的临时取暖设施的费用。

该费用以各类工程的直接费之和为基数，按工程所在地的气温区（见附录七）选用表 7.17 的费率计算。

表 7.17 **职工取暖补贴费率表** 单位:%

工程类别	气温区						
	准二区	冬一区	冬二区	冬三区	冬四区	冬五区	冬六区
人工土方	0.03	0.06	0.10	0.15	0.17	0.26	0.31
机械石方	0.06	0.13	0.22	0.33	0.44	0.55	0.66
汽车运输	0.06	0.13	0.21	0.31	0.41	0.51	0.62
人工石方	0.03	0.06	0.10	0.15	0.17	0.25	0.31

续表

工程类别	气温区						
	准二区	冬一区	冬二区	冬三区	冬四区	冬五区	冬六区
机械石方	0.05	0.11	0.17	0.26	0.35	0.44	0.53
高级路面	0.04	0.07	0.13	0.19	0.25	0.31	0.38
其他路面	0.04	0.07	0.13	0.18	0.24	0.30	0.36
构造物Ⅰ	0.06	0.12	0.19	0.28	0.36	0.46	0.56
构造物Ⅱ	0.06	0.13	0.20	0.30	0.41	0.51	0.62
构造物Ⅲ	0.11	0.23	0.37	0.56	0.74	0.93	1.13
技术复杂大桥	0.05	0.10	0.17	0.26	0.34	0.42	0.51
隧道	0.04	0.08	0.14	0.22	0.28	0.36	0.43
钢材及钢结构	0.04	0.07	0.12	0.19	0.25	0.31	0.37

(5) 财务费用。财务费用系指施工企业为筹集资金而发生的各项费用，包括企业经营期间发生的短期贷款利息净支出、汇况净损失、调剂外汇手续费、金融机构手续费，以及企业筹集资金发生的其他财务费用。

财务费用以各类工程的直接费之和为基数，按表7.18的费率计算。

表7.18　财务费用费率表　单位:%

工程类别	费率	工程类别	费率
人工土方	0.23	构造物I	0.37
机械土方	0.21	构造物II	0.40
汽车运输	0.21	构造物III	0.82
人工石方	0.22	技术复杂大桥	0.46
机械石方	0.20	隧道	0.39
高级路面	0.27	钢材及钢结构	0.48
其他路面	0.30		

3. 辅助生产间接费

辅助生产间接费系指由施工单位自行开采加工的砂、石等材料及施工单位自办的人工装卸和运输的间接费。

辅助生产间接费按人工费的5%计算，该项费用并入材料预算单价内构成材料费，不直接出现在概预算中。

高原地区施工单位的辅助生产，按其他工程费中高原地区施工增加费费率，以直接工程费为基数计算高原地区施工增加费（其中：人工采集、加工材料，人工装卸、运输材料按人工土方费率计算；机械采集、加工材料按机械土石方费率计算；机械装、运输材料按汽车运输费率计算）。

7.1.4 利润

利润系指施工企业完成所承包工程应取得的盈利。利润的计算方法按直接费与间接费

之和扣除规费后金额的7%计算，即

$$利润=(直接费+间接费-规费)\times 7\% \quad (7.13)$$

7.1.5 税金

税金系指按国家税法规定应计入建筑安装工程造价内的营业税、城市维护建设税及教育费附加税等。计算公式

$$综合税金额=(直接费+间接费+利润)\times 综合税率 \quad (7.14)$$

综合税率计算分以下3种情况：

(1) 纳税地点在市区的企业，综合税率为3.41%。

(2) 纳税地点在县城、乡镇的企业，综合税率为3.35%。

(3) 纳税地点不在市区、县城、乡镇的企业，综合税率为3.22%。

【例7.3】 某二级公路一座钢筋混凝土矩形板桥（小桥），经过计算直接费125300元，间接费27500元（其中规费3000元），工程公司缴税地点在市区，试计算该矩形板桥的利润和税金各是多少？

解： 该桥是一座小桥，是项目表中的一个“节”，根据题意计算如下：

按照式（7.13）

$$利润=(125300+27500-3000)\times 7\%=10486(元)$$

按照式（7.14）

$$综合税金额=(125320+27500+10486)\times 3.41\%=5568.73(元)$$

7.2 设备、工具、器具及家具购置费

7.2.1 设备购置费

设备购置费系指为满足公路的营运、管理、养护需要，购置的达到固定资产标准的设备和虽低于固定资产标准但属于设计明确列入设备清单的设备的费用，包括渡口设备，隧道照明、消防、通风的动力设备，高等级公路的收费、监控、通信、供电设备，养护用的机械、设备和工具、器具等的购置费用。设备与材料的划分标准见附录四。

设备购置费包括设备原价、运杂费、运输保险费和采购保险费，按式（7.15）计算。

$$\begin{aligned}设备购置费=&设备原价+运杂费(运输费+装卸费+搬运费)\\&+运输保险费+采购及保管费\end{aligned} \quad (7.15)$$

需要安装的设备，需要另计算设备的安装工程费。

1. 设备原价

(1) 国产设备的原价。国产设备的原价一般是指设备制造厂的交货价，即出厂价或订货合同价。另外，还需计算必要的包装费和手续费，即

$$设备原价=出厂价(或供货地点价)+包装费+手续费 \quad (7.16)$$

(2) 进口设备的原价。进口设备的原价是指进口设备的抵岸价，即抵达买方边境港口或边境车站，且交完关税为止形成的价格，即

进口设备原价=货价+国际运费+运输保险费+银行财务费+外贸手续费+关税

＋增值税＋消费税＋商检费＋检疫费＋车辆购置附加费　　(7.17)

进口设备原价的各组成部分计算详见《编制办法》。

2. 设备运杂费

国产设备运杂费指由设备制造厂交货地点起至工地仓库（或施工组织设计指定的需要安装设备的堆放地点）止所发生的运费和装卸费；进口设备运杂费指由我国到岸港口或边境车站起至工地仓库（或施工组织设计指定的需要安装设备的堆放地点）止所发生的运费和装卸费。运杂费计算公式为

运杂费 ＝ 设备原价 × 运杂费费率　　(7.18)

设备运杂费费率见表 7.19。

表 7.19　　设备运杂费费率表

运输里程 (km)	100 以内	101～200	201～300	301～400	401～500	501～750	751～1000	1001～1250	1251～1500	1501～1750	1751～2000	2000 以上每增 250
费率（%）	0.8	0.9	1.0	1.1	1.2	1.5	1.7	2.0	2.2	2.4	2.6	0.2

3. 设备运输保险费

设备运输保险费指国内运输保险费。其计算公式为

运输保险费 ＝ 设备原价 × 保险费费率　　(7.19)

设备运输保险费费率一般为 1%。

4. 设备采购及保管费

设备采购及保管费指采购、验收、保管和收发设备所发生的各种费用。包括设备采购人员、保管人员和管理人员的工资、工资附加费、办公费、差旅交通费、设备供应部门办公和仓库所占固定资产使用费、工具用具使用费、劳动保护费、检验试验费等。其计算公式为

设备采购及保管费 ＝ 设备原价 × 采购及保管费费率　　(7.20)

设备采购及保管费费率：对于需要安装的设备费率为 2.4%，不需要安装的设备的费率为 1.2%。

7.2.2　工器具及生产家具（简称工器具）购置费

工器具购置费系指建设项目交付使用后为满足初期正常营运必须购置的第一套不构成固定资产的设备、仪器、仪表、工卡模具、器具、工作台（框、架、柜）等的费用。该费用不包括构成固定资产的设备、工器具和备品、备件及已列入设备购置费中的专用工具和备品、备件。

工器具购置费的计算方法同设备购置费。

7.2.3　办公和生活用家具购置费

办公和生活用家具购置费指为保证新建、改建项目初期正常生产、使用和管理所必须购置的办公和生活用家具、用具的费用。其范围包括：行政、生产部门的办公室、会议室、资料档案室、阅览室、单身宿舍及生活福利设施等的家具、用具。

办公和生活用家具购置费按表 7.20 的规定计算。

表 7.20　　办公和生活用家具购置费标准表

工程所在地	路线（元/公路公里）				有看桥房的独立大桥（元/座）	
	高速公路	一级公路	二级公路	三级、四级公路	一般大桥	技术复杂大桥
内蒙古、黑龙江、青海、新疆、西藏	21500	15600	7800	4000	24000	60000
其他省、自治区、直辖市	17500	14600	5800	2900	19800	49000

注　改建工程按表列数 80%计。

7.3 工程建设其他费用

7.3.1 土地征用及拆迁补偿费

土地征用及拆迁补偿费系指按照《中华人民共和国土地管理法》及《中华人民共和国土地管理法实施条例》、《中华人民共和国基本农田保护条例》等法律、法规的规定，为进行公路建设需征用土地所支付的土地征用及拆迁补偿费等费用。

1. 费用内容

土地征用及拆迁补偿费包括 6 项，即土地补偿费、征用耕地安置补助费、拆迁补偿费、复耕费、耕地开垦费和林植被恢复费。这是公路建设征用土地花费的各项费用。

2. 计算方法

土地征用及拆迁补偿费应根据审批单位批准的建设工程用地和临时用地面积及其附着物的情况，以及实际发生的费用项目，按国家有关规定及工程所在地的省（自治区、直辖市）人民政府颁发的有关规定和标准计算。

森林植被恢复费应根据审批单位批准的建设工程占用林地的类型及面积，按国家有关规定及工程所在地的省（自治区、直辖市）人民政府颁发的有关规定和标准计算。

当与原有的电力电信设施、水利工程、铁路及铁路设施互相干扰时，应与有关部门联系，商定合理的解决方案和补偿金额，也可由这些部门按规定编制费用以确定补偿金额。

7.3.2 建设项目管理费

建设项目管理费包括建设单位（业主）管理费、工程质量监督费、工程监理费、工程定额测定费、设计文件审查费和竣（交）工验收试验检测费共 6 项费用。

1. 建设单位（业主）管理费

建设单位（业主）管理费系指建设单位（业主）为建设项目的立项、筹建、建设、竣（交）工验收、总结等工作所发生的费用，不包括应计入设备、材料预算价格的建设单位邮购及保管设备、材料所需的费用。

建设单位（业主）管理费的计算方法：以建筑安装工程费总额为基数，按表 7.21 的费率，以累进办法计算。

表 7.21　　建设单位管理费费率表

第一部分　建设安装工程费（万元）	费率（%）	算　例　（万元）	
		建筑安装工程费	建设单位（业主）管理费
<500	3.48	500	500×3.48% = 17.4
501～1000	2.73	1000	17.4 + 500 × 2.73% = 31.05
1001～5000	2.18	5000	31.05 + 4000 × 2.18% = 118.25
5001～10000	1.84	10000	118.25 + 5000 × 1.84% = 210.25
10001～30000	1.52	30000	210.25 + 20000 × 1.52% = 514.25
30001～50000	1.27	50000	514.25 + 20000 × 1.27% = 768.25
50001～100000	0.94	100000	768.25 + 50000 × 0.94% = 1238.25
100001～150000	0.76	150000	1238.25 + 50000 × 0.76% = 1618.25
150001～200000	0.59	200000	1618.25 + 50000 × 0.59% = 1913.25
200001～300000	0.43	300000	1913.25 + 100000×0.43% = 2343.25
>300000	0.32	310000	2343.25 + 10000 × 0.32% = 2375.25

水深大于15m、跨度不小于400m的斜拉桥和跨度不小于800m的悬索桥等独立特大型桥梁工程的建设单位（业主）管理费按表3.21中的费率乘以1.0～1.2的系数计算；海上工程［指由于风流影响，工程施工期（不包括封冻期）全年月平均工作日少于15d的工程］的建设单位（业主）管理费按表7.21中的费率乘以1.0～1.3的系数计算。

2. 工程质量监督费

工程质量监督费系指根据国家有关部门规定，各级公路工程质量监督机构对工程建设质量和安全生产实施监督应收取的管理费用。其计算方法为：工程质量监督费以建筑安装工程费总额为基数乘以0.15%费率计算。

3. 工程监理费

工程监理费系指建设单位（业主）委托具有公路工程监理资格的单位，按施工监理视范进行全面的监督和管理所发生的费用。

工程监理费以建筑安装工程费总额为基数，按表7.22的费率计算。

表 7.22　　工程监理费费率表

工程类别	高速公路	一级及二级公路	三级及四级公路	桥梁及隧道
费率（%）	2.0	2.5	3.0	2.5

注　表中的桥梁指水深大于15m、斜拉桥和悬索等独立特大型桥墩梁工程；隧道指水下隧道工程。

建设单位（业主）管理费和工程监理费均为实施建设项目管理的费用，保证监理费用的前提下，可统筹使用。

4. 工程定额测定费

工程定额测定费系指各级公路（交通）工程定额（造价管理）站为测定劳动定额、搜集定额资料、编制工程定额及定额管理所需要的工作经费。

工程定额测定费以建筑安装工程费总额为基数，按0.12%计算。

5. 设计文件审查费

设计文件审查费系指国家和省级交通主管部门在项目审批前，为保证勘察设计工作的质量，组织有关专家或委托有资质的单位，对设计单位提交的建设项目可行性研究报告和勘察设计文件以及对设计变更、高速概算进行审查所需要的相关费用。

设计文件审查费以建筑安装工程费总额为基数，按0.1%计算。

6. 竣（交）工验收试验检测费

竣（交）工验收试验检测费指在公路建设项目交工验收和竣工验收前，由建设单位（业主）或工程质量监督机构委托有资质的公路工程质量检测单位按照有关规定对建设项目的工程质量进行检测，并出具检测意见所需要的相关费用。

竣（交）工验收试验检测费按表7.23的规定计算。

表7.23　竣（交）工验收试验检测费标准表

项　目	路线（元/公路公里）				独立大桥（元/座）	
	高速公路	一级公路	二级公路	三级、四级公路	一般大桥	技术复杂大桥
试验检测费	15000	12000	10000	5000	30000	100000

关于竣（交）工验收试验检测费，高速公路、一级公路按四车道计算，二级及以下等级公路按双车道计算，每增加一条车道，按表7.23的费用增加10%。

【例7.4】 某一级公路工程，全长60km，经计算建筑安装工程费为13.56亿元，试分别计算建设单位（业主）管理费、工程质量监督费、工程监理费、工程定额测定费、设计文件审查费和竣（交）工验收试验检测费共6项费用。

解： 根据题意，建筑安装工程费为13.56亿元，各项费用计算如下：

（1）建设单位（业主）管理费。按表7.21的费率，以累进法计算。查表7.21得到50001万～100000万元的管理费用为1238.25万元，则本工程项目建设单位（业主）管理费为

$$[1238.25+(135625.4-100000)]\times 0.76\%=1509.00\text{（万元）}$$

（2）工程质量监督费　　135625.4×0.15%=203.44（万元）

（3）工程监理费　　135625.4×2.5%=3390.64（万元）

（4）工程定额测定费　　135625.4×0.12%=162.75（万元）

（5）设计文件审查费　　135625.4×0.1%=135.63（万元）

（6）竣（交）工验收试验检测费。按照表7.23规定　　60×1.2=72（万元）

建设单位（业主）管理费共计

$$1509.00+203.44+3390.64+162.75+135.63+72=5473.46\text{（万元）}$$

7.3.3 研究试验费

研究试验费系指为本建设项目提供或验证设计数据、资料进行必要的研究试验和按照设计规定在施工过程中必须进行试验、验证所需的费用，以及支付科技成果、先进技术的一次性技术转让费。该费用不包括：

（1）应用科技3项费用（即新产品试制费、中间试验费和重要科学研究补助费）开支

的项目。

（2）应由施工辅助费开支的施工企业对建筑材料、构件和建筑物进行一般鉴定、检查所发生的费用及技术革新研究试验费。

（3）应由勘察设计费或建筑安装工程费用中开支的项目。

研究试验费的计算方法：按照设计提出的研究试验内容和要求进行编制，不需验证设计基础资料的不计本项费用。

7.3.4　建设项目前期工作费

建设项目前期工作费系指委托勘察设计、咨询单位对建设项目进行可行性研究、工程勘察设计，以及设计、监理、施工招标文件及招标标底或造价控制值文件编制时，按规定应支付的费用。该费用内容包括：

（1）编制项目建议书（或预可行性研究报告）、可行性研究报告、投资估算，以及相应的勘察、设计、专题研究等所需的费用。

（2）初步设计和施工图设计的勘察费（包括测量、水文调查、地质勘探等）、设计费、概（预）算及调整概算编制费等。

（3）设计、监理、施工招标文件及招标标底（或造价控制值或清单预算）文件编制费等。

建设项目前期工作费的计算方法：依据委托合同计列，或按国家颁发的收费标准和有关规定进行编制。

7.3.5　专项评价（估）费

专项评价（估）费系指依据国家法律、法规规定须进行评价（评估）、咨询，按规定应支付的费用。该费用包括环境影响评价费、水土保持评估费、地震安全性评价费、地质灾害危险性评价费、压覆重要矿床评估费、文物勘察费、通航论证费、行洪论证（评估）费、使用林地可行性研究报告编制费、用地预审报告编制费等费用。

专项评价（估）费的计算方法：按国家颁发的收费标准和有关规定进行编制。

7.3.6　施工机构迁移费

施工机构迁移费系指施工机构根据建设任务的需要，经有关部门决定成建制地（指工程处等）由原驻地迁移到另一地区所发生的一次性搬迁费用。该费用内容包括：职工及随同家属的差旅费，调迁期间的工资，施工机械、设备、工具、用具和周转性材料的搬运费。但该项不包括因工程中标、盲目调遣施工队伍和规定距离内的施工力量调动引起的迁移费用。

施工机构迁移费的计算方法：施工机构迁移费应经建设项目的主管部门同意按实计算。但计算施工机构迁移费后，其他工程费内的工地转移费应按照施工机构迁移后的新地点距离工程现场的距离计算。

7.3.7　供电贴费

供电贴费系指按照国家规定，建设项目应交付的供电工程贴费、施工临时用电贴费。

供电贴费的计算方法：按国家有关规定计列（目前停止征收）。

7.3.8　联合试运转费

联合试运转费系指新建、改（扩）建工程项目，在竣工验收前按照设计规定的工程质量标准，进行动（静）载荷载实验所需的费用，或进行整套设备带负联合试运转期间所需的全部费用抵扣试车期间收入的差额。该费用不包括应由设备安装工程项下开支的调试费的费用。

联合试运转费的费用计算方法：联合试运转费以建筑安装工程费总额为基数，独立特大型桥梁按 0.075%、其他工程按 0.05%计算。

7.3.9 生产人员培训费

生产人员培训费系指新建、改（扩）建公路工程项目，为保证生产的正常运行，在工程竣工验收交付使用前对运营部门生产人员和管理人员进行培训所必需的费用。该费用内容包括：培训人员的工资、工资性补贴、职工福利费、差旅交通费、劳动保护费、培训及教学实习费等。

生产人员培训费的计算方法：按设计定员和 2000 元/人的标准计算。

7.3.10 固定资产投资方向调节税

固定资产投资方向调节税系指为了贯彻国家产业政策，控制投资规模，引导高效方向调整投资结构，加强重点建设，促进国民经济持续发展，依照《中华人民共和国固定资产投资方向调节税暂行条例》规定，公路建设项目应缴纳的固定资产投资方向调节税。

固定资产投资方向调节税的计算方法：按国家有关规定计算（目前暂停征收）。

7.3.11 建设期贷款利息

建设期贷款利息系指建设项目中分年度使用国内贷款或国外贷款部分，在建设期内应归还的贷款利息。该费用内容包括各种金融机构贷款、企业集资、建设债券和外汇贷款等利息。

建设期贷款利息的计算方法：根据不同的资金来源按需付息的分年度投资计算。计算公式如下

$$\text{建设期贷款利息} = \sum\left(\text{上年末付息贷款本息累计} + \frac{\text{本年度付息贷款额}}{2}\right)\times \text{年利率}$$

即

$$S = \sum_{n=1}^{N}\left(F_{n-1} + \frac{b_n}{2}\right)i \tag{7.21}$$

式中 S——建设期贷款利息，元；

N——项目建设期，年；

n——施工年度；

F_{n-1}——建设期第（$n-1$）年度末需付息贷款本息累计，元；

b_n——建设期第 n 年度付息贷款额，元；

i——建设期贷款年利率，%。

【例 7.5】 某高速公路工程需要贷款 120000 万元，建设期 3 年，每年贷款额均为 40000 万元，年贷款利率 8%，试计算建设期的贷款利息是多少?

解：根据题意，按照式（7.21），各年的贷款利息计算如下。

第 1 年：$S_1 =$（40000÷2）×8%＝1600（万元），第 1 年末本息累计 41600 万元；

第 2 年：$S_2 =$（41600＋40000÷2）×8%＝4928（万元），第 2 年末本息累计 41600

＋40000＋4928＝86528 万元；

第 3 年：S_3＝（86528＋40000÷2）×8％＝8522.24（万元）；

建设期的贷款利息总额为：$S=S_1+S_2+S_3$＝1600＋4928＋8522.24＝15050.24（万元）。

7.4 预备费、回收金额

7.4.1 预备费

在公路工程建设期限内，应严格控制预备费的使用。凡需动用预备费时，应有交通部门或按其隶属关系报有关部门核定批准。预备费由价差预备费及基本预备费两部分组成。

1. *价差预备费*

价差预备费系指设计文件编制年至工程竣工年期间，第一部分费用的人工费、材料费、机械使用费、其他工程费、间接费等以及第二、第三部分费用由于政策、价格变化可能发生上浮而预留的费用及外资贷款汇率变动部分的费用。

设计文件编制至工程完工在一年以内的工程，不列此项费用。

(1) 价差预备费的计算方法。价差预备费以概（预）算或修正概算第一部分建筑安装工程费总额为基数，按设计文件编制年始至建设项目工程竣工年终的年数和年工程造价增涨率计算。其计算公式如下

$$\text{价差预备费} = P[(1+i)^{n-1}-1] \tag{7.22}$$

式中　P——建筑安装工程费总额，元；

i——年工程造价增涨率，%；

n——设计文件编制年至建设项目开工年与建设项目建设期限之和，年。

(2) 年工程造价增涨率取定方法。

1) 价格指数法。按有关部门公布的工程投资价格指数计算。

2) 综合分析预测法。由设计单位会同建设单位根据该工程人工费、材料费、施工机械使用费、其他工程费、间接费以及第二、第三部分费用可能发生和上浮等因素，以第一部分建安费为基数进行综合分析预测。

【例 7.6】　某特大隧道工程，于 2001 年 9 月编制完成预算，计划 2003 年 9 月开工，2006 年 8 月竣工，隧道的建筑安装工程费总额为 35000 万元，经测算工程造价涨价率为 7.2%，计算该工程项目的价差预备费。

解：由题意知

$$n = 3+3 = 6(\text{年})$$

$$\text{价差预备费} = 35000\times[(1+7.2\%)^{6-1}-1] = 14549.81(\text{万元})$$

2. *基本预备费*

基本预备费系指在初步设计和概算中难以预料的工程费用。

(1) 费用内容。

1) 在进行技术设计、施工图设计和施工过程中，在批准的初步设计和概算范围内所增加的工程费用。

2) 在设备订货时，由于规格、型号改变的价差；材料货源变更、运输距离或方式的

改变以及因规格不同而代换使用等原因发生的价差。

3）由于一般自然灾害所造成的损失和预防自然灾害所采取的措施费用。

4）在项目主管部分组织竣（交）工验收时，验收委员会（或小组）为鉴定工程质量必须开挖和修复隐蔽工程的费用。

5）投保的工程根据工程特点和保险合同发生的工程保险费用。

（2）基本预备费计算。基本预备费以概预算项目表中第一、第二、第三部分费用之和，扣除固定资产方向调节税和建设期贷款利息两项费用后的金额为基数，按下列费率计算：设计概算按5%计列；修正概算按4%计列；施工图预算按3%计列。

采用施工图预算加系数包干承包的工程，以施工图预算中直接费与间接费之和为基数，包干系数为3%。施工图预算包干费用由施工单位包干使用，一般在包干范围内不得调整承包费用，但不包括因水文地质条件变化造成的基础变更、结构变更、标准提高、工程规模改变而增加的费用。

【例7.7】 某桥梁工程编制设计概算，经计算第一、第二、第三部分投资合计为3200万元，其中第三部分投资中固定资产投资方向调节税为0，建设期贷款利息为220万元。计算工程的基本预备费。

解： 编制设计概算费率为5%，则

$$基本预备费=(3300-0-220)\times 5\%=154（万元）$$

7.4.2 回收金额

概预算定额所列材料一般不计回收，只对按全部材料计价的一些临时工程项目和由于工程规模或工期限制达到规定周转次数的拱盔、支架及施工金属设备的材料计算回收金额。回收率见表7.24。

表7.24 回 收 率 表 单位：%

回收项目	使用年限或周转次数				计算基数
	一年或一次	两年或两次	三年或三次	四年或四次	
临时电力、电信线中	50	30	10	—	材料原价
拱盔、支架	60	45	30	15	
施工金属设备	65	65	50	30	

注 施工金属设备指钢壳沉井、钢护筒等。

7.5 公路工程概预算编制步骤

7.5.1 公路工程概预算编制的依据

1. 概算编制依据

（1）国家发布的有关法律、法规、规章、规程等。

（2）批准的可行性研究报告及投资估算、设计图表资料和文字说明等有关资料。

（3）现行的《公路工程概算定额》、《公路工程预算定额》、《公路工程机械台班费用定额》及本办法。

(4) 工程所在地的人工、材料、设备预算价格等。

(5) 工程所在地的自然、技术、经济条件等资料。

(6) 工程施工方案。

(7) 有关合同、协议等。

(8) 工程所在地省级交通主管部门发布的补充计价依据。

(9) 其他有关资料。

2. 预算编制依据

(1) 国家发布的有关法律、法规、规章、规程等。

(2) 批准的初步设计文件及其概算、设计图表资料和文字说明等有关资料。

(3) 现行的《公路工程预算定额》、《公路工程机械台班费用定额》及本办法。

(4) 工程所在地的人工、材料、设备预算价格等。

(5) 工程所在地的自然、技术、经济条件等资料。

(6) 工程施工组织设计或施工方案。

(7) 有关合同、协议等。

(8) 工程所在地省级交通主管部门发布的补充计价依据。

(9) 其他有关资料。

7.5.2 概预算费用计算与概预算文件编制的步骤

概预算费用计算及概预算文件编制是一项非常严谨的工作，各项费用的计算是否准确直接关系到概预算文件的编制质量，影响着工程建设各方的经济利益。为了确保工程概预算文件编制的质量，必须按照公路工程概预算内在的规律和国家有关规定，同时按照一定的程序步骤来进行。下面具体阐述公路工程概预算费用计算及概预算文件的编制步骤。

1. 编制前的准备工作

(1) 熟悉设计图纸和有关资料。应对相应阶段的初步设计、技术设计和施工图设计图纸进行检查和整理，熟悉图纸的内容，搜集相应的标准图、技术规范及工程建设文件资料，对工程的全局做到融会贯通、心中有数。

(2) 准备工具书，表格。包括准备现行的《公路工程基本建设概算预算编制办法》、《公路工程概算定额》、《公路工程预算定额》、《公路工程机械台班费用定额》，以及各省、自治区、直辖市的地方法规规定和补充编制办法，准备概预算表格，法定的表格是表6.4～表6.16（01表～12表），表格样式不可改变。

(3) 考虑合理的施工方案或施工组织设计。工程的施工方案或施工组织设计不同，将使计算的概预算价值不同，影响到费用计算结果，必须加以考虑。如施工工艺、施工技术方法、材料运距等均会对概预算价值产生影响。

(4) 搜集和调查材料的市场价格信息。包括各省、自治区、直辖市公路管理部门发布的材料市场价格信息和自行调查的各地的价格信息，作为编制材料与算价格的依据。

2. 分项与工程量计算

公路工程概预算是以分项工程概预算表为基础计算和汇总而得到的，所以公路工程的分项与工程量计算是一项很基础的工作，也是概预算费用计算的关键。

(1) 分项工程列项的三个条件。分项工程列项必须符合三个条件：

1）必须按照《编制办法》规定的公路工程概预算项目划分的规定，按照项、目、节、细目进行划分列项。必须划分到节、细目的深度，表7.34（08－2表）的分项工程是以节或目为单元计算的。

2）必须考虑《公路工程概算定额》、《公路工程预算定额》的概预算项目，以便于定额套用。

3）必须符合费率要求，其他工程费、间接费的费率区分了13个不同的工程类别。工程类别不同，相应费率也不同。

（2）划分工程细目。分项工程一般有一个或几个工程细目，是工程量计算的基础，应该结合工程内容、公路概预算项目划分和概预算定额充分考虑。

（3）工程量的计算。工程量的计算要结合图纸内容、概预算定额的说明和工程量计算规则进行。定额消耗量是以每个工程细目为基础分别套用的，因此应先分别计算出分项工程中每个工程细目的工程量。工程量计算应做到以下几点：

1）计算口径一致。即工程细目与概预算定额表的工作内容一致。

2）计量单位一致。各工程细目的工程量计量必须与所套用概预算定额中相应项目的单位一致。

3）严格按照概预算定额的章、节前说明或工程量的计算规则的要求计算工程量。

4）防止重项或漏项。

3. 建筑安装工程费的计算

（1）填写建筑安装工程费计算数据表（08－1表）。根据划分的项、目、节及其工程细目，对于每一个项逐一填写本项中目、节、细目的名称、个数和单位、数量。表6.11（08－1表）主要供计算机软件运算使用，也是概预算费用计算时的分项和工程量计算结果的汇总。

（2）分析人工、材料、机械类型和数量，初编分项工程概预算表见表6.12（08－2表）。根据划分的分项工程（即节），结合公路工程概预算定额，将编制范围、工程名称、工程项目、工程细目、定额单位和工程量等填入表6.12（08－2表）表格中；然后套用定额查取相应的人工、材料、机械的定额消耗量。

（3）计算自采材料价格，编制10表。根据表6.12（08－2表）所发生的自采材料规格名称，结合外业调查资料，套用预算定额“材料采集及加工”项目，编制自采材料料场价格计算表6.14（10表），作为表6.13（09表）计算的材料原价。

（4）计算材料预算价格，编制09表。根据表6.12（08－2表）发生的材料种类以及表6.14（10表）自采材料的料场价格，分别逐一统计填写各类材料的规格、单位，原价按照调查搜集的信息或计算数据填入，运杂费、场外运输损耗及采购保管费按照规定或标准填入，最后得出每一种材料的预算价格。表6.13（09表）的编制应随着表6.12（08表）而交错进行，需要不断统计、计算。

（5）计算机械台班单价，编制11表。根据表6.12（08－2表）、表6.14（10表）所出现的机械规格、名称，套用《公路工程机械台班费用定额》，计算各类机械的台班费单价，填写入表6.15（11表）中。

（6）汇总人工、材料、机械台班单价，编制07表。计算工程所在地区的人工工资单价，并根据表 6.13（09 表）、表 6.15（11 表）的计算结果，填写“人工、材料、机械台班单价汇总表”，即表 6.10（07 表），以汇总成完成各类人工、材料、机械台班单价。

（7）取定其他工程费、间接费费率，编制 04 表。根据工程的自然条件、施工条件等具体情况，按照工程类别的划分和规定的费率，填写到表 6.7（04 表）中，分别计算和汇总每一工程类别的其他工程费和间接费的综合费率。

（8）分项工程建筑安装工程费的计算，续编完成 08－2 表。对于某一分项工程的表 6.12（08－2 表）的续编完成，标志着分项工程的建筑安装工程费计算的结束。它综合反映了该分项工程的人工、材料及机械台班的消耗数量和建筑安装工程费的各项费用，也包含了人工、材料、机械的单价。08－2 表的接续编制办法是：在初编的表 6.12（08－2 表）中，根据表 6.10（07 表）、表 6.7（04 表）的计算结果，进行计算：分别填写相应的人工、材料、机械单价，再分别乘以相应的人工、材料、机械消耗数量，得出相应的人工费、材料费和机械费，计算直接工程费；套用概预算定额得到定额基价；计算其他工程费、间接费；在根据《编制办法》的规定，计算利润和税金；汇总直接工程费、其他工程费、间接费、利润和税金得到建筑安装工程费。如果分项工程中含有工程细目是属于需要安装的设备，必须首先分析计算出设备的工程数量，并统计到表 6.8（05 表）中，在表 6.12（08－2 表）中列出工程细目，其费用计算过程、方法和一般建筑工程细目相同。

（9）汇总计算工程项目的建筑安装工程费，编制 03 表。根据表 6.12（08－2 表）的计算结果，分别将每个分项工程的直接工程费（包括人工费、材料费、机械使用费）、其他工程费、间接费、利润和税金填入建筑安装工程费计算表，见表 6.6（即 03 表），汇总得到一个单项工程或单位工程的建筑安装工程费及其各组成部分的费用，并计算出每个分项工程的单价指标。

4. 设备、工具、器具及家具购置费的计算，编制 05 表

根据具体的设备、工具、器具的购置清单（包括设备的规格、单位、数量），按照《编制办法》规定的计算标准和方法进行计算，编制表 6.8（05 表）。办公和生活用家具购置费用也包括在 05 表中，按照《编制办法》规定的标准方法计算。

5. 工程建设其他费用、回收金额的计算，编制 06 表

根据施工方或施工组织设计的规定，结合外业调查资料和工程实际发生的情况，按照国家、地方有关政策文件规定以及《编制办法》计算工程建设其他费用；按照《编制办法》的标准计算回收金额，完成表 6.9（06 表）的编制。

6. 计算公路工程概预算总价值，编制 01 表，01－1 表

表 6.4（01 表），即总概预算表。它是计算公路工程的单项工程或单位工程的概预算总价值的汇总表，需要严格按照公路工程概预算项目划分的规定来填写。编制表 6.4（01 表）的具体方法是：将复合后的表 6.6（03 表）、表 6.8（05 表）、表 6.9（06 表）及表 6.12（08 表）的结果，按照公路工程概预算项目划分的要求，填写入总概预算表（01 表）中，并计算预备费，计算出公路工程的概预算总金额、技术经济指标等。概预算总金额减回收金额得到公路工程项目基本造价。

如果一个建设项目分若干个单项工程编制概预算时，应该编制表 6.2（01－1 表），即总概预算汇总表。它是反映一个建设项目的各项费用组成、概预算总价值和技术经济指标

的。01－1表由01表汇总而成，“项”必须保留，“目”“节”可根据情况删减。

7. 实物消耗量计算，编制12表、用工附表、02表，02－1表

（1）计算辅助生产实物消耗量，编制12表。根据表6.14（10表）所列的自采材料规格、名称，把按照定额计算的辅助生产用人工、材料、机械台班消耗数量填写到表6.16（12表）中。

（2）计算其他各类用工、增工数量，可自行编制辅助表格。其他各类用工增工、数量只作为计算实物消耗量的依据，其费用已包含在概预算费用中，不再单独计费，只计算用工数量。包括“冬雨季及夜间施工增工”和“临时设施用工”两项，按照《编制办法》规定的标准计算。

（3）计算单项工程或单位工程的实物消耗量，编制表6.5（02表）。根据表6.12（08－2表）、表6.16（12表）和各类用工、增工辅助表格的计算结果，按照分项计算汇总得到“人工、主要材料、机械台班数量汇总表”，即表6.5（02表）。

（4）建设项目实物消耗量计算，编制02－1表。若一个建设项目分若干个单项编制概预算时，需要反映建设项目总实物消耗量，需要编制02－1表，即表6.3，总概预算人工、主要材料、机械台班数量汇总表，应按照不同的单项工程分别列项，并在02－1表中将一个建设项目的全部人工、材料、机械台班数量汇总计算。

8. 编写编制说明、目录及封面

概预算费用计算及各类表格全部完成后，必须编制“概预算说明”。编制说明应结合编制概预算文件和费用计算的过程，结合工程的实际情况，写出编制说明。编制说明的主要内容按照《编制办法》的规定，主要包括设计文件依据、概预算计价依据、有关建设文件、编制中存在的问题以及不能在概预算表格中反映的事项等。

目录和封面编制有规定的格式，应按照格式填写。目录按照甲组文件、乙组文件逐项按照标号顺序由表6.2～表6.16（01表～12表）排列，封面应该列出概预算类型、工程项目分段路线桩号或独立大中桥名称、编制人和复核人签字盖章。

9. 复核、装订、报批

概预算文件全部完成后应进行一次全面的复核，确认无误后签字盖章，上报待批。

应当说明的是：概预算各项费用的计算过程相互交叉，计算表格间的逻辑关系变得复杂。因此，上述费用计算的步骤和表格填写顺序并不是一成不变的。而且有些费用实际若不发生（如自采材料有些工程就不存在），则表6.14（10表）就不必填写。为了正确地计算公路工程概预算费用和编制高质量的概预算文件，要求概预算编制人员必须掌握《编制办法》的有关规定，深刻理解概预算的理论方法和内在规律，熟悉工程内容和施工技术，精通各类表格的计算、填写方法等。

10. 概预算编制注意事项

（1）2007版公路系列定额及《编制办法》有较大变化。2007版的《编制办法》与旧编制办法相比，虽然格式变化不大，但内容实质有很多不同，涉及概预算项目划分、表格内容、费用计算方法等。比如新办法的项、目、节划分更加详细，而且增加了工程细目；表6.12（08－2表）中还增加了间接费、利润及税金，计算出建筑安装工程费；取消了基价计费基础，而是按照费用类型不同分别以直接工程费、人工费等

作为取费基础；自办运输的人工在概预算表当中不再单独显示，02表不在计算此项等。

(2) 理清费用计算过程中各表格间的内在联系和交叉关系。表6.10（07表）、表6.12（08-2表）、表6.13（09表）、表6.14（10表）、表6.15（11表）在编制过程中是交叉进行、相互补充完成的。表6.5（02表）的编制又是和表6.12（08-2表）、表6.16（12表）以及增工用工附表前后联系，前后表格中的数据应该严格前后呼应。

(3) 分项注意事项。编制表6.12（08-2表）时，对于建筑安装工程的分项工程内容，以概预算项目表中“节”为单元的，每个分项工程中包括了一个或几个工程细目；对于设备及工具、器具购置费，是按照“项”或“节”为单元分项计算的，直接填入表6.8（05表）；对于工程建设其他费，是以“项”或“目”为单元计算的，直接填入表6.9（06表）。分项除按照公路概预算项目划分的规定外，还要符合公路工程概预算定额的项目划分方法，并考虑其他工程费和间接费的费率的不同类型。

(4) 准确计算工程量。工程量计算准确与否，直接关系到概预算价值，必须按照图纸设计内容、工程量计算规则和定额说明准确计算。要把图纸工程量一一核对，而且要和定额项目的口径一致，尤其应注意定额表的工作范围、单位、附注的说明，这些都与工程量计算关系很大。

(5) 注意各地方的概预算编制规定。各省、自治区、直辖市会根据全国统一的编制办法制定一些本地区内使用的补充编制办法或规定，这也是编制概预算的重要依据，不可忽视。如各地区一般发布人工工资单价、材料价格信息、其他工程费和间接费费率，以及概预算有关费用标准等，这些都应直接作为概预算费用计算的依据。

(6) 加强复核工作，确保概预算编制质量。每个表格均有“编制”、“复核”两人完成，不可自编自核，更不要不经复核就加以使用。概预算费用计算完成后，要进行造价分析加以验证，保证概预算的编制质量。造价分析也是概预算人员主动参与工程的设计方案优化的体现。

7.5.3 各项费用的计算程序和计算方式

公路工程建设各项费用之间有着紧密的联系，其计算也有着一定的规律和程序。各项费用的计算程序及计算方式见表7.25。各项费用的具体计算方法还应参照概预算费用的标准和计算有关章节内容。

表7.25 公路工程建设各项费用的计算程序及计算方式

代号	项目	说明及计算
(一)	直接工程费	按编制年工程所在地的预算价格计算
(二)	其他工程费	(一)×其他工程费综合费率； 或各类工程人工费和机械费之和×其他工程费综合费率
(三)	直接费	(一)+(二)
(四)	间接费	各类工程人工费×规费综合费率+(三)×企业理费综合费率
(五)	利润	[(三)+(四)-规费]×利润率

续表

<table>
<tr><th>代号</th><th colspan="2">项目</th><th>说明及计算</th></tr>
<tr><td>（六）</td><td colspan="2">税金</td><td>[（三）+（四）+（五）]×综合税率</td></tr>
<tr><td>（七）</td><td colspan="2">建筑安装工程费</td><td>（三）+（四）+（五）+（六）</td></tr>
<tr><td rowspan="2">（八）</td><td colspan="2">设备、工具、器具的购置费（包括备品备件）</td><td>∑（设备、工具、器具购置数量×单价+运杂费）×（1+采购保管费率）</td></tr>
<tr><td colspan="2">办公及生活用家具的购置费</td><td>按有关规定计算</td></tr>
<tr><td rowspan="16">（九）</td><td colspan="2">工程建设其他费</td><td></td></tr>
<tr><td colspan="2">土地征用及拆迁费用</td><td>按有关规定计算</td></tr>
<tr><td rowspan="6">建设项目管理费</td><td>建设单位（业主）管理费</td><td>（七）×费率</td></tr>
<tr><td>工程质量监督费</td><td>（七）×费率</td></tr>
<tr><td>工程监理费</td><td>（七）×费率</td></tr>
<tr><td>工程定额测定费</td><td>（七）×费率</td></tr>
<tr><td>设计文件审查费</td><td>（七）×费率</td></tr>
<tr><td>竣（交）工验收试验检测费</td><td>按有关规定计算</td></tr>
<tr><td colspan="2">研究试验费</td><td>按有关规定计算</td></tr>
<tr><td colspan="2">前期工作费</td><td>按批准的计划编制</td></tr>
<tr><td colspan="2">专项评价（估）费</td><td>按有关规定计算</td></tr>
<tr><td colspan="2">施工机构迁移费</td><td>按实计算</td></tr>
<tr><td colspan="2">供电贴费</td><td>按有关规定计算</td></tr>
<tr><td colspan="2">联合试运转费</td><td>（七）×费率</td></tr>
<tr><td colspan="2">固定资产投资方向调节税</td><td>按有关规定计算</td></tr>
<tr><td colspan="2">建设期贷款利息</td><td>按实际贷款数和利率计算</td></tr>
<tr><td rowspan="4">（十）</td><td colspan="2">预备费</td><td>包括价差预备费和基本预备费两项</td></tr>
<tr><td colspan="2">价差预备费</td><td>按规定的公式计算</td></tr>
<tr><td colspan="2">基本预备费</td><td>[（七）+（八）+（九）−固定资产投资方向调节税−建设期贷款利息]×费率</td></tr>
<tr><td colspan="2">预备费中施工图预算包干系数</td><td>[（三）+（四）]×费率</td></tr>
<tr><td>（十一）</td><td colspan="2">建设项目总费用</td><td>（七）+（八）+（九）+（十）</td></tr>
</table>

7.6 公路工程概预算编制示例

7.6.1 工程背景资料

京汕高速公路第×合同段路线工程，位于河北某地，要求在施工图设计阶段编制施工图预算。

公路工程该合同段全长5000m，工程内容涉及临时工程、路基及路面工程的各个部分内容，并按照当前比较先进的施工工艺和技术方法编制工程总预算。包括了路基挖、运、填土和买土，路面的垫层、石灰土底基层、水泥碎石基层、沥青混凝土和水泥混凝土面层等工程项目。

该项预算编制范围包括了公路工程概预算费用构成的绝大多数费用类型。

7.6.2　示例文件的目录和编制说明

依据《编制办法》要求，结合本合同段工程实际情况编写目录、编制说明。主要内容有：

1. 目录

（1）本工程项目的甲组文件：

编制说明；

总概（预）算（01表）；

人工、主要材料、机械台班数量汇总表（02表）；

建筑安装工程费计算表（03表）；

其他工程费及间接费综合费率计算表（04表）；

设备、工具、器具购置费计算表（05表）；

工程建设其他费用及回收金额计算表（06表）；

人工、材料、机械台班单价汇总表（07表）；

上述计算表格及数据详见表7.26～表7.32。

（2）本工程项目的乙组文件：

建筑安装工程费计算表（08-1表）；

分项工程概（预）算表（08-2表）；

材料预算单价计算表（09表）；

自采材料料场价格计算表（10表）；

机械台班单价计算表（11表）；

辅助生产人工、材料、机械台班单位数量表（12表）；

上述计算表格及数据详见表7.26～表7.32。

2. 编制说明

（1）建设项目依据京汕高速公路第×合同段路线工程设计图纸、工程现场勘察资料等。

（2）采用《公路工程基本建设项目概算预算编制办法》（JTG B06—2007）、《公路工程预算定额》（JTG/T B06—02—2007）、《公路工程机械台班费用定额》（JTG/T B06—03—2007）。人工工资单价依据××省发布的预算价格，49.2元/每工日（仅用于本案例使用）；材料价格来自自行市场调查或部分采用了××省发布的材料价格信息。片石为自采材料；机械台班单价依据2007版定额计算取定。

（3）与概预算有关的协议书、会议纪要等主要内容。

（4）总概预算金额为157640336元，单位造价31528067元，基本符合平原微丘地区的高速公路造价指标。

（5）其他与概预算有关的事项。

7.6.3　示例文件的概预算费用计算表格

本预算的概预算表格按照2007版《编制办法》编制，并且包括了当前公路工程概预算的全部表格类型。在选例中尽量保持了原预算内容，但由于篇幅所限，有些表格进行了适当缩略（如 08－1 表，08－2 表等）。

为编排方便起见，表格中部分较大的“金额”均保留了整数，注意在实际编制概预算时要保留两位小数点，即计算到“分”。

详见下面示例系列表格（表 7.26～表 7.38）。

表 7.26　　总预算表

建设项目名称：京汕高速公路第×合同段路线工程

编制范围：K0＋000～K5＋000　　第 1 页　共 3 页　01 表

项	目	节	细目	工程或费用名称	单位	数量	预算金额（元）	技术经济指标	各项费用比例（%）	备注
				第一部分 建筑安装工程费	公路公里		141341699		89.66	
一				临时工程	公路公里		300000		0.19	
	1			临时便道	km	30	300000	10000		
二				路基工程	km	5	19301536	3860307.2	12.24	
	1			场地清理	m^2	130000	53499	0.41		
		1		清理与掘除	m^2	130000	53499	0.41		
			1	清除表土	m^2	130000	50642	0.39		
			2	伐树、挖根、除草	棵	84	2857	34.01		
	2			挖方	m^3	160224	454067	2.83		
		1		挖土方	m^3	160224	454067	2.83		
			1	挖路基土方	m^3	160224	454067	2.83		
	3			填方	m^3	138124	13089411	94.77		
		1		路基填方	m^3	138124	12677087	91.78		
			1	利用土方填筑	m^3	138124	731732	5.3		
			2	借土方填筑	m^3	138124	11945355	86.48		
		2		结构物台背回填	m^3	9200	412324	44.82		
	4			特殊路基处理	km	5	1593642	318728.4		
		1		软土处理	km	5	1593642	318728.4		
			1	砂、砂砾垫层	m^3	7175	867821	120.95		
			2	预压与超载预压	m^2	600	42462	70.77		
			3	土工格栅	m^2	40293	683359	16.96		
	5			排水工程	km	5	2540681	508136.2		
		1		泄水槽	m^3	3852	2540681	659.57		
	6			防护与加固工程	km	5	1570236	314047.2		

编制×××　　复核×××

续表

建设项目名称：京汕高速公路第×合同段路线工程

编制范围：K0＋000～K5＋000

第2页 共3页 01表

项	目	节	细目	工程或费用名称	单位	数量	预算金额（元）	技术经济指标	各项费用比例（%）	备注
二	6	1		坡面植物防护	m^2	119903	1003	0.01		
			1	铺（植）草皮	m^2	119903	1003	0.01		
		2		坡面防护	m^3	3173	1569233	494.56		
			1	预制块混凝土护坡	m^3	3173	1569233	494.56		
三				路面工程	km	5	121740163	24358032.4	77.23	
	1			路面垫层	m^2	121140	1485829	12.27		
	2			路面底基层	m^2	121140	2336203	19.29		
		1		石灰稳定底基层	m^2	121140	2336203	19.29		
	3			路面基层	m^2	121140	62065829	512.35		
		1		石灰稳定类基层	m^2	121140	1273235	10.51		
		2		水泥稳定类基层	m^2	985211	31176700	31.64		
				水泥稳定级配碎石16	m^2	985211	31176700	31.64		
		3		石灰粉煤灰稳定类基层	m^2	985211	29308562	29.75		
				石灰粉煤灰碎石5：15：80（18cm）	m^2	985211	29308562	29.75		
		4		稳定土厂拌设备安装拆除	座	1	307332	307332		
	4			透层、粘层、封层	m^2	1321780	9606184	7.27		
		1		透层	m^2	1321780	6949707	5.26		
		2		粘层	m^2	1321780	2656477	2.01		
	5			沥青混凝土面层	总额	1	46041570	46091569		
		1		粗粒式沥青混凝土面层8cm	m^2	112522	6395104	56.83		
		2		改性沥青混凝土面层4cm	m^2	122501	3638174	29.7		
		3		细粒式沥青混凝土面层6cm	m^2	749214.4	35125077	46.95		
		4		沥青混合料拌和设备安装拆除	m^2	1	883215	883215		
	6			水泥混凝土面层18cm	m^2	3482.4	204548	58.74		
				第二部分 设备及工具、器具购置费	公路公里		820000		0.52	
一				设备购置费	总额	1	300000	300000	0.19	
二				工具、器具购置	总额	1	500000	500000	0.32	
三				办公及生活用家具购置	公路公里	1	20000	20000	0.01	
				第三部分 工程建设其他费用	公路公里		10887171		6.91	
一				土地征用及拆迁补偿费	公路公里	5	50000	10000	0.03	
二				建设项目管理费	公路公里		3612586		2.29	
	1			建设单位管理费	公路公里		2731654			

编制×××　　　　复核×××

续表

建设项目名称：京汕高速公路第×合同段路线工程

编制范围：K0+000～K5+000　　　　第3页　共3页　01表

项	目	节	细目	工程或费用名称	单位	数量	预算金额（元）	技术经济指标	各项费用比例（%）	备注
二	2			工程质量监督费	公路公里		212088			
	3			工程监理费	公路公里		282783			
	4			工程定额测定费	公路公里		169670			
	5			设计文件审查费	公路公里		141392			
	6			竣（交）工验收试验检测费	公路公里	5	75000	15000		
三				研究试验费	公路公里	5	100000	20000	0.06	
四				建设项目前期工作费	公路公里	5	25000	5000	0.02	
五				专项评价（估）费	总额	1	30000	30000	0.02	
六				施工机构迁移费	公路公里					
七				供电贴费	公路公里					
八				联合试运转费	公路公里		7069585		4.48	
九				生产人员培训费	公路公里					
十				固定资产投资方向调节税	公路公里					
十一				建设期贷款利息	公路公里					
				第一、第二、第三部分费用合计	公路公里		153048870		97.09	
				预备费	元		4591466		2.91	
一				价差预备费	元					
二				基本预备费	元		4591466		2.91	
				新增加费用项目（不作预备费基数）	公路公里					
				预算总金额	元		157640336		100	
				其中：回收金额	元					
				公路基本造价	公路公里		157640336		100	

编制×××　　　　复核×××

表 7.27　　**人工、主要材料、机械台班数量汇总表**

建设项目名称：京汕高速公路第×合同段路线工程

编制范围：K0＋000～K5＋000　　第 1 页　共 1 页　02 表

序号	规格名称	单位	代号	总数量	分项统计							场外运输损耗	
					临时工程	路基工程	路面工程			辅助生产	其他	%	数量
1	人工	工日	1	108154		34726	57619			1985	13824		
2	买土	m^3		1354954		1354954							
3	买水	m^3		35318		35318							
4	土工格栅	m^2	772	44105		44105							
5	32.5 级水泥	t	832	20627		2196	18226					1	204
6	石油沥青	t	851	9268		6	8992					3	270
7	煤	t	864	387			383					1	4
8	水	m^3	866	34085		10016	24069						
9	生石灰	t	891	29636		943	27829					3	863
10	土	m^3	895	110513		7681	99613					3	3219
11	砂	m^3	897	26407			25763					2.5	644
12	片石	m^3	931	1343			1343						
13	粉煤灰	m^3	945	64245			62374					3	1871
14	矿粉	m^3	949	7286			7214					1	72
15	碎石（1.5cm）	m^3	965	36855			36490					1	27
16	碎石（2.5cm）	m^3	966	5293			5240					1	28
17	碎石（4cm）	m^3	952	3572		2691	846					1	24
18	碎石	m^3	958	397926			393986					1	25
19	石屑	m^3	961	14509			14365					1	26
20	块石	m^3	981	1677			1677						30
21	其他材料费	元	996	88986		14134	74852						
22	设备摊销费	元	997	231630			231630						
23	135kW 内推土机	台班	1006	31		31							
24	3.0m^3 轮胎式装载机	台班	1051	657			654			3			
25	150kW 以内平地机	台班	1058	611			611						
26	6～8t 光轮压路机	台班	1075	1430		482	948						
27	12～15t 光轮压路机	台班	1078	6218		1747	4470						
28	235kW 稳定土拌和机	台班	1155	446		11	435						
29	300t/h 稳定土厂拌设备	台班	1160	256			256						
30	4000L 以内沥青洒布车	台班	1193	159			159						
31	20～25t 轮胎式压路机	台班	1225	116			116						
32	15t 以内自卸汽车	台班	1388	7213			7213						
33	6000L 以内洒水汽车	台班	1405	2650		628	2022						
34	12t 以内汽车式起重机	台班	1451	7			7						
35	小型机具使用费	元	1998	10514		32	7711					2772	

编制×××　　复核×××

注　本表例做了简化处理。

表 7.28

建筑安装工程费计算表

建设项目名称：京汕高速公路第×合同段路线工程

编制范围：K0＋000～K5＋000　　　　第 1 页　共 2 页　03 表

序号	工程名称	单位	工程量	直接费（元）						间接费（元）	利润（元）7.0%	税金（元）3.41%	建安工程费	
				直接工程费				其他工程费	合计				合计（元）	单价（元）
				人工费	材料费	机械使用费	合计							
1	2	3	4	5	6	7	8	9	10	11	12	13	14	15
1	临时便道	km	30				300000		300000				300000	10000
2	清除表土	m^2	130000	3838		36928	40765	1647	42412	3468	3092	1670	50642	0.39
3	伐树、挖根、除草	棵	84	1281		613	1894	74	1968	651	143	94	2857	34.01
4	挖路基土方	m^3	160224	35474		329628	365101	14750	379851	31550	27693	14973	454067	2.83
5	利用土方填筑	m^3	138124	20387		582092	602479	24340	626819	35085	45698	24129	731732	5.3
6	借土方填筑	m^3	138124	106477	9590632	977018	10674127	36725	10710852	87996	752603	393904	11945355	86.48
7	结构物台背回填	m^3	9200	56745	186336	77838	320919	14666	335585	38709	24433	13597	412324	44.82
8	砂、砂砾垫层	m^3	7175	5613	706651	6699	718964	32857	751820	32646	54738	28617	867821	120.95
9	预压与超载预压	m^2	600	10695	329	20169	31194	1426	32620	6067	2375	1400	42462	70.77
10	土工格栅	m^2	40293	92777	439580		532357	24329	556686	63609	40531	22534	683359	16.96
11	泄水槽	m^3	3852	905898	796465	14168	1716531	102477	1819008	503534	134359	83780	2540681	659.57
12	铺（植）草皮	m^2	119903	72	712		784	47	831	78	61	33	1003	0.01
13	预制块混凝土护坡	m^3	3173	469271	612107	12391	1093769	65298	1159067	272806	85613	51746	1569233	494.56
14	路面垫层	m^2	121140	203835	690463	262399	1156698	52861	1209559	139210	88064	48996	1485829	12.27
15	石灰稳定类底基层	m^2	121140	318269	1150729	350556	1819554	83154	1902707	217928	138530	77038	2336203	19.29
16	石灰稳定类基层	m^2	121140	175227	575397	240360	990984	45288	1036271	119530	75448	41986	1273235	10.51
17	水泥稳定级配碎石 16	m^2	985211	368390	23024274	2372547	25765210	1177470	26942680	1244335	1961616	1028068	31176700	31.64

编制×××　　　　复核×××

续表

建设项目名称：京汕高速公路第×合同段路线工程

编制范围：K0＋000～K5＋000

第2页　共2页　03表

序号	工程名称	单位	工程量	直接费（元）						间接费（元）	利润（元）7.0%	税金（元）3.41%	建安工程费	
				直接工程费				其他工程费	合计				合计（元）	单价（元）
				人工费	材料费	机械使用费	合计							
1	2	3	4	5	6	7	8	9	10	11	12	13	14	15
18	石灰粉煤灰碎石5：15：80（18cm）	m^2	985211	1250587	15566191	7058781	33875560	1091113	24966673	1557675	1817749	966465	29308562	29.75
19	稳定土厂拌设备安装拆除	座	1	51694	105141	78773	235608	10767	246376	32884	17938	10134	307332	307331.59
20	透层	m^2	1321780	117057	5542951	70046	5730054	261863	5991917	292366	436254	229170	6949707	5.26
21	粘层	m^2	1321780	45522	2120003	24450	2189975	100082	2290057	112089	166732	87599	2656477	2.01
22	粗粒式沥青混凝土面层8cm	m^2	112522	20860	4663271	665111	5349242	275486	5624728	155526	403968	210882	6395104	56.83
23	改性沥青混凝土面层4cm	m^2	122501	11427	2670672	361253	3043353	156733	3200085	88287	229830	119971	3638174	29.7
24	细粒式沥青混凝土面层6cm	m^2	749214	107930	25948815	3326504	29383249	1513237	30896486	851337	2218986	1158268	35125077	46.88
25	沥青混合料拌和设备安装拆除	m^2	1	155979	345079	178696	679755	35007	714762	87994	51334	29124	883215	883214.91
26	水泥混凝土面层18cm	m^2	3482.4	8070	128834	31338	168242	8664	176907	8191	12705	6745	204548	58.74
	各项费用合计	公路公里		4543375	94864633	17078359	116836367	5130361	121966728	5983550	8790493	4650925	141341697	

编制×××　　　　复核×××

表 7.29 **其他工程费及间接费综合费率计算表**

建设项目名称：京汕高速公路第×合同段路线工程

编制范围：K0+000～K5+000

第 1 页　共 1 页　04 表

序号	工程类别	其他工程费率（%）													间接费率（%）											
		冬季施工增加费	雨季施工增加费	夜间施工增加费	高原施工增加费	风沙地区施工增加费	沿海地区增加费	行车干扰增加费	安全及文明施工措施费	临时设施费	施工辅助费	工地转移费	综合费率		规费						企业管理费					
													Ⅰ	Ⅱ	养老保险费	失业保险费	医疗保险费	住房公积金	工伤保险费	综合费率	基本费用	主副食运费补贴	职工探亲路费	职工取暖补贴	财务费用	综合费率
1	人工土方	0.59	0.11						0.59	1.57	0.89	0.15	3.9		20	2	6.5	15	1	44.5	3.36	0.31	0.1	0.1	0.23	4.1
2	机械土方	0.93	0.11						0.59	1.42	0.49	0.5	4.04		20	2	6.5	15	1	44.5	3.26	0.24	0.22	0.22	0.21	4.15
3	汽车运输	0.17	0.11						0.21	0.92	0.16	0.31	1.88		20	2	6.5	15	1	44.5	1.44	0.25	0.14	0.21	0.21	2.25
4	人工石方	0.13	0.07						0.59	1.6	0.85	0.16	3.4		20	2	6.5	15	1	44.5	3.45	0.24	0.1	0.1	0.22	4.11
5	机械石方	0.18	0.1						0.59	1.97	0.46	0.36	3.66		20	2	6.5	15	1	44.5	3.28	0.22	0.22	0.17	0.2	4.09
6	高级路面	0.72	0.1						1	1.92	0.8	0.61	5.15		20	2	6.5	15	1	44.5	1.91	0.15	0.14	0.13	0.27	2.6
7	其他路面	0.29	0.09						1.02	1.87	0.74	0.56	4.57		20	2	6.5	15	1	44.5	3.28	0.15	0.16	0.12	0.3	4.01
8	构造物Ⅰ	0.66	0.08						0.72	2.65	1.3	0.56	5.97		20	2	6.5	15	1	44.5	4.44	0.23	0.29	0.19	0.37	5.52
9	构造物Ⅱ	0.81	0.08	0.35					0.78	3.14	1.56	0.66	7.38		20	2	6.5	15	1	44.5	5.53	0.25	0.34	0.2	0.4	6.72
10	构造物Ⅲ（一般）	1.6	0.17	0.7					1.57	5.81	3.03	1.31	14.2		20	2	6.5	15	1	44.5	9.79	0.45	0.55	0.37	0.82	12
11	技术复杂大桥	0.93	0.1	0.35					0.86	2.92	1.68	0.75	7.59		20	2	6.5	15	1	44.5	4.72	0.2	0.2	0.17	0.46	5.75
12	隧道	0.27							0.73	2.57	1.23	0.52	5.32		20	2	6.5	15	1	44.5	4.22	0.19	0.27	0.14	0.39	5.21
13	钢材及钢结构（一般）	0.07		0.35					0.53	2.48	0.56	0.72	4.71		20	2	6.5	15	1	44.5	2.42	0.2	0.16	0.12	0.48	3.38

编制×××　　复核×××

表 7.30　　设备、工具、器具购置费计算表

建设项目名称：京汕高速公路第×合同段路线工程

编制范围：K0＋000～K5＋000

第1页　共1页　05表

序号	设备、工具、器具规格名称	单位	数量	单价（元）	金额（元）	说明
一	设备购置费	总额	1	300000	300000	
二	工具、器具购置	总额	1	500000	500000	
三	办公及生活用家具购置	公路公里	1	20000	20000	

编制×××　　　　复核×××

表 7.31　　工程建设其他费用及回收金额计算表

建设项目名称：京汕高速公路第×合同段路线工程

编制范围：K0＋000～K5＋000

第1页　共1页　06表

序号	费用名称及回收金额项目	说明及计算公式	金额（元）	备注
	第三部分　工程建设其他费用		10887171	
一	土地征用及拆迁补偿费		50000	
二	建设单位管理费		3612586	
1	建设单位管理费	{建设单位管理费}（建安费为基数）	2731654	2731653.8
2	工程质量监督费	{建安费}×0.15%	212088	141391697.26×0.15%
3	工程监理费	{建安费}×0.2%	282783	141391697.26×0.2%
4	工程定额测定费	{建安费}×0.12%	169670	141391697.26×0.12%
5	设计文件审查费	{建安费}×0.1%	141392	141391697.26×0.1%
6	竣（交）工验收试验检测费		75000	
三	研究试验费		100000	
四	建设项目前期工作费		25000	
五	专项评价（估）费		30000	
八	联合试运转费	{建安费}×0.05	7069585	141391697.26×0.05
	预备费		4591466	
	2. 基本预备费	({I}－{N}－{P})×3%	4591466	(153048868.60－0.00－0.00)×3%

编制×××　　　　复核×××

表 7.32

人工、材料、机械单价汇总表

建设项目名称：京汕高速公路第×合同段路线工程

编制范围：K0+000～K5+000

第 1 页　共 1 页　07 表

序号	名　称	单位	代号	预算单价（元）	备注	序号	名　称	单位	代号	预算单价（元）	备注
1	买土	m^3		7		21	中（粗）砂	m^3	899	39.4	
2	买水	m^3		3		22	砂砾	m^3	902	75.76	
3	人工	工日	1	49.2		23	片石	m^3	931	66.63	
4	机械工	工日	2	49.2		24	粉煤灰	m^3	945	20.97	
5	锯材木中板 $\delta=19\sim35$	m^3	102	1350		25	矿粉	m^3	949	125	
6	型钢	t	182	3700		26	碎石（2cm）	m^3	951	70.35	
7	铁件	kg	651	4.4		27	碎石	m^3	958	75.06	
8	U 型锚钉	kg	775	4.67		28	块石	m^3	981	96.86	
9	32.5 级水泥	t	832	320		29	其他材料费	元	996	1	
10	石油沥青	t	851	3800		30	135kW 以内履带式推土机	台班	1006	1183.58	
11	煤	t	864	265		31	3.0m^3 轮胎式装载机	台班	1051	904	
12	电	kwh	865	0.55		32	150kW 以内平地机	台班	1058	1083.36	
13	水	m^3	866	0.5		33	6～8t 光轮压路机	台班	1075	251.49	
14	生石灰	t	891	132.39		34	12～15t 光轮压路机	台班	1078	411.77	
15	土	m^3	895	8		35	235kW 以内稳定土拌和机	台班	1155	1744.66	
16	4000L 以内沥青洒布车	台班	1193	406.6		36	电动混凝土切缝机	台班	1245	141.52	
17	320t/h 以内沥青混合料拌和设备	台班	1207	39928.91		37	300t/h 以内稳定土厂拌设备	台班	1160	949.2	
18	12.5m 以内带自动找平沥青混合料摊铺机	台班	1214	3245.66		38	6000L 以内洒水汽车	台班	1405	515.01	
19	16～20t 轮胎式压路机	台班	1224	618.66		39	60m^3/h 以内水泥混凝土搅拌站	台班	1327	1941.18	
20	3.0～9.0m 滑模式水泥混凝土推铺机	台班	1234	2345.5		40	15t 以内自卸汽车	台班	1388	685.04	

编制×××　　　　复核×××

注　本表例做了简化处理。

表 7.33 建筑安装工程费计算数据表

建设项目名称：京汕高速公路第×合同段路线工程

编制范围：K0＋000～K5＋000

第1页 共1页 08－1表

项的代号	本项目数	目的代号	本目节数	节的代号	本节细目数	细目的代号	费率编号	定额个数	定额代号	项或目或节或定额的名称	单位	数量	定额调整情况
一	1									临时工程	公路公里		
		2								临时便道	km	30	
二	6									路基工程	km	5	
		1	1							场地清理	m^2	130000	
				1	2					清理与掘除	m^2	130000	
						1		1		清除表土	m^2	130000	
							2		1—1—1—12	135kW 以内推土机清除表土	$100m^3$	195	
						2		1		伐树、挖根、除草	棵	84	
							1		1—1—1—2	人工伐树，推土机推挖树根（90kW）	10 棵	8.4	
		…											
三	6									路面工程	km	5	
		…											
		3	4							路面基层	m^2	121140	
				1				1		石灰稳定类基层	m^2	121140	
							7		2—1—3—19	压实厚度 15cm 机械拌和石灰土石灰剂量 10%	$1000m^2$	121.14	
				2	1					水泥稳定类基层	m^2	985211	
								3		水泥稳定级配碎石 16	m^2	985211	
							7		2—1—7—5	水泥碎石压实厚度 16cm 水泥剂量 5%	$1000m^2$	985.211	
							7		2—1—8—21	15t 以内自卸汽车装载第一个 1km	$1000m^3$	157.634	
							7		2—1—9—5	平地机 150kW 以内铺筑基层	$1000m^2$	985.211	

编制×××　　　　复核×××

注 本表例做了简化处理。

表 7.34

分项工程预算表

编制范围：K0＋000～K5＋000

工程名称：清除表土

第 1 页　共 3 页　08－2 表

序号	工程项目			伐树、挖根、除草、清除表土									合计		
	工程细目			135kW 以内推土机清除表土											
	定额单位			100m³											
	工程数量			195											
	定额表号			1—1—1—12											
	工料机名称	单位	单价（元）	定额	数量	金额（元）	定额	数量	金额（元）	定额	数量	金额（元）	定额	数量	金额（元）
1	人工	工日	49.2	0.4	78	3838								78	3838
2	135kW 以内履带式推土机	台班	1183.58	0.16	31.2	36928								31.2	36928
3	定额基价	元	1	209	40755	40755								40755	40755
	直接工程费	元				40765									40765
	其他工程费	I	元		4.04		1647								1647
		Ⅱ	元												
	间接费　规费	元		44.5		1708									1708
	间接费　企业管理费	元		4.15		1760									1760
	利润及税金	元		10.41		4762									4762
	建筑安装工程费	元				50642									50642

编制×××　　　　复核×××

续表

编制范围：K0＋000～K5＋000

工程名称：水泥稳定级配碎石16基层

第2页　共3页　08－2表

序号	工程项目			水泥稳定类			厂拌基层稳定土混合料运输			机械铺筑厂拌基层稳定土混合料			合计		
	工程细目			水泥碎石压实厚度16cm水泥剂量5%			15t以内自卸汽车装载第一个1km			平地机150kW以内铺筑基层					
	定额单位			$1000m^2$			$1000m^3$			$1000m^2$					
	工程数量			985.211			157.634			985.211					
	定额表号			2－1－7－5＋6＊1.0			2－1－8－21			2－1－9－5					
	工料机名称	单位	单价（元）	定额	数量	金额（元）	定额	数量	金额（元）	定额	数量	金额（元）	定额	数量	金额（元）
4	人工	工日	49.2	3	2955.633	145417				4.6	4531.971	222973		7487.604	368390
5	32.5级水泥	t	320	17.872	17607.69	5634461								17607.69	5634461
6	水	m^3	0.5	22	21674.642	10837								21674.642	10837
7	碎石	m^3	75.06	235.01	231534.44	17378975								231534.44	17378975
8	$3.0m^3$轮胎式装载机	台班	904	0.51	502.458	454222								502.458	454222
9	150kW以内平地机	台班	1083.36							0.31	305.415	330875		305.415	330875
10	6～8t光轮压路机	台班	251.49							0.14	137.93	34688		137.93	34688
11	12～15t光轮压路机	台班	411.77							1.27	1251.218	515214		1251.218	515214
12	300t/h以内稳定土厂拌设备	台班	949.2	0.26	256.155	243142								256.155	243142
13	15t以内自卸汽车	台班	685.04				5.9	930.039	637114					930.039	637114
14	6000L以内洒水汽车	台班	515.01							0.31	305.415	157292		305.415	157292

编制×××　　　　复核×××

续表

编制范围：K0＋000～K5＋000

工程名称：水泥稳定级配碎石 16 基层

第 3 页　共 3 页　08－2 表

序号	工程项目			水泥稳定类			厂拌基层稳定土混合料运输			机械铺筑厂拌基层稳定土混合料			合计		
	工程细目			水泥碎石压实厚度 16cm 水泥剂量 5%			15t 以内自卸汽车装载第一个 1km			平地机 150kW 以内铺筑基层					
	定额单位			$1000m^2$			$1000m^3$			$1000m^2$					
	工程数量			985.211			157.634			985.211					
	定额表号			2—1—7—5+6＊1.0			2—1—8—21			2—1—9—5					
	工料机名称	单位	单价（元）	定额	数量	金额（元）	定额	数量	金额（元）	定额	数量	金额（元）	定额	数量	金额（元）
15	定额基价	元	1	13048	12855033	12855033	4042	637156	637156	1280	1261070	1261070		14753259	14753259
	直接工程费	元				23867055			637114			1261042			25765210
	其他工程费	Ⅰ	元		4.57		1090724	4.57		29116	4.57		57630		1177470
		Ⅱ	元												
	间接费　规费	元		44.5		64711	44.5			44.5		99223			163934
	间接费　企业管理费	元		4.01		1000807	4.01		26716	4.01		52879			1080401
	利润及税金	元		10.41		2766459	10.41		73790	10.41		149436			2989684
	建筑安装工程费	元				28789755			766736			1620209			31176700

编制×××　　　　复核×××

表 7.35

材料预算单价计算表

建设项目名称：京汕高速公路第×合同段路线工程

编制范围：K0＋000～K5＋000

第1页 共1页 09表

序号	规格名称	单位	原价（元）	运杂费					原价运费合计（元）	场外运输损耗		采购及保管费		预算单价（元）
				供应地点	运输方式、比重及运距（km）	毛重系数或单位毛重	运杂费构成说明或计算式	单位运费（元）		费率（%）	金额（元）	费率（%）	金额（元）	
1	生石灰	t	100	正定——A	汽车、1.0、50.0	1	[（0.5×50.0＋0.4×1.0）×1.0]×1.0	25.4	125.4	3	3.762	2.5	3.229	132.39
2	中（粗）砂	m^3			汽车、1.0、50.0	1.5	[（0.5×50.0）×1.0]×1.5	37.5	37.5	2.5	0.938	2.5	0.961	39.4
3	砂砾	m^3	30		汽车、1.0、50.0	1.7	[（0.5×50.0＋0.4×1.0）×1.0]×1.7	43.18	73.18	1	0.732	2.5	1.848	75.76
4	片石	m^3	25		汽车、1.0、50.0	1.6	[（0.5×50.0）×1.0]×1.6	40	65			2.5	1.625	66.63
5	碎石（2cm）	m^3	30		汽车、1.0、50.0	1.5	[（0.5×50.0＋0.3×1.0）×1.0]×1.5	37.95	67.95	1	0.68	2.5	1.716	70.35
6	碎石（4cm）	m^3	30		汽车、1.0、50.0	1.5	[（0.5×50.0＋0.3×1.0）×1.0]×1.5	37.95	67.95	1	0.68	2.5	1.716	70.35
7	碎石	m^3	35		汽车、1.0、50.0	1.5	[（0.5×50.0）×1.0]×1.5	37.5	72.5	1	0.725	2.5	1.831	75.06
8	路面用碎石（1.5cm）	m^3	35		汽车、1.0、50.0	1.5	[（0.5×50.0＋0.4×1.0）×1.0]×1.5	38.1	73.1	1	0.731	2.5	1.846	75.68
9	路面用碎石（2.5cm）	m^3	35		汽车、1.0、50.0	1.5	[（0.5×50.0＋0.4×1.0）×1.0]×1.5	38.1	73.1	1	0.731	2.5	1.846	75.68
10	路面用碎石（3.5cm）	m^3	35		汽车、1.0、50.0	1.5	[（0.5×50.0＋0.4×1.0）×1.0]×1.5	38.1	73.1	1	0.731	2.5	1.846	75.68
11	块石	m^3	94.5		汽车、1.0、0.0	1.85			94.5			2.5	2.362	96.86

编制×××　　　　复核×××

表 7.36

自采材料料场价格计算表

建设项目名称：京汕高速公路第×合同段路线工程

编制范围：K0+000～K5+000

第1页 共1页 10表

序号	定额号	材料规格名称	单位	料场单价（元）	人工（劳务工）49.2元/工日		间接费（元）	3.0m³ 轮胎式装载机 904.0元/台班		3t以内自卸汽车 295.08元/台班		9m³/min以内机动空气压缩机 547.93元/台班		小型机具使用费 1.0元			
					定额	金额	占人工费5.0%	定额	金额	定额	金额	定额	金额	定额	金额	定额	金额
1	8—1—6—5、9—1—6—9、9—1—6—10、9—1—10—13	块石	m^3	94.5	1.184	58.253	2.913	0.002	1.537	0.022	6.374	0.04	21.643	1.653	1.653		

编制××× 复核×××

表 7.37

机械台班单价计算表

建设项目名称：京汕高速公路第×合同段路线工程

编制范围：K0＋000～K5＋000

第1页 共1页 11表

序号	定额号	机械规格名称	台班单价（元）	不变费用		可变费用																			
				调整系数		机械工		重油		汽油		柴油		煤		电		水		木柴		养路费及车船税（元）	可变费用合计（元）
				1		49.2元/工日		2.8元/kg		5.2元/kg		4.9元/kg		265.0元/t		0.55元/kwh		0.5元/m³		0.49元/kg			
				定额	调整	定额	费用	定额	费用	定额	费用	定额	费用	定额	费用	定额	费用	定额	费用	定额	费用		
1	1006	135kW以内履带式推土机	1183.6	604.69	604.7	2	98.4					98.06	480.49										578.89
2	1051	3.0m³轮胎式装载机	904	241.36	241.4	2	98.4					115.15	564.24										662.64
3	1075	6～8t光轮压路机	251.49	107.57	107.6	1	49.2					19.33	94.72										143.92
4	1078	12～15t光轮压路机	411.77	164.32	164.3	1	49.2					40.46	198.25										247.45
5	1160	300t/h稳定土厂拌设备	949.2	455.64	455.6	4	196.8									539.56	296.76						493.56
21	1245	电动混凝土切缝机	141.52	81.23	81.23	1	49.2									20.16	11.09						60.29
22	1272	250L强制式通搅拌机	96.79	18.58	18.58	1	49.2									52.74	29.01						78.21
23	1307	6m³内混凝土泵车	1231.2	909.82	909.8	1	49.2					55.54	272.15										321.35
28	1388	15t以内自卸汽车	685.04	303.18	303.2	1	49.2					67.89	332.66										
30	1405	6000L以内洒水汽车	515.01	257.9	257.9	1	49.2					42.43	207.91										257.11
34	1726	32kVA电弧焊机	104.64	7.24	7.24	1	49.2									87.63	48.2						97.4

编制×××　　　　复核×××

注　本表例做了简化处理。

表 7.38　　辅助生产工料机单位数量表

建设项目名称：京汕高速公路第×合同段路线工程

编制范围：K0+000～K5+000　　第1页　共1页　12表

序号	规格名称	单位	人工/劳务工	空心钢纤	ϕ50mm以内合金钻头	硝铵炸药	导火线	普通雷管	3.0m³轮胎式装载机	3t以内自卸汽车	9m³/min以内机动空气压缩机	小型机具使用费	
			工日	kg	个	kg	m	个	台班	台班	台班	元	
1	块石	m³	1.184	0.009	0.03	0.119	0.36	0.35	0.002	0.022	0.04	1.653	

编制×××　　复核×××

思 考 题

7.1　什么是直接工程费，其构成是什么？

7.2　什么是其他工程费，其他工程费各项费用的计算方法是什么？

7.3　什么是规费，其计算方法是什么？

7.4　什么是企业管理费，其计算方法是什么？

7.5　设备购置费的内容是什么？办公和生活用家具购置费如何计算？

7.6　简要说明工程建设其他费的组成类型，以及各类费用的计算方法有哪些？

7.7　什么是价差预备费，其计算方法是什么？

7.8　什么是基本预备费，其计算方法是什么？

7.9　简述公路工程概预算编制的依据有哪些。

7.10　简述概预算费用计算与概预算文件编制的步骤。

练 习 题

7.1　已知某地区，基本工资780元/月，地区生活补贴120元/月，工资性津贴50元/月，试计算该地区每工日人工费单价。

7.2　某路面工程碎石，调查供应价格为28元/t，运价为0.6元/t.km，装卸费3.5元/t，运输距离80km，场外运输损耗率为1.4%，采购保管费率2.5%，试计算碎石的预算价格。

7.3　某一级公路水泥稳定碎石基层，经计算直接费1520万元，间接费90元（其中规费3000元），工程公司缴税地点在市区，试计算水泥稳定碎石基层目的利润和税金各是多少？

7.4　某高速公路工程，全长45km，经计算建筑安装工程费为91.2万元，试分别计算建设单位（业主）管理费、工程质量监督费、工程监理费、工程定额测定费、设计文件审查费和竣（交）工验收试验检测费共6项费用，并计算建设项目管理费总额。

7.5　某高速公路工程需要贷款80000万元，建设期3年。其中：第一年贷款金额

20000 万元，第二年贷款金额 40000 万元，第三年贷款金额 27000 万元，年贷款利率 10%，试计算建设期的贷款利息是多少？

7.6　某特大桥梁工程，于 2005 年 4 月编制完成预算，计划 2007 年 5 月开工，2009 年 8 月竣工，工程的建筑安装工程费总额为 6200 万元，经测算工程造价涨价率为 6.5%，计算该工程项目的价差预备费。

7.7　某二级公路工程编制设计修正概算，经计算第一、第二、第三部分投资合计为 13600 万元，其中第三部分投资中固定资产投资方向调节税为 0，建设期贷款利息为 600 万元。计算工程的基本预备费。

7.8　综合计算题：

山东某平原微丘地区公路水泥混凝土路面面层 3420m^2，已知由 08－2 表计算的水泥混凝土面层分项工程的人工费 9500 元，材料费 10.5 万元，机械费 29500 元，直接工程费为前三项合计 14.4 万元。

该工程处于冬一区（Ⅰ），雨量区Ⅱ区，雨季期 4 个月，特殊地区施工增加费不计，规费费率设为 0.5%，主副食补贴运距 10km，利润率 7%，税金费率 3.41%。

试计算该分项工程的：

(1) 其他工程费、直接费；

(2) 间接费；

(3) 建筑安装工程费和平米造价指标。

第 8 章　公路工程量清单计价与招标投标

8.1　工程量清单计价概述

8.1.1　工程量清单的组成及内容

工程量清单由说明、工程细目、专项暂定金额汇总表、计日工明细表和工程量清单汇总表五部分组成。

1. 说明

工程量清单说明，在某些合同文件中被称为清单前言。工程量清单说明主要有以下方面的内容：

（1）工程量清单与其他招标文件的关系。规定工程量清单应与投标人须知、合同条款、技术规范及图纸等文件结合起来查阅与理解。

（2）规定工程量清单的工程量是估算的或设计的预计数量，仅作为投标的共同基础，不作为最终结算与支付的依据。当工程量清单中所列工程量在实际实施过程中发生变动时，丝毫不会降低或影响合同条款的效力，也不免除承包人按规定的标准进行施工和修复缺陷的责任。

（3）承包人填报工程量清单价格时的要求主要有：

1）除非合同另有规定，工程量清单中有标价的单价和总额价均已包括了为实施和完成合同工程所需要的劳务、材料、机械、质检（自检）、安装、缺陷修复、管理、保险（工程一切险和第三方责任险除外）、税费、利润等费用，以及合同明示或暗示的所有责任、义务和一般风险。

2）在工程量清单中本合同工程的每一个细目，都需填入单价；对于没有填入单价或总额价的细目，其费用应视为已包括在工程量清单的其他单价或总额价中，承包人必须按监理工程师指令完成工程量清单中未填入单价或总额价的工程细目，但不能得到结算与支付。

3）符合合同条款规定的全部费用应认为已被计入有标价的工程量清单所列各细目之中，未列细目不予计量的工作，其费用应视为已分摊在本合同工程的有关细目的单价或总额价之中。

4）承包人用于本合同工程的各类装备的提供、运输、维护、拆卸、拼装等支付的费用，已包括在工程量清单的单价或总额价之中。

2. 工程细目

工程细目又叫分项清单表或工程量清单，通常根据招标工程的不同性质分章顺序排列。工程细目反映了施工项目中各分部分项工程及其数量，是工程量清单的主体部分，其格式见表 8.1。

表 8.1　　工程量清单（工程量表）格式

细　目　号	细目名称	单　位	数　量	单　价	合　价

表 8.1 中的工程“细目号”及“细目名称”是根据合同将要发生的工程细目的编号与名称填写；“单位”是各细目工程量的单位（以及计价时的计量单位）；“数量”是根据设计图纸、技术规范等将要发生的工程预计数量，是投标人投标报价的共同基础（但不是最终结算的工程数量）；“单价”是承包人投标时的报价（合同订立后，其填报的单价是双方办理结算的价格依据）；“合价”是相应“数量”与“单价”的乘积，由承包人投标报价时填写。

工程细目按内容不同可分为如下两部分：

（1）工程量清单的“总则”部分。该部分说明合同需要发生的各种开办项目，其计价特点主要是采用总额包干，因此其计量单位大部分为“总额”。它的格式见表 8.2。

表 8.2　　工程量清单（总则）

清单　100 章　总则

细目号	细　目　名　称	单　位	数　量	单　价	合　价
101-1	保险费				
—a	按合同条款规定，提供建筑工程一切险	总额			
—b	按合同条款规定，提供每三方责任险	总额			
102-1	竣工文件	总额			
102-2	施工环保费	总额			
103-1	临时道路修建、养护与拆除（包括原道路的养护费）	总额			
103-2	临时工程用地	m^2			
103-3	临时供电设施	m^2			
—a	设施架设、拆除	总额			
—b	设施维修	月			
103-4	电信设施的提供、维修与拆除	总额			
103-5	供水与排污设施	总额			
104-1	承包人驻地建设	总额			

清单　第 100 章合计　人民币＿＿＿＿＿＿＿＿。

（2）根据图纸需要发生的工程细目部分。该部分说明了施工项目中各工程细目将要发生的工程量，计价特点是单价不变，实际工程量由计量确定。表 8.3 是路基土石方一章的工程量清单格式。路面、桥涵、隧道等其他内容不再一一列表，可参见《公路工程国内招标文件范本》2003 版上册。

表 8.3　　工程量清单（路基）

清单　200 章　路基

细目号	细　目　名　称	单　位	数　量	单　价	合　价
202-1	清理与挖掘				
—a	清理现场	m^2			
—b	砍伐树木	棵			
—c	挖附树根	棵			
202-2	挖附旧路面				
—a	水泥混凝土路面	m^2			
—b	沥青混凝土路面	m^2			
—c	碎石路面	m^2			
202-3	拆除结构物				
—a	钢筋混凝土结构	m^3			
—b	混凝土结构	m^3			
—c	砖石及其他砌体结构	m^3			
203-1	路基挖方				
—a	挖土方	m^3			
—b	挖石方	m^3			
—c	挖附非适用材料（包括淤泥）	m^3			
…	……				
204-1	路基填筑（包括填前压实）				
—a	换填土	m^3			
—b	利用土方	m^3			
—c	利用石方	m^3			
—d	利用土石混填	m^3			
—e	借土填方	m^3			
—f	粉煤灰路堤	m^3			
—g	结构物台背回填	m^3			
…	……				

清单　第 200 章合计　　人民币____________。

3. 专项暂定金额汇总表

专项暂定金额，应已在工程量清单相关章、目中以专项暂定金额名义列出，已转入工程量清单汇总表，仅在此表中摘出予以汇总。其格式见表 8.4。

表 8.4　　专项暂定金额汇总表

清单编号	细目号	名称	估计金额（元）
400	401-1	桥梁荷载试验（举例）	60000

4. 计日工明细表

计日工明细表由总则、计日工劳务、计日工材料、计日工施工机械以及计日工汇总表五个方面的内容组成。相应的表格有计日工劳务单价表、计日工材料单价表、计日工施工机械单价表及计日工汇总表。各表的具体内容参见《公路工程国内招标文件范本》（2003版）。表 8.5 是计日工劳务单价表格式。

表 8.5　　计日工劳务单价表

细目号	名称	估计数量（小时）	单价（元/小时）	合价（元）
101	班长			
102	普通工			
103	焊工			
104	电工			
105	混凝土工			
106	木工			
107	钢筋工			
…	……			
计日工劳务（结转计日工汇总表）				

5. 工程量清单汇总表

工程量清单汇总表用于承包人投标时汇总基于投标单价、合价基础上的投标总报价，其格式见表 8.6。

表 8.6　　工程量清单汇总表

合同段：

序号	章次	科目名称	金额（元）
1	100	总则	
2	200	路基	
3	300	路面	
4	400	桥梁、涵洞	
5	500	隧道	
6	600	安全设施及预埋管线	

续表

序　号	章　次	科 目 名 称	金　额（元）
7	700	绿化及环境保护	
8	第 100 章至第 700 章清单合计		
9	已包含在清单合计中的专项暂定金额小计		
10	清单合计减云专项暂定金额（即 8－9）＝10		
11	计日工合计		总额
12	不可预见费（暂定金额）		
13	投标价（8＋11＋12）＝13		

8.1.2 工程量清单计价概念

1. 工程量清单计价

工程量清单计价，是建设工程招标投标中，招标人按照国家统一的工程量计算规则提供工程数量，由投标人依据工程量清单自主报价，并且是一种按照经评审低价中标的工程造价计价模式。

工程量清单计价概念应从以下几个方面理解：

（1）工程量清单计价虽属招标投标范畴，但相应的建设工程施工合同签订、工程竣工结算均应执行该计价相关规定。

（2）工程量清单由招标人提供，招标标底及投标标价均应据此编制。投标人不得改变工程量清单中的数量。工程量清单遵守公路招标文件中“技术规范”的规定。

（3）根据“国家宏观调控，市场竞争形成价格”的价格确定原则，国家不再统一定价，工程造价由投标人自主确定。

（4）“低价中标”是核心。为了有效控制投资，制止哄抬标价。低价中标的低价是指经过评标委员会评定的合理低价，并非恶意降低的低价。

工程量清单计价是改革和完善工程价格管理体制的一个重要组成部分。工程量清单计价方法是相对于传统的定额计价方法的一种新的计价模式，或者说是一种市场定价模式，是由建设产品的买方和卖方在建设市场上供求状况、信息状况进行自由竞价，从而最终能够签订工程合同价格的方法。在工程量清单的计价过程中，工程量清单为建设市场的交易双方提供了一个平等的平台，其内容和编制原理的确定是整个计价方式改革中的重要工作。工程量清单的计量和计价，可以实现工程量计算规则统一化，工程量计算方法标准化，工程造价确定市场化。

2. 工程量清单计价的原则

工程量清单计价应遵循公平、合法、诚实信用的原则。

（1）公平，市场经济活动的基本原则是客观、公正、公平。要求计价活动有高度的透明，工程量清单的编制要实事求是，不弄虚作假，招标要机会均等，公平地对待所有投标人。投标人要从本企业的实际情况出发，不能低于成本报价，不能串通报价。双方应本着互惠互利、双赢的原则进行招标投标活动，既要投资方在保证质量、工期等的前提下少投资，又要承包方有正常利润。

(2) 合法，工程量清单计价活动是政策性、经济性、技术性很强的工作，应遵守国家的法律、法规和标准规范。

(3) 诚实信用，不但在计价过程中遵守职业道德，做到计价公平合理，诚信于人，在合同签订、履行以及办理工程竣工结算过程中也应遵循诚实信用原则，一诺千金。

3. 工程量清单计价的依据及程序

(1) 计价依据。工程量清单计价的计价依据是计价时不可缺少的重要资料，内容包括：工程量清单及技术规范、定额、招标文件、施工图纸及图纸答疑、施工组织设计或施工方案、材料预算价格及费用标准和费用等。

1) 工程量清单及技术规范。工程量清单是由招标人提供的，供投标人计价的工程量资料。其内容包括：分部工程中各细目项目名称及其数量、其他项目名称及其数量以及工程量清单说明。技术规范是指对施工项目提出的施工技术要求。

2) 定额。定额包括消耗量定额和企业定额。企业定额，是施工企业根据本企业的施工技术和管理水平以及有关工程造价资料制定的，供本企业使用的人工、材料、机械台班消耗量。企业定额是本企业投标计价时的重要依据。

3) 招标文件。招标文件的具体要求是工程量清单计价的前提条件，只有清楚地了解招标文件的具体要求，如招标范围、内容、施工现场条件等，才能正确计价。

4) 施工图纸及图纸答疑。施工图纸及图纸答疑是编制工程量清单的依据，也是计价的重要依据。

5) 施工组织设计或施工方案。施工组织设计或施工方案是计算施工技术措施费用的依据。如路基处理措施、路面的施工方法、桥梁的施工工艺都要在施工组织设计中进行明确，不同的工艺和方法其计价结果是不同的。

6) 材料预算价格及费用标准。材料预算价格即材料单价，材料费占工程造价的比重高达 60%左右，材料预算价格的确定非常重要。材料预算价格应在调查研究的基础上根据市场确定。

7) 费用。包括其他直接费、管理费等，按照一定的比例系数计算，费用比例系数的测算应根据企业自身具体情况而定。

(2) 计价程序。工程量清单计价的一般程序为：

1) 熟悉施工图纸及相关资料，了解现场情况。在编制工程量清单之前，要先熟悉施工图纸，以及图纸答疑、地质勘探报告，到工程建设地点了解现场实际情况，以便正确编制工程量清单。

2) 认真研究合同文件编制工程细目清单并计算细目单价。计算各分部工程细目单价并填写工程细目表。细目清单中共分 7 部分（总则、路基、路面、桥涵、隧道、安全设施及预埋管线、绿化及环境保护），分析列出每部分所包含的工程内容及工程量，分别计算有关工程内容的施工直接成本并摊入间接费、利润、税金及风险费等费用，进而确定各细目的单价。

3) 计算分部分项工程费。在细目单价确定之后，根据工程量清单及细目单价，按单位工程计算分部分项工程费用。

4) 计算单位工程费。将分部工程费进行汇总，形成整个单位工程费。

5）计算单项工程费进而形成整个建设项目的总价。

8.1.3 工程量清单的特点

1. 工程量清单是招标投标的产物

我国施工的方式主要采用招标投标的发承包方式。

在工程招标投标过程中，由于工程质量标准，工程数量都在招标文件中规定，故投标人的竞争主要是在规定的质量、数量、工期条件下的单价的竞争。这就为施工技术水平高、既能保证工程质量又能保证价低的企业获得工程承包合同创造了条件。工程采购实行招标投标制度后，工程量清单是招标文件和合同文件的重要组成部分，所以工程量清单是招标投标的产物。

2. 清单与技术规范一致

技术规范在招标文件中与合同条件、工程量清单一样是一份十分重要的文件。它详细具体地说明了承包商履约合同时应遵守的施工技术规范以及计量与支付的规定等。由于不同性质的工程，其技术特点和质量要求及标准等都不相同，所以，技术规范应根据不同的工程性质及特点分章、分节、分部、分项来编写。而工程量清单则是完成这一工程某章、某节、某项内容具体的工程数量，它是按照技术规范要求实施工程所需完成的工程量的一种预测，其编号与技术规范相同，也相应分章、节、项等，因而与技术规范保持了高度的一致性。

3. 清单与图纸一致性

设计图纸及有关技术资料是工程项目的原始资料，它说明了工程项目的位置、地质条件、工程要求及建设标准。工程量清单的工程数量就是根据工程设计图纸的实物量及按技术规范的要求计算出来的。当设计图纸发生变更或出现错误时，工程量清单的工程细目分项及工程数量都会发生变化或出错，有的承包商会利用工程量清单与设计图纸的一致性对两者进行仔细研究，为其谋求更大利润寻找突破口。

4. 清单与标底一致性

编写工程量清单的一个重要目的，就是为了在招标投标时，为所有的投标人提供一个共同计算标价的基础，所有的投标人都要以工程量清单所列工程数量为依据，并参照招标文件的要求，结合自己的经验，进行报价。同时，招标单位的标底也是以此为依据计算出来的，所以投标人的报价与招标人编制的标底保持了高度的一致性。

5. 清单与定额既有联系又有区别

工程定额是在合理的生产组织，合理的使用资源和正常的施工条件下，完成符合国家技术标准、技术规范（包括设计、施工、验收等技术规范）和质量评定标准的单位合格产品或劳动量所消耗的人工、材料、施工机械台班数量的标准。工程定额是由国家或地方主管部门颁布，反映了整个社会某一具体劳动的平均先进水平或平均水平；清单计价的依据则是反映本企业的消耗水平，是个别水平，故它可能比国家颁布的定额高，也可能比国家颁布的定额低。

6. 清单中的工程数量为预计值

清单中所填写的工程数量为预计值。为了使所有投标者有一个平等竞价的基础，在广泛实施的单价合同中，其清单工程量是业主或者招标代理机构所做的一种准确性较高的预估数量。其数量只供投标人在投标报价时作为计算总价的依据。不作为实际结算的依据。

7. 单价或总额范畴

清单中的单价或者总额价，包含内容广泛，包括了所有的人工、材料、机械消耗费用、企业管理费用、税收、保险、利润以及合同所明示或暗示的承包商应承担的各种风险费用，其单价或总额是承包者在该项目中所能获得的所有费用，因此，投标单位应将各种间接费用合理分摊在清单单价或总额中。

8. 造价结算的依据

一般情况下，清单单价是承包商施工中进行造价结算的依据，当工作内容无变更，物价上涨在有经验承包商所难预见的合理幅度内时，其结算单价就是清单单价，当工作内容有变更，物价上涨幅度过大时，可以根据工程变更令或合同中调价规定对单价进行必要的变更。

8.2 工程量清单招标

8.2.1 招标方式与招标文件

1. 公路工程施工招标的方式

《公路工程施工招标投标管理办法》规定招标方式为公开招标和邀请招标两种。

(1) 公开招标。招标中投标单位的数量不受限制，凡符合规定条件的承包商均可自愿参加投标的方式称为公开招标，亦称为无限竞争性招标。

其优点是：

1) 业主优选承包商的范围大。

2) 有助于开展全面竞争，打破垄断和地区保护主义。

3) 有利于促使承包商努力提高管理水平、完善自身条件、提高工程质量、缩短工期、降低造价。

其缺点是：

1) 招标工作量大，招标费用增多。

2) 招标单位多，使投标的社会成本增大，也就增大了最终由建设单位负担的社会成本。

(2) 邀请招标。招标中的投标单位数量要受到限制，一般选择5～8家符合规定条件的承包商投标，但同一合同段不得少于3家，对其发出邀请参加投标，这种方式称为邀请招标，亦称有限竞争招标。对被邀请的投标单位通常应考虑评价他们的业绩、社会信誉、施工技术力量、管理水平、财务状况等方面，且处于同一水平并均能胜任本标段工程要求的施工单位。这样，业主在评标中主要看投标单位的报价（类比价）是否具有竞争力。这种招标方式的优点是：

1) 体现了公平竞争的要求。

2) 降低了招标和投标的社会费用。

3) 大大减少了评标的难度，增加了评标的客观公正性。

因此，这种招标方式在国际招标中广为采用。

这里还要指出，这种招标方式对社会上的承包商有很大的促进作用，使他们在提高管理水平、提高施工业务能力、完善施工机械设备、提高企业人员素质，通过做好工程来取得良好的社会信誉等方面加倍努力，以增强企业的竞争能力；否则，连被邀请的资格条件都没有，当然就不可能承包到工程任务，企业的生存也就成了问题。

在招标中还有一种排它性邀请招标。被邀请的投标单位不是经过公开资格预审后选择的，而是处于排斥某些单位参加，由于工程性质特殊（只有少数单位能胜任）或工程保密等考虑而由业主确定的。显然，这种方式限制了竞争，违反了机会均等原则，不利于建立统一、开放、竞争有序的公路建筑市场。这种方式在公路施工招标中不宜采用。

2. 招标文件

(1) 招标文件的内容及要求。在《公路工程国内招标文件范本》2003 版中规定，招标文件由表 8.7 中的内容组成。

表 8.7　　招标文件的组成内容

卷次	篇次	内　容	备　注
第一卷	第 1 篇	投标邀请书	招标文件应分卷装订，除本表各卷册的内容外，招标人在招标期间发出的有编号的补遗书和其他正式有效函件，均是招标文件的组成部分
	第 2 篇	投标人须知	
	第 3 篇	合同通用条款	
	第 4 篇	合同专用条款	
第二卷	第 5 篇	技术规范	
第三卷	第 6 篇	投标书与投标担保格式	
	第 7 篇	工程量清单	
	第 8 篇	投标书附表格式	
	第 9 篇	合同协议书格式	
	第 10 篇	履约担保格式	
	附篇	施工组织设计建议书格式	
第四卷	第 11 篇	图纸	

投标人应仔细阅读招标文件，按招标文件的规定与要求编写投标文件。如果投标文件与招标文件的规定与要求不符合，则投标人应自行负责。凡与招标文件的规定有重大不符合的投标书，将按招标文件中的招标人须知中有关重大偏差的规定办理。

投标人应认真检查招标文件是否完整，若发现有缺页或附件不全时，应及时向招标人提出，以便补齐。

(2) 招标文件的澄清和答疑。要求对招标文件进行澄清和解答的投标人，应在送交投标文件截止期至少 18 天前，将要求澄清和解答的问题以书面形式（包括传真、信函）送达招标人。招标人应在投标截止期 15 天前，将书面答复以编号的补遗书方式送达（以收到日期为准，下同）所有已购买招标文件的投标人。投标人在收到该书面答复（补遗书）后，应在 24 小时以内（以发出时间为准）以传真等书面形式向招标人确认收到。

(3) 招标文件的修改。

1) 在递交投标文件截止期15天之前，招标人可能会因任何原因（包括按须知第6条对在标前会议期间提出的问题），以发出编号的补遗书的形式对招标文件进行修改。

2) 补遗书将寄（送）给所有已购买招标文件的投标人，各次补遗书应按时序编号，作为招标文件组成部分对所有投标人都有约束力。投标人每次收到补遗书后，应在24h以内（以发出时间为准）以传真等书面形式向招标人确认收到。

3) 为使投标人在编写投标文件时有合理的时间考虑并反映上述补遗书的内容，必要时招标人可按投标人须知第17条的规定，酌情延后送交投标文件的截止期。

3. 招标文件主要内容的格式

公路招标文件中关于投标邀请书、投标人须知、投标书附表、合同协议书、履约银行保函和开工预付款银行保函等的格式作了专门的规定，以下简单介绍。

(1) 投标邀请书格式。

投标邀请书格式

(投标人全称)：________________

1. ______省（自治区、市）______至______公路项目已由__________批准修建，并已列入基本建设计划。现决定对该项目的______工程的实施和完成进行公开招标。你单位已通过资格预审[①]，现邀请你单位按招标文件规定的内容，参加第______合同段的投标。

2. 本项目招标分为A、B、C、…______个合同段，各合同段独立招标。第______合同段由K______+______至K______+______，长约______km，技术标准______级，______路面。有立交______处；大中桥______座，计长______m；隧道______座，计长______m，以及其他构造物工程等（独立的大桥工程应简述桥型、桥长、桥宽、跨径、基础型式、引桥引道长度等）。

3. 请凭本邀请书于______年______月______日至______年______月______日到____(招标人全称)______处购买招标文件，招标文件每套收取成本费人民币______元，售后不退[②]。

4. 业主根据对本合同工程勘察所取得的水文、地质、气象和料场分布等资料编制了一册《参考资料》，投标人在交付人民币______元之后，可以在下列地址取得一份复印件，如有需要，还可查阅详细的勘察资料。

查阅地址：____________

联 系 人：____________

电　　话：____________

5. 投标人在送交投标文件时，应按投标人须知第13条规定提交人民币______元或不低于投标价1%的投标担保[③]。

6. 招标人将于下列时间和地点组织进行工程现场考察并召开标前会议。

现场考察时间______年______月______日______时，地点：____________；

标前会议时间______年______月______日______时，地点：____________；

7. 投标文件送交的截止时间为______年______月______日______时④，投标文件必须在上述时间前递交至(单位：　　　　　　地址：　　　　　　　　)，招标人定于投标文件送交截止的同一时间、同一地址举行公开开标。⑤

8. 请在收到本邀请书24h（以发出时间为准）内，以书面方式回函确认。如果你单位不准备参与投标，亦请尽快通知我们，谢谢合作。

招标人地址：____________

邮　　编：____________

电　　话：____________

传　　真：____________

联 系 人：____________

招标人：　　（盖章）　　

______年______月______日

说明：1. ①为本邀请书适用于公开招标实行资格预审的项目；如果用资格后审，第1条的“已通过资格预审”文字应删去。

2. ②为每套招标文件售价只计工本费，最高不超过1000元（不含图纸部分）。参考资料也应只计工本费，最高不超过1000元。

3. ③为投标担保的形式应与投标人须知第13.2款的规定一致。

4. ④为自招标文件开始发出之日起至投标人送交投标文件截至之日止，高速公路、一级公路、技术复杂的特大桥梁、特长隧道不得少于28日，其他公路工程不得少于20日。

5. ⑤为开标应当在招标文件确定的送交投标文件截至时间的同一时间公开进行。

（2）投标人须知格式。

投标人须知资料表

说明：(1) 本表各项在送审招标文件时，应无例外一一填写，除“不适用”外，不留空白。如某日期一时定不下来，可先填计划日期。

(2) 如某栏对本项目不适用，应在相应栏中注明“不适用”。任何对投标人须知的修改均应在本表后的“修改表”中反映，并保持原条款号不变。

投标人须知条款号	具体信息或数据
1.1	招标人名称： 地址： 电话：　　　　　　联系人： 邮编：　　　　　　传　真：
1.1	工程项目名称：
1.2	工程说明：详见附件1工程说明
1.3	预计工期：________月

续表

投标人须知条款号	具体信息或数据
2	资金来源：本项目经______部（委）批准立项，已列入________省（自治区、直辖市）基本建设计划，资金来源为：
3.2	应更新的资审资料：除本须知3.2（1）～（7）外，还应更新：
5.1	现场考察地址和时间：
5.2	取得《参考资料》和查阅详细资料的地点： 每套《参考资料》收费：________元
6.1	标前会议时间和地点：
11.6	指明合同是否调价：
12.1	投标文件有效期：①
13.1	投标担保的金额：②
13.2（2）	出具投标保函的银行级别：
14.1	有无技术性选择方案：____； 如有，写明技术性选择方案的工程部分的名称：__________
15.1	投标文件的份数：正本1份，副本______份
16.3（1）	送交投标文件的地址：
16.3（2）	______项目第______合同段投标文件
16.3（3）	开标时间：
17.1	投标截至期：
17.2	投标截至期______天前
20.1	开标时间、地点：______
28	招标人将按______进行评标③
32.1	履约担保的金额和提交时间：
33.1	中标人在收到中标通知书______天内
34.4	监督机构：________；电话：________ 地　　址：__________；邮编：__________

① 填入开标日期后的天数。此期限应考虑工程的规模与复杂性并为评标、澄清、上级的批准及通知中标提供充足的时间，通常此期限为70～120天。

② 此金额应与投标邀请书中指明的一致。为了避免出具保函的银行泄漏投标人的投标价格，最好规定一个固定的金额而不用投标价格的某一百分比。如果规定用投标价格的百分比，应说明此百分比为不低于1%（小型工程可适当提高到2%）。

③ 招标人将选择下列内容填入本表："综合评估法28.2（1）"或"综合评估法28.2（2）"或"最低评标价法"或"双信封评标法"。

（3）投标书附表格式（只列名称，具体参见《公路工程国内招标文件范本》2003版）

表1　拟为承包本合同工程设立的组织机构图

表2　拟在本合同工程任职的主要人员简历表

表3　拟投入本合同工程的主要施工机械表

表4 拟配备本合同工程主要的材料试验、测量、质检仪器设备表

表5 合同通用款估算表

表6 临时占地计划表

表7 分包人表

表8 特殊分包人表（如有，由业主填写）

表9 调价公式的近似权重系数表

表10 材料基期价格/指数表

（4）合同协议书格式。

合同协议书格式

（本格式编排在招标文件中，供投标人参考，投标时不需填写）

鉴于业主为修建____（公路项目名称）____并接受了承包人对该项工程____合同段（或大桥）的投标书，现由____（业主全称）____（以下简称“业主”）为一方和____（承包人全称）（以下简称“承包人”）为另一方于____年____月____日共同达成并签订本协议如下：

1. 第____合同段由K____＋____至K____＋____，长约____km，技术标准____级，____路面。有____立交____处；大中桥____座，计长____m；隧道____座，计长____m以及其他构造物工程等。

2. 下列文件应视为构成并作为阅读和理解本协议书的组成部分，即：

（1）本合同协议书及附件（含合同谈判中澄清文件）；

（2）中标通知书；

（3）投标书及投标书附录（含承包人在评标期间递交和确认并经业主同意的对有关问题的补充资料和澄清文件等，如果有）；

（4）合同专用条款（含数据表和招标文件补遗书中与此有关的部分，如果有）；

（5）合同通用条款；

（6）技术规范（含招标文件补遗书中与此有关的部分，如果有）；

（7）图纸（含招标文件补遗书中与此有关的部分，如果有）；

（8）标价的工程量清单；

（9）投标书附表；

（10）构成本合同组成部分的其他文件。

3. 上述文件将互相补充，若有不明确或不一致之处，以上列次序在先者为准。

4. 根据工程量清单所列的预计数量和单价或总额价计算的本合同总价为人民币____（大写）元（￥____元）。

5. 由于业主按本协议第6条所述给承包人支付合同价款，承包人在此立约；保证在各方面按合同文件的规定承担本合同工程的实施和完成及其缺陷的修复。

6. 作为对本合同工程的实施和完成及其缺陷修复的报酬，业主在此立约；保证按照合同文件规定的时间和方式向承包人支付合同价款。

7. 承包人应在监理工程师发出开工令之后，在投标书附录中写明的开工期限内开工。

本合同工程工期为______个月，工期从上述开工期的最后一天算起。开工令应在签订合同协议书以后，在投标书附录中写明的开工通知书期限内发出。

8. 本协议书在承包人提供履约担保后，由双方法定代表人或其授权的代理人签署与加盖公章后生效。全部工程完工后经交工验收合格，以及缺陷责任期满由业主发给缺陷责任终止证书后失效。

9. 本协议正本二份、副本______份，合同双方各执正本一份，副本______份，当正本与副本的内容不一致时，以正本为准。

业　　主：（单位全称）（盖章）　　承　包　人：（单位全称）（盖章）

法定代表人或其授权的代理人：（职务）______　　法定代表人或其授权的代理人：（职务）______

（姓名）______　　（姓名）______

（签字）______　　（签字）______

日　　期：______年______月______日

(5) 履约银行保函格式。

履约银行保函

致：（业主全称）

鉴于（承包人全称）（下称“承包人”）与（业主全称）（以下简称“业主”）签订修建（公路项目名称）第__合同段合同协议书，并保证按合同规定承担该合同段工程的实施和完成及其缺陷修复，我行愿意出具保函为承包人担保，担保金额为人民币（大写）______元（¥______元）。

本保函的义务是：我行在接到业主提出的因承包人在履行合同过程中未能履约或违背合同规定的责任和义务而要求索赔的书面通知和付款凭证后的______天内，在上述担保金额的限额内向业主支付任何数额的款项，无须业主出具证明或陈述理由。

在向我行提出要求前，我行将不坚持要求业主应首先向承包人索要上述款项。我们还同意，任何对合同条款所作的修改或补充都不能免除我行按本保函所应承担的义务。

本保函在担保金额支付完毕，或业主向承包人颁发交工证书之日起失效

担保银行：（银行全称）　（盖章）

法定代表人或其授权的代理人：（职务）______

（姓名）______

（盖章）______

______年______月______日

(6) 开工预付款银行保函格式。

开工预付款银行保函

致：（业主全称）

根据（承包人全称）（以下简称“承包人”）与（业主全称）（以下简称“业主”）签订的修建（公路项目名称）第______合同段的合同规定，承包人按规定的金额提交一份开工预付款银行保函（以下简称“保函”）作为担保，承包人即有权得到业主支付的一笔相等金额的开工预付款。我行愿意出具保函为承包人担保，担保金额为人民币（大写）______________元（￥______元）。

本保函的义务是：我行在接到业主提出的因承包人未能履行合同规定的义务而要求收回开工预付款的书面通知和付款凭证后的______天内，在担保金的限额内向业主支付该款项，无须业主出具证明或陈述理由。

在向我行提出要求前，我行将不坚持要求业主应首先向承包人索还上述款项。我们还同意，任何对合同条款所作的修改或补充都不能免除我行按本保函所应承担的义务。

本保函的担保金额，在任何时候应不超过开工预付款的金额减去承包人已偿还的金额。此偿还的金额是通过监理工程师按合同规定向承包人签发的多次中期支付证书来扣除的。承包人根据监理工程师签发的中期支付证书向银行出具的单据是我行减少本保函担保金额的证明。

本保函自上述开工预付款支付给承包人之日起生效，在收到监理工程师签发的支付证书（副本）说明上述开工预付款已完全偿还时失效，并退回我行。

担 保 银 行：（银行全称）（盖章）

法定代表人

或

其授权的代理人：（职务）

（姓名）

（盖章）

______年______月______日

8.2.2 招标工作程序

1. 公路工程项目施工招标应具备的条件

根据我国《公路工程施工招标投标管理办法》的规定并结合公路建设项目招标的实际，施工招标应具备的条件是：

（1）初步设计和概算文件已被批准。初步设计是明确工程特点、技术标准和要求、工程数量、进度要求与工期等和选定投标单位的依据，概算则是研究和决定标底的依据，也是选择投标者单位的重要依据。同时初步设计和概算文件也是投标单位编制投标书和报价的依据，因此初步设计和概算文件是编制招标文件的基本依据和基础。

（2）工程已正式列入国家或地方公路建设计划，业主已办理工程项目报建手续。

（3）建设资金已经落实。

（4）征地拆迁工作已基本完成或落实，能够分年度连续施工。

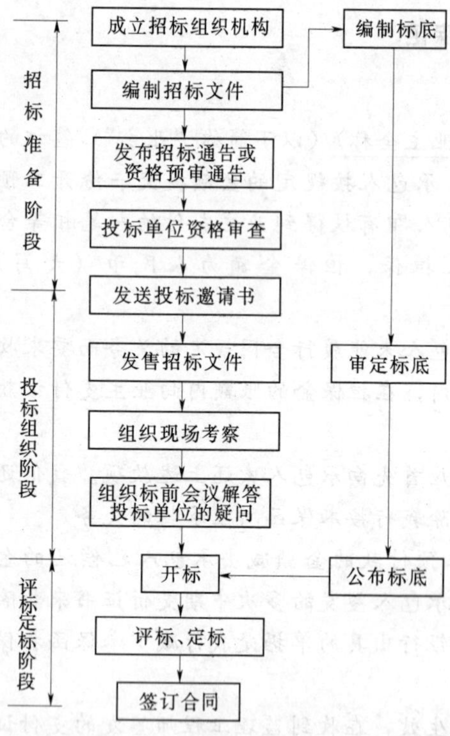

图 8.1 施工招标的基本程序

(5) 施工图设计已完成或能满足招标（编制招标文件）的需要，并能满足工程开工后连续施工的要求。

(6) 由于监理单位和监理工程师的姓名要作为合同条款写入招标文件之中，因此，除上述 5 个基本条件外，公路施工招标之前，监理单位应已选定。

2. 施工招标的基本程序

公路工程施工招标的基本程序如图 8.1 所示。

公路工程项目招标应当按下列程序进行。

(1) 确定招标方式。采用邀请招标的，应当按照国家规定报有关主管部门审批。

(2) 编制投标资格预审文件和招标文件。国道主干线和国家高速公路网建设项目的工程施工招标文件应当报交通部备案；其他建设项目的工程施工招标文件应当按照项目管理权限报县级以上地方人民政府交通主管部门备案。

(3) 发布招标公告，发售投标资格预审文件；采用邀请招标的，可直接发出投标邀请书，发售招标文件。

(4) 对潜在投标人进行资格审查。

(5) 向资格预审合格的潜在投标人发出投标邀请书和发售招标文件。

(6) 组织潜在投标人考察招标项目工程现场，召开标前会。

(7) 接受投标人的投标文件，公开开标。

(8) 组建评标委员会评标，推荐中标候选人。

(9) 确定中标人。国道主干线和国家高速公路网建设项目的评标报告和评标结果，应当报交通部备案；其他建设项目的评标报告和评标结果，应当按照项目管理权限报县级以上地方人民政府交通主管部门备案。

(10) 发出中标通知书。

(11) 与中标人订立公路工程施工合同。

3. 招标的组织机构及其职能

招标的组织机构包括决策机构和日常工作机构两个部分。

(1) 决策机构及其职能。决策机构的组建应严格以《中华人民共和国招标投标法》及项目法人制的要求为依据，充分发挥业主的自主决策作用，转变政府职能，落实业主的招标自主决策权，由业主根据项目的特点和需要来确定决策机构人选。决策机构的职能和工作如下：

1) 确定招标方案。包括制定招标计划、合理划分标段等工作。

2）确定招标方式。即根据法律法规和项目特点确定招标项目是采用公开招标方式还是邀请招标方式。

3）选定承包方式（承包合同形式）。即根据项目的特点和管理的需要确定招标项目的计价方式是采用总价合同、单价合同还是成本加酬金合同形式。

4）划分标段，确定各标段的承包、发包范围。

5）确定招标文件的合同参数。如工期、预付款比例、缺陷责任期、保留金比例、迟付款利息的利率、拖期损失赔偿金或按时竣工奖金的额度、开工时间等。

6）根据招标项目的需要选择招标代理单位，资格预审中确定投标人，评标定标时依法组建评标委员会，依法确定中标单位。

7）依法对标底进行审查与管理。

（2）日常工作机构及职能。日常工作机构又称招标单位，其工作职能主要包括准备招标文件和资格预审文件、组织投标人资格预审、发布招标广告或投标邀请书、发售招标文件、组织现场考察、组织标前会议、组织开标评标等事项。日常工作可由业主自己来组织，也可委托专业监理单位或招标代理单位来承担。由于施工招标是合同的前期（合同订立的）管理工作，而施工监理是合同履行中的管理工作，监理工程师参加招标甚至将整个招标工作委托给监理单位承担，对搞好施工监理工作是很有帮助的，这也是国际惯例。

根据《公路工程施工招标投标管理办法》的规定，具备下列条件的招标人可自行办理招标事宜：

1）具有与招标项目相适应的工程管理、造价管理、财务管理能力。

2）具有组织编制公路工程施工招标文件的能力。

3）具有对投标人进行资格审查和组织评标的能力。

8.2.3 工程量清单编制方法

1. 工程量清单编制原则

（1）工程量清单和技术规范保持一致。

（2）便于计量支付，减小计量难度。

（3）便于合同管理及处理工程变更。

（4）保持合同的公平性。

2. 工程量清单的编制

工程量清单是招标文件的组成部分，其主要由说明、分部分项工程量清单、专项暂定金额清单和计日工清单组成，是编制标底和投标报价的依据。已标价、经算术性修正无误且施工单位已确认的最终工程量清单是签订合同、调整工程量和办理工程结算的基础。

工程量清单应由有编制招标文件能力的招标人或受其委托具有相应资质的工程造价咨询机构、招标代理机构，依据有关计价方法、招标文件的要求、设计文件和施工现场实际情况进行编制。

3. 工程量清单的项目设置

工程量清单的项目设置规则是为了统一工程量清单项目号、项目名称、计算单位、工程量计算而制定的，是编制工程量清单的依据。在《公路工程工程量清单计量规则》中，对工程量清单项目的设置作了明确的规定。

（1）项目编号。项目编号以五级编码设置，用阿拉伯数字或英文字母表示。一级、二级、三级编码统一；第四级编码根据不同情况，对已有细目的项目可在其后增列细目，没有细目的项目可直接列细目；第五级编码由工程量清单编制人区分具体工程的清单项目特征而分别编码。各级编码代表的含义介绍如下：

1）第一级表示项顺序码（一位）。总则为 1，路基为 2，路面为 3，桥梁、涵洞为 4，隧道为 5，安全设施及预埋管线为 6，绿化及环境保护为 7，房建工程为 8。

2）第二级表示目顺序码（两位）。用阿拉伯数字表示，不足两位数前面补零。

3）第三级表示节顺序码（一位或两位）。用自然数表示。

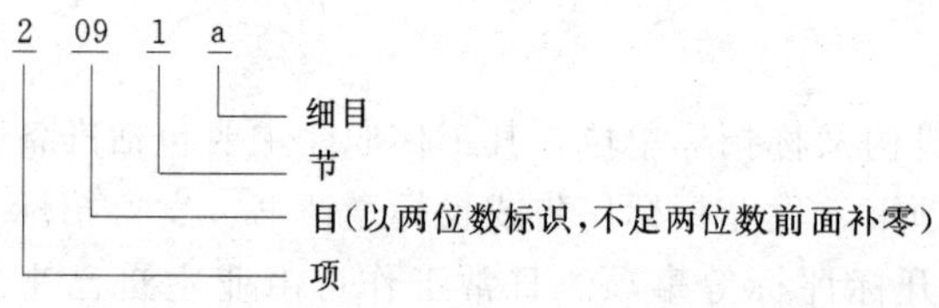

图 8.2　项目编码结构

4）第四级表示细目顺序码（一位或两位）。用英文字母 a、b、…表示。

5）第五级表示子细目顺序码（一位或两位）。用自然数表示。

项目编码结构如图 8.2 所示。

（2）项目名称。项目名称以工程和费用名称命名，如有缺项，招标人可按相应的《公路工程工程量清单计量规则》所述原则进行补充。

（3）项目特征。项目特征是按不同的工程部位、施工工艺或材料品种、规格等对项目所作的描述，是设置清单项目的依据。

（4）计量单位。计量单位采用基本单位，除各章另有特殊规定外，均按以下单位计量：以体积计算的项目——m^3；以面积计算的项目——m^2；以重量计算的项目——t、kg；以长度计算的项目——m；以自然体计算的项目——个、棵、根、台、套、块等；没有具体数量的项目——总额。

（5）工程量计算规则。工程量计算规则是对清单项目工程量的计算规定。除另有说明外，清单项目工程量均按设计图以工程实体的净值计算；材料及半成品采购和损耗、场内二次转运、常规的检测、试验等均包括在相应工程项目中，不另行计量。

（6）工程内容。工程内容是对拟完成项目的主要工作的描述。凡工程内容中未列的其他工作，为该项目的附属工作，应参照各项目对应的招标文件范本章节的规定或设计图纸综合考虑在报价中。具体项目设置及计量规则见《公路工程工程量清单计量规则》。

8.3　清单投标报价

8.3.1　投标文件的组成

投标人编写的投标文件，应包括下列各项内容：

（1）投标书及投标书附录。

（2）投标担保。

（3）授权书。

（4）联合体协议书（如果有）。

（5）标价的工程量清单。

(6) 投标书附表。

(7) 施工组织设计。

(8) 资格预审的更新资料(如果有)或资格后审资料(如系资格后审)。

(9) 选择方案及其报价(如果有)。

(10) 按本须知规定应填报的其他资料。

8.3.2 投标报价的基本程序

投标报价的基本程序和步骤可用图 8.3 表示。

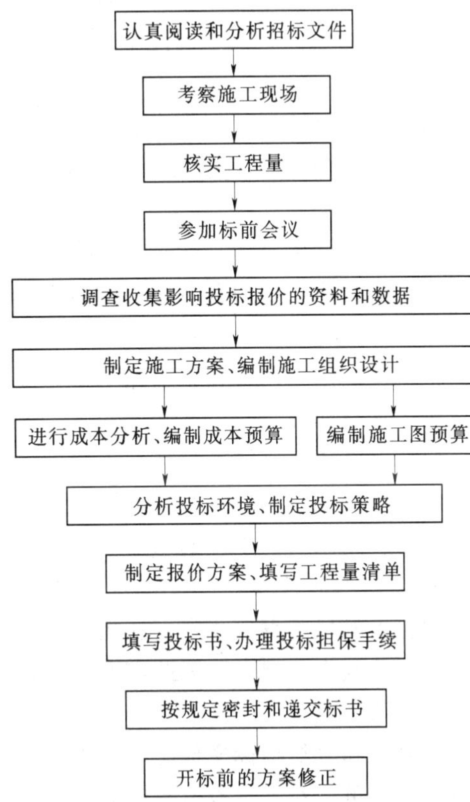

图 8.3 投标程序框图

8.3.3 招标文件的要点及需注意的问题

1. 合同条件

合同条件对投标报价影响较大的主要内容有:

(1) 承包人权利、义务的基本规定。通常承包人义务越多、风险责任越大,其成本和报价越高。

(2) 工期。首先分析招标文件中的工期是否合理,通常情况下合理工期能降低施工成本和投标报价。

(3) 分析拖期损失赔偿金和有关规定。

(4) 分析保修期的有关规定。

(5) 保函的要求。保函包括履约保函、预付款保函、临时进口施工机具税收保函以及维修期保函等,保函数值的要求和有效期的规定,允许开保函的银行限制。这与投标者计算保函手续费和用于银行开保函所需占用的抵押资金有重要关系。

(6) 保险。是否指定了保险公司、保险的种类和最低保险额,这将影响保险费用的计算。通常保险尽管需要保险费的支出,但同时减少了承包人的风险责任,可相应降低投标报价。

(7) 付款条件。是否具有预付款,预付款如何扣回;期中付款方法,包括付款比例、保留金比例、保留金最高限额、退回保留金的时间和方法、拖期付款的支付等;每次期中付款有无最小金额限制、业主付款的时间限制等。这些是承包人计算流动资金及其利息费用的重要因素。

(8) 税收。税收影响着材料设备价格的计算。

(9) 劳务国籍的限制。

(10) 战争和自然灾害等不可抗力因素造成损害的补偿办法和规定,中途停工的处理办法和补救措施等。

(11) 有无提前竣工奖励。

（12）货币。对货币币种的规定。

（13）争议、仲裁或诉诸法律等的规定。

（14）有关工程变更、索赔及价格调整的规定。表面上这些规定会增加业主支出，但由于承包人风险责任较小，相应能降低投标报价。

2. 技术规范

技术规范中质量标准和验收标准越高，承包人的义务越多，施工难度越大，其施工成本和投标报价越高。技术规范中规定的计量方法，是承包人进行单价分析以及编制相应单价的依据。

对于技术规范中的工作内容，在工程量清单中未列出来的或明文包括进去的，也要在所列项目中计算进去，否则将成为漏项。如有不明确之处，则在标前会议向业主提出澄清。

此外，应了解有无特殊施工技术要求和有无特殊材料设备技术要求，有关选择代用材料、设备的规定，以便针对相应的定额，计算有特殊项目的价格。

3. 报价要求

报价要求通常列明在工程量清单、投标人须知、合同条件、技术规范等文件中，要特别认真的加以研究。

（1）认真研究合同的种类。不同的工程类别适用于不同种类的合同。

（2）仔细研究招标文件中的工程量表的编制体系和方法。

（3）研究永久性以外的项目有何报价要求。

4. 承包人的风险

承包人的风险责任规定，在招标文件中直接或间接地体现出来。通常，承包人的风险责任越大，其报价越高。因此需要研究招标文件中对承包人不利，需承担很大风险的各种规定和条款。

在研究和分析招标文件的过程中，有时会发现一些漏洞和疏忽，这些漏洞和疏忽对自己有利的，可以在制定投标策略时作为参考；对自己不利的，可以按规定向业主提出，由业主在标前会议中解答。

5. 核实工程量

招标项目的工程量在招标文件的工程量清单中有详细说明，但由于种种原因，工程量清单中的工程数量有时会和图纸中的数量存在不一致的现象，因此有必要进行复核。

（1）核实工程量的主要作用如下：

1）全面掌握本项目需发生的各分项工程的数量，便于投标中进行准确的报价。

2）及时发现工程量清单中关于工程量的错误和漏洞，为制定投标策略提供依据。

3）有利于促使投标单位对技术规范中的计量支付规定做进一步的研究，便于精确地编写各工程细目的单价。

（2）核实工程量时应注意做好如下几项工作：

1）全面核实设计图纸中各分项工程的工程量。

2）计算受施工方案的影响而需额外发生和消耗的工程量。

3）根据技术规范中计量与支付的规定，折算出新的工程量。

8.3.4 投标策略和技巧

作为投标单位，必须研究投标策略和投标技巧，并恰当运用，使中标率提高并达到最好的经济效益。投标策略是投标人根据企业实际情况和公路工程市场形势，进行充分调查研究，做出工程项目投标的战略性选择和决定。投标技巧是指在投标报价中采用一些策略与方法，使投标者的报价既让业主可以接受，而且中标后又能获得更多的利润。因此，投标技巧的首要目标是确定一个最具有竞争力的总价以求中标；第二目标则是在总价确定以后，如何调整内部各个项目的报价，以期既不提高总价，又不影响中标，能在结算时得到更理想的经济效益。

1. 投标策略

(1) 赢利策略。在报价中以较大的利润为投标目标的策略。通常是在建筑市场任务多，投标单位对该项目拥有技术上的垄断优势、工期短、竞争对手少（非我莫属）时予以采用。

(2) 微利保本策略。在施工成本费、利税费及风险费用中，降低利润目标，甚至不考虑利润的一种策略。通常在企业工程任务不饱满，建筑市场供不应求（即任务少，施工企业多），竞争对手强以及业主按最低标价定标时采用。

(3) 采用先亏后盈策略。有的承包商，为了打进某一地区，或对一些大型工程中的第一期工程，采取一种不惜代价、只求中标的低价报价方案。这样在后续工程或第二期工程招标时，凭借经验、临时设施及创立的信誉等因素，比较容易中标，并争取获利。通常只在市场竞争激烈，承包商又急于打入该建筑市场（甚至独占该建筑市场）时采用。使用这种策略投标，一定要弄清楚业主肯定按最低价来确定中标单位，这种报价方法应谨慎采用。

(4) 冒险投标策略。在报价中不考虑风险费用，如果无风险发生，则报价成功，如风险发生，则要承担大的风险损失。通常也是在上述的情况下采用。其损失则要靠以后长期经营来挽回。

2. 附加策略

下面是几种附加策略，即在采用上述 4 种策略的基础上再采用以下几种附加策略。

(1) 优化设计策略。即发现并修改原有施工图设计中存在的不合理情况或采用新技术优化设计方案。投标者应对原招标文件的设计和施工方案仔细研究，提出更合理的方案以吸引业主，促成自己的方案中标。这种新的建议方案可以降低总造价，或者提前竣工，或者使工程运用更合理。但要注意的是对原招标方案一定也要报价，以供业主比较，否则将成为废标。

(2) 缩短工期策略。通过先进的施工方案、施工方法、科学的施工组织管理或优化设计来缩短工期。当投标工期是关键工期时，则业主在评标过程中会将由于缩短工期所带来的预期受益定量考虑，从而增大中标机会。

(3) 采用多方案报价法。对于一些招标文件，如果发现工程范围不很明确，条款不清楚或很不公正，或技术规范要求过于苛刻时，则要在充分估计投标风险的基础上，按原招标文件报一个价，然后再提出“如某条款作某些变动，报价可降低多少……”报一个较低的价。这样可以降低总价，以吸引业主。

（4）采用突然降价法报价。报价是一项保密的工作，但是竞争对手有时通过各种渠道、手段来刺探情报，因此在报价时可以采取迷惑对方的手法。即先按一种情况报价或表现出自己对该工程兴趣不大，到快投标截止时，再突然降价。

（5）附加优惠策略。投标时根据所掌握的招标单位信息，结合企业的实际能力，提出对招标单位有吸引力、在投标对手中有竞争力的优惠条件，如帮助业主融资、提供贷款、解决材料及设备的采购供应，协助业主进行三大目标控制，提出工期优惠，先进设备、技术转让，为业主解决某些困难等，以此增加中标机会。

（6）低价索赔策略。在认真分析研究招标文件后，发现存在许多漏洞甚至许多错误或业主不能提供必要的施工条件，开工后必然出现业主违约的情况时，可有意将价格报低，先争取中标，中标后通过索赔来挽回低报价的损失。

3. 投标技巧的研究与应用

承包商研究投标技巧应在保证工程质量与工期的前提下进行，其目的是为了中标并获得所期望的效益。为此，承包商在投标程序全过程都要研究投标报价技巧问题。

（1）不平衡报价法。不平衡报价，也叫前重后轻法。是指在总价基本确定的前提下，如何调整内部各个子项的报价，以期不影响总报价，又在中标后可以获得较好的经济效益。一般可以在以下几个方面考虑采用不平衡报价法：

1）对能早期结账收回工程款的项目（如开工费、土方、基础等）的单价可报以较高价，以有利于资金周转，对后期项目（如高速公路的路面、交通设施、绿化等附属设施）单价可适当降低。

2）估计今后工程可能增加的项目，可提高其单价；而工程量可能减少的项目，则可降低其单价。

要提醒注意的是：上述两种情况要统筹考虑。对于工程量清单有错误的早期工程，如不能完成工程量表中的数量，则不能盲目提高单价，应在具体细致分析后确定。

3）图纸内容不明确或有错误，估计修改后工程量要增加的，可提高其单价，而工程内容不明确的，其单价可降低。

4）没有工程量只填报单价的项目（如疏浚工程中的开挖淤泥工作等），其单价宜高，这样既不影响总的投标报价，又可多获利。

5）在单价包干混合制合同中，有某些项目业主要求采用包干报价时，宜报高价。一则这类项目多半有风险，二则这类项目在完成后可全部按报价结账，即可以全部结算回来。而其余单价项目则可适当降低。

6）暂定项目。对这类项目要具体分析，因这一类项目要开工后再由业主研究是否实施，由哪一家承包商实施。如果工程不分标，只由一家承包商施工，则其中肯定要施工的单价可高些，不一定施工的则应低些；如果工程分标，该暂定项目也可能由其他承包商施工时，则不宜报高价，以免提高总报价。

（2）零星用工（计日工）报价。一般可采用稍高工程单价表中的工资单价来报价。因为零星用工不属于承包总价的范围，发生时实报实销，故可多获利。

（3）“单价分析表”报价。有的招标文件要求投标者报“单价分析表”，投标时可将单价分析表中的人工费及机械设备费报得较高，而材料费算得较低，这主要是为了在今后补充项目报价时可以参考选用“单价分析表”中较高的人工费和机械设备费，而材料则往往采用市场价，因而可以获得较高的收益。

（4）联保法。一家实力不足，联合其他企业分别进行投标。无论谁家中标，都联合进行施工。

（5）开口升级报价法。即将报价看成是协商的开始，报价时利用招标文件中规定的不明确的有利条件，将造价很高的一些单项工程的报价抛开作为活口，将标价降低至无法与之竞争的数额。利用这种“最低标价”来吸引业主，从而取得与业主商谈的机会，利用活口进行升级加价，以达到最后赢利的目的。

（6）议标的投标技巧。议标对我国工程项目并不适用，国际上在一些情况下采用议标方式。若采用议标方式，即通常选择2～3家条件较优者进行谈判，则投标人可利用议标谈判来施展竞争手段，就有可能通过修改投标书的某些内容来增加获胜机会。根据规定，投标人在标书有效期内，是不能修改其报价的。在议标中，投标者适时视情况提出降价要求是议标的主要手段，是被允许的。但需要注意的是：

1）要摸清招标人的意图，在得到其希望降低标价的暗示后，再提出降价要求。

2）降低投标价要适当，不要损害投标人自己的利益。

3）降低投标价不能导致工程质量和工期受到影响，必须保证其达到规定要求。

必须指出：投标的各类策略、技巧手段的应用存在一定的风险。因此，投标策略和技巧要结合工程的客观实际和企业自身状况适当采用，否则会带来一定的损失。投标策略技巧是一项提高企业中标率和最终获取较高经济效益的有效方法，也是投标企业经营管理的重要工作。投标人应在每一次投标前进行充分的分析研究，适时决策、不断积累经验和资料，为今后企业获取工程承包权奠定基础。

思　考　题

8.1　工程量清单由哪几部分组成？

8.2　什么是工程量清单计价？

8.3　工程量清单计价的原则是什么？

8.4　工程量清单计价依据是什么？

8.5　工程量清单计价的程序是什么？

8.6　工程量清单计价的特点有哪些？

8.7　工程招标的方式有几种？

8.8　招标文件的内容有哪些？

8.9　招标工作的程序是什么？

8.10　如何进行工程量清单的编制及项目的设置是什么？

8.11　投标文件的组成是什么？

8.12　投标报价的基本程序是什么？

8.13　投标的策略和技巧有哪些？

第9章　公路工程概预算审查与工程结（决）算

9.1　概预算审查

公路工程概预算文件是确定工程造价的重要文件，也是论证和评价公路基本建设投资效益和制定投资计划的重要依据。随着高等级公路的不断建造，投资的数额亦越来越大，其概预算文件的编制质量不仅直接关系到公路基本建设计划的制定和执行，而且直接关系到投资效益。因此，概预算审查有着很重要的意义。

概预算审查有利于合理分配投资资金，加强管理，设计概预算编制得偏高或偏低，均会影响其真实性，会影响投资比例的合理分配；概预算审查有助于促进设计的技术先进性和经济合理性，对进一步优化设计有指导意义；审查概预算可使建设项目的总投资力求做到准确、完整，防止任意扩大投资规模或出现漏项，使投资与实际造价基本接近，同时为招标、投标提供一个较可靠的依据；审查施工图预算，有助于准确核实工程造价，节约国家资金，同时也有利于施工企业经济核算，改善经营管理。

9.1.1　概预算审查方法和依据

公路工程概预算审核应做到编制与审核分离，技术上先进，经济上合理，使概预算更能反映工程实际情况。

1. 审查方式

审查公路工程概预算的方式应因地制宜，一般采用下列两种方式：

（1）单独审查。主要是由建设单位或有关主管部门主持对概预算进行单独审查，将审查中出现的问题向设计单位提出，根据有关定额和有关文件进行研究协商，并加以修改。这种方式比较灵活，不受时间和场所的限制，故使用较广泛。

（2）多方会审。主要由建设单位或主管部门组织并主持，邀请有关专家及有关单位参加，组成会审小组，对编制文件进行全面审查，这种方式通常用于大、中型建设项目的概预算的审查。

2. 审查方法

审查概预算的方法也应根据具体情况确定，一般有下列两种方法：

（1）全面审查法。即按照各阶段设计图的要求，结合有关概预算定额和编制办法的要求，以及施工组织设计文件，对分项工程的细目和各项内容，逐一全面地进行审查。其审查方法与编制的过程基本相同，这种方法比较全面、细致，审查质量较高，但工作量大。因此，它适合一些工程量较小、工艺简单、差错率较高的工程。

（2）重点审查法。一般是根据审查人员积累的经验，对差错率较高的地方进行审查。重点审查法适合于易重项、漏项的工程，采用新工艺新技术的工程所使用的有关补充定额，以及由于设计变更引起的概预算造价的增减等。重点审查法也还适用于公路工程中属于非公路专业的工程，如房屋等是否执行了有关专业部门和工程所在地区统一的直接费用定额和相应间接费定额等。

3. 审查的依据

(1) 工程设计图纸。

(2) 国家和地方统一制定的工程概预算定额。

(3) 当地的费用定额、人工和材料价格、价格调整指数等相关取费规定。

(4) 行业主管部门制定的相关专业定额等。

9.1.2 概预算审查步骤与审查内容

1. 概预算审查的步骤

(1) 安排好审查时间。

(2) 应搜集整理有关资料，如定额、编制办法、设计图纸、有关造价文件等。

(3) 深入调查现场，熟悉现场状况，获取有关基础资料、施工组织设计文件。

(4) 组织审查。应由建设单位或主管部门组织牵头，按照不同的审查方法对设计概预算进行仔细地审查。

(5) 搞好审查定案。通过审查，把存在的问题提交原编制单位和有关单位共同协商、研究，修改错漏之处，然后据此修正工程概预算。

审查、核定并经上级有关部门批准后的概预算作为进行工程项目建设投资管理的重要依据。

2. 概预算审查的内容

根据《财政性基本建设资金技资项目工程预、决算审查操作规程》的规定，对工程预算进行审查的内容包括建设项目工程预算是否控制在概算允许范围以内，工程量计算、定额套用与换算、费用和费率计取是否合理、准确。在概预算审查时，应重点审查以下事项：

(1) 概预算编制人员是否具有“概预算人员资格证书”，审核人员是否具有“编审资格证书”，对无证书者所编、审的概预算一律不得受理。

(2) 审查概预算的编制依据。包括审查编制依据的合法性、时效性和适用范围等。

(3) 工程量计算是否符合规定的计算规则、计算方法，计算结果是否准确，有无多算、重算、漏算。

(4) 多个单项工程构成一个建设项目时，要审查工程项目是否包含了各个单项工程，费用内容是否正确、项目是否齐全等。

(5) 分部分项工程概预算定额选用与套用是否符合规定，定额抽换是否正确。

(6) 有关取费是否执行了定额基价与《公路工程基本建设项目概算、预算编制办法》中相应的计算基数和费率标准。

(7) 设备、材料是否按国家定价或市场计价。

(8) 计算数据是否有错误。

审查公路工程概预算是政策性较强、要求较高、工作量很大的工作。在审查过程中，要实事求是，严格审查。作为审核人员应对审核成果做出结论，并对审查成果负责。

9.2 工 程 结 算

9.2.1　工程结算概念与结算方式

1. 工程结算的概念

公路工程项目施工结算，从广义来说，是合同双方按完成的合格工程量或工作量，依据协定的计价条款及有关规定，合理确定造价并办理支付的过程。公路工程项目施工结算按要求、作用、时间的不同可分为期中结算（按月结算）和竣工结算两种。

期中结算是业主与承包商之间，根据监理工程师签认的某一时期内"中间证书"中合格工程量及相应单价确定承包人应获取的工程款项，以及工程变更、工程索赔、价格调整等承包人应获得的其他款项进行的结算。

竣工结算是工程竣工后，业主与承包人之间对于承包工程内容进行的全部建筑安装工程费用的结算，是对原合同协议价格进行调整修正的总结性的技术经济文件，也是期中结算的最后汇总确认。竣工结算业主和承包商之间确定的是最后的工程造价。

2. 工程结算方式

根据财政部、建设部2004年10月20日发布实施的《建设工程价款结算暂行办法》（财建〔2004〕369号）的规定，工程价款结算应按合同约定的结算方式进行。

按现行规定，工程价款结算可以采取以下方式：

(1) 按月结算。即对当月完成的合格工程产品，实行按月支付进度款，竣工后清算的办法。合同工期在两个年度以上的工程，还要在年终进行工程盘点，办理年度结算。这是工程中最常用的一种结算方法

(2) 竣工后一次结算。工程建设期在12个月以内，或者工程承包合同价值在100万元以下的，可以实行工程价款每月月中预支，竣工后一次结算。

(3) 分段结算与支付。即当年开工、当年不能竣工的工程按照工程形象进度，划分不同阶段支付工程进度款，具体划分在合同中明确。分段结算可以按工程进度拨付工程款。例如工程开工后，按工程合同造价拨付20%；工程基础完成后，拨付30%；工程主体完成后，拨付40%；工程竣工验收后，拨付5%；工程尾款5%。

(4) 结算双方约定的其他方式。

9.2.2　工程结算的内容

公路工程结算，无论是期中结算（公路工程每月结算一次）还是最终结算（竣工结算），主要根据《公路工程国内招标文件范本》的规定，以工程量清单和工程承包合同为依据进行结算。也就是说，在施工过程中或工程竣工后，在对承包商进行工程价款支付时，均按清单和合同条款中约定的已发生项目的工程量进行支付。所以工程结算的内容包括工程量清单中的项目结算和合同中约定的项目结算两大部分。

1. 按清单结算的项目

(1) 以物理和自然单位结算的项目。工程量清单中，绝大部分工程细目是以物理单位计量和结算的，其费用约占工程总费用的85%左右，其费用计算方法是以每月完成工程项目的计量的数量与报价单中相应的单价相乘来计算结算的金额的。以自然单位计量和结

算的项目分为按项结算和单纯按自然单位计价结算两种情形，工程量清单中多数开办项目如承包人的驻地建设、临时工程等都属于按项的总包干额结算的项目，清单中另有一些支付细目属于单纯按自然单位计价结算的项目，如桥梁支座以块计价、照明灯柱以根计价以及砍伐树木以棵计价等，它们都只需将实际数量与报价单中的单价相乘即可。

(2) 暂定金额。暂定金额是指合同工程量清单中因所发生的项目及所需要的金额不明确而暂时确定的一笔金额。根据《公路工程国内招标文件示范文本》通用条款 58.1 款规定："暂定金额"是指包括在合同之内，并在工程量清单中以"暂定金额"名称表明的一笔资金。除合同另有规定外，暂定金额应根据监理工程师指示（由监理工程师报业主批准后指令）全部或部分地使用，或者根本不予动用。暂定金额的结算应根据监理工程师的要求，承包人应提交有关暂定金额开支的全部报价、发票、凭单、账目和数据，经审核后才能进行暂定金额项目的支付。

(3) 计日工。计日工的发生应以监理工程师的指示为依据，计日工的结算应以工程量清单中所报单价乘以监理工程师批准的计日工的数量进行计算。

2. 按合同结算的项目

(1) 开工预付款的支付与结算。开工预付款是一项业主提供给承包人用作开办费用的提前付款（又称前期付款）。根据《公路工程国内招标文件示范文本》通用条款第 60.5 款的规定，在承包人提交了履约担保和签订了合同协议书并提交了开工预付款担保 14 天内，监理工程师应按投标书附录中规定的金额签发开工预付款支付证书，并报业主审批。业主应在该支付证书收到后 14 天内核批，并支付开工预付款的 70%的价款；在投标文件载明的主要设备进场后，再支付预付款 30%。

根据《公路工程国内招标文件示范文本》通用条款第 60.6 款的规定，开工预付款按完成的工程量的一定百分比扣款。扣回时间开始于期中支付证书中工程量清单累计支付金额超过合同价值的 30%的当月，止于支付金额达合同价值的 80%的当月。在此期间，按期中支付证书当期完成的工程款占合同价值 50%的比例，予以扣回。其计算公式为

$$G = \frac{MB}{\text{合同价} \times 50\%} \tag{9.1}$$

式中 G——期中支付证书扣回预付款数额；

M——在规定工程支付金额范围内期中支付证书当期完成的工程量清单金额；

B——已付开工预付款。

【例 9.1】 某工程合同价为 1500 万元，开工预付款在投标书附录中规定的额度为 10%，5 月完成 200 万元的工程量，且到第 5 个月时累计支付工程金额为 600 万元，试计算该月应当扣回开工预付款的金额。

解： 1500×30%=450（万元）

第 5 个月累计支付 600 万元已超过合同价的 30%，即已超过 600−450=150（万元），则 150 万元应按合同规定扣回开工预付款。

本月应扣回的开工预付款：

$$G=\frac{M\times B}{\text{合同价}\times 50\%}=\frac{150\times(1500\times 10\%)}{1500\times 50\%}=30\text{（万元）}$$

即5月份应扣回的开工预付款30万元。

(2) 材料预付款的支付与结算。材料预付款按照定期扣回法扣回。该方法是对本月到现场材料设备支付预付款的同时，扣回上月已支付的预付款。因此当合同文件规定材料预付款按所购材料、设备支付单据开列费用的75%支付时，本月实际预付款金额为

本月预付款金额＝本月末现场材料设备价值的75%－上月末现场材料设备价值的75%

【例9.2】 某工程施工工期为8个月，经监理工程师每月对现场材料的盘点，每月现场材料的价值见表9.1。合同中规定材料与付款的支付额度为材料、设备价值的75%，现将计算出每月材料预付款的支付金额列于表9.2中。

表9.1　材料盘点统计表

月份	材料价值（万元）	材料价值的75%（万元）	备　注
1	500	375	开工的第一各月
2	400	300	
3	500	375	
4	200	150	
5			工程结束

表9.2　材料支付款统计表（定期扣回）

月份	本月末现场材料价值的75%（万元）	上月末现场材料价值的75%（万元）	本月支付金额（万元）
1	375		375
2	300	375	－75
3	375	300	75
4	150	375	－225
5		150	－150

表9.2中本月支付金额为负数时为扣回金额，例如，第2个月扣回材料预付款75万元，这是因为上月已支付375万元，而本月现场材料价值的75%只有300万元，因此扣回75万元实际是上个月的材料预付款全部扣回后又支付本月现场材料价值75%的付款。这样逐月进行支付与扣回，当工程结束时，可将材料预付款全部扣回。

(3) 保留金的扣除。保留金是为了确保在施工阶段或在缺陷责任期间，承包人履行缺陷的修复义务而事先从应付给承包人款项中扣留的一笔费用。

根据《公路工程国内招标文件示范文本》通用条款第60.3的规定，保留金应按投标书附录中规定的百分率乘以承包人应得的款项（所得的材料、设备预付款不扣保留金），从每期应支付给承包人的工程结算款额中扣留，直至保留金的金额达到投标书附录中规定的限额为止。

承包人所得款项中应计算保留金的款项为

承包人应得款项＝本月完成的工程价款＋本月完成的计日工的价款＋本月应支付的暂定金额＋根据合同规定本月应结算的其他款额＋费用和法规的变更发生的款额

【例9.3】 某施工合同，其保留金的扣留比例为10%。假设承包人在该月完成的工程价款为400万元，完成的计日工价款为20万元，发生的暂定金额为60万元，设备、材料预付款为80万元，其他应付款为20万元变更发生的款额20万元。求本月应扣的保留金。

解：根据《公路工程国内招标文件示范文本》通用条款第60.3的规定，本月应扣的保留金为

(400＋20＋60＋20＋20)×10%＝52（万元）

(4) 工程变更费用。工程变更费用是指根据《公路工程国内招标文件示范文本》通用条款进行结算。

(5) 索赔费用。索赔费用是指根据《公路工程国内招标文件示范文本》通用条款规定进行结算。

(6) 价格调整。价格调整是指根据《公路工程国内招标文件示范文本》通用条款进行结算。

以上 (4)、(5)、(6) 三项内容分别在 9.2.3 和 9.2.4 中专门讲述。

(7) 拖期损失偿金(违约罚金)。《公路工程国内招标文件示范文本》通用条款第 47 款规定，如果承包人未能按照合同规定的工期完成合同工程，则必须向业主支付按投标书附录中写明的金额，作为拖期损失偿金。时间自预定的交工日期起到合同工程交工证书中写明的交工日期或已批准的延长工期止，按天计算。拖期损失偿金应不超过投标书附录中写明的限额。业主可以从应付或到期应付给承包人的任何款项中扣除此偿金，但不排除其他扣款方法。扣除拖期损失偿金，并不解除合同规定的承包人对完成本工程的义务和责任。

(8) 提前竣工奖励。如果承包人按照《公路工程国内招标文件示范文本》通用条款第 43 款规定的工期，提前完成了合同工程或某区段或某单项工程，则业主应按标书附录中写明的金额，发给承包人提前竣工奖。提前竣工时间自合同工程或某区段或某单项工程的交接证书中写明的竣工日期算起，到按第 43 款规定的该有关竣工日期止(即合同工期－实际工期＋批准的延长工期)，按天计算。提前竣工奖金应不超过投标书附件中写明的限额。

(9) 迟付款利息。《公路工程国内招标文件示范文本》通用条款第 60.15 款规定，监理工程师根据本条或合同的其他条款发出的任何期中支付证书项下应付给承包人的款额，业主应在收到该期中支付证书后 21 天内或在投标书附录中另有规定并以次为准的天数内支付给承包人；或按第 60.13 款规定的最后支付证书项下应付给承包人的款额，业主应在收到该最后支付证书 42 天内支付给承包人。如果业主在上述期限内未能付款，则业主应按投标书附件中规定的利率向承包人支付全部未付款额的利息，计息时间从应付而未付该款额之日算起(不计复利)。

1) 复利法计算

$$\text{迟付款利息} = P[(1+r)^n - 1] \tag{9.2}$$

式中 P——迟付的费用数额；

r——日利率；

n——迟付款天数。

2) 单利法计算

$$\text{迟付款利息} = Pnr \tag{9.3}$$

迟付款天数指业主的实际付款时间超过规定的期中支付或最终支付的截止日期的天数。

【例 9.4】 某工程第 6 期期中支付证书，支付金额为 5600000 元，监理工程师提交支付证书的日期为 5 月 10 日，而业主到 8 月 5 日才支付该证书的付款，如果合同条件规定，期中支付证书应在 45 天内支付，且 $r=0.033\%$，那么这笔款项的迟付款利息额为多少？

解： 由题意知

1）迟付款天数

$$n=86-45=41\text{（天）}$$

2）迟付款利息：

采用复利法，迟付款利息为

$$5600000\times[(1+0.00033)^{41}-1]=76272\text{（元）}$$

采用单利法时，迟付款利息为

$$5600000\times41\times0.00033=75768\text{（元）}$$

总之，工程结算所处理的支付项目包括前述两大类共计 12 项，不论是期中结算还是竣工结算都要以已发生的项目费用为依据进行结算，并严格按照规定的程序进行。

9.2.3　工程变更与工程索赔的费用结算

9.2.3.1　工程变更的费用结算

1. 工程变更的范围与内容

（1）增加或减少本合同中的任何工程的数量。

（2）取消合同中的任何单项工程。

（3）改变合同中的任何工作的性质、质量或种类。

（4）改变本工程任何部分的标高、线形、位置和尺寸。

（5）完成本工程所必需的任何种类的附加工作。

（6）改变本工程任何分项工程规定的施工顺序或时间安排。

上述变更均不应使本合同作废或无效。所有这类变更（如果有）的结果应该根据《公路工程国内招标文件示范文本》第 52 条规定予以作价。但是，如果发出本工程的变更指令（简称变更令）是因承包人过错、承包人违反合同或承包人责任造成的，则这种违约引起的任何额外费用应由承包人承担。

2. 工程变更费用的计算

工程变更立项之后，应进行费用的估算。工程变更应看作是合同调整的一部分，工程变更费用与工程结算款项同期支付。

工程变更费用估算的主要工作包括：确定项目与细目、计算变更工程量、确定单价与金额。

（1）确定项目与细目。变更工程如与工程量清单中有相同的项目或细目，则应与工程量清单中的细目划分及计算要求一致；工程量清单中没有相同的新增项目，必须首先明确工程细目的计量要求、技术标准以及每个计量细目所包括的所有工作内容，避免漏计或重计。

（2）计算变更工程量。按照变更工程项目、细目的划分内容，根据变更设计图纸及其他资料计算变更工程各项目、细目的预计工程数量。计量的结果汇总于“中间计量证书”和“竣工计量证书”等有关表格之中，结算按计量的工程量进行。

（3）确定单价与金额。变更工程价格的增加或减少额，应以工程量清单中的单价或总额价为依据。如果工程量清单中未包含适用于变更工程的单价，则采用工程量清单中监理工程师认为适合的单价用于作价的依据。如果不适合，则由监理工程师和承包人协议一个合适的单价或总额价并报业主批准。如果不能达成协议，则监理工程师应根据情况在报业主批准后，定出他认为合理的单价或总额价，并通知承包人，抄送业主。

9.2.3.2 工程索赔的费用结算

索赔是指在合同履行过程中，作为合同一方，因他方不履行或未能正确履行合同所规定的义务而遭受到损失，向对方提出赔偿要求的过程。

1. 索赔的分类

(1) 按索赔的目的分类。

1) 工期索赔。即承包商要求得到工期的延长。

2) 费用索赔。是指由于他方原因造成工程成本的增加，承包商可根据合同规定提出费用补偿要求。

(2) 按索赔的处理方式分类。

1) 单项索赔。它是指在工程施工过程中，出现了干扰原合同的索赔事件，承包商为此事件提出的索赔，如业主发出设计变更指令，造成承包商成本增加，工期延长，承包商为变更设计这一事件提出索赔要求，就可能是单项索赔。

2) 一揽子索赔，又称总索赔。它是指承包商在工程竣工前后，将施工过程中已提出但未解决的索赔汇总一起，向业主提出一份总索赔报告的索赔。此方式难以索赔成功，应避免应用。

(3) 按索赔的依据分类。

1) 合同内索赔。此种索赔是以合同条款为依据，在合同中有明文规定的索赔，如工期延误、工程变更、业主不按合同规定支付进度款等这种索赔，由于在合同中明文规定往往容易得到。

2) 合同外索赔。此种索赔一般是难于直接从合同的某条款中找到依据，但可以根据含义推论出隐含在条款中的索赔权，称为“默示条款”，如外汇汇率由于外汇政策变化等。

3) 道义索赔。看到承包商为完成某项困难的施工，承担了额外费用损失，由于善良意愿，给承包商适当的经济补偿。

(4) 按索赔的对象分类。划分为承包商向业主提出的索赔和业主向承包商提出的反索赔。

2. 工程索赔的计算

(1) 实际费用法。实际费用法又叫分项法。该方法是按每个索赔事件所引起的损失的费用项目分别计算索赔值的一种方法。该方法是在明确责任的前提下，将需索赔的费用分项列出，并提供相应的工程记录、收据、发票等证据资料，这样可以在较短的时间内给以分析、核实，确定索赔费用，顺利解决索赔。在实际中，绝大多数工程的索赔都采用分项法计算。

(2) 总费用法。它是把固定总价合同转化为成本加酬金合同，以承包商的额外成本为基点加上管理费和利润等附加费作为索赔值。利息支出按实际时间和利率计算。

费用索赔结算就是把合同履行过程中所发生的每一次索赔费用进行汇总，是施工单位在合同价格之外获得的费用补偿。

9.2.4 工程价款调整

由于工程建设的周期长、涉及的经济关系和法律关系复杂、受自然条件和客观因素的影响大，导致项目的实际情况与项目招标投标时的情况不一致。例如由物价上涨和国家政策法令的变动引起的资源价格变化，而造成合同价款调整不可避免。

在经济发展过程中，物价水平是动态的、经常不断变化的，有时上涨快，有时上涨慢，有时甚至表现为下降。工程建设项目中合同周期较长的项目，随着时间的推移，经常要受到物价浮动等多种因素的影响，其中主要是人工费、材料费、施工机械费、运费等动态影响。这样就有必要在工程价款结算中充分考虑动态因素，也就是要把多种动态因素纳入到结算过程中加以认真计算，使工程价款结算能够基本上反映工程项目的实际消耗费用；否则承包商（或业主）将遭受不必要的损失。因而，承包商获取必要的调价补偿，从而维护合同双方的正当权益是十分必要的。

1. 实际价格调整法

在我国，由于建筑材料需市场采购的范围越来越大，有些地区规定对钢材、木材、水泥等三大材的价格采取按实际价格结算的方法，工程承包商可凭发票按实报销，这种方法方便而正确。但由于是实报实销，因而承包商对降低成本不感兴趣，为了避免副作用，地方主管部门要定期发布最高限价，同时合同文件中应规定建设单位或工程师有权要求承包商选择更廉价的供应来源。

2. 造价指数调整法

这种方法是甲乙方采用当时的预算（或概算）定额单价计算出承包合同价，待竣工时，根据合理的工期及当地工程造价管理部门所公布的该月份（或季度）的工程造价指数，对原承包合同价款予以调整，重点调整那些由于实际人工费、材料费、施工机械费等费用上涨及工程变更因素造成的价差，并对承包商给以调价补偿。

3. 调价文件计算法

这种方法是甲乙方采取按当时的预算价格承包，在合同工期内，按照造价管理部门调价文件的规定，进行抽料补差（在同一价格期内按所完成材料用量乘以价差）。也有的地方定期发布主要材料供应价格和管理价格，对这一时期的工程进行抽料补差。这种方法是我国目前采用最广的物价风险调整方法（一般称为材差调整），本质上是和定额计价相配套的调价方式，带有浓厚的计划经济色彩。

4. 调值公式法

FIDIC合同都采用这个方法对建设工程价款进行动态结算。在绝大多数国际工程项目中，甲乙双方在签订合同时就明确列出调值公式，并以此作为价差调整的计算依据。我国公路工程领域引进国外先进管理经验比较早，现在公路工程基本都采用调值公式法调整物价风险。

《公路工程国内招标文件示范文本》通用条款第70.1款规定除非合同专用条款另有规定，凡是合同预期工期在24个月以上者，在合同执行期间，由于人工和材料的价格涨落因素应对合同价格进行调整，调价时，应按下述公式计算，每年进行一次调整：

$$TJE = ZFE \cdot ZH = ZFE\left(X + a\frac{RG}{RG_0} + b\frac{GC}{GC_0} + c\frac{SN}{SN_0} + d\frac{LQ}{LQ_0} + e\frac{JX}{JX_0} + f\frac{YL}{YL_0} + \cdots - 1\right) \tag{9.4}$$

式中　TJE——对年累计支付额的调价额；

ZFE——年累计支付额；

ZH——综合调价系数；

X——支付中不进行调价部分所占的权重系数；

a、b、c、d、e、f——人工费、钢材、水泥、沥青、机械使用费、燃油料费用等其他材料费用在合同价格中所占的权重系数，$X=1-(a+b+c+d+e+f+\cdots)$；

RG_0——人工费基期价格指数；

RG——人工费当期价格指数；

GC_0——钢材基期价格指数；

GC——钢材当期价格指数；

SN_0——水泥基期价格指数；

SN——水泥当期价格指数；

LQ_0——沥青的基期价格指数；

LQ——沥青的当期价格指数；

JX_0——机械使用费基期价格指数；

JX——机械使用费当期价格指数；

YL_0——燃油料费用基期价格指数；

YL——燃油料费用当期价格指数。

在采用价格调整公式进行调价时，还应遵守以下规定：

(1) 合同价格在投标所在年份不作调整，此后每年调整一次。

(2) 式 (9.4) 中基期价格指数，指投标年份（即送交投标书截止期前 28 天的所在年份）的价格指数，计算时采用 100。

(3) 调值公式中当期价格指数，采用本合同工程所在省（自治区、直辖市）统计部门正式公布的该计算年份的《建筑业产值价格指数》统计资料中各项相关的价格环比指数。

(4) 权重系数由业主根据标底资料测算确定范围，在招标文件发出前填写；承包人应在投标时在此范围内填写各因素的权重关系，合同实施期间将按此权重系数进行调价，除非由于工程的实施或根据第 51 条工程的变更或其他原因，监理工程师认为某一因素的权重系数不合理或不适用，则权重系数应予以调整。

9.3 竣 工 决 算

竣工决算是在公路、桥梁建设项目完成后，由建设单位（业主）根据工程结算及其他有关工程资料为基础按一定格式和要求进行编制的，它以实物数量和货币指标为计量单位，综合反映竣工项目从筹建开始到项目竣工交付使用为止的全部建设费用、建设成果和财务情况的总结性文件，是竣工验收报告的重要组成部分。竣工决算是正确核定新增固定资产价值，考核分析投资效果，建立健全经济责任制的依据，是反映建设项目实际造价和投资效果的文件。

9.3.1 竣工决算的作用

竣工决算是建设各方考核经济活动成果的主要依据。它具有以下几个方面的作用：

(1) 竣工决算是检查基本建设投资计划、设计概算执行情况和考核投资效果的依据。

(2) 竣工决算是核定新增固定资产和流动资产价值、是建设单位向使用或管理单位移交财产的依据。

（3）竣工决算是综合全面地反映竣工项目建设成果及财务情况的总结性文件。

（4）竣工决算为建立交通基本建设工程技术经济档案，为工程定额修订提供资料和依据。

（5）竣工决算是工程造价积累的基础资料之一。

9.3.2　竣工决算报告的编制依据

竣工决算报告作为考核交通建设项目投资效益、反映建设成果的文件，是建设单位向生产、使用或管理单位移交财产的依据。建设单位从项目筹建开始，即应明确专人负责，做好有关资料的收集、整理、积累、分析工作。项目竣工时，应组织工程技术、计划、财务、物资、统计等有关人员共同完成工程竣工决算报告的编制工作。编制竣工决算报告所依据的文件、资料有：

（1）经批准的可行性研究报告、初步设计、概算或调整概算、变更设计以及开工报告等文件。

（2）历年的年度基本建设投资计划。

（3）经审核批复的历年年度基本建设财务决算。

（4）编制的施工图预算，承包合同、工程结算等有关资料。

（5）历年有关财产物资、统计、财务会计核算、劳动工资、审计及环境保护等有关资料。

（6）工程质量鉴定、检验等有关文件，工程监理有关资料。

（7）施工企业交工报告等有关技术经济资料。

（8）有关建设项目附产品、简易投产、试运营（生产）、重载负荷试车等产生基本建设收入的财务资料，

（9）有关征地拆迁资料（协议）和土地使用权确认证明。

（10）其他有关的重要文件。

9.3.3　竣工决算报告文件的组成

根据财政部、原国家计委联合发布的《建设项目（工程）竣工验收办法》的要求，交通部根据公路桥梁建设项目的特点于 2000 年 4 月制定了《交通基本建设项目竣工决算报告编制办法》，作为公路桥梁工程项目编制竣工决算的法定性文件和依据。各省市根据具体实际情况，可对交通部的竣工决算编制办法的内容及有关表格进行修改及增减，制定适用于本地区的竣工决算报告的标准及格式，也是编制竣工决算的依据。

竣工决算报告文件由竣工决算报告的封面、目录，竣工工程的平面示意图、竣工决算报告说明书、竣工决算表格等组成。

1. 竣工决算报告的封面

竣工决算报告的封面如下：

建设单位	建设项目名称
主管部门	建设项目类别
级　　别	建设性质
交通基本建设项目竣工决算报表	
建设单位盖章	建设单位负责人
编报日期　　　　年　　月　　日	

（1）“主管部门”填写须上报竣工决算报告的主管部门或单位。

（2）“建设项目名称”填写批准的项目初步设计文件中注明的项目名称。

（3）“建设项目类别”是指“大中型”或“小型”。

（4）“建设性质”是指建设项目属于新建、改建、扩建、续建等内容。

（5）“级别”是指中央级或地方级的建设项目。

2. 竣工工程平面示意图

竣工工程平面示意图可根据初步设计文件中的“路线地理位置图”、独立的公路桥梁位置平面图进行编制。

3. 竣工决算报告说明书

竣工决算报告说明书是竣工决算报告的重要组成部分，主要内容包括：工程项目概况及组织管理情况；工程建设过程和工程管理工作中的重大事件、经验教训；工程投资支出和财务管理工作的基本情况（包括主要会计事项处理原则，财产物资清理及债权债务清偿情况；基建结余资金、基建收入等的上交分配情况；主要技术经济指标的分析、计算情况等）；工程遗留问题等。

4. 竣工决算表格

竣工决算报告表式分为决算审批表、工程概况专用表和财务通用表三部分。

（1）竣工决算审批表（交建竣1表）。

竣工决算审批表见表9.3。

表 9.3　　交通基本建设项目竣工决算审批表　　交建竣1表

<table>
<tr><td>建设项目法人
（建设单位）</td><td></td><td>建设性质</td><td></td></tr>
<tr><td>建设项目名称</td><td></td><td>土管部门</td><td></td></tr>
<tr><td colspan="4">主管部门（单位）意见

盖　章
年　月　日</td></tr>
<tr><td colspan="4">省级交通部门主管或部属一级单位意见

盖　章
年　月　日</td></tr>
<tr><td colspan="4">交通部审批意见

盖　章
年　月　日</td></tr>
</table>

（2）工程概况专用表。竣工工程概况表（交建竣1.1表，交建竣1.2表），见表9.4。此表用来反映建设项目总投资、基建投资支出、新增生产能力、主要材料消耗和主要技术经济指标等方面的设计或概算数与实际完成数的情况。

表 9.4　　　　公路建设项目工程概况表　　　　交建竣 1.1 表

建设项目或单项工程名称		
建设地址或地理位置		
建设时间	计划	从20　年　月　日开工至20　年　月　日竣工
	实际	从20　年　月　日开工至20　年　月　日竣工
初步设计和概算批准机关、日期、文号		
调整概算批准机关、日期、文号		
签订概算投资包干合同主管机关、日期、文号		
主要设计单位		
主要监理单位		
主要施工单位		

占地面积（　）	设计	实际	实际用地

主要材料消耗量					
钢材（t）	设计		水泥（t）	设计	
	实际			实际	
沥青（t）	设计			设计	
	实际			实际	

工程总概算	万元	工程概算包干数	万元
工程实际投资	万元	工程概算节余	万元
工程总造价	万元	其中：建筑安装工程投标	万元
其中：设备投资	万元	其中：其他投资	万元
其中：不计入固定资产价值的支出	万元	固定资产形成率	万元
其中利息投资支出	万元	其中交通部、省厅投资	万元
工程质量鉴定	优项，良项，合格项，不合格项，总评		

工程内容			单位	数量（设计）	数量（实际）
完成的主要工程理	生产性设施	1. 路基　土方	万 m^3		
		1. 路基　石方	万 m^3		
		2. 路面铺筑	万 m^2/km		
		3. 混凝土	万 m^3		
		4. 金属结构安装	t		
		5. 圬工量	m^3		
		6.			
		7.			
		8.			
	非生产性设施	1. 服务区、管理区	处		
		2.			

主要收尾工程	工程内容或名称	预计完成投资额（万元）	预计完成时间	主要工程量	批准单位、文号
要报废工程			原因		

工程主要特征	单位	数量	工程主要特征	单位	数量
1. 桥梁及总长	座/m		2. 涵洞及总长	道/m	
3. 隧洞及总长	座/m		4. 跨线桥及总长	道/m	
5. 管理及养护用房	处/m^2		6. 铺道支线总长	km	
7. 分离式立体交叉	处/m^2		8. 互通式立体交叉	处/m^2	
9. 封闭工程	km		10. 停车场	处/m^2	
11. 线路总长	km		12.		

新增生产能力	能力或效益名称	设计	实际	主要技术经济指标
	昼夜设计交通能力（万辆）			路基宽度、行车时速线路长度

技术等级		平均每公里造价	预算　万元	实际　万元

拆迁房屋	m^2	迁移人口	人	拆迁及补偿费	（万元）	每单位面积平均征地投资	（　）/万元	永久占用土地	亩	

(3) 财务通用表。财务决算总表及附表反映竣工工程从开始时起至竣工时为止全部资金来源和运用情况。这类表包括财务决算总表、财务决算明细表、资金来源情况表、应核销投资和转出投资明细表等。

1) 财务决算总表(交建竣 2 表),见表 9.5。此表是用来反映公路建设项目的全部资金来源和资金占用(支出)情况,是考核和分析投资效果的依据。该表是采用平衡表形式,即资金来源合计等于资金占用(支出)合计。

表 9.5 **财务决算总表** 交建竣 2 表 单位:万元

资 金 占 用	行次	金 额		资 金 来 源	行次	金额	补充资料
		人民币	折合外币				
一、基本基建支出				一、基建贷款合计			
1. 已交付使用财产				1.			
2. 在建工程				2.			
3. 应核销投资				3.			
4. 应核销其他投资				4.			
5. 转出投资				5.			
6.				6.			
7.				7.			
				8.			
二、基建节余资金				二、基建进款合计			
1. 库存材料				1.			
2. 库存设备				2.			
3. 待处理器材损失				3.			
4. 货币资金				4.			
5. 预付及应收款(减应付款)				5.			
6.				6.			
7.				7.			
……				8.			
				9. 利用外资借款			
				折合外币			
				平均汇率			
三、专项资产				三、专用基金			
总计				总计			

2) 财务决算明细表(交建竣 2 表附一表),见表 9.6。本表反映分年度的基建技资来源和支出情况,按照经复核的各年度财务决算数字填列。本表合计栏填写历年实际拨入的资金来源和尚未冲转的基建支出数字。

表 9.6　　财务决算明细表　　交建竣2表附一表　　单位：万元

项　　目	年度	年度	年度	年度	年度	年度	年度	合计	备注
一、资金来源合计									
（一）基建贷款合计									
1.									
2.									
3.									
4.									
…									
（二）基建投资借款合计									
1.									
2.									
3.									
4.									
…									
二、基建支出合计									
1. 交付使用财产									
2. 在建工程									
3. 转出投资									
4. 应核销投资									
5. 应核销其他投资									
本年基建支出合计									
历年累计基建支出合计									
三、基建节余资金									
四、本年投资									

3）资金来源情况表（交建竣2表附二表），见表9.7。反映建设项目投资计划安排和投资资金拨付到位情况。分年度的实际拨借款数不包括基建借款挂账和不挂账的借款利息数。

表 9.7　　资金来源情况表　　交建竣2表附二表　　单位：万元

资金来源	××年度		××年度		××年度		××年度		合　计		累计利息数	
	计划数	实际数	计划数	实际数	计划数	实际数	计划数	实际数	计划数	实际数		
一、基建贷款合计												
1.												
2.												
3.												
4.												
5.												
…												
二、基建投资借款合计												

续表

资金来源	××年度		××年度		××年度		××年度		合　计		累计利息数	
	计划数	实际数	计划数	实际数	计划数	实际数	计划数	实际数	计划数	实际数		
1.												
2.												
3.												
4.												
5.												
…												
合计												

4）应核销投资和转出投资明细表（交建竣 2 表附三表），见表 9.8。反映项目建设过程中不能计入交付使用财产价值的投资资金运用情况，按照规定的内容分项逐笔填列。

表 9.8　　**已核销及转出投资明细表**　　交建竣 2 表附三表　　单位：万元

项　　目	金　额	内　容	批准单位	文　号
一、应核销投资支出合计				
1.				
2.				
3.				
4.				
5.				
…				
二、转出投资明细表				
1.				
2.				
3.				
4.				
…				
三、应核销其他支出合计				
1.				
2.				
3.				

(4) 外资使用情况表（交建竣 4 表）。反映建设项目外资使用情况，按照使用外资支出费用项目比例。应说明批准初步设计时的汇率、计账汇率、竣工时的汇率以及外资贷款转贷金额和转贷单位等情况。各有关表格中，外币折合人民币时，应以项目竣工时的汇率为准。详见表 9.9。

(5) 交付使用财产总表（交建竣 5 表）和交付使用财产明细表（交建竣 5 表附一表）。该类表反映建设项目建成后新增固定资产和流动资产价值。按照固定资产和流动资产分别列报，并按规定的财产分类目录详细填报。移交给其他单位的资产是按列入工程项目总概算，但建成后不由项目管理单位管理经批准移交其他单位的资产（单项工程）。详见表

9.10、表 9.11。交付使用财产明细表作为建设单位管理项目资产使用，不纳入上报的竣工决算报表。

表 9.9　　**外资使用情况表**　　交建竣 4 表　　单位：外币种类（　）

项目	计量单位	工程量或数量	外币概算金额（币种）	外币实际支出金额	外币实际支出较概算增加金额	备　注	
	…						

表 9.10　　**交付使用财产总表**　　交建竣 5 表　　单位：万元

工程项目名称	总计	其中：外资部分			固　定　资　产				流动资产
		人民币	折合外币	合计	建筑安装工程	设备	其他费用		
一、移交给生产、使用或管理单位的									
…									
二、移交给其他单位的									
…									
合计									

补充资料：由其他单位无偿拨入的资产价值：　　　　设备价值：　　　　外币平均汇率：

表 9.11　　**交付使用财产明细表**　　交建竣 5 表附一表　　单位：万元

工程项目名称	单位	建筑工程		设备、工具、器具					
		结构	价值	名称	规格型号	单位	数量	价值	设备安装费用
一、移交给生产、使用或管理单位的									
…									
二、移交给其他单位的									
…									
合计									

（6）工程造价和概算执行情况表（交建竣 3 表）。反映工程实际建设成本和总造价，以及概算投资节余和概算投资包干部分节余的情况，本表按照概算的项目或单项工程（费用项目）填列，见表 9.12。待摊投资按照某一单项工程投资占全部投资的比例分摊到单项工程里。不计入固定资产价值的支出不分摊待摊投资。

表 9.12 工程造价和概算执行情况表

交建竣 3 表　　单位：万元

项目	工程总概算			概算包干数	工程造价								概算投资节余			概算投资包干节余	备注
	合计	人民币	外币		合计	人民币	外币	建安投资	设备投资	其他投资	待摊投资	不计入固定资产价值的支出	合计	人民币	外币		
1	2=3+4	3	4	5	6=7+8 或 =9+10+11+12+13	7	8	9	10	11	12	13	14=2.5	15=3.7	16=4.8	17=5.7 （或 5）	18
	…																

思　考　题

9.1　工程概预算审查的方法有哪几种？

9.2　工程概预算审查的内容有哪些？

9.3　何为工程结算？工程结算的方式有几种？

9.4　公路工程结算的内容有哪些？

9.5　工程变更费用估算如何进行？

9.6　工程索赔的分类有哪些？索赔费用的计算方法？

9.7　价款调整结算的方法有几种？公路工程中常用的是哪一种？

9.8　公路工程竣工决算的作用是什么？竣工决算说明书的主要内容是什么？

9.9　竣工决算表格有哪些种类？其反映的内容是什么？

第 10 章　应用电子计算机技术编制公路工程概预算

10.1　概　　述

随着科技的飞速发展，计算机在公路工程造价管理中的应用越来越广泛，明显地增强了企业的经济效益和社会效益，公路工程造价电算化已成为公路工程概预算编制与管理的必然趋势。

10.1.1　应用计算机技术的优点

工程造价文件编制是一项政策性强、技术性要求高、造价文件编制质量关系重大而又非常繁琐的工作。在编制工程造价文件的过程中，需要进行大量的数据分析和计算。利用计算机编制工程造价是有效减轻造价编制者的劳动强度、提高工作效率、提高数据计算的准确性、提高概预算编制质量的重要保证。

10.1.2　概预算软件基本功能

工程造价系统的基本功能主要包括：

1. 定额库及管理子系统

定额库及管理子系统是存储基本定额库资料和用户的增加定额、补充定额以及相应的数据库维护与管理的程序。

2. 基本数据输入及数据库管理子系统

根据造价编制人员的套项数据、工程数量、工料机单价等基本数据，输入系统，建立用户数据库以及对其数据进行修改、更新、删除、添加、检索等的数据管理。

3. 造价计算系统

根据套项数据（如定额编号），调用定额库中的相应定额，乘以相应的工程数量，得到该细目的工料机消耗量；再以此消耗量，乘以工料机单价，得到该细目的工料机合计费用；最后根据其相应费率，计算得到该细目的费用；并将这些基本计算结果数据保存。上述过程在公路工程造价编制中即形成 08 表（分项工程概预算表）。根据工程造价管理需要，可对基本结果数据进行各种汇总、分析、统计等，得到工程造价文件的各种表格如公路项目的建筑安装工程费计算表（03 表）；人工、主要材料、机械台班数量汇总表（02 表）；总概预算表（01 表）等。

4. 成果输出系统

打印输出造价文件的各种表格或生成电子表格。

10.1.3　基本原理

工程造价编制的计算机程序系统的基本原理，是利用存储在计算机中的定额库等基本数据，根据工程内容、施工组织、确定的定额套项、分项工程数量、工料机单价等原始资料，自动按套项编号，查找定额；计算各分项工程的工料机消耗量；计算各分项工程费用；根据工程造价管理的需要，进行各种汇总分析。

10.1.4 准备工作

1. 运行平台

中文 Microsoft Windows 95（及以上），中文 Microsoft Windows NT 4.0（及以上）。

2. 最小配置

586 以上 IBM PC 兼容机；CD—ROM；至少 16M 内存（RAM）；至少 20M 空闲硬盘空间。VGA 彩色显示卡（640×480）；Windows 95/ NT 兼容鼠标（可选）；Windows 95/ NT 兼容打印机（可选）。

3. 推荐配置

586（100MHZ）以上 IBM PC 兼容机；CD—ROM；32M 内存（RAM）；20M 硬盘空间。高分辨率彩色显示卡（800×600 以上）。

Windows 95/ NT 兼容激光/喷墨打印机（600dpi 以上分辨率）。

10.2 同望公路造价管理系统应用

10.2.1 安装与进入系统

1. 安装

在安装 WCOST2000 之前，先关闭所有应用程序。如果曾经安装过 WCOST2000，再次安装前需要：

（1）在删除 WCOST2000 之前，将您的工程项目文件备份出来。方法是使用软件的导出建设项目功能，导出每个建设项目，再次安装程序后，将其导入即可。GO 导入与导出文件、数据。

（2）用 Windows 控制面板中“添加/删除程序”来卸载原 WCOST2000。

（3）如安装到原有的 WCOST5.X 版本目录，请首先将原目录中 wcost.mdb 文件复制到其他目录下，并在安装完成后，使用建设项目导入功能复制旧数据。

2. 安装步骤

（1）将本软件的安装盘放入驱动器中，同时查看本公司与安装盘同时提供的软件加密锁型号。根据该型号在安装盘上相应目录下找到安装文件“setup.exe”。

（2）执行该安装程序，系统立即显示“正在复制初始化文件”，并提示关闭其他应用程序。

（3）确定后，在随即出现的画面中，点按左上方的大图标按钮，软件将自动建立目录 C：\Program file\wcost2000，并将程序安装至该目录下。如果需要改变安装目录，按步骤 4 操作。

（4）点按按钮“更改目录”，即出现“改变目录”对话框。在该对话框中，提示选择驱动器、目录或直接输入安装路径，并点按确定按钮确定。确定前当显示的是想要安装的目录后，就可以继续下一步的安装了。

（5）选择程序组，并根据设定的目录自动进行安装，并建立相应的图表。

（6）在安装过程中，您随时可点按“退出安装”或“取消”按钮中断安装程序。确定要退出安装后，软件会自动删除当前已安装的文件。

3. 启动系统

正确地安装本软件之后，便可按以下步骤启动系统：

（1）确保已将该软件的加密锁正确的插在计算机的 LPT 打印机端口（并行口）上。

（2）打开计算机，启动中文 Windows。

（3）单击屏幕左下角的“开始”按钮，打开“开始”菜单。

（4）移动鼠标至“程序”，停留一会儿，出现子菜单，选择该菜单中 WCOST2000。

（5）单击一下，即可成功启动系统。

（6）系统启动后，出现登录对话框。对话框中包括用户名和口令两项，系统初始提供的用户名为 admin，且不加口令。点按确定按钮后，即进入 WCOST2000 主界面。

（7）整理数据库。在登录对话框中，有一个“整理数据库”按钮。当在使用过程中断电，或长期大量使用本软件后，应点此键，软件会压缩数据库占用的硬盘空间，并修复数据库中的错误。

10.2.2　用软件进行工程概预算编制

10.2.2.1　建立文件

编制任何一份公路工程造价，首先要在系统中建立 4 个基础文件，具体如下：

（1）定额文件，确定配套定额（包括补充定额）。

（2）费率文件，确定项目的综合费率标准（包括地方标准）。

（3）单价文件，确定工料机项目与预算单价。

（4）单项工程文件，确定造价所需的工程项目、数量与配套定额。

有了以上 4 个文件，按编制办法的有关规定，通过对它们进行有机组合，就可以编出一份完整的公路工程造价文件。

10.2.2.2　编制工程造价的步骤

1. 新建建设项目文件

新建建设项目文件，就是建立一个项目系统文件。在此系统中，可以构造一个或多个单项工程文件，以及与之配套的单价、费率、定额文件，通过这些文件的组合计算，最终可以得到项目工程的造价。

单项工程文件是指路线文件、独立桥梁文件、路线标文件、独立桥梁标文件 4 种文件中的某一具体的工程文件，例如某一路线标文件。

（1）登录完成后，进入 WCOST2000 的主界面，点击打开文件快捷键图标，系统会自动弹出一个建设项目对话框。

（2）选择好建设项目类型后，点击新建按钮，在新增加的行中输入项目编号、名称、负责人、编制及复核者，再点击“打开”，则可完成新建建设项目工作。

2. 准备定额、费率、单价文件

（1）准备定额文件的流程为

准备系统自备的定额→导入其他类型的定额→编制补充定额

1）准备系统自备的定额。在新建建设项目时，已选选择建设项目类型的，如预算，那么打开建设项目后，在“视窗 2/定额”中已有了“部颁预算定额”文件。

2）导入其他类型的定额文件。如果在预算中需要用到概算定额等情况，就可以通过“导入文件”来实现。具体方法如下：

a. 通过菜单“文件/建设项目管理”打开需编制的建设项目。

b. 执行菜单中“建设项目/导入文件”命令，弹出对话框。

c. 在安装的 WCOST2000 的系统下有一个文件夹“定额标准”，打开这个文件夹。

d. 选择文件类型，如“概算定额（*.DE3)”，双击“部颁概算定额”文件打开，就会将部颁概算定额导入到本建设项目中。

3）编制补充定额。如果导入的定额文件仍不能满足需要，就要自己编制补充定额了，这一环节相对比较复杂，请参阅软件使用手册第七章“补充定额编制”。

（2）准备费率文件。通过新建费率文件或调用已有的费率文件，目的在于准备一个与工程文件相匹配的费率文件，以便在编制造价时调用。费率文件是建立在费率标准的基础上的，除部颁的费用标准以外，各省（自治区、直辖市）结合当地实际情况，对部颁《编制办法》做了相应的补充规定。凡在该地区进行的公路建设项目均要执行当地的补充规定(特殊要求除外)。

（3）准备单价文件。根据本地区制定的养路费、车船使用税的有关规定，可以先进行定制，以方便台班计算。调用已有的单价文件同样分以下三种：

1）本建设项目已有的单价文件。在后面的工程文件属性表中选择此单价文件即可。

2）其他建设项目中“共享”的单价文件。在打开的建设项目中，执行“建设项目/共享文件”菜单，就可以选定所要调用的单价文件，点击确定，就会在本项目中打开选定的单价文件。

3）其他建设项目中“非共享”的单价文件。先导出其他建设项目中所需的单价文件，然后导入此单价文件进入到本建设项目中。如果是新建的单价文件，此时还是一个空的文件；如果是调用的文件，虽然不是空的文件，但里面的人工、材料，机械很可能不全。这都需要在选取定额并调整完后，进行“人工、材料、机械分析”，将所缺的人工、材料、机械追加到单价文件中。

3. 建立单项工程文件

单项工程文件：是指公路建设项目中某一具体的工程文件，例如某一公路标段的路线工程文件。

项目表：构成单项工程造价的所有项目列表。

创建单项工程文件的项目表之前，必须先新建一个单项工程文件，见表 10.1。

4. 建立项目表

建立项目表包括标准增加项、目、节；非标准增加项、目、节。

（1）标准增加项、目、节。

1）点按“增加标准项”图标，打开“标准项目表”。

表 10.1 单项工程项目表

类型	名称
输入项	技术装备费、计划利润率、税金综合税率、路线公路长、平均养护月数、年造价上涨率、上涨计费年限、汇兑序号、计费年限、汇总序号
选择项	公路等级、新建/改建、地形、预算单价文件、综合费率文件、监管费累计办法
自动生成项	冬季施工增加率、雨季施工增加率、夜间施工增加率

注 自动生成项是指在本属性表中不用输入或选择的项，其数值会根据费率属性表自动生成冬季、雨季、夜间施工增加费。

2）在所要选择的项目前的方框里打上钩（√），完成选择后点按“确定”键确认退出。

（2）非标准增加项、目、节。非标准增加是指建立项目表时，自定义项、目、节。系统提供了三种非标准增加的方式：追加首项，追加后项，插入前项。

5. 输入工程量

当完成项目表的编制后，点击“项目文件/填写公路公里（桥梁米）数量”菜单，系统会给单位为“公路公里”的所有分项填写路线（桥梁）长度。同时，将其他单位的项目工程量在“视窗 1/表格”中一并填入，以便于套定额时，可自动调用；同时，报表有关项目工程量的数据均来自于这里。在表格中输入工程量十分重要，01 和 03 报表的工程数量均取自这里，而且由此计算出技术经济指标和建安单价。输入工程量的说明如下：

（1）表格中的“数量 1”、“数量 2”是指项目的工程量（清单工程量）。当项目有两个单位时，就需要用到“数量 2”。如“中桥”的单位是“m/座”，则“数量 1”表示多少米，“数量 2”表示多少座。

（2）还可以在“单价”或“输入金额”栏处，直接输入已确定的单价或金额。

6. 定额录入、取费及调整

（1）定额录入。定额录入就是所谓的“套定额”，即在各分项工程中录入相应的定额。录入定额有两种方式：一是定额选取，即用鼠标直接点出相应定额；二是定额输入，即用键盘输入定额号，系统自动调用定额。

（2）确定取费类别。如果某项目不想计算综合费用，可以直接选取系统提供的“0）不计综合费”一项。凡选择不计或忘记选择取费的定额，在造价计算时，系统会提醒用户有“费率工程类别不存在，费率编号：0”，请用户及时查找。

（3）定额调整。为满足实际工程情况的需要，对主定额进行调整，包括修改、增删，抽换人工、材料、机械，调整人工、材料、机械消耗量及配合比等。定额调整的范围包括：增减辅助定额、指标；砂浆、混凝土配合比的调整；稳定土配合比的调整；人工、材料、机械消耗的修改；人工、材料、机械的增减、抽换；局部人工、材料、机械改预算单价；人工、材料、机械或定额乘系数；洞内、洞外项目调整。欲进行定额调整，必须先进入定额调整状态：首先打开分项工程，选择需调整的定额；然后点击“定额调整”图标，进入调整状态。

1）辅助定额调整。辅助定额是指对主定额的标准量进行增减的调整。包括“辅助定额 1”、“辅助定额 2”和“辅助定额 3”，其中“辅助定额 3”是对“辅助定额 1”和“辅助定额 2”的综合调整。

2）砂浆、混凝土配合比调整。调整主定额配合比后，系统将自动对辅助定额做相应调整。如果用了不同的材料，例如 425 水泥换成 525 水泥，软件会自动替换人工、材料、机械，不需手工替换。调整完成后，如果用户想取消此操作，必须把调整目标改为原定额表号或将其删除。

3）稳定土混合料配合比调整。当稳定土混合料设计配合比与定额配合比不同时，需进行此项调整，只需在“调整为”栏中添入实际配合比。若想取消调整恢复原状态，可把“调整为”栏中的数字改为 0 或改为原配合比数字。

4）改预算单价。可以根据需要对本分项工程改用其他单价文件。也可以修改个别人工、材料、机械单价，让光标停在将调整单价的人工、材料、机械上，点击“调整”按钮，在左边小窗口中添入新的预算单价。

5）查看调整结果。切换到“调整结果”，可以查看定额调整的综合结果，也可以在此状态下修改各定额的消耗量。点击“综合调整计算”按钮，可进行综合调整计算，不仅可以看到各项调整的结果，还可以看到各项调整对定额基价的影响，从而选择合理的调整方案。

（4）查看调整状态。定额调整完毕后，点击“退出”按钮，退回到“定额计算类”状态，双击调整状态栏，则能使调整状态多行显示。

（5）分项剖析。执行“项目文件/分析剖析”命令，系统即时剖析计算，用户可以在视窗查看剖析后各定额的建安单价及人工、材料、机械的费用组成，进一步帮助用户审核、判断。

（6）数量单价类。除定额计算外，还需要另外计算一些已知数量单价的项目，或者定额计算类不能包含所有的费用时，就可以在“数量单价类”里进行操作。

（7）养护费和绿化费。第一部分建安费中有两个较特殊的项目：公路交工前养护费和绿化补助费，是不需要套取定额或数量单价计算，系统根据《编制办法》附录一、附录二的规定自动设置并计算出结果。

（8）进行工、料、机调整。

1）增加、删除、替换人工、材料、机械。

增加。点击“增加”按钮，输入人工、材料、机械代号，回车后，系统在下方自动检索到此人工、材料、机械；在“选定”一栏，依次选择将要增加的人工、材料、机械；选择完后，点击“增加”。新增的人工、材料、机械在页面最后一行直接输入。

删除。只需把定额消耗调整为 0，就是“删除”了原人工、材料、机械。

替换。将光标停在被替换的人工、材料、机械所在行，点击“替换”按钮，在弹出的替换人工、材料、机械窗口中输入目标人工、材料、机械（可为编号是四位数的非标准人工、材料、机械）

恢复。将替换的人工、材料、机械恢复为原定额人工、材料、机械。

2）调整消耗量。

3）乘以系数。对定额中所有人工、材料、机械乘以相同的系数时，只需要在“定额”

框里填系数即可；如果对人工、材料、机械分别乘以不同系数，则在相应的框中填入系数，不填之项默认为1。

4）新增人工、材料、机械定额单价的确定。

5）碎石改砾石。选择“碎石改砾石”框即可。

6）洞内用洞外工程项目。是指隧道工程定额缺项而采用其他定额的项目。选择“洞内用洞外工程项目”框，系统自动将所采用的定额的人工工日、机械台班数量及小型机具使用费乘以1.26系数。

7. 计算第二、第三部分费用

（1）选取、增加费用项目。通过标准增加或非标准增加，在项目表中增加第二、第三部分费用项目。用户也可以在建立项目表时就完成这部分工作。

（2）输入计算项目。打开视窗中的费用项目，可以看到数量单价类和列表计算类选项卡。根据不同的费用项目打开相应的选项卡，并输入计算项目名称。

1）“第一、第二、第三部分合计”是指扣除“大型专用机械设备购置费”，“固定资产投资方向调节税”，“建设期贷款利息”后的金额。如不需要扣除，可用{4}作为基数，来进行“预备费”的计算。

2）部颁规定上涨预留费的计算操作过程。在项目文件的属性表中填写上涨计费年限；在计算式编辑器中选择计算基数{部颁规定上涨预留费}。

3）建设单位管理费的计算操作过程。在项目文件的属性表中选择建管费累进办法；在计算式编辑器中选择计算基数{累进办法建管费}即可。这里的{累进办法建管费}就代表了一个计算式。

8. 人工、材料、机械分析与单价计算

（1）人工、材料、机械分析。选择菜单“项目文件/人工、材料、机械分析”，软件自动进行人工、材料、机械分析，检测出每个定额所用到的人工、材料、机械，汇总后放入到单价文件中，即自动生成单价文件；然后打开单价文件，确定人工、材料、机械单价。

（2）输入单价。在单价文件中“预算单价”一栏，可以直接输入单价。

（3）材料单价计算。

1）选择计算材料。选择需计算的材料，再点击“单价文件/添加计算材料”菜单，可把选择的材料添加到材料计算状态。

2）运费计算。选择需要进行运费计算的材料，再切换到“运费计算”，进入运费计算状态；输入运费计算数据。

3）非自办运输。直接在各栏中输入有关计算参数。

4）自办运输。输入除运价外的其他各有关参数，选择有关的定额来计算运价。

（4）机械台班单价计算。

1）输入机械工单价。

2）在“材料”里输入水、煤、油、木柴等的单价。

3）在单价文件表中选择所采用的“养路费、车船使用税”地方标准。

4）确定可变费用中的定额消耗（软件默认为部颁定额消耗）。

（5）预算价计算。一切准备就绪后，就可以进行计算了，并请查看计算结果。

点击菜单“单价文件/预算价计算”，软件自动计算出有关材料和机械台班的预算单价（包括运费和原价）。

9. 造价计算

按照公路建设各项费用的计算程序，计算出工程造价。

10. 打印输出结果

审核计算出的工程造价，经修改、调整、完善后打印输出。

思 考 题

10.1 应用计算机技术编制公路工程概预算有哪些优点？概预算软件有哪些功能？

10.2 运用同望软件编制公路工程概预算时，应建立哪些文件作为造价计算的依据？

10.3 运用同望软件编公路工程概预算的主要步骤有哪些？

10.4 在同望软件中对混凝土配合比如何进行调整换算？

10.5 在软件中如何进行定额的录入？

附　　录

附录一　公路交工前养护费指标

公路交工前养护费为陆续完工的路段，在路段交工初验时止，以路面为主包括路基、构造物在内的养护费用。该费用按全线里程及平均养护月数，以下列标准计算：

（1）三级、四级公路每月养护费按每公里每月 60 个工日计算。

（2）二级及二级以上公路每月养护费按每公里每月 30 个工日计算。

（3）另按路面工程类别计算其他工程费和间接费。

附录二　绿化补助费指标

新建公路的绿化补助费指标如下：

（1）平原微丘陵区：5000 元/km。

（2）山岭重丘陵区：1000 元/km。

以上费用标准内已包括其他直接费、现场经费和间接费。

本指标仅适用于一般二级以下等级公路建设项目。

附录三　冬雨季及夜间施工增工百分率、临时设施用工指标

1. 冬雨季及夜间施工增工百分率按下表计算

项目	雨季施工（雨量区）		冬季施工							
			冬一区		冬二区		冬三区	冬四区	冬五区	冬六区
	Ⅰ	Ⅱ	Ⅰ	Ⅱ	Ⅰ	Ⅱ				
路线	0.30	0.45	0.70	1.00	1.40	1.80	2.40	3.00	4.50	6.75
独立大中桥	0.30	0.45	0.30	0.40	0.50	0.60	0.80	1.00	1.50	2.25

2. 临时设施用工指标按下表计算

项目	路线（1km）					独立大中桥（100m² 桥面）
	公路等级					
	高速公路	一级公路	二级公路	三级公路	四级公路	
工日	2340	1160	340	160	100	60

附录四　设备与材料的划分标准

工程建设设备与材料的划分，直接关系到投资构成的合理划分、概预算的编制以及施工产值的计算等方面，为合理确定工程造价，加强对建设过程投资管理，统一概预算编制口径，现对交通工程中设备与材料的划分提出如下划分原则和规定。本规定如与国家主管部门新颁布的规定相抵触时，按国家规定执行。

1. 设备与材料的划分原则

（1）设备划分原则。凡是经过加工制造，由多种材料和部件按各自用途组成生产加工、动力、传送、储存、运输、科研等功能的机器、容器和其他机械、成套装置等均为设备。设备分为标准设备和非标准设备：标准设备（包括通用设备和专用设备）是指按国家规定的产品标准批量生产的、已进入设备系列的设备；非标准设备是指国家未定型、非批量生产的、由设计单位提供制造图纸，委托承制单位或施工企业在工厂或施工现场制作的设备。设备一般包括以下各项：

1）各种设备的本体及随设备到货的配件、备件和附属于设备本体制作成型的梯子、平台、栏杆及管道等。

2）各种计量器、仪表及自动化控制装置、实验的仪器及属于设备本体部分的仪器仪表等。

3）附属于设备本体的油类、化学药品等设备的组成部分。

4）用于生产、生活或附属于建筑物的水泵、锅炉及水处理设备、电气、通风设备等。

（2）材料划分原则。为完成建筑、安装工程所需的原料和经过工业加工在工艺生产过程中不起单元工艺生产用的设备本体以外的零配件、附件、成品、半成品等均为材料。材料一般包括以下各项：

1）设备本体以外的不属于设备配套供货，需由施工企业进行加工制作或委托加工的平台、梯子、栏杆及其他金属构件等，以及成品、半成品形式供货的管道、管件、阀门、法兰等。

2）设备本体以外的各种行车轨道、滑触线、电梯的滑轨等均为材料。

2. 设备与材料的划分界限

（1）设备。

1）通信系统。市内、长途电话交换机、程控电话交换机、微波、载波通信设备，电报和传真设备，中、短波通信设备及中短波电视天线装置，移动通信设备、卫星地球站设备，通信电源设备，光纤通信数字设备，有线广播设备等各种生产及配套设备和随机附件等。

2）监控和收费系统。自动化控制装置、计算机及其终端、工业电视、检测控制装置、各种探测器、除尘设备、分析仪表、显示仪表、基地式仪表、单元组合仪表、变送器、传送器及调节阀、盘上安装器、压力、温度、流量、差压、物位仪表，成套供应的盘、箱、柜、屏（包括箱和已经安装就位的仪表、元件等）及随主机配套供应的仪表等。

3）电气系统。各种电力变压器、互感器、调压器、感应移相器、电抗器、高压断路器、高压熔断器、稳压器、电源调整器、高压隔离开关、装置式空气开关、电力电容器、蓄电池、磁力启动器、交直流报警器、成套箱式变电站、共箱母线、封闭式母线槽、成套供应的箱、盘、柜、屏及其随设备带来的母线和支持瓷瓶等。

4）通风及管道系统。空气加热器、冷却器、各种空调机、风尘管、过滤器、制冷机组、空调机组、空调器、各类风机、除尘设备、风机盘管、净化工作台、风淋室、冷却塔、公称直径300mm以上的人工阀门和电动阀门等。

5）房屋建筑电梯、成套或散装到货的锅炉及其附属设备、汽轮发电机及其附属设备、电动机、污水处理装置、电子秤、地中衡、开水炉、冷藏箱，热力系统的除氧器水箱和疏水箱，工业水系统的工业水箱，油冷却系统的油箱，酸碱系统的酸碱储存槽，循环水系统的旋转滤网、启闭装置的启闭机等。

6）消防及安全系统。隔膜式气压水罐（气压罐）、泡沫发生器、比例混合器、报警控制器、报警信号前端传输设备、无线报警发送设备、报警信号接收机、可视对讲主机、联动控制器、报警联动一体机、重复显示器、远程控制器、消防广播控制柜、广播功放、录音机、广播分配器、消防通讯电话交换机、消防报警备用电源、x射线安全检查设备、金属武器探测门、摄像设备、监视器、镜头、云台、控制台、监视器柜、支台控制器、视频切换器、全电脑视频切换设备、音频、视频、脉冲分配器、视频补偿器、视频传输设备、汉字发生设备、录像、录音设备、电源、CRT显示终端、模拟盘等。

7）炉窑砌筑。装置在炉窑中的成品炉管、电机、鼓风机和炉窑传动、提升装置，属于炉窑本体的金属铸体、锻件、加工件及测温装置、仪器仪表、消烟、回收、除尘装置，随炉供应已安装就位的金具、耐火衬里、炉体金属预埋件等。

8）各种机动车辆。

9）各种工艺设备在试车时必须填充的一次性填充材料（如各种瓷环、钢环、塑料环、钢球等），各种化学药品（如树脂、珠光砂、触煤、干燥剂、催化剂等）及变压器油等，不论是随设备带来的，还是单独订货购置的，均视为设备的组成部分。

（2）材料。

1）各种管道、管件、配件、公称直径300mm以内的人工阀门、水表、防腐保温及绝缘材料、油漆、支架、消火栓、空气泡沫枪、泡沫炮、灭火器、灭火机、灭火剂、泡沫液、水泵接合器、可曲橡胶接头、消防喷头、卫生器具、钢制排水漏斗、水箱、分气缸、疏水器、减压器、压力表、温度计、调压板、散热器、供暖器具、凝结水箱、膨胀水箱、冷热水混合器、除污器、分水缸（器）、各种风管及其附件和各种调节阀、风口、风帽、罩类、消声器及其部（构）件、散流器、保护壳、风机减震台座、减震器、凝结水收集器、单双人焊接装置、煤气灶、煤气表、烘箱灶、火管式沸水器、水型热水器、开关、引火棒、防雨帽、放散管拉紧装置等。

2）各种电线、母线、绞线、电缆、电缆终端头、电缆中间头、吊车滑触线、接地母线、接地极、避雷线、避雷装置（包括各种避雷器、避雷针等）、高低压绝缘子、线夹、穿墙套管、灯具、开关、灯头盒、开关盒、接线盒、插座、匣盒保险器、电杆、横担、铁塔、各种支架、仪表插座、桥架、梯架、立柱、托臂、人孔手孔、挂墙照明配电箱、局部照明变压器、按钮、行程开关、刀闸开关、组合开关、转换开关、铁壳开关、电扇、电铃、电表、蜂鸣器、电笛、信号灯、低音扬声器、电话单机、熔断器等。

3）循环水系统的钢板闸门及拦污栅、启闭构架等。

4）现场制作与安装的炉管及其他所需的材料或填料、现场砌筑用的耐火、耐酸、保温、防腐、捣打料、绝热纤维、天然白泡石、玄武岩、金具、炉门及窥视孔、预埋件等。

5）所有随管线（路）同时组合安装的一次性仪表、配件、部件及元件（包括就地安装的温度计、压力表）等。

6）制造厂以散件或分段分片供货的塔、器、罐等，在现场拼接、组装、焊接、安装内件或改制时所消耗的物料均为材料。

7）各种金属材料、金属制品、焊接材料、非金属材料、化工辅助材料、其他材料等。

(3) 对于一些在制造厂未整体制作完成的设备，或分片压制成型，或分段散装供货的设备，需要建筑安装工人在施工现场加工、拼装、焊接的，按上述划分原则和其投资构成应属于设备购置费。为合理反映建筑安装工人付出的劳动和创造的价值，可按其在现场加工组装焊接的工作量，将其分片或组装件按其设备价值的一部分以加工费的形式计入安装工程费内。

(4) 供应原材料。在施工现场制作安装或施工企业附属生产单位为本单元承包工程制作并安装的非标准设备，除配套的电机、减速机外，其加工制作消耗的人工、材料（包括主材）、机械等均应计入安装工程费内。

(5) 凡是制造厂未制造完成的设备，已分片压制成型、散装或分段供货，需要建筑安装工人在施工现场拼装、组装、焊接及安装内件的，其制作、安装所需的物料为材料，内件、塔盘为设备。

参 考 文 献

[1] 严玲，尹贻林．工程计价学［M］．北京：机械工业出版社，2006．
[2] 交通部公路工程定额站．公路工程概算定额（JTG/T B06—01—2007）．北京：人民交通出版社，2007．
[3] 交通部公路工程定额站．公路工程预算定额（JTG/T B06—02—2007）．北京：人民交通出版社，2007．
[4] 交通部公路工程定额站．公路工程机械台班费用定额（JTG/T B06—03—2007）．北京：人民交通出版社，2007．
[5] 交通部公路工程定额站．公路工程施工定额［M］．北京：人民交通出版社，1997．
[6] 陆其春．公路工程造价［M］．第2版．北京：人民交通出版社，2007．
[7] 田国锋．市政工程施工组织管理与概预算［M］．北京：中国环境科学出版社，2000．
[8] 邢凤岐．公路工程投资估算与概、预算编制示例［M］．北京：人民交通出版社，1998．
[9] 张起森．公路施工组织及概预算［M］．第2版．北京：人民交通出版社，1999．
[10] 沈其明．公路工程概预算手册［M］．北京：人民交通出版社，2004．
[11] 顾众．公路工程定额指标及编制办法示例和投资造价实务全书［M］．北京：中国物价出版社，1997．
[12] 中华人民共和国交通部．公路工程基本建设项目概算预算编制办法（JTG B06—2007）．北京：人民交通出版社，2007．
[13] 张国栋．公路工程预算定额应用释义手册［M］．北京：人民交通出版社，2002．
[14] 交通部公路工程定额站、湖南省交通建设造价管理站等．公路工程工程量清单计量规则［M］．北京：人民交通出版社，2004．
[15] 米永胜等．公路施工组织与概预算［M］．北京：机械工业出版社，2005．
[16] 马敬坤．公路施工组织设计［M］．北京：人民交通出版社，2003．
[17] 崔艳梅．公路施工组织与概预算［M］．济南：山东大学出版社，2005．
[18] 廖品槐，刘武．公路工程监理［M］．北京：机械工业出版社，2005．
[19] 廖正环．公路施工技术与管理［M］．北京：人民交通出版社．2006．
[20] 叶加冕．道路工程施工组织与管理［M］．北京：科学出版社，2005．
[21] 李继业．建筑施工组织与管理［M］．北京：科学出版社 2001．
[22] 罗娜．工程进度控制［M］．第2版．北京：人民交通出版社，2007．
[23] 丛培经．实用工程项目管理手册［M］．北京：中国建筑工业出版社，2005．
[24] 本书编写组．建筑施工手册［M］．北京：中国建筑工业出版社，1999．
[25] 文德云．公路工程建设招标与投标［M］．北京：人民交通出版社，2002．
[26] 交通部公路工程定额站，湖南省交通厅交通建设造价管理站．公路工程施工招投标与计量［M］．北京：人民交通出版社，2007．
[27] 周小安，齐永生．公路工程费用控制［M］．北京：人民交通出版社，2007．
[28] 袁剑波．工程费用监理［M］．第2版．北京：人民交通出版社，2007．
[29] 交通部．公路工程国内招标文件范本［M］．北京：人民交通出版社，2003．

参 考 文 献